教育部 重庆市高等院校特色专业建设重点规划项目·教

主编 朱德全　副主编 王牧华 唐智松 李 静 张家琼

新编小学教育学

XINBIAN XIAOXUE JIAOYUXUE

主　编　唐智松

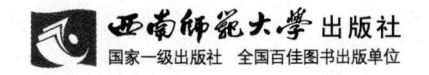

西南师范大学出版社
国家一级出版社　全国百佳图书出版单位

图书在版编目(CIP)数据

新编小学教育学 / 唐智松主编. —重庆：西南师范大学出版社，2015.11
ISBN 978-7-5621-7184-3

Ⅰ.①新… Ⅱ.①唐… Ⅲ.①小学教育－教育学－高等学校－教材 Ⅳ.①G620

中国版本图书馆 CIP 数据核字(2015)第 263388 号

新编小学教育学

主　　编：唐智松

责任编辑：郑先俐

封面设计：尚品CASTALY 周　娟　尹　恒

排　　版：吴秀琴

出版发行：西南师范大学出版社
　　　　　地址：重庆市北碚区天生路1号
　　　　　邮编：400715　市场营销部电话：023－68868624
　　　　　网址：www.xscbs.com

经　　销：新华书店

印　　刷：重庆华林天美印务有限公司

幅面尺寸：185mm×260mm

印　　张：18

字　　数：416千字

版　　次：2016年3月　第1版

印　　次：2021年1月　第2次印刷

书　　号：ISBN 978-7-5621-7184-3

定　　价：54.00元

前 言

是否还要写一本《小学教育学》，笔者开始是比较迟疑的。因为已经有若干本取名"小学教育学"的教材了，如果不能够超越这些已有成果，那又何须"画蛇添足"呢？但是，超越这些先贤前辈又谈何容易。同时，查阅已有小学教育学类教材发现，仅仅是在篇章结构的设计、目录顺序的安排上就让人感到迷惑不解，如小学教育活动中涉及的范畴到底有哪些？这些范畴之间的逻辑关系是什么？除课堂教学外，校园文化、课外活动、班主任、少先队工作等到底放在哪个篇章去讲才符合教育学的学理逻辑？再者，在现代大教育观念下，家庭教育、社会教育、网络教育等内容是否需要涉及，以及安排在哪个篇章里比较合适？在职学习的教育学教材与职前教育学教材在内容上的衔接与区分如何处理？如此种种问题能否处理好，都是编写时必须面对的问题。

但是，最后还是决定着手写作了。原因也很简单，因为上述提及的问题没有得到解决，从教育学人的责任出发，也是义不容辞的。同时，2001年启动的基础教育课程改革及其在小学教育实践中引发的反应、近年来教师专业发展研究的深入、教师专业标准的颁布等，都是以前没有而教师工作又必须面对的新话题，自然也需要通过新编教材反映出来。如此种种，足够构成再写作一本小学教育学教材的理由了！

那么，新的小学教育学教材怎么写？由于小学教育学是小学教育系列课程及其教学的一部分，这就决定了本教材编写的特点。

第一，层次定位：基础性。包括本书在内的小学教育系列教材的编写定位：为广泛涉猎奠基的基础性层次定位。众所周知，小学教育专业作为一个专业教育自然包括系列的课程及其教学，其中小学教育学作为该专业教育的众多课程及教学的一个部分，自然具有基础性的地位与作用，即它主要阐述的是包括小学教育在内的教育的一般性原理，为后续的小学教育课程教学服务。因此，在本书写作中，一方面注意对教育基本范畴的阐述，注意与其他学科的边界与衔接，坚持该说的内容就说清楚，不该说的内容就不越界。另一方面，部分章节在阐述基本范畴的内容后，给出了许多思考、研究的话题，但都是点到为止而不做详细阐述。同时，作为成人教育的教材，不可能像本科教材那样注重基本的知识阐述。针对学员已经具有教育学的基础知识和一定的技能的特点，本教材定位是为其扩展性学习奠定基础，即尽可能从本教材的基础出发扩展到工作需求的相关智能领域，同时结合相应内容，通过插入人物图像及其思想概要、书目封面及其内容摘要的方法介绍一些重要的教育家、教育名作，为学员后续扩展性学习提供一个提示性的信息，达到奠定基础的作用。

第二，导向定位：发展性。众所周知，在理论方面，今天的教育学研究成果非常丰富，特别是关于实践的新探索异常活跃、出新。虽然这些研究成果值得关注，但作为发展性的教材及其课程，则限于篇幅而只能够在精选、提炼的基础上组织、呈现，对内容的阐述多立足于探究的角度，有的地方也明确地提出需要延伸研究的重要问题，这样有助于增强激智的效果。在实践方面，近年来包括基础教育在内的中国教育发生了深层次的变革，无论是对课程的重新设计，还是对课堂教学的革新，已经出现了与现在教育学写作者当年接受的基础教育存在巨大差异的新基础教育。可以说，改革开放后二十多年的教育学类著作已经过时了。因此，当前编写教育学类教材务必反映近十年来基础教育改革的成果，必须吸收近十年来教育理论的重要观点，必须关注信息化下的教育变革。同时，如上所述，书中通过插入方式介绍的名家、名著，有助于指引读者拓展阅读、探索理论，为其专业发展提供帮助。本教材编写力图体现这些方面，但限于篇幅而仅仅是点到为止，为读者提供有关方面的信息，以便激发、引导读者进一步思考。

第三，内容定位：实用性。了解教育学领域的人都知道，当今的教育学类著作可谓是"汗牛充栋"，其中教育学类教材也是版本众多，但综观雷同的目录可知它们是"千人一面"，更为严重的是这种"千人一面"的一致性错误，即逻辑结构的错误。因此，本教材在反复的逻辑推敲、多年的实践反思基础上，推出自己的范畴及其结构和顺序，即第一板块：第一章"教育始点"、第二章"教育界定"两章。第一章从人的本原及其特性入手，进而探讨人的可教性与必教性，在逻辑上将人与教育联系起来。第二章则阐述教育的本体范畴，旨在回答"教育究竟是什么"。第二板块：第三章"教育目的"、第四章"教育主体"、第五章"教育内容"、第六章"教育过程"、第七章"教育管理"五章。这五章内容是在教育内涵的基础上，以教育目的为核心，围绕教育目的的实现涉及的主体、内容、过程、管理等要素进行系统阐述，严谨地展示教育活动所包括的具体范畴、教育活动的内涵。第三板块：第八章"教育环境"、第九章"教育科学"两章。前一章跳出教育看教育，让读者明白为什么说"教育的问题，不是教育的问题，而是社会的问题"。后一章则旨在对教育做系统分析后，上升到学科的角度进行梳理，为此前叙述的诸多本体范畴罩上一个"学理的外衣"，希望能够给读者留下一个教育学的整体印象。

人类教育经验的不断积累是教育学学术不断向前发展的重要因素。本教材写作中自然吸收了前人的丰富教育认识和当代的众多教研成果。在此，我们深表谢意！本书作为集体智慧的结晶，唐智松设计了写作提纲、写作规范；么加利（第三章第二节）、王牧华（第五章第二节）、郜书香（第七章第一节、第二节）参与了初稿写作工作；唐智松完成了统稿工作；陈晓霞提供了网络教学的信息反馈、审读了各章内容；张浩宇提出了编写建议并在组织出版中给予了大力支持。同事们的精诚合作与智慧贡献特别宝贵，值得感念！在此，一并表示衷心的感谢！

唐智松
2014年1月18日于观涛阁

目 录

第一章　教育始点：人及教育性 1
- 第一节　人之本原及属性 2
- 第二节　人之可教与必教 15
- 第三节　人的发展与教育 21

第二章　教育界定：内涵及外延 30
- 第一节　教育的界定 31
- 第二节　教育的演进 45
- 第三节　教育的作用 54

第三章　教育目的：类型及具化 60
- 第一节　教育目的的界定 61
- 第二节　教育目的之型构 66
- 第三节　教育目的之实践 72

第四章　教育主体：生师及关系 89
- 第一节　小学学生 90
- 第二节　小学教师 97
- 第三节　师生关系 110

第五章　教育内容：构成及设计 119
- 第一节　教育内容 120
- 第二节　学校课程 128
- 第三节　校园文化 144

第六章　教育过程：途径及规范 151
- 第一节　学校教育 152
- 第二节　课外活动 164
- 第三节　校外教育 169

- **第七章 教育管理:体制及规范** 184
  - 第一节 教育制度 185
  - 第二节 教育管理 195
  - 第三节 教育测评 205
- **第八章 教育环境:互动及特立** 213
  - 第一节 社会要素与教育 214
  - 第二节 社会变迁与教育 233
  - 第三节 教育相对独立性 239
- **第九章 教育科学:范畴及建设** 246
  - 第一节 教育学的界定 247
  - 第二节 教育学的范畴 257
  - 第三节 教育学的建设 265
- **参考文献** 275
- **附 录 小学教师专业标准(试行)** 277

第一章 教育始点：人及教育性

◆ **案例阅读**

　　教育的对象是人，那么，教育与人之间是什么关系？在回答这个问题前，我们先看两则材料：一则材料讲述的是印度狼孩的故事。1920年，在印度加尔各答的丛林中，发现了两个由狼哺育长大的女孩。年长的大约八岁，年幼的大约一岁半。从她们的呼唤嚎叫、进食动作、言语方式、行为姿态、情绪反应等方面，很明显地看出与狼群共同生活的痕迹。两人被带回到人类世界生活后，都被孤儿院收养。其中，小狼孩很快就死了，大狼孩虽然一直活到十七岁，但她直到死时还没真正学会说"人"话，而且智力水平也仅相当于三四岁的孩子。另一则材料说的是宋朝王安石写的一篇叫《伤仲永》的文章。作者在该文中说，在中国江西省的金溪县有一个叫方仲永的少年，小时候就天资过人，五岁时就能作诗，被乡里奉为神童。他父亲认为既然是神童，就不必再学习，经常带着孩子在邻里间炫耀，在社会上应对周旋。但是，到十二三岁时，方仲永写的诗就大不如以前，年至二十岁左右时，则"泯然众人矣"，没有什么突出的才华了。

◆ **问题聚焦**

　　我们从上述两则材料中发现几个问题：狼孩到底算不算是人，或者说人到底是什么？狼孩或方仲永的情况是否说明了人是需要教育的，进而引申出为什么人是可以教育的？从狼孩或方仲永的发展上可以推导出影响人发展的因素吗？人的发展指的是什么？如此等等。这些问题都是关于人的基本问题。而人是教育的对象，要提高教育对象的针对性、教育效果的有效性，自然需要首先认识"人"。

◆ **学习目标**

1. 掌握人的特性及其教育启示，在教育中树立辩证的人性观。
2. 掌握学生身心发展的共性特征、个性特征及其要求。
3. 科学理解人的可教性、必教性的内涵及其基础。
4. 理解人发展的特点、动力，了解全面发展学说。
5. 理解教育对人发展的主导作用，辩证看待学校教育与人发展的关系。
6. 辩证分析遗传素质、环境因素、个体实践与人发展的关系。

第一节
人之本原及属性

既然教育的对象是人,那么,探讨教育自然需要首先认识"人"。而人的本原及本质是什么呢?人有哪些基本的属性呢?人性到底是善还是恶呢?人在发展过程中有哪些重要特征呢?澄清了这些问题,才算得上认识了教育的对象——人。

一、人之内涵

(一)人之本原

著名教育学家乌申斯基(Константин Дмитриевич Ушинский)指出:"如果教育学希望从一切方面去教育人,那么就必须首先也从一切方面去了解人。"[1]因此,探讨关于促进人发展的教育学自然应该首先认识教育的对象——人。那么,人到底是什么呢?古往今来,众多的哲学家、思想家都在探索、回答这一问题。如古希腊时,米利都学派的泰勒斯(Thales)持人的"水本原说",阿那克西美尼(Anaximenes)则持人的"空气本原说";爱菲斯学派的赫拉克利特(Heraclitus)持人的"火本原说";元素派的德谟克利特(Democritus)则持人的"原子本原说"。通观这些说法,他们将人的本质看成由物质构成的,带有朴素的唯物主义色彩。到了中世纪,基督教在欧洲占支配地位,哲学与神学趋向混合,人们普遍信仰"上帝创造人"。文艺复兴以后,关于人的本原问题的认识有了新的观点,如哲学家费尔巴哈(L. A. Feuerbach)说:"人不是导源于天,而是导源于地;不是导源于神,而是导源于自然界。"[2]哲学家马克思(Karl Heinrich Marx)认为:"人的本质不是单个人所固有的抽象物,在其现实性上,它是一切社会关系的总和。"[3]如此等等。

> **阅读链接**
>
> 乌申斯基(1824—1871),俄国教育家,代表作《人是教育的对象》第一次从生理学及心理学角度论证教育的原理、过程、方法。他将教育学的对象定位为在教育过程中研究人,将教育学称作艺术。他被誉为"教育科学之父""俄罗斯教师的教师"。

---

[1] 张焕庭.西方资产阶级教育论著选[M].北京:人民教育出版社,1979:502.

[2] [德]路德维希·费尔巴哈.费尔巴哈哲学著作选集(下卷)[M].荣震华等译.北京:商务印书馆,1984:667.

[3] 中共中央马克思恩格斯列宁斯大林著作编译局.马克思恩格斯选集(第1卷)[M].北京:人民出版社,1979:60.

综上所述,在这些说法中,学者们力图将人规定在一个具体的"点"上,但是这个"点"在哪里,并未取得共识,还值得探讨。因此,另外一些学者则主张不要把"人是什么"规定在一个点上,而要把人当作一个不确定的存在。如哲学家兰德曼(M. Landmann)指出:"自然把尚未完成的人放到世界之中;它没有对人做出最后的限定,在一定程度上给他留下未确定性。"①萨特(Sartre)主张把人当作主体自我随意设计的自为的存在。总之,已有学者们对人的本原问题进行了思考,从不同角度对人做了概括,有助于我们认识人的本原。

无论是从一个"点"的确定性角度去认识,还是从一条"线"的动态性角度去揭示,学者们对人的质的规定性的回答都显得不甚清晰。那么,人作为一种客观的存在,本原到底是什么呢?对此问题,可以从以下两个层面来阐述:

第一,人是一种自然性的存在。其一,人是自然界进化的结果。② 地球生物的生命起源研究表明,无论是认为地球生物是由其他星球撞击地球时带来的,还是认为地球生物来自地球深海无机物的进化,大家都承认地球上的生命是从无到有、从简单到复杂的。在此生命的进化过程中,出现了高级动物——类人猿,然后在进化中出现了人类。因此,可以说人源于自然界,是通过长期的劳动,从动物演化而来的。其二,人具有自然的特征。来自自然界的人,当然如同其他自然界生物一样,具有自然性的特征。如人也是一个生物实体,由细胞、组织、器官、系统等层次组成,而且还表现出诸如代谢性、生长性、反应性、适应性、生殖性等自然生命所具有的各种本能、欲望等特性。其三,人存在自然的需要。作为自然生命,人如同其他动物一样具有为了维持个体生命需要而索取生存资料的特征。一些思想家对人类的这种自然需要给予充分的肯定,如安·兰德(Ayn Rand)说:"大自然没有给人类提供自然而然就生存下去的方式,人类不得不依靠自己的努力来养活自己。"③因此,人类必须主动地摄取食物以维持生命的新陈代谢、生长发育、反应适应、性欲生殖等活动的需要,使个体生命得以维持下去。否认这些需要,就等于对生存的否定、对生存权利的剥夺。

第二,人是一种社会性的存在。其一,人是社会群居的生物。在众多的动物中,人类个体比体态庞大的大象、不露自威的狮子、凶猛神速的老虎、嗜血凶残的鳄鱼、狂野耐受的野牛、敏捷致命的毒蛇等动物,都显得生存能力较弱。同时,人类个体刚出生时生存能力的极其羸弱,成长时间的极其漫长,以及人类对生存资料品质的较高要求和获取这些生存资料的艰难,决定了人类需要群居、团结,依靠集体的力量去获取生存资料,维持个体及集体的生存。当其他动物本能地继续群居时,人类却创造了一种社会组织,进入了人类的第一个社会——原始社会,其后不断地向更高形式和水平的社会阶段发展。其二,人类生存需要社会规则。虽然其他动物也有群居的现象,但人类的群居生活不是简单凑合,而是具有社会组织性。人们制定、认同、遵守着诸如风俗、习惯、伦理、道德等作为社会群居人的种种规范,而且后来还制定了法律、法规,建立了诸如警察、监狱、军队等

---

① [德]米夏埃尔·兰德曼.哲学人类学[M].张乐天译.上海:上海译文出版社,1988:195.
② 唐智松.教育生理学[M].北京:线装书局,2013:12—13.
③ [美]安·兰德等.自私的德性[M].焦晓菊译.北京:华夏出版社,2007:3.

执行法律、法规的机构和组织,使人类个体过着遵守人类社会准则的生活。生活在如此种种群居规范之中的人,必需遵守这些维持社会群居秩序的种种规范。这就不难理解马克思"人的本质不是单个人所固有的抽象物,在其现实性上,它是一切社会关系的总和"之语的意思了。这就是为什么人们普遍赞成这样的观点:人与动物最大的区别就是人是社会的动物,人具有社会性的特征;人不仅是自然的存在物,同时也是社会的存在物。[①]其三,人具有社会性的意识。人类具有诸如感觉、知觉、记忆、思维、想象等社会性的精神活动,而且能够依靠这些精神活动去认识、建设社会性的精神生活,还能够按照群体的社会精神需要去调整、发展自己的精神生活,由此表现出主体性色彩。同时,人类在社会性活动中,主体在互动之间还发展出主体间性,并依靠这种主体间性的建设而维持着人与人之间虽然各自"关心自己的利益"而又不至于破裂的群居生活共同体——组织化、制度化的社会。

> **阅读链接**
>
> 马克思(1818—1883),德国思想家、哲学家、科学社会主义奠基人。他描述人的本质为:"人的本质不是单个人所固有的抽象物,在其现实性上,它是一切社会关系的总和。"他被誉为"伟大的无产阶级革命导师"。

从客观存在上说,人既是自然性的存在,又是社会性的存在;人既有自然式的动物生存,又有社会性的社会生活。因此,可以说,人是一种社会性的动物。

人类个体要生存下来,就不得不"关心自己的利益"——即人存在的基本利己性特点。总之,人正是"关心自己的利益"——"自私"才能够存活下来的,并在活着中追求生命的愉悦,比如:保持身体的舒适、保持心情的舒畅、追求异性之爱、追求父子之乐、维护和谐的人际关系、维护正常的工作交往、维持家庭与邻里的和睦、维持社会的繁荣稳定等。这个道理要求教育者应当以积极、科学的态度正视人类的基本生理需要(如食欲、性欲),在符合社会规则的条件下给予其满足。这也要求教育者既要批评过"左"的禁欲主义倾向,也要批判过"右"的享乐主义倾向,在正视当下生活、肯定现实幸福、追求生活快乐的情况下,对生命愉悦给予满足。总之,基于自然性、满足自然性,而又受制约于社会性的人类存在观才是符合理性的。当然,此处再次强调的是:虽然需要承认人是自私的,但是,人的自私是有边界的,即他人的自私就是自己自私的边界,也就是说一个人的自私不能妨碍他人的自私,一个人为了自己生存的自私不能妨碍他人为了生存下去的自私。

(二)人之特性

所谓人的特性,就是人之所以为人的、区别于他物的特殊性,即通常所说的"人性"。

---

① 梁树发.马克思主义哲学原理[M].北京:中国人民大学出版社,2003:316.

它主要表现在下面的三个层面：

第一，物质层面的人性：各种生理需要。物质层面的人性表现为生理的物质结构与生理的物质反应。如上所述，生理结构不断地发生新陈代谢的生理活动，它是生命与外界环境所进行的物质与能量的交换和机体的自我更新的过程；它包括同一过程的同化作用（合成代谢）与异化作用（分解代谢）两个方面，伴随此过程进行着物质与能量的代谢。在此新陈代谢的基础上，人表现出生命机体对环境变化能做出相应的反应，生命机体从形成到成熟、死亡连续不断的生长性，生命机体随环境的变化而处于动态的、平衡的状态以保持自身相对稳定的适应性等。认识到人的物质层面的这些特性，再坚持人的物质属性的社会化这个原则，就能够树立物质的、具体的、生命的、生存的人性观念，才有助于认识、理解学生身上存在的生命性，也就能够理解、处理发生在青少年学生身上诸如"食色，性也"等现象了。

第二，精神层面的人性：丰富的意识活动。人类有其重要的精神活动，借用心理学的理论，可以看出它包括诸如感觉、知觉、记忆、想象、思维以及性格、气质、能力等。人的这种精神属性奠定了人主体地位的基础，有此基础人才能够作为某种活动的发出者，成为对象物的认识者、实践者。正是由于具有精神属性，人才能认识"关系"的存在物，"凡是有某种关系存在的地方，这种关系都是为我而存在的"，动物不能意识到存在物之间的关系，只有人才能意识到这种关系。人具有自我认识机能，因为人具有认识者的意识——自我认识。人的自我意识虽然依托于躯体，却有相对的独立性，它可以将躯体作为认识对象，使意识有别于躯体。人类这种独有的自我反思的精神属性使人类能够不断总结活动、积累经验、积淀智慧、创造文明并且将文明不断推向前进。

第三，社会属性层面的人性：复杂的社会关系。由于每个人都是生活在具体的社会环境中，因而也就必须遵守诸如风俗、伦理、道德、法规等社会规范，由此衍生出人的社会性问题。正如马克思所说"人的本质是一切社会关系的总和"，人的社会属性是人之所以为人而非为动物的重要属性，因为自然性只是人性形成的物质基础，不是人性本身，人的社会性对自然性具有驾驭能力，社会性决定自然性的发展方向、程度及表现方式。

恩格斯（F. V. Engels）曾经说："人来源于动物界这一事实已经决定人永远不能完全摆脱兽性，所以问题永远只能在于摆脱得多些或少些，在于兽性或人性的程度上的差异。"[①]确实，在现实生活中，人性的上述三个方面成分的多寡是变化着的，不同的人在上述三个方面的构成比例存在差异；同一个人上述三个方面在不同时期也存在差异。同时，人性的上述三个方面是相互影响着的，物质层面的人性支撑着精神层面、社会层面的人性，精神层面、社会层面的人性又制约着物质层面的人性，在相互的影响中发生着回复往返的种种复杂变化。因此，现实生活中难以找到永远的好人或永远的坏人，有的人可能是先作恶而后行善，有的人则可能是先行善而后作恶，有的人则可能是在一生中行善与作恶交替着。这就是人性的复杂性、不确定性。

---

① 中共中央马克思恩格斯列宁斯大林著作编译局.马克思恩格斯选集（第3卷）[M].北京：人民出版社，1979：442.

阅读链接

恩格斯(1820—1895),德国思想家、哲学家。他断言:"人来源于动物界这一事实已经决定人永远不能完全摆脱兽性,所以问题永远只能在于摆脱得多些或少些,在于兽性或人性的程度上的差异。"

总之,人的特性作为人之所以为人的、区别于他物的特殊性,包括物质层面被社会化的自然需要(如食欲、性欲、自我保存等),精神层面的人类特有的意识活动(如认知、记忆、思维、想象等),社会层面的人类特有的社会规范(如风俗、伦理、道德、法规等)。

正如叶澜教授曾指出的:"教育除了鲜明的社会性之外,还有鲜明的生命性。人的生命是教育的基石,生命是教育学思考的原点。在一定意义上,教育是直面人的生命、通过人的生命、为了人的生命质量的提高而进行的社会活动,是以人为本的社会中最体现生命关怀的一种事业。"[1]因此,认识人的本原问题,有助于我们理性地正视人的自然性,在符合社会规范的条件下去满足人性中的自然要求,实施科学化的教育。同时,努力地弘扬人的精神性,在符合人的自然生理规律的情况下去推动人的意识活动,实施主体性的教育。再者,积极地规范人的社会性,开展社会规范教育,实施公民性的教育。

(三)人性善恶

人性是善还是恶,历来就受到人们的关注和争议,其中比较有代表性的思想有人性本善、人性本恶两种极端的认识。

1. 人性本善及其教育观

在中国,早在春秋战国时期,孟子就认为:"恻隐之心,人皆有之;羞恶之心,人皆有之;恭敬之心,人皆有之;是非之心,人皆有之。""恻隐之心,仁也;羞恶之心,义也;恭敬之心,礼也;是非之心,智也。"[2]中国传统文化重要经典之一《三字经》也指出:"人之初,性本善。"在西方,也不乏性善论者,如美国的埃·弗洛姆(E. Fromm)说:"爱汝邻人并不是一种超越于人之上的现象,而是某些内在于人之中并且从人心中迸发出来的东西。爱既不是一种飘落在人身上的较大力量,也不是一种强加在人身上的责任;它是人自己的力量,凭借着这种力量,人使自己和世界联系在一起,并使世界真正成为他的世界。"[3]总之,人性本善论者认为:"人有爱他人之本性及有利于人类发展的智慧与创造之本性,这种本性使人与人之间有可能合作、友爱,使社会有可能发展、进步,使个人有可能发展完善。"[4]

---

[1] 《教育研究》杂志社记者.为"生命·实践教育学派"的创建而努力——叶澜教授访谈录[J].教育研究,2004(2).
[2] 孟宪承等.中国古代教育史资料[M].北京:人民教育出版社,1961:107.
[3] [美]埃·弗洛姆.为自己的人[M].孙依依译.上海:生活·读书·新知三联书店,1988:34.
[4] 叶澜.教育概论[M].北京:人民教育出版社,1995:190.

> **阅读链接**
>
> 孟子(公元前372—公元前289),中国古代思想家,人性本善论主张者。他坚称:"恻隐之心,人皆有之;羞恶之心,人皆有之;恭敬之心,人皆有之;是非之心,人皆有之。"他有"亚圣"之誉。

因为相信人性本善、人人都有这些善端,故人性本善论者对教育力量充满了信心。如孟子就认为人人都是可以教育的,营造良好的教育环境(如同寻找使得善良天性得到发展的"孟母三迁"一样),使得人类"仁、义、礼、智"这四种善端能够顺其自然地发展起来,成为明人伦、知仁义、有浩然之气的人,结果是"人皆可以为尧舜"。人性本善论者强调教育要顺其自然地去开发和发展人的善性,使人的本性充分发展,反对社会对人做出种种不合本性的规范,并把现实社会中人表现出的恶行看作由坏的文化或社会造成的。

2. 人性本恶及其教育观

在中国,春秋战国时的荀子就认为:"若夫目好色,耳好声,口好味,心好利,骨体肤理好愉佚,是皆生于人之情性者也。"① 这些目好色、耳好声、口好味、心好利等天性是善还是恶呢?荀子论述道:"今人之性,生而有好利焉,顺是,故争夺生而辞让亡焉";"生而有耳目之欲,有好声色焉,顺是,故淫乱生而礼义文理亡焉";"然则从人之性,顺人之情,必出于争夺,合于犯分乱理而归于暴"。所以,如若顺其本性发展,必将使社会陷于混乱、抢夺、淫乱之中,可见,人性本恶。在西方,古希腊有些哲学家就认为,人的身体较之灵魂总是卑俗的。该观点在中世纪发展为宗教"原罪论",认为人生而有罪,因此需要洗礼、忏悔,除去身上的罪恶。英国哲学家霍布斯(T. Hobbes)也认定:"自然的情欲是引我们趋向偏私、骄傲、报仇之类。"② 总之,人性本恶论者认为,人的自然欲望是贪婪的、非理性的、卑劣的,人的天性也是自私的、敌视他人的,人在本性中就富有攻击性,这是造成社会上种种恶行存在的人性之根源。

> **阅读链接**
>
> 荀子(公元前313—公元前238),中国古代思想家,人性本恶论主张者。他坚称:"今人之性,生而有好利焉,顺是,故争夺生而辞让亡焉";"生而有耳目之欲,有好声色焉,顺是,故淫乱生而礼义文理亡焉"。他有"先秦思想集大成者"之誉。

---

① 江万秀,李春秋.中国德育思想史[M].长沙:湖南教育出版社,1992:101.
② 北京大学哲学系外国哲学史教研室.西方哲学原著选读(上卷)[M].北京:商务印书馆,1981:399.

因为相信人性本恶，人性本恶论者坚持必须运用教育使人弃恶从善，即"化性起伪"——化掉恶的第一天性，形成善的第二天性（遵守社会规则等善因不是人类生而具备的，是在后天形成的，是非自然的，故曰"伪"），达到对人性恶的矫正、改造与控制，形成对社会秩序有益的习惯，使人高于动物，以保障社会的秩序。

面对上述人性本善、人性本恶两种极端的人性观，我们该坚持什么样的态度呢？中国当代著名教育家叶澜教授指出："关于人性善恶问题，我们宁可取非善非恶说。"[①]分析起来，确实亦该如此。

第一，静态角度：人性"非善非恶"。从静态的角度看，对于一个人的人性，不能够做出是善或恶的判定，如面对一个刚出生的孩子，父母怎么可以假定他或她是善或是恶，并且采取相应的养育措施呢？面对一个第一次见面的人，朋友怎么可以先验性地认为他或她是善还是恶，并且采取相应的接待态度呢？面对一个具体的在校学生，教师怎么能够预先假定他或她是善或是恶，并采取相应的教育办法呢？总之，他或她是善还是恶，归根到底还是由他或她的行为来表明，我们不能够预先设定他或她是善或是恶。

第二，动态角度：人性"非善非恶"。从动态的角度看，一个人的人性是善还是恶，则具有稳定与变化往复的特点。如一个当下表现为善的人，日后表现为善还是恶，具有不确定性，因日后可能随着环境变化与自身坚守的相对运动，可能继续为善，也可能转而为恶。同样，当下表现为恶的人，日后表现为善还是恶，也具有不确定性，因日后可能随着环境变化与自身坚守的相对运动，可能继续为恶（所谓"江山易改，本性难移"），也可能转而为善（所谓"放下屠刀，立地成佛"）。因此，春秋战国时期的告子就说："性犹湍水也，决诸东方则东流，决诸西方则西流。人性之无分于善不善也，犹水之无分于东西也。"[②]可见，人性的善与恶不在于人性本身，而在于环境影响、教育引导，人性最后的善与恶，不是人性本身。

总之，人性存在善或恶的可能性。人性在物质层面的满足、精神层面的活动都存在向善或向恶的倾向性。同时，人性善或恶的可能性不等于现实。善或恶的可能性是产生善或恶的必要而非充分条件；善或恶的可能性不等于现实的善或恶。还有，具体个人的人性是多样的，或一直为善，或一直为恶，或善与恶交替。人性本善有助于激发人类的教育热情，但其对人性的社会影响及其导恶的影响力认识不足；人性本恶过度估计了人性生理需要的一面，也无视了人性正当的生理需要。人性中性使人们认识到人的发展方向及其内容取决于教育的引导性质与方向，充满了对教育力量的信心。在教育中应当树立"非善非恶"的中性论人性观。

关于人性的理论是非常丰富的，除上述梳理的人性知识外，还有众多理论等待读者自行去思考，诸如自然人性观、超自然人性观、本能论、机械论、有机论、进化论、决定论、自发论、天赋论、天性论、复演论、社会学习发展观、精神分析发展观等。了解和学习这些

---

① 叶澜.教育概论[M].北京：人民教育出版社，1995：192.
② 孟宪承等.中国古代教育史资料[M].北京：人民教育出版社，1961：106.

理论对认识人性的丰富性、复杂性是非常有益的。①

二、身心特征

(一)共性特征

人的生命发展过程表现出在身心发展方面的整体性、连续性、阶段性等共同性的特征,因此,我们提出了全面教育、终身教育、阶段性教育等要求。

第一,整体性特征及教育要求。人的生理与心理是同时存在于人体的构成部分,共同统一于整体的人体之内。进一步看,在生理方面,运动系统、循环系统、呼吸系统、消化系统、泌尿系统、内分泌系统、生殖系统、神经系统八大系统共同构成了人的整体,各个系统及其功能亦统一于生理整体之内,相互影响,协调作用,共同维持人体的生理运行。在心理方面,心理过程的各个方面、个性心理的各个方面都是相互影响、共同执行特殊个体的心理活动的,使人的身心活动表现出整体性的特征。整体性是生命体的基本特征,它使人体能够成为一个相对完整的生物体,能够与外界环境区别开来;人体内部各个组成要素相对独立又相互联系,共同构成、支持人体的整体活动。同时,存在于整体内部的身心之间又是统一的、协调的,即生命机体在生理整体的基础上通过反应、适应而建立一整套的行为,使得生命的生理与心理、身心与社会两大方面建立具有"动力定型"性质的统一性。

身心发展的整体性特征要求人类的发展必须是全面的,即通过教育,不但促进个体生理的发展,还促进个体心理的发展。同时,这种教育必须是系统的,即根据生理与心理构成的系统性特征,教育必须是系统的设计,各种教育之间是整体的、系统的、协调的,以此系统、整体、协调的教育促进个体身心整体的全面、系统发展。

第二,连续性特征及教育要求。个体的生理与心理一生都在不断地发展,表现出个体生长发育的连续性。如在生理方面,人体各个系统的形态结构在不断变化,其机能也在不断改变;在心理方面,心理过程在不断变化、发展,个性心理也在不断变化之中。又如,对于"性"这个问题,通常人们认为,只有在青春期到更年期这一阶段才有此欲望。实际上,性在人的一生中都在发展、变化。弗洛伊德(S. Freud)就认为,人类的性一生都在不断地发展。从出生起,与母亲的接触可能引起婴儿的性感觉,嘴是主要的性感受器官,且婴儿也对生殖器和身体其他部位的接触敏感。在1岁时,孩子可能对生殖器的刺激敏感。到了三四岁时,孩子才认识到了男女生殖器的差别。直到八九岁时,孩子充满了对成年人和其他儿童生殖器的兴趣,对人是从哪里来的,以及女人的乳房、男人的胡须的好奇心与日俱增。在这个时期,孩子对性活动和性探索的兴趣较小,但对性别,尤其是对性别在生殖中扮演的角色非常好奇。青春期是性发育成熟的主要时期,此时对性的好奇心日益浓厚,乳房发育、毛发生长旺盛、月经初潮、首次遗精等,标志着男、女性成熟期的到来。性心理学家丹尼尔(Daniel)的研究指出,男人和女人在出生、18岁、60岁三个年龄点上,性冲动和性活动很相似。在18~60岁之间性活动表现出明显的差异,一般而言,

---

① 《教育大辞典》编纂委员会.教育大辞典(第六卷)[M].上海:上海教育出版社,1992:122—130.

40岁时为性活动的顶峰期。但丹尼尔认为,大多数男人在18岁时性欲、精力、活动力达到高峰,女性则在39岁时性欲达到高峰。在人生的不同阶段,性欲的涨落很大程度上依赖于其他的兴趣和活动。只是在一个时期是重要的,而在另一个时期不是很重要的,没有理由认为60岁以上的人应该放弃性活动。一个人的性活动可能持续到80岁或90岁。①

身心发展的连续性提出了人类个体教育的连续性问题,即实施终身教育,这要求人类的教育应当贯穿生命的形成(受精卵)、胎儿、婴儿、青少年、青年、成年、老年直至生命终结的整个过程。可见,终身教育具有人类学的基础。

第三,阶段性特征及教育要求。尽管个体生理与心理的发展是伴随生命形成到生命终结的整个过程,呈现连续性的特征,但是,在这种连续的过程中,又可以根据有关生理与心理机能的巨大变化而将其划分为若干阶段,依次反映生命发展的阶段性特征。关于个体身心发展的分段,有不同的认识,但一般认为包括胚胎期、婴幼期、少年期、青春期、成年期、更年期、老年期等几个时期。显然,在这些不同的阶段里,个体的生理与心理的特征是具有显著差异的。如身高就不是在各个阶段"等量齐观"地发展,出生后的一年内是身高增长的高峰时期,呈现"见风长"、成倍增长的特征;其后,增长速度逐步降低下来;到青春期时,又表现出迅速增长的态势,出现了人生的第二次生长高峰。在青春期以前,身高每年增长约3～5厘米,而青春期时却以每年6～8厘米,多则10～12厘米的速度增长,反映此时身高快速增长的重要特征。

个体身心发展的这种阶段性特征要求教育者应当抓住受教育者生理、心理特征发展的关键时期,达到事半功倍的教育效果。现代心理学的有关研究表明,个体的感觉能力、知觉能力、记忆能力、想象力、思维力等都有发展的关键期,如果相应的教育抓住了这个关键期,则效果非常显著。反之,错过了生理与心理发展关键期的教育,其效果往往是事倍功半。这方面的例子,最为显著的莫过于语言的学习。

此外,个体的身心发展还表现出顺序性的特征,即个体的生理与心理的发展顺着胚胎期、婴幼期、少年期、青春期、成年期、更年期、老年期这样的顺序展开。身心发展的这种顺序性要求教育活动不能"凌节而施""揠苗助长",而应当在适度超前的情况下循序渐进。

(二)个性特征

由于受到遗传因素、内分泌机能、营养条件、健康状态、体育锻炼等因素的影响,个体之间的生理发展存在着一定的差异。可见,个体生理发育、发展的速度、所能够达到的水平要受到多方面因素的影响,特别是遗传因素(母亲身高的遗传力特别高)的影响最大。所以,正如在花园里找不到两片完全相同的树叶一样,在人的世界里也找不到两个完全相同的人。除同卵多胎生婴儿的相同之处比较多以外,绝大多数人非同孪生兄弟、姐妹,其个体之间的差异是不言而喻的。这些个体之间的差异对教育提出了因材施教的要求。

第一,性别差异及教育要求。男、女两性因为性别的差异而在生理形态机能的发育、

---

① 王祖德等.健康的人生——自我保健导引[M].上海:同济大学出版社,1992:176.

发展、成熟等方面表现出差异。首先,男、女两性表现性征的差异。[①] 即男、女之间不但存在第一性征的差异,而且还存在第二性征的巨大差异,即使在第二性征方面,也表现出发育时间上的差异。如男、女存在进入青春期的时间差异,主要表现在男、女青春期生长发育的两次交叉现象:第一次交叉在9~10岁,交叉后,女性各项指标发育的水平都超过同年龄的男性,说明女性青春期的发育突增阶段已经开始;第二次交叉在14~16岁,交叉后,男性各项指标的发育水平又超过了同年龄的女性,说明男性青春期的发育突增阶段已开始,而女性则已开始进入缓慢阶段。其次,男、女两性之间存在生理发育时间与水平的差异,如在青春期的开始时间与发育成熟时间、生理机理的成熟时期、生理机理的变更衰退时期等方面都存在较大的性别差异。因此,一般认为,女生比男生早两年左右进入青春期。再次,男、女两性还存在认知方式上的差异。有关研究认为,男性更多习惯于左脑思维:线性的、逻辑的思维;女性更多习惯于右脑思维:直观的、形象的思维。男、女之间存在的性别差异要求教育应当因性施教。

上述男、女之间这种性别上的差异提出了因性施教这个要求。但是,反观今天的教育,却根本没有顾及此要求。

第二,神经功能差异及教育要求。个体之间神经系统的功能差异是比较复杂且影响巨大的。首先,个体之间存在神经活动功能类型上的差异。生理学家巴甫洛夫(I. P. Pavlov)以神经过程的强度、神经过程的均衡性、神经过程的灵活性为标准,将人的神经类型分为四种:①兴奋型。两种神经过程都是强的,其中兴奋过程相对比抑制过程强,因此属于不均衡型,本型的灵活性也不一样。②活泼型。两种神经过程的强度都属于强者类型,而且二者的强度又互相平衡,并且容易互相转变。③安静型。两种神经过程同样是强的,而且均衡,但灵活性差,从一种神经过程转为另一种神经过程较难一些。④弱型。两种神经过程都弱,但一般说来,抑制过程较占优势。当然,人的神经类型实际上不只上述四型,其中有无数移行型(即中间类型)。其次,个体之间的神经系统功能在倾向上有差异。虽然在个体初期,两个大脑半球之间不存在分工现象,但在后来的发展中却出现了分工,使得左脑擅长于分析、抽象、计算和求同;左脑思维具有连续性、有序性、分析性等特点;右脑更擅长于对"非词语"的处理,即右脑长于想象、梦幻、模仿、感受音乐节奏以及态度、情感等活动,右脑思维具有不连续性、弥漫性、整体性的特点。在众多的学生中,有的学生偏向左脑机能,有的学生偏向右脑机能,有的学生则左右大脑机能比较平衡,那么,我们的教育该做何选择呢?更进一步讲,当前的这种不区分学生相应功能偏向差异的"一刀切"教育谈得上适应性吗?再次,个体神经系统反应速度的快慢也有差异。个体对刺激的反应需要经过"感受器—传入神经元—中间神经元—传出神经元—效应器"这个完整的反射弧。但是,神经信号在这个反射弧的传递过程中,不同人的速度是不同的,因而表现出反应速度的快慢,即我们经常所见的有的学生反应迅速,有的学生反应迟钝的现象。据此而提出的方案是:教学应当根据学生个体反应的差异而因材施教。

第三,生物钟差异及教育要求。现代生物科学技术的研究结果表明,人体生物钟是

---

① 唐智松.教育生理学[M].北京:线装书局,2013:178.

客观存在的。这种生物钟表现在各个方面,以月生理周期现象为例。众所周知,或者是由于太阳与地球之间引力相互作用的结果,或者是由于地球与月球之间引力相互作用的结果,或者是由于地球磁场力周期性作用的结果,或者是由于人体自身存在内在的月周期生物机制,总之,个体的体力、精力、智力在一个月内会呈现"高潮期—平稳期—低潮期—平稳期—下一个高潮期"的不断循环。在此月生理周期中,人体的智力、情绪、体力的变化表现为33天、28天、23天的周期现象;这三个指标的循环周期时而重合、时而异步,其中,当这三个生理指标在循环中呈现"步调一致"时,个体的体力、精力、智力达到高峰状态。

此生理活动周期现象的存在,要求科学地安排工作时间。对教育而言,应当抓住生理的高峰时期实施教育,在低谷时期游学放松。特别是对教育考试而言,提出了一个不同生理状态参加考试而发挥出不同水平的问题,即每个学生的考试成绩未必反映其真实水平。

(三)特殊现象

人类在众多环境因素的综合作用下,其身心发展的速率具有自己特殊的稳定性,表现出渐变性特征。但在外界环境突变的情况下也会减缓或加速,表现出突变性。工业化社会以来,特别是近年来,由于自然环境遭到剧烈破坏,大量废物被排放,过度人工合成物质被食用,成了人类生命进化的"加速剂",导致人类近百年来出现了特殊性。

第一,性早熟现象及其教育要求。有关研究指出,近百年来,女子的初潮时间由过去的14岁左右提前到现在的11岁左右,大约提前了3年左右;尤其是个别发达国家的女子初潮时间已经提前到9岁左右(如美国的个别女子提前到9岁,出现了11岁母亲现象),出现了前所未有的女子早熟现象。男子的初次遗精时间也提前了,由过去的15岁左右提早到13岁左右,也提前了约2年左右。由于性早熟和学校教育的失当,致使在学生中出现了21岁祖母的现象,也由此带来了对儿童、青少年的身心发展影响,出现了社会抚幼问题。

导致人类性早熟的原因主要有以下几个方面:其一,现代社会的物质生活条件极为丰富,有较好的营养条件,有利于性系统的生长发育。特别是现在的饮食结构中含有相当剂量的促进性系统生长发育的化学物质,如蜂王浆等,人为地催促性系统的生长发育。其二,现代社会的"性刺激"十分丰富,电视、电影、录像、广告等充满了色情刺激。据美国有关学者统计,现在的美国儿童从出生到18岁大约要受到近3600次的性刺激。在这样人为的反复促进中,儿童早已获得大量的性知识、性活动想象;同时,社会的"性化现象"十分严重,比如裸露较多的女性服装等也属于性刺激因素。

儿童的性早熟对社会与教育提出了新的挑战,主要表现在:其一,性早熟的社会挑战。性早熟的社会挑战在于容易导致青少年过早的性行为,从而影响社会良好的秩序,特别是对社会性道德的冲击(涌现诸如强奸等性犯罪问题),由此导致政府对社会环境的净化与不法之徒对社会环境的恶化(如黄色影视、书刊等)之间的斗争。其二,性早熟的学校教育挑战。性早熟的教育挑战集中在解决性机能早熟与性道德滞后、性生理需要早熟与性行为社会合法性后移的矛盾。因此,教育者必须首先正确、全面认识儿童、青少年性早熟的现象及其本质——儿童、青少年的性早熟主要是性机能(性能力)的早熟,而其性心理在性机能早熟中也获得了一定程度的发展,出现了初中生甚至小学高年级学生"谈恋爱"的现象。但是,受儿童、青少年知识水平以及社会阅历、生活经历的影响,他们的性道德却尚未成熟,性道德的成熟至少要晚3年左右。其三,性早熟的家庭教育挑战。性机能早熟与性心理晚熟,特别是性道德滞后的矛盾,要求家庭配合学校做好青少年的青春期特别是性教育工作,必须认识到家庭在性教育中的独特优势。由于性教育问题的特殊性,因此,母亲对女儿的性教育、父亲对儿子的性教育是学校教育不能代替的。

第二,智力早熟现象及其教育要求。近百年来,儿童、青少年的智力出现一代比一代发展早的现象,表现在同样大小的儿童、青少年,其知识视野较上一代人开阔,技能水平在内容上比上一代人宽广、在程度上比上一代人高。这使得同样年龄大小的人类在上下代的比较中表现出智力水平提高,一代儿童比一代儿童聪明、敏慧的特点。

儿童智力早熟的原因,一般认为主要是由于:其一,现代社会营养条件的改善,使遗传能够得到最为充分的表达,特别是使神经系统的发育获得较好的物质支撑,有利于大脑的发育。其二,现代人注重遗传因素,重视婚姻中配偶双方的智力因素;婚姻生活重视质量而不再重视形式,敢于冲破没有爱情的婚姻,寻找建立在情感关系基础上的性爱关系,为优生奠定了良好的基础。其三,良好的社会卫生医疗条件,能够消除、控制影响神经系统发育的疾病,如脊髓灰质炎等,促进儿童、青少年神经系统和精神的健康成长。其四,现代社会重视对儿童、青少年的心理机能训练,能够很好地促进其智力的发展,提高其智商;重视儿童、青少年的心理健康教育,使其保持较好的精神状态,情绪、情感稳定,促进其情商发展。

儿童的智力早熟使社会和教育面临挑战:其一,对社会而言,必须更加重视人类智力早期教育,以免荒废儿童、青少年智力的发展时机。其中最为直接的是提高幼儿教育水平,提前小学教育的入学时间(如瑞典等国家的儿童入学年龄已经提前到四五岁)。其二,对学校教育而言,必须尽快改革学校教育课程,特别是要增加课程种类、扩展课程视野、加大课程难度、提高课程学习速度等。当然,也有学者对人类智力早熟提出怀疑,据此怀疑现代课程学习难度增加、教学内容下放等教育政策。

(四)儿童心理

小学生是学龄初期的儿童,年龄在5~12岁之间。儿童一入学就被赋予了"学生"身份,这个身份使他们意识到自己不再是普通的孩子,而是一名有"学生"身份标志的人,这个身份给他们带来归属感、荣誉感;这个身份意味着要听从老师的要求,要承担学习的任务,并给他们带来了责任感、义务感。这种荣誉与责任形成学生的"学生感",也出现小学儿童特有的心理特征。关于小学生心理特征的内容,胡寅生等人做了重要探索,并获得了一些有价值的认识。[①] 综合有关结论,我们将其重新组织成为以下几个方面。

第一,自我意识出现快速发展。进入小学后,在学生身份的获得与自我认同、学校环境的刺激与教师要求、小学伙伴的榜样示范与自我模仿等因素综合影响下,小学儿童的

---

① 胡寅生.小学教育学教程[M].北京:人民教育出版社,1995:145—150.

自我意识快速发展。其中,特别是自觉性、自主性、自动性等独立性能力发展较快,自我评价的标准、反思等自我评价能力开始形成。

第二,情感、兴趣自主性日益增加。进入小学后,由于内在生物因素的发育作用,外在家庭、社会与学校的刺激诱导,小学儿童的情感出现明显的自主性、自控性,需要也在教育的诱导下出现向师性的特点;自然性的情感逐步向学校要求的方向转移,能在环境暗示下克服任性妄为的情感、需要。

第三,需要、动机境界不断升华。小学儿童的需要逐步发展,先是由低年级的新文具、新课本、新书包向有好老师、好课本、学好功课转变,再向优秀学生、升入理想学校、追求舒适生活等更高层次转变。相应的动机发展也呈现出由直接的、较短的、狭隘的动机转向简捷的、自觉的、具有原则性的、远大动机的趋势。

第四,能力、智力转型性飞跃。小学儿童的学习自觉性、独立性逐步形成,观察、思维、记忆、想象能力在三四年级快速发展起来,思维的敏捷性、灵活性和独创性逐步提高,逐步从低年级阶段的具体形象思维发展到高年级阶段的抽象逻辑思维。关于小学儿童智力的发展,我们介绍一下瑞士心理学家皮亚杰(J. Piaget)的有关理论。皮亚杰认为,在儿童从出生到成人的整个发展过程中,其智慧不是平滑的量的增长,而是充满着许多质的变化。他将儿童的认知发展划分为四个按顺序相继出现的阶段,即感知运算阶段(0～2岁)、前运思阶段(2～7岁)、具体运算阶段(7～12岁)和形式运算阶段(12～15岁)。[①] 处于不同阶段,组织和协调已有知识的水平就不同。发展心理学的研究表明,青少年学生的身心发展具有顺序性和阶段性、稳定性和可变性、不均衡性和个别差异性等特点。在教育教学中,教师需要以发展的眼光来看待学生,从学生身心发展的实际出发,适应其身心发展的规律性,诸如教学目标的难易与高低、教学内容的多少与深浅、教学方法的选择是否恰当等,都要根据学生的身心发展水平来确定。

第五,性格、道德正向性强。儿童在小学低段时性格稳定发展;中段时性格的外向性、活跃性迅速增加;高段时性格出现骤变,有时自制力减弱,突然出现冲动。小学儿童富于正义感,渴望荣誉,注重友谊,关心集体,遵守校纪。

第六,行为上的强烈向师性。小学儿童的"学生感"促进了向师性的发展。在小学儿童眼里,老师无所不知、无所不能,在学生堆里赫然挺立、形象高大,他们对老师具有特殊的信赖感,并进而崇敬、爱戴老师,从责任与义务的角度视老师为教导者、指挥者,愿意服从老师的要求,一切行为按照教师给予的标准去做。

总之,人是教育的对象,不认识人,则谈不上做到科学的、符合人性的教育。

---

① 林崇德.发展心理学[M].北京:人民教育出版社,1995:54.

第二节
人之可教与必教

虽然认识了"人",但是,"人"这个动物是否具备接受教育的条件,即人具有可教性吗?同时,"人"这个动物存在是否必须接受教育的要求,即人具有必教性吗?这些问题显然非常重要,因为只有当人存在可教性、必教性时,教育才能够与人发生关系。

一、人之可教性

所谓"人之可教性",即指人由于具备接受教育的条件而可以接受教育,具有接受教育的可能性。人的可教性问题很早就受到人们的关注,[①]如夸美纽斯(J. A. Comenius)说"人是可教育的动物",康德(Immanuel Kant)说"人是唯一必须受教育的动物",兰格维尔(Lange Wilt)说"人是可以教育的动物",《教育大辞典》中说"人类有接受教育的可能性"。人之所以能够接受人类社会的教育,在于人类的身体在结构上与功能上具有接受这种教育的条件,这就是为什么教育的对象是人而不是其他动物的原因所在。

(一)人体结构的支撑

第一,人脑在进化中获得相对重量的优势。人类是动物界进化的最高产物。人脑在进化过程中神经大量增多,脑的重量超过大多数动物。例如,黑猩猩脑的重量约 400 克,大猩猩脑的重量达到 540 克,猿人脑的重量约为 850~1000 克,现代人脑的重量为 1400~1500 克。同时,现代人脑的绝对重量与体重的相对重量之比也超过绝大多数动物。例如,鲸的脑重为体重的 1/10000,大象的脑重为体重的 1/1000,大猩猩的脑重为体重的 1/500,黑猩猩的脑重为体重的 1/150,而人的脑重为体重的 1/50。人类大脑相对重量的优势为人类接受教育奠定了大脑重量上的条件。

第二,人脑获得后天发育的先天优势条件。从产道方面看,人类学家理查德·利基(Richard Leakey)指出:"在人类进化过程中,骨盆的开口适应脑子的增大。但是骨盆开口的增大是有限度的,有效的两足行走的工程学的需要设定了这个限度。当新生儿的脑量为其现在的数值——385 毫升时,便达到了这个限度。"[②]此即说明人刚出生时,其脑重量只相当于成熟期的 1/3,而且也只能够达到 1/3 的成熟程度,否则会出现母亲难产甚至胎儿死亡的危险。而其他的动物在刚出生时,大脑的成熟程度却高得多,如猴类达到了 1/2。由于人脑在后天发展了 2/3,而猴脑只发展了 1/2,因此,猴类可以迅速达到成熟,而人类却需要经历较长的过程。人类大脑 2/3 的成长来源于后天"生长"。同时,"过早来到人世"的人类,丰富的后天生活环境无疑给予了这种基于结构可塑性功能实现的机会。因为无论如何,外界刺激因素的丰富性是先天母体环境无法相比的。人类从先天

---

① 《教育大辞典》编纂委员会.教育大辞典(第一卷)[M].上海:上海教育出版社,1990:33.
② [英]理查德·利基.人类的起源[M].吴汝康等译.上海:上海科学技术出版社,1997:36.

留给后天的可塑条件是人类优越于其他动物的可塑性所在。

(二)人体功能的支撑

第一,大脑功能区结构支持这种可教性。从功能上看,人类具有可教的基础。一是人类的脑功能比较复杂。神经生理学家布罗德曼(K. Brodmann)于1909年提出把大脑划分为52个功能区。人类的内在与外在活动,不但有其专门的大脑中枢调控,而且还有相关皮质区域参与,由此形成了内外刺激与人类反应之间的复杂关系,反映了人类脑功能的复杂性。二是人类脑功能的特殊性。人类不仅具有与动物类似的在具体事物刺激下发生反应的第一信号系统,而且具有动物所不具备的第二信号系统,即对语言、文字等抽象符号发生反应的能力。正因为人类独具的第二信号系统,使其与动物相比不仅能够看见、听见信号,而且能够看懂、听懂信号。

> **阅读链接**
>
> 人脑功能分区是德国解剖学家布罗德曼的重要贡献。他于1909年提出根据脑细胞的排列和类型等的不同而将人脑皮质分为52个区,并发现了不同区域具有不同的生理功能。这种分区被解剖学和生理学广泛使用。

第二,其他器官的功能也支持这种可教性。人类口腔、喉腔等语言器官结构的特殊性、上肢结构的灵活性等也为人类的学习提供了必要条件。由此可见,正是人脑、语言器官、上肢等人类特殊的结构与功能,促使人类发生符号反应,心智得以发展,且可通过符号(如语言文字)来表达自己的心智。人猿差别由此而始,人类教育的可能性也由此而生。

总之,正是因为人类在长期的进化过程中能够对各种抽象的符号发生反应,才使得人类建立了自己的文字、符号系统,即所谓的"文化"。雅斯贝尔斯(K. T. Jaspers)认为,人类"获得了通过他自己的存在的活动所凝聚成的文化,这文化可以说成了他的第二本性"[①]。可见,个人正是在历史的文化传统中成长起来的。由此把人类与动物区别开来,正如人类学家恩斯特·卡西尔(E. Cassirer)把人定义为"符号的动物"一样,"语言、神话、宗教、艺术、历史、科学,都是这个(人性)圆周的组成部分和各个扇面"[②]。可见,在人类符号化的过程中,人类之性——人性得以构筑。而且,在人类对符号的反应机能中,由于作为符号的文字、语言是现实的概括、抽象,这种概括和抽象使得人不但能直接从个人经验来认识现实,而且可以从他人的经验中吸取有益经验,使得人类冲破直接经验的牢笼。因此,人类对符号——文化——的学习过程也就是人类自身不断符号化的过程,人类就是在此过程中实现了由"动物"的人向创造的、计划的、组织的、语言的人的转变。从此意义上看,文化即人化——使人远离动物,人性日臻完善。

---

① [德]卡尔·雅斯贝尔斯.现时代的人[M].周晓亮,宋祖良译.北京:社会科学文献出版社,1992:56.
② [德]恩斯特·卡西尔.人论[M].甘阳译.上海:上海译文出版社,1998:86.

> **阅读链接**
>
> 《人论》是德国哲学家 E. 卡西尔(1874—1945)的著作。书中指出,人具有创造"理想世界"的能力,并独树一帜地把人定义为"符号的动物"。E. 卡西尔有"现今思想界具有百科全书知识的一位学者"之誉。

总之,所有的人都是可以接受教育的。在这一点上,越来越被人们接受的全纳教育理念应当成为人类的共识。全纳教育是1994年6月10日在西班牙萨拉曼卡召开的《世界特殊需要教育大会》上通过的一项宣言中提出的一种新的教育理念和教育过程。它强调人所具有的受教育的基本权利,反对歧视、排斥,要求容纳所有学生;反对"学会生存"的片面教育价值观,主张"积极参与"的思想,注重集体合作,满足不同需求,是一种没有排斥、没有歧视、没有分类的教育。当然,不同个体由于先天生物性遗传因素差异的影响、后天环境及训练和教育的差别,其可教性的基础有强有弱、可教性的水平有高有低,因而给予受教育的机会、实施因材施教的指导则为必需。

二、人之必教性

所谓"人之必教性",即指人基于自身与社会性发展的需要而必须接受教育,人具有教育的要求。关于为什么人类需要教育,早有教育学家探讨过,如夸美纽斯说"只有受过一种合适的教育之后,人才能成为一个人";卢梭(Rousseau)认为"植物的形成由于栽培,人的形成由于教育";康德说"人只有依靠教育才能成人,人完全是教育的结果"。总体来看,人们对人的必教性比关于人的可教性要关注得多,认识也较为丰富。

(一)自然力生长的需要

人天生就是一种"有缺陷的生物",其生物装备相对于动物来说有很大的弱点(如缺少天生的武装、缺少保护性皮毛等),因此只能在人工创造的环境中,在某种文化中,才有生活能力。有文化,就离不开教育形式。"人要生存,但他不完备,全身光秃秃的。因此,人为装饰是符合人的特征,反映人本质的一种表达。"我们不能对人之天然缺陷与文化间的关系做这样的解释,即从生物学看,人起先是一种有缺陷的生物,后来为了弥补这种缺陷才创造了文化;而应当把生物素质与文化这两者看作从一开始就是相互补充的,而且是一个统一体中的两个互补环节。人类创造文化,然后传递给下一代"有缺陷的新出生的人",人要通过较高的能力来弥补现存的缺陷,这是人必须接受教育的基础。人成了"不断求新的生物",成了虽不完美,但能通过观察、学习、模仿使自己完美起来的生物。

关于人的自然力及其发展与教育的问题,人类学家米夏埃尔·兰德曼(M. Landmann)可谓一语中的:"一般的动物,在其总的构造上,也比人更多地被特定化了……这种特定化的效果和范围也是动物的本能,它规定了动物在各种形势下的行为……然而,人在本能上也是匮乏的:自然没有对人规定他应做什么或不应做什么……

人的非特定化是一种不完善,可以说,自然把尚未完成的人放到世界之中;它没有对人做出最后的限定,在一定程度上给他留下了未确定性。但是,用确切的术语来说,这是指:首先,人能够决定他自己的行为;其次,他之所以能这样,就因为他是自由的。因此,创造和自由是增加在纯理论的对世界的开放性之上的两个'属人的'特征。"①

> **阅读链接**
>
> 《哲学人类学》是德国哲学家兰德曼所著。书中提出"人是未确定性的生物",并以此为出发点和思路去解释了人与神、人与自我、人与文化的关系,提出了人是文化的、历史的、传统的、社会的存在。该作被誉为哲学人类学领域"标准的权威性著作"。

人在整个一生中始终在向更新的阶段发展,而在这些阶段中又始终会产生新的学习任务。鉴于此,教育当然不再仅仅发生在年长者与年轻人之间,同样也可能发生在同龄人之间。青年人教育青年人正如成年人教育成年人一样,同样是合情合理的。不仅如此,甚至还有年轻人教育年长者的教育。正如福禄贝尔(F. W. Froebel)强调的那样:"教育的意义不仅在于变得呆板而僵化的成年人在与天真烂漫的儿童打交道时可以使自己重新变得年轻起来,而且还在于完全有意识地进行的教育。"②正如国际社会所公认的,教育对于人类个体来说,其意义是极其重大的:人类生下来就是"早熟的"。"他"带着一堆潜能来到这个世界。这些潜能可能半途流产,也可能在一些有利的或不利的生存条件下成熟起来,而个人不得不在这些环境中发展。所以,从本质上讲,"他"是能够受教育的。事实上,"他"总是不停地"进入生活",不停地变成一个人。③

(二)社会性发展的需要

第一,人的社会性存在需要发展其社会性。有学者指出,人与动物最大的区别是人不仅是自然的存在物,也是具有社会性特征的存在物,人必须生活在社会性的群体之中。人的成长是从自然人过渡到社会人的过程,自然属性是人与动物的共同性或共通性,社会性则表示人与动物界的区别性或差异性。我们从不否认人的自然属性,但人之所以是人而非动物,是因为人的社会属性。④ 自然性只是人性形成的物质基础,不是人性本身。在现实中,从来没有纯粹表现为自然性的人性。同时,人的社会性对自然性具有驾驭能力,社会性决定自然性的发展方向、程度及表现方式。正如马克思所说:"人的本质不是

---

① [德]米夏埃尔·兰德曼.哲学人类学[M].张乐天译.上海:上海译文出版社,1988:195.
② [俄]O.F.博尔诺夫.教育人类学[M].李其龙等译.上海:华东师范大学出版社,1994:38.
③ 联合国教科文组织国际教育发展委员会.学会生存——教育世界的今天和明天[M].华东师范大学比较教育研究所译.北京:教育科学出版社,1996:197.
④ 梁树发.马克思主义哲学原理[M].北京:中国人民大学出版社,2003:175.

单个人所固有的抽象物,在其现实性上,它是一切社会关系的总和。"①因此,需要通过诸如教育来形成人的社会性。

卢梭在《爱弥儿》中认为,教育要顺应自然,要尊重儿童的天性,培养自然人。他的一个朋友十分推崇这一观点,在教育自己的孩子时任由孩子的个性无拘无束的发展,不采取教育的方式让孩子懂得礼仪和规范。到了孩子10岁的时候,他的孩子是什么样呢?目中无人,不懂基本的礼仪和规矩,与他交流非常困难,过分个性,实在是不能算一个正常的人。可见,作为一个社会人,都是应该遵循一定的习俗的,过分张扬其个性,结果总是事与愿违。教育与人的发展是密切相关的,让孩子能够依照本性自然的成长是一个好的出发点和愿望,但是要成为正常的社会人,就必须要有社会适应性,能够承担社会责任,要达到这些就离不开教育。

第二,人先天社会性的缺乏需要通过教育解决。发展人的社会性其实也是规避人的动物性及其向恶可能性的需要。告子之"性犹湍水也,决诸东方则东流,决诸西方则西流"表明,教育既是积极引导人性向善之举,也是规避人性向恶之虞。学者黎鸣在其著作《中国人性分析报告》中指出,事实上,人性向恶之趋势在追求生物性满足下是存在的,甚至是非常强烈和影响巨大的。② 书中引用爱尔维修(C. A. Helvetius)之语说:"人并不恶,他们只是由其利益所驱动。道德主义者(对人性恶)的谴责自然是不可能改变人性的,而是立法者们的无知,因为他们总是把个人的利益放到与共同利益对立的位置上。"又引用美国开国元勋汉密尔顿(Hamilton)之语说:"人总是要追求其个人私利的。要改变人性,就像要阻挡自私的情感的狂流一样困难。联盟的立法者应该巧妙地通过改变河道而对其加以引导,并在可能的情况下将其导向公共利益的方面。政府本身若不是对人性的最大耻辱,又是什么呢?如果人都是天使,就不需要对政府有任何外来的或内在的控制了。"还引用美国另一位开国元勋杰斐逊(Jefferson)的话说:"社会是由我们的需要所产生的,政府是由我们的邪恶所产生的。前者使我们一体同心,从而积极地增进我们的幸福。后者制止我们的恶行,从而消极地增进我们的幸福。"政府是"由于人的德行的软弱无力而有必要采用的治理方式"。黎鸣由此总结指出:"自私作为人类的本性,是它的自然的根性。""原恶不是恶本身,而是产生恶的行为的潜在心理因素……人性原恶不是人性恶本身,恶是已经证实了的对人类他人的危害。"

阅读链接

《中国人性分析报告》是中国思想家黎鸣先生众多人性著作中的一部。他在书中断言:自私作为人类的本性,是它的自然的根性,这几乎可以称之为关于人类的第一大自然规律。黎鸣先生有"思想狂徒"和"哲学乌鸦"之誉。

---

① 中共中央马克思恩格斯列宁斯大林著作编译局.马克思恩格斯选集(第1卷)[M].北京:人民出版社,1979:60.

② 黎鸣.中国人性分析报告[M].北京:中国社会出版社,2003.

第三，人的社会性发展需要教育来促进。从人的社会性发展的角度看，人更需要教育。人是自然属性和社会属性的具体的、现实的统一。就自然属性而言，人的生长发育是遵循生物规律的；从社会属性来看，人是社会关系的承担者和体现者，人既是社会存在的前提，又是社会发展的产物。个体离开母体来到人世间，起初只是一个自然人，只有在社会生活过程中才逐步成为社会人。这种转变不仅指生物性上的成熟，而且也是在学习、接受人类经验和消化、吸收人类文化的过程中实现的社会化。从自然人转变为社会人，是社会教化的结果。人是在社会中生存和发展的，脱离了社会的人只是具有人形的动物，而无社会性可言。因此，人的社会性就决定了社会化是必要的，也是必然的。进一步看，一定社会都对自己的成员提出了社会化的目标、要求。如有学者研究指出，现代社会的人必须具备 12 种素质，即头脑开放、观念新颖、思路开阔、视野宽广、渴望新知、终身学习、勇于挑战、勇于创新、注重时效、讲求团结等，只有达到这些目标才能够成为基本合格的社会成员。总之，人在生理上、社会性上可以说永远不会变成一个成人，他的生存是一个无止境的完善过程和学习过程，是一个不断提高社会化程度的过程。

第三节
人的发展与教育

前面通过论证表明：人存在可教性，人也存在必教性。但是，教是为了促进人的进步，并非为了教而教。那么，教育与人的发展之间有关系吗？或者说教育能够承担促进人的发展的责任吗？这个逻辑关系是否存在，是教育与人的发展之间的联系的基础，必须予以回答。

一、人的发展的界定

（一）人的发展的内涵

所谓人的发展，对群体而言，是指人类在地球上发展、进化和演化的过程；对个体而言，是指作为生命复杂整体的个人从生命开始到结束的不断向积极方面变化的过程，是"人之为人"的过程。这种发展是生理与心理、自我与社会等各个方面的全面而和谐的发展。当然，教育中人的发展主要是指人的个体层面的发展，大体包括三个方面：其一，生理的发展，即个体从产生（胚胎的形成）到死亡这一全过程中生理结构和身体机能的正常发育、完善、衰退过程。其二，心理的发展，即个体从出生到死亡这一过程中，其心理机能及心理特征的变化过程，包括感觉、知觉、注意、记忆、思维、语言等认知的发展，需要、兴趣、情感、意志等意向的形成，能力、气质、性格等个性的完善。其三，社会性的发展，即人在社会生活的过程中与社会群体和个体不断互动、交织的过程，具体包括对社会经验和文化知识的掌握，对社会关系和行为规范的习得，对社会制度和政策法规的适应过程。人的发展的三个方面，既具有一定的相对独立性，又具有不可分割的统一性，在人的发展过程中形成相互制约、相互促进的辩证关系。在人的发展的不同时期，三个方面各有侧重，但又缺一不可。随着社会的不断发展和演变，人的发展过程变得越来越复杂，涉及很多方面的很多问题，这些问题离不开哲学、人类学、社会学、心理学、生理学等学科的综合考量。

与其他生物体较为自然的、本能的发展相比，人的发展具有其独特的基本特点。

第一，人是在社会环境中获得发展的。因为人是社会的人，离开了社会条件，人的发展就失去了条件、机遇，甚至不可能发展成为人，印度狼孩、法国狼孩就是例证。具体而言，其一，社会提供了个体发展所需要的物质条件，至少使得我们的身体获得营养、获得成长。我们进入人类社会后寿命越来越长，其重要基础就在于营养的不断充足、改善。其二，社会提供了个体心理发展所必需的精神文明。心理发展的重要刺激是精神文明，社会的政治制度、生产方式、生产关系、文学艺术、科学技术、思想道德等都是个体心理发展的必需营养，离开了这些社会的精神因素，个体不但心理难以获得正常的发展，而且根本难以融入社会，难以过上正常人的社会生活。因此，人类个体的发展必须在一定的社会环境中进行。

第二,人的发展具有一定的主观能动性。其一,人由于第二信号系统对抽象刺激发生反应的能力而具有独特的意识和自我意识,能够主动地意识到教育信息的存在与发送,也能够主动地选择对教育信息的接受态度,率先选择是接受还是拒绝教育信息,表现出主观能动性。同时,即使是接受教育,但选择接受哪些教育、拒绝接受哪些教育也是具有主观能动性的。其二,人不但能够主动改变自己去适应环境,而且还能够改变环境以促进自己的发展,表现出更高的主观能动性。因此,不能简单地用"刺激—反应"之间的单纯对应关系来看待人在教育中的状况。这个道理也能够解释"为什么同样一位教师同时教授众多学生,而不同学生在接受同样教育时却获得不同的发展"这一现象。

关于人发展的动力问题,存在不同的认识,其中有:其一,内发论。如孟子的"人性本善"下的内在自然生长、弗洛伊德的"力比多"的推动作用、格塞尔(A. Gesell)的基于基因发展的"成熟说"等,他们都强调个体发展的动力来自人的内在需要。其二,外铄论。如荀子"性恶论"下的"化性起伪"、洛克(J. Locke)的"白板说"中的外力影响、华生(J. B. Watson)的"教育万能论"等,他们都强调个体发展的动力来自外在(诸如社会、教育等)的影响。其三,多因素论。这种观点认为个体的发展是多种因素综合作用的结果,即内在因素(如遗传、机体成熟等)与外部环境(如自然环境、社会条件、学校教育等)相互作用的结果。按照马克思主义关于事物发展动力的观点,内因是基础,外因是条件,外因通过内因起作用。因此,人要获得发展,除环境条件、学校教育的支撑外,关键在于个体实践。

(二)全面发展理论

关于人的发展,综观古今中外的教育追求,大多指向人的全面发展。在古代,中国奉行礼、乐、射、御、书、数组成的"六艺"教育;古希腊的亚里士多德(Aristotle)要求通过和谐的体育、德育、智育来使人的理性发展和体魄健美。到了近现代,文艺复兴时针对中世纪的宗教对人的统治和禁锢,人们提出要使人的意志自由、个性解放,培养"全智全能"的人,如薄伽丘(G. Boccaccio)提出男女都应当全面发展,卢梭要求培养个性自由发展的"自然人",裴斯泰洛齐(J. H. Pestalozzi)主张教育要发展全面的劳动能力。空想社会主义者圣西门、傅立叶和欧文第一次明确地提出了人的全面发展的概念,如圣西门曾指出:"15世纪的欧洲人不仅在物理学、数学、艺术和手工业方面有惊人的成就,他们还在人类理智可及的一些最重要和最广泛的部门都十分热心地工作。他们是全面发展的人,而且是自古以来首次出现的全面发展的人""所有的人都将在智、德、体、行方面受到良好的教育""使劳动阶级各个人的脑力和体力广泛地结合起来"。[1]

马克思、恩格斯批判地继承了前人关于人的全面发展的优秀思想成果,并在此基础上创立了马克思主义的人的全面发展的学说。主要观点包括:首先,马克思、恩格斯从人的劳动能力来说明人的发展,认为人的全面发展是体力与智力的统一发展。其次,马克思、恩格斯从一定的社会关系出发来说明人的全面发展,认为人的全面发展是对社会关系的全面占有,不仅包括智力和体力的统一发展,而且包括精神上、道德上、情感上的全面和谐发展。最后,马克思、恩格斯从全人类解放出发,认为人的全面发展不仅指个人能

---

[1] [法]圣西门.圣西门选集(下)[M].何清新等译.北京:商务印书馆,1962:183.

力和精神面貌的全面发展,而且包括全体社会成员的全面发展。这同共产主义彻底解放全人类的伟大目标是一致的。此外,人的全面发展需要具备一定的社会条件,诸如社会生产力的高度发达、人与人之间关系的平等、消灭剥削及社会脑力劳动与体力劳动的分工等。

马克思、恩格斯十分关注人的全面发展的条件,认为社会存在是人的全面发展的前提条件,人的发展与生产力的发展具有一致性。"个人怎样表现自己的生活,他们自己也就怎么样。因此,他们是什么样的,这同他们的生产是一致的——既和他们生产什么一致,又和他们怎么生产一致。因此,个人是什么样的,这取决于他们进行生产的物质条件。"[①]因此,只有当社会生产力高度发达,物质财富和人的闲暇极其充裕,消灭了压迫和剥削人的社会制度时,人的全面发展才能真正彻底地实现。从该角度讲,人的全面发展只能是一个随着社会历史条件的变化而不断前进的历史过程。

二、教育的发展影响

关于影响人的发展的因素问题,存在诸如单因素论(即遗传决定论、环境决定论或教育决定论)、二因素论(生物因素和环境因素)、三因素论(遗传、环境、教育)和多因素综合影响论的众多说法。综合以上众多观点,我们认为,影响人身心发展的因素有遗传素质、社会环境、学校教育和个体实践四个方面。

(一)学校教育的影响

学校教育是有目的、有计划地影响人的一种活动,它在人的发展过程中的作用曾被许多思想家、教育家充分肯定。关于教育对人的发展的作用,比较一致的说法是起主导作用。教育之所以对人的发展起主导作用,其机理在于:

第一,教育是一种特殊的生活环境。学校教育作为一种有明确目的、高度计划、专门组织、系统影响的活动,对教育对象的影响是比较全面、系统和深刻的。同时,学校教育能够对校内的各种环境因素加以控制、利用,以发挥正面因素的积极作用,尽力消除负面因素的消极影响,为学生的校内生活创造健康的物质和精神环境;而且还能够对各种因素加以系统化,使之系统、科学地作用于受教育者,保证受教育者受到系统的教育。因此,相对于其他社会单位的物质和精神环境,学校环境相对是比较纯洁、安静、美化的,有利于儿童、青少年的健康发展。

第二,教育是一种特殊的实践活动。学校教育活动以对人类已有经验的认识为主要活动,是一种智能性的心理活动,有助于专门提高学生的心智素质。同时,这种认识活动可以渗透思想道德的教育,并规范言行,以此提高学生的品德修养。而且,在此过程中,还可以结合体育、美育,促进学生体质和审美能力的发展。学校教育的目的性、系统连贯性是非常突出的,而环境中其他方面的影响往往是自发的、偶然的、片断的,是不能与学校教育相比的。总之,教育对人发展的主导作用的表现有诸如品德的进步、智能的增长、身体素质的增强、审美能力的提高等许多方面。

---

① 中共中央马克思恩格斯列宁斯大林著作编译局.马克思恩格斯全集(第3卷)[M].北京:人民出版社,1979:24.

第三,学校专业教师的指导作用。与其他教育形式相比,学校教育中有教师这个独特的因素。教师与其他教育者的不同在于:教师是接受过专门教育的、进行过专业训练的、达到专业标准的专业工作者。因此,作为专业的教师具备了职业道德和伦理、专业知识和技能、教学技术和技巧,更能懂得教育对象的生理和心理特征,并据此设计有针对性的学习活动,能够做到扬长避短、长善救失,避免其他教育的随机性、偶然性等弊端,以此保证学生的顺利发展,避免耽误学生的发展,特别是能使学生少走甚至不走弯路。

学校教育的影响也是有局限的。一是学校教育对人身心发展的主导作用是有条件的,即教育要符合社会的发展方向,教育应当通过人才的培养促进社会的进步,而不是"开倒车"。因此,要求教育者有民主意识,要求建立民主的教育。二是教育要适应人的身心发展规律。违反人身心发展规律的教育,不但不能促进发展,反而会妨碍发展,具有促废作用。因此,要求教育者学习和掌握心理学、教育学的科学知识与技能。三是学校必须有效地协调与社会、家庭的关系,共同发挥育人作用,否则,三者教育方向相反,各自的作用被抵消,仍然妨碍人的身心发展。四是学校教育影响的有效性是以学生愿意接受教育为前提的,否则,优秀的遗传素质、良好的环境条件、一流的学校教育,这些因素对人的发展都不可能起到任何作用。所以,洛克、华生等人的"教育决定论"是错误的。如洛克说,教育者可以在学生心灵的白板上随意涂抹,描绘理想人性的蓝图。

(二)其他因素的影响

1. 遗传素质的影响

遗传素质是指人从上代继承下来的生理水平及其特点,如机体的结构、形态、感官和神经系统的特点等,是人与生俱来的特征,也是人生长发育最基本的前提。遗传素质对人发展的影响有其特定性。

第一,遗传素质影响子代的生理结构及其机能水平。子代的身体形态结构、内在功能水平等都主要是由父母的遗传物质(DNA)决定的。子代作为父代 DNA 基因的"复制品",在身体形态结构、内脏机能等的生理指标、特征,生长发育的速度、水平、特点、方向等方面,大多与父母具有相似性。遗传素质对子代的影响很早就引起人们的注意,如优生学创始人高尔顿(F. Galton)用英国 977 位名人家谱调查所得的统计数据证明:人的差异是由遗传决定的。威尔逊(E. O. Wilson)认为:"包括意识形态在内的社会与人的各方面都确实服从它的隐蔽的主人——基因,各种最高的冲动都可以还原为生物学行为"。[①]所以,在日常生活中,有儿子与父亲外貌极其相似、女儿与母亲外貌极其相似的情形,也有儿子、女儿部分与父亲相似、部分与母亲相似的综合型情形。

---

① [美]E.O.威尔逊.论人的天性[M].林和生等译.贵阳:贵州人民出版社,1987:4.

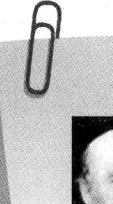

阅读链接

高尔顿(1822—1911)，英国人类学家、统计学家、优生学家。他率先使用"优生学"一词，在著作《遗传的天才》中主张人类的才能是能够透过遗传延续的，故被认为是"差异心理学之父""遗传决定论的代表"。

第二，遗传素质成熟机制制约着个体发展的顺序、速率。人类个体的发展包括从受精卵的形成到死亡的全部历程。在此发展过程中，人类的生理、心理在发展顺序上要受到遗传物质的制约、支配，如胎儿期、婴儿期、儿童期、青春期、青年期、中年期、更年期、老年期等，这些顺序的出现是受遗传规律支配的，在正常条件下，这些顺序的出现是有规律可循的。因此，教育要循序渐进，而不可停滞不前或者揠苗助长。即使在环境条件发生改变时，这些顺序仍然不会改变，只是停留时间的长短发生变化而已。

第三，遗传素质的影响是潜在、必要而非充分条件。遗传素质对子代形态结构、技能水平的影响是一种潜在的影响力，这种影响要成为现实必须依赖一定的条件，诸如合理充足的营养物质、避免药物对结构与技能的伤害等。同时，新生儿的发展水平、发展方向不仅取决于遗传素质，环境和教育也有重要影响。即使身有优秀的遗传基因，也只是一种可能性，如音乐家和画家的孩子只是继承了父母的某些较好天赋的基因，但要成为真正的专家还需要后天的学习。天资聪慧的孩子显然具有未来良好发展的可能性，但也未必就能成功；天资愚钝的人虽然先天弱势，但通过后天的努力仍然有可能成功。如果教育没有跟上成长，那么也会使遗传素质比较好的儿童走入平凡。

需要指出的是，遗传给予子孙后代的都是由生物基因决定的诸如生理结构与生理机能部分，而个体在后天获得的非遗传性素质（如知识、才能、思想、观点、性格、爱好、道德品质等）是不能遗传的，故"遗传决定论"或"先天决定论"是错误的。如著名的"遗传决定论"创始人高尔顿的研究就忽视了考察对象——名人们家庭本身所处的社会地位、家庭环境、文化倾向等种种后天因素对名人成长的影响，因此，尽管用了调查、统计等实证的所谓"科学"手段，但是结论并不科学。其他诸如霍尔(Hall)的"一两的遗传胜过一吨的教育"，彪勒(K. Bühler)的"儿童心理发展过程乃是儿童内部素质向着自己的目的有节奏的运动过程，外界环境在这里只起着促进或延缓这个过程的作用，而不能改变这个过程"[1]等，都是错误观点。

总之，遗传因素对人身心发展具有比较严格的制约作用，在很大程度上，教育只有适应此制约，但在适应的基础上也存在适度超越。根据心理学家维果茨基(L.S.Vygotsky)的最近发展区理论，可以运用适度超前的教育来诱导发展的发生，使得教育走在发展的前面。

---

[1] 朱智贤.心理学大词典[M].北京:北京师范大学出版社,1989:32.

2. 环境条件的影响

环境是围绕在个体周围的并对个体自发地发生影响的外部世界。它包括个体所接触的物质文明、精神文明,个体因参与其中而接触到的社会经济生活、政治生活、文化生活以及家庭生活,还包括同邻里、亲戚、朋友的交往等。所有这些方面的不以培养人为目的的、外界自发产生的对个体发展的影响,都是我们这里所说的环境。

首先,社会环境影响人的发展。社会环境包括各种性质的社会关系。显而易见,这一切对人的发展,尤其是社会性的发展具有重要作用。如生活在不同制度下的人们,对某一特定制度下的政治、经济、文化、道德的认识是有其共同性的特征的。虽然教育要寻找撇开这些社会因素之外的教育真谛,但是我们不能不重视这些社会因素对人发展的影响。因为人类还没有生活在大同社会,具体的社会生存环境必定影响其身心的发展。同样,在这个问题上,我们也不能持"社会环境决定论"的观点,对少数人以此为借口攻击特定社会的政治、经济制度的用心应当有鉴别力。

其次,家庭环境影响人的发展。家庭是人生的第一所学校,是个体的启蒙教育地,它对个体身心发展的影响也是不可忽视的。家庭是以血缘关系结合起来的特殊单位,既是生产单位和生活单位,又是教育单位,它对个体身心发展的意义是重大的。家庭作为人生的起步地,它的教育具有启蒙性特点;家庭作为基本的常存教育单位,教育的时间具有开放性,能满足孩子学习的随机性要求;家庭的血缘性使得家庭教育中父母与子女可以无所不谈。当然,家庭中的许多因素也会影响家庭教育的结果,如父母的学历和职业、父母对子女教育的重视程度、家庭气氛、物质条件等都影响着儿童的身心发展。

最后,环境作用有其特点及其局限。其一,无论是自然环境、社会环境还是家庭环境,对人身心发展的影响都具有自发性,即环境是客观存在的,人自从来到人世就与环境有着不可分割的联系,环境的影响是客观存在的。其二,环境的影响是偶然性的,即客观存在的环境因素不一定能影响个体的发展,因为只有个体接触这些环境因素,才可能受到其影响,如果个体不接触这些环境因素,那么这些环境因素就不会影响个体的身心发展。此外,个体对环境的影响存在适应与对抗——即使环境对个体产生影响,但个体的态度决定着这种影响的效果。如果个体接受环境的影响,随波逐流,那么这种特殊的环境就会对人产生影响;如果个体对环境的影响有抵抗意识,特别是能够抵抗不良环境的影响,那么这种特殊的环境因素就不会影响个体的身心发展,即"出淤泥而不染"。可见,环境虽然制约着人的身心发展,但人在一定程度上又可以发挥主观能动性,超越环境的制约。

阅读链接

华生(1878—1958),美国心理学家。他曾经说:"请给我十几个健康而没有缺陷的婴儿……无论他的能力、嗜好、趋向、才能、职业及种族是怎样的,我都能够训练他成为医生、律师、艺术家、商界首领,甚至乞丐或窃贼。"他被认为是"环境决定论"的代表。

3. 个体实践的影响

学生的个体实践是指个体发挥主体性,积极地参与生命活动、心理活动和社会活动,并在实践中增长智能、陶冶德行、获得发展。影响人的发展的因素中,除遗传因素的先天性而被视为中间因素外,环境、教育都是外在因素,唯有个体实践才是内在因素。因此,它对人的发展具有不可取代的作用。

第一,个体实践是促进个体发展的动力源泉。人的活动包括生命活动、心理活动和社会实践活动。生命活动是人的心理活动和社会实践活动的前提,生命活动正常与否直接影响着人的身心发展。心理活动使人们获得了对世界和自己的认识,形成了各种心理活动的能力和个性。而人最终要成为一个社会的人,要从事一定的职业,要扮演一定的社会角色,社会实践活动是必不可少的。人的个体实践是人作为社会成员所从事的各种活动,它是人的心理活动产生的源泉,人的生命活动和心理活动渗透在一切实践活动中。社会实践活动的范围不断扩大、内容不断丰富和深化,人的身心发展水平也就不断提高。离开个体实践,人就谈不上什么发展了。

第二,个体实践能够弥补其他影响的不足。如学校教育不足者,可以通过实践去获取经验、知识,增长见识,甚至见识到在学校、家庭所不能见到的某些极端社会现象,开阔实践者的眼界、心胸。故人们说:"读万卷书,不如行万里路;行万里路,不如阅人无数。"同时,学校教育虽然是实践上的理论概括、间接化的总结,但学校所教的知识正确与否,还需要在实践中加以检验。又如家庭教育不足者,可以通过实践去获得家庭之外途径的教育,因为实践中也可能蕴藏着家庭中的一些教育因素,如伦理、道德等。

第三,个体实践对个体发展有其局限。其一,实践本身的操作性质决定了它不是理论本身。从实践中能否获得学校教育所给予的系统化的知识,是值得怀疑的,即实践性认识的自发性、零碎性、偶然性是比较明显的。其二,从实践中获得的人生需要一个较长的、较大难度的自我感悟过程,从时间上看,缺乏简捷性。正如马克思曾经说的,中学生在课堂上两个小时能够掌握人类需要两百年才能掌握的二项式定理。而且人类已经经历了众多实践,已经积累形成的认识,是不一定需要每个人都去重复性地再实践的。这也是为什么在儿童、青少年发展过程中,要坚持以学校的理论学习为主、以少量的社会实践为辅的重要原因。

此外,虽然对于小学儿童而言,其发展也受到遗传素质、家庭环境、学校教育、主体实践等因素的影响,但由于小学儿童生理水平、心理水平的特殊性,使得上述因素对其发展的影响表现出特殊性,即小学儿童的发展水平如何,受遗传素质的影响更大,其他因素的影响相对较小;家庭环境与学校环境的影响基本上是等量齐观的,但小学儿童比其他高层次学生需要更多的家庭教育影响;小学学校教育更多的是学习习惯的养成、学习兴趣的激发;小学儿童的主体实践能力比较弱,活动的自发性强,需要父母和教师更多的活动引导。总之,影响人身心发展的因素是多方面的,同时这些影响因素又是相互影响的。因此,对小学儿童教育而言,应系统地考虑这些因素之间的相互作用,综合发挥这些因素的积极作用。

如上所见,主要阐述人的发展与教育的关系、其他因素与人的发展的关系,在理论中,还经常遇到一些相关的其他如本能、天性、天资、禀赋、潜力、发育、发展、成熟、内化、外化,以及优生学、复演论等概念,读者自行去区分、辨析这些相似的概念,有助于认识教育与这些概念及其实践的关系。①

本章小结

  本章首先从人的本原是什么出发,弄清楚了人既是自然性存在,也是社会性存在,并从物质层面、精神层面、社会层面认识到了人的特性。在经过对有关人性善恶的讨论后,确定了"非善非恶"的中性论人性观。同时,阐述了人生命发展过程中身心发展的整体性、连续性、阶段性等共性特征及其教育要求;阐述了诸如性别差异、神经功能差异、生物钟差异及其教育要求;探讨了当代儿童性早熟、智力早熟现象及其教育要求。作为面向小学教师的读物,我们梳理了小学儿童的心理特征。

  在科学地认识了人是什么之后,一方面,我们深入探究了"人之可教性"问题,发现了人脑在进化中获得了相对重量优势、对后天发育具有人体结构支撑的先天优势条件,大脑功能区结构支持可教性、其他器官功能也支持可教性的两大可教性的条件。另一方面,又深入探究了"人之必教性"问题,获得了人的自然力生长需要、社会性发展需要等支持条件。

  再进一步阐释了人的发展的内涵,认识到了人的发展的独特性;还剖析了各种人的发展的动力观点,介绍了有关人的全面发展理论。最后,探讨了影响人的发展的因素问题,认识到遗传素质、社会环境、学校教育和个体实践是影响人身心发展的基本因素。其中,学校教育由于它的特殊性而成为影响人的发展的主导力量,遗传素质、环境因素是影响人的发展的可能而非现实力量,同时,分析了人的个体实践在其发展中的决定性作用是有限的。此外,还辩证地分析了遗传素质、社会环境、学校教育和个体实践等影响人的发展的因素的局限性。

复习思考

一、巩固复习

  1. 请系统地收集各种关于人的本质、人的特性、人的善恶的资料,并在整理后,撰写一个文献综述报告。

  2. 阐述学生身心发展的共性特征、个性特征及其提出的教育要求,反思当前的教育是否做到了适应学生的这些身心发展特征的要求。

  3. 请给出科学证据证明:"人是一个可以教的动物""人是一个必须教的动物"。

  4. 以自己的发展为例,分析遗传素质、环境因素、学校教育、个体实践与自己发展的关系,并从中剖析为什么说"学校教育既不是万能的,也不是无能的"。

---

① 《教育大辞典》编纂委员会.教育大辞典(第一卷)[M].上海:上海教育出版社,1990:27—29.

二、观点剖析

1. "人是社会关系的总和",表明人的自然性并不重要。
2. 对抽象符号刺激发生反应是人能够接受教育的重要条件。
3. 全面发展的学校教育必然加重学生的学习负担。
4. 心理学家霍尔说:"一两的遗传胜过一吨的教育。"

三、阅读与思考

阅读材料1:唐智松所著的《教育生理学》[①]是一本对教育现象中的生理问题进行分析的著作。该作从三个层面展开阐述:一是"上篇:生命原理与教育",从宏观层面对生命形成、生命特征及其教育启示等范畴问题做了阐述,揭示了生命类特征及其教育启示;二是"中篇:生理特征与教育",从中观层面对人类可教育性及启示、群体和个体生理普遍规律及其要求、教育和教学的生理卫生要求等做了概括性阐述,揭示了人种类生理规律及其教学要求;三是"下篇:生理发展与教育",从微观层面对个体从生命形成到终结过程中的教育生理学要求做了连续性考察,揭示了个体性生理规律及其教育要求。该书关于生命特征及其教育启发、生理周期及其教育要求、脑功能及其教学意义、生理卫生及其教育要求、青春期特征及其教育对策、中老年生理规律及其启示等内容,针对性强,实用性高。

思考任务:请以该著作为基本材料,结合阅读其他诸如生理心理学、教育生物学等著作中关于教育的生理科学理论,写出一篇2000字左右的读书笔记。

阅读材料2:有研究指出:未成年人比成年人更容易越轨,这是一个不以人的意志为转移的铁律。青少年越轨现象的存在,是由青春期危机决定的。未成年人的越轨是以生理学和心理学为基础,而不是以道德为基础的。青春期正处于由生物人向理性的社会人过渡的关键时期。生理发展超前与心理发展相对滞后所形成的剪刀差,是未成年人越轨的基本动因。这时的孩子,就像一部马力十足的赛车(体能已接近了成人),但是方向盘(认知能力)不好使,刹车系统(自我控制能力)不灵敏。这样的车如果上路,事故总是在所难免的。青春期危机是一个自然过程。许多孩子度过了这段疾风暴雨的时期之后,好动的变得腼腆了,激动的变得平和了。他们不再躁动不安、想入非非,而显得成熟稳重。所以,青春期危机是可以自然治愈的,成人只要给予其适当的关怀,孩子们就能踏上大路,开始他们的人生旅程。[②]

思考任务:阅读这则材料,结合阅读其他有关青少年问题的研究成果,写出一篇2000字左右的读书笔记,谈谈教育工作者到底应该怎样对待儿童、青少年学生的失误。

---

① 唐智松.教育生理学[M].北京:线装书局,2013.
② 皮艺军.专家视角:正视青春期危机[EB/OL].[2014-04-13].http://www.jyb.cn/Theory/zjld/200903/t20090303_245582.html.

第二章 教育界定：内涵及外延

◆ **案例阅读**

据中央电视台《新闻调查》播发的消息：1983年出生的魏××，从小就天资聪颖，2岁时就能够认识1000多个汉字，4岁时就掌握了全部初中文化，8岁时就破格进入了一所县属重点中学学习，刚13岁时就以高分考上了一所重点大学，17岁时又成为中国科学院某研究所的硕博连读生。但是，到19岁时，因生活自理能力太差，知识结构也不适应中国科学院某研究所的研究生教育模式而被退学。人们至今仍记得他当时备受瞩目的情景，因为他是那所大学历史上最年轻的大学生，学校对他的到来给予了足够的重视，同校的大学生们也无不对这位"神童"的到来感到自豪，当时各大媒体亦对他展开了立体式的"轰炸"报道，他一时间里成为社会热捧的对象。但是，没有料到，现在他又再次成为社会议论的焦点、媒体关注的对象，只是这次由"追捧"的目标变成了被"剖析"的对象。人们纷纷感叹他那么好的基础，却受教育失败了。几年光景，魏××就走过了由"神童"到"泯然众人矣"的人生历程，演绎了一幕现代版的《伤仲永》。

◆ **问题聚焦**

上述案例中的魏××走过的人生历程，委实启人深思：他能够成为少年大学生，到底是遗传还是环境或教育的因素？他被大学退学，到底是他个人学习失败，还是教育工作的失败？人们对他的态度从"追捧"转变为"剖析"，反映了什么样的教育作用观？如此等等。其实，这些问题的背后是"教育到底是什么"这个根本的问题。弄清楚了"教育到底是什么"这个根本的问题，如上所述的魏××现象的实质才能够被认识清楚。因此，我们必须阐释教育的内涵与外延。

◆ **学习目标**

1. 比较汉语、英语中的"教育"概念的差异及其对中西方教育发展的影响。
2. 掌握教育的本质规定、教育的基本属性，理解教育系统的基本关系及衍生关系。
3. 理解家庭教育、社会教育、网络教育的内涵。
4. 了解古代教育、近代教育的基本特征及其基础。
5. 掌握现代教育的基本特征，设想未来教育的特征。
6. 认识教育功能、教育价值的表现，理解教育功能、教育价值选择的依据。

第一节
教育的界定

在不同的语言中,对教育概念是怎么理解的?为什么当今世界各国教育表现出自己不同的特点?面对众多教育本质的说法,教育的本质到底是什么?如此种种,是在讨论教育的其他问题之前需要厘清的。

一、教育的内涵

(一)教育概念

1. 教育的文字理解

在汉语里,"教育"一词是由"教"与"育"二字结合而来。那么,"教"与"育"各是什么意思呢?按照甲骨文及其演进的小篆,"教"字左上为"爻"(卦),取自《易经》,此为"双五交",意为天地,即代表《易经》等传统的人类文化经典;左下为"子",意为儿童、青少年,又有幼草之意,代表受教育者;右上为"卜",意为教鞭,象征教育的权威与严肃;右下为"手",与右上结合意为组织教育活动,代表施教者。还有人认为"教"是占卜活动,向天寻求某种答案和办法,以期解决现实生活中的各种问题,即向天求教,从而获得某种教益和启发。可见,古代的"教"字被理解为施教者通过严格的教学组织纪律而向受教者传授系统的人类文化经典。"育"字在甲骨文及其演变而来的小篆中写法为上下结构,上部意为母体、女性的身体,代表施教者;下部意为逆子,代表受教者。"育"被理解为对学生(逆子)的肉体、情感等进行人格熏陶与品质感化。

关于"教"与"育"的合成,最早见于《孟子·尽心上》中"得天下英才而教育之,三乐也。"实际上,在古代,人们很少把这两个字合成一个词来使用。人们在论及教育问题时,大多使用的是"教"与"学"这两个单独的词。如中国古代儒家经典四书之一的《中庸》称:"修道之谓教。"春秋战国末期教育名篇《学记》称:"教也者,长善而救其失者也。"东汉的许慎在其《说文解字》中说:"教,上所施,下所效也。""育,养子使作善也。"

> **阅读链接**
>
> 《周易》是中国传统文化中极其重要的著作。它通过近取诸身、远取诸物作八卦,以通神明之德,以类万物之情,来达到把握事物运动规律及其相互关系;其核心思想是天人合一。它对中国社会各个领域都产生了极其深刻的影响,被视为中国文化的源头活水。

以上为"教"之表层认识,在此表层的后面,"教"的深层意义又是什么呢?其一,"教"字的左右结构,表明早在古代,中国人已经认识到教育是教师的教与学生的学构成的双边活动,重视教育中教师与学生间对象性交流的存在。此为东方教育重视教师在教育中的主导甚至支配作用之特点。其二,"教"字左部结构的内涵表示东方教育重视对儿童、青少年进行外部的系统文化经典传授,含有"学而知之"的朴素唯物观。此为东方教育重视系统的书本知识学习甚至偏于书本理论掌握的特点。其三,"教"字右部结构的内涵表示东方教育重视施教者的权威性、教育过程的严肃性(甚至是强制性,如《学记》中就说"夏、楚二物,收其威也","夏""楚"即为用来做教杖的杂木),此为中国乃至东方教育的强制性特点。

进一步讲,在中国文化影响下发展起来的中国教育,自然反映了中国文化下的教育常态,呈现出一些深受中国文化影响的教育现象和问题,如中国传统教育中的师生关系中的"天地君亲师"神龛下的师道尊严现象,"黄金棍下出好人"的鞭笞学生现象,教师注重系统灌输与要求学生恪守圣言的教学观,学生死记硬背以求考试获胜的学习观,注重内容的内化而不求外达甚至压抑学生、学习中严肃有余而活泼不足更缺少异想天开的过程观,死读书本以完美呈现书本的教学效果观,等等。由此也能理解为什么中国学校教育难以培养出具有创新意识与创新能力的学者。对此陶行知先生曾经说过,由于我们对儿童大脑、眼睛、嘴、手、时间、空间等方面的种种限制,使得学生的创造力被扼杀,其结果是到了成年,即使有时间,也不知道怎样下手去发挥他的创造力了。

在古希腊语中,"教育"一词与"教仆"有关,教仆是对陪送奴隶主子弟上下学的奴隶的专门称呼。古希腊文化是西方文化三块基石中的第一块,其中有如苏格拉底、柏拉图等先圣;正是这些先圣的思想影响了西方后来对教育的理解。如柏拉图就认为,一方面,人是由肉体与灵魂构成的,灵魂先于肉体而存在,一个人的出生是获得他的肉体的过程,但是又由于人们在出生时,他的灵魂由于"震骇"而或多或少的被丢失;另一方面,人作为一个"完人"又必须肉体与灵魂俱全,所以,这就需要教育来找回在出生时所丢失的灵魂(即知识)。据此,他提出"学习知识不过是回忆而已"的著名论点。

在现代英语、法语、德语中的"教育"分别为"education""êducation""erziehung",它们均由拉丁语"educare"而来。"educare"由前缀"e"与词根"ducare"合成,拉丁语中的"e"为"出"之意,"ducare"为"引"之意,二者合为"引出,导出"之意,引申意义指教育活动,即指引导儿童、青少年固有的能力使其得到发展。基于此,西方的教育往往被理解为:智慧的种子早在人的灵魂之中,教育就是把存在于灵魂、心灵中的智慧回忆、引导出来,从而以完善人的一种活动。正如德国教育学家斯普朗格(E.Spranger)所说:"教育的最终目的不是传授已有的东西,而是要把人的创造力量诱导出来,将生命感、价值感唤醒。唤醒,是种教育手段。父母和教师不要总是叮咛、检查、监督、审查他们。孩子们一旦得到更多的信任和期待,内在动力就会被激发,会更聪明、能干、有悟性。"[①]

基于此,可以看出西方"Educate""Education"有以下特点:其一,教育即为施教者(教师)对受教者(学生)的引导,施教者(教师)只不过是受教者(学生)新思想的"助产者"。这正如古希腊大哲学家、教育家苏格拉底(Socrates)所信奉的那样:教师就是"产

---

① 《中国教育辞典》编撰委员会.中国教育辞典[M].北京:中华书局,1982:642—643.

婆",其任务在于帮助学生"生产"——新思想、新观念的产生。因此,西方教育强调热爱儿童、尊重学生,教师注意充分发挥学生的主体性,减少教师的支配作用,此反映了西方教育中教师的引导作用之特点。其二,既然智慧的种子早已存在于学生的心灵之中,那么,教育就仅仅是对学生内心智慧的回忆、导出,因此,学生才是教育中的真正主体,在西方教育中,自然主义教育思潮、学生中心论盛行之故也就在于此,此反映了西方教育中学生的主体作用之特点。其三,教育活动既然是学生对自己已存在的灵魂智慧的回忆,那么,教学的全部过程不能缺少学生的主动参与,包括确定学习目标、选择学习内容以及学习方式等,教师只是学习环境的制造者,学生才是学习活动的自动者,西方教育中少有教师强制、严格纪律约束等现象,此反映了西方教育中自动性之特点。

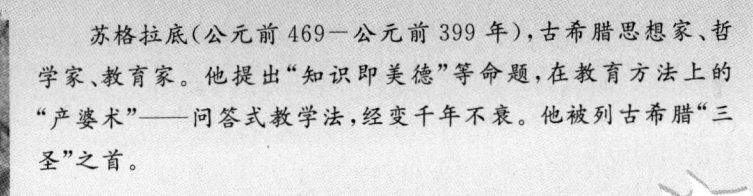

> **阅读链接**
>
> 苏格拉底(公元前469—公元前399年),古希腊思想家、哲学家、教育家。他提出"知识即美德"等命题,在教育方法上的"产婆术"——问答式教学法,经变千年不衰。他被列古希腊"三圣"之首。

当然,西方教育的历史并非一帆风顺,其间也有过诸如中世纪时期的短暂而窒息的教育气氛,但从总体上看,从亚里士多德提出自然主义,到卢梭把自然主义教育思想推向成熟,再到杜威(J. Dewey)把自然主义教育思想推向高潮,自然主义教育思想始终在教育领域占有主导地位。即使在20世纪发生激烈的传统教育派(包括新传统教育派)与现代教育派(如实用主义教育派及改造主义教育派)之争,甚至像美国在1958年动用《国防教育法》,掀起恢复基础教育运动等方式来加强学术的基础训练,但其自然主义的痕迹始终清晰存在。

进一步比较发现,中国教育跟西方教育存在着诸多差别,如各自在具体的教育活动中所采用的教学模式、教学方法以及所持有的教育观念等方面。一方面,在我国,如"教"字左上部表示东方教育重视对儿童、青少年进行外部的系统文化的传授,右部表示施教者的权威性、教育过程的严肃性等,这些就构成了我国几千年来的师道尊严,注重内化而不求外达、系统灌输而忽视启发、死读书本而脱离实践等教育特点。另一方面,在西方,由于词根的意思为引出、导出之意,在他们的教育中,就强调热爱儿童,尊重学生,教师特别注意发挥学生的主体性,教师的支配作用较少,这些正是西方教育中教师引导作用的反映。在后面所涉及的中外教育家们给出的关于教育的定义中,我们也可以看出这些种种不同。

2. 教育的科学界定

综观当前各种百科全书、词典以及众多的教育学专著、教材,对"教育"概念的表述可谓五花八门,目前关于教育概念的界定方式有三种。

(1) 描述式定义

对"教育"一词的描述性定义,诸如:17世纪捷克教育家夸美纽斯说"只有受过一种合适的教育之后,人才能成为一个人";18世纪法国思想家卢梭认为"植物的形成由于栽培,人的形成由于教育";德国思想家康德认为"人只有依靠教育才能成人,人完全是教育的结果";如此等等。这些说法的共同之处在于:都把教育看成培养人的活动,是促进人的身心发展的活动。这些说法都是一种经验式的描述性定义,这种定义的缺陷是未能抓住对教育的基本矛盾、本质的认识。

(2) 规定的定义

在中国,《中庸》中说"天命之谓性,率性之谓道,修道之谓教";近代学者梁启超说"教育是教人学做人——学做现代人";当代学者孙喜亭说"教育是对人的发展的价值限定";等等。在西方,柏拉图(Plato)认为"教育是为了以后的生活所进行的训练,它能使人变善,从而高尚地行动";夸美纽斯说"教育是生活的预备";裴斯泰洛齐认为"人的全部教育就是促进自然天性遵循它固有的方式发展的艺术";斯宾塞(H. Spencer)认为"教育即为人的完满生活做准备";杜威却认为"教育即生活;教育即生长;教育即经验的改造"。总之,人们对"教育"进行规定性的定义时主要是从社会的角度、个体的角度进行的。

(3) 操作的定义

对"教育"概念的操作性定义主要是从影响个体身心发展的角度进行的,如:宋代朱熹对"教育"的定义为:"示之以始,证之以终。"《中国教育辞典》对教育的定义是:"教育之定义,有广狭二种:从广义言,凡是影响人类身心之种种活动,俱可称为教育;就狭义而言,则唯用一定方法以实现一定之改善目的者,始可称为教育。"①《教育大辞书》中的定义是:"广而言之,凡是感化身心之影响,俱得云教育。只称其结果,不计其方法。""狭而言之,则惟具有目的,出以一定方案者,始云教育。此中亦分二类:对象及限期有定,其功效又可以明确表出者;反是,前者指学校教育,后者指社会教育。"②联合国教科文组织《国际教育标准分类》中的"教育"定义为:"'教育'不是广义的一切教育活动,而是认为教育是有组织地和持续不断地传授知识的工作。"

以上关于"教育"不同角度的定义,是从不同角度揭示了教育育人的某些属性,有助于丰富我们对教育本质问题的认识。当然,这些定义或多或少也都各自存在着或这或那的缺陷与不足。如《中国教育辞典》《教育大辞书》《中国大百科全书·教育》等的定义主要是从影响个体身心发展的角度去做出的,这就忽略了社会的一方面。又如《中庸》、柏拉图、裴斯泰洛齐、斯宾塞等定义的一个共同点就是都把教育看成是培养人的活动,是促进人的身心发展的活动。这些定义也都没能抓住教育的基本矛盾和本质。再如夸美纽斯的教育定义显然与现在所说的终身教育不符。随着科技的发展,人类社会的各种知识更新的速度快得惊人,成人以前的学习是越来越不能满足以后的需要了。他说"教育是生活的预备,能在成年以前完成",这显然是不能作为教育的定义的。

---

① 《中国教育辞典》编撰委员会.中国教育辞典[M].北京:中华书局,1982:642—643.
② 唐钺,朱经农,高沉数.教育大辞书[M].上海:商务印书馆,1930:1014.

综合关于教育定义的认识，借鉴叶澜先生的界定①，我们将教育规定为一种培养人的社会活动。此规定中抓住了教育内部的主要矛盾，即受教育者现有的文化水平与社会要求受教育者的文化水平之间的差距，或人类自身欠成熟与社会要求人类成熟的矛盾。上述定义中个体的社会化与社会的个体化的活动，其目的就是要解决自然人（人类自身永远不能完成而又必须不断趋于完成的未完成性，表现为身心发展的欠成熟）与社会人（为一定社会所要求的成员，表现为身心较为发达、自然性与社会性均较为成熟）之间的基本矛盾。另外，此定义也包含了教育的三要素——教育者、受教育者以及教育影响；同时，此定义在兼顾个体和社会两方面要求中体现了首先作用于人、服务于人的发展的特质。当然，在具体的实践中，这种育人的活动具有多种形态。广义地说，包括学校、家庭、社会在内的场所对人产生的刺激、对人发展的影响，都是教育，分别称为学校教育、家庭教育、社会教育；狭义地说，教育是指学校教育，它对教育者、受教育者等教育主体的身份有特殊规定，对教育的目的有明确要求，对主体实现目的的活动有规范要求。因此，一般所谈教育均乃指学校教育。

上面界定了"教育"这个核心概念，在日常用语中，还经常涉及与教育相关的诸多概念，如教养、培养、培训、训育、训练、启蒙、启发等，对于这些，读者可以自行去查阅、理解，并且试图对这些概念进行比较，有助于深刻理解"教育"这个概念。②

（二）教育本质

上述关于教育的讨论中已经涉及教育的本质问题，即之所以是教育就在于它是培养人的活动。但在我国，对教育本质问题的认识不但曲折，而且丰富。1978年，于光远先生在《重视培养人的活动》中，对国家长期以来坚持的教育本质上层建筑说提出了异议③，开启了近30年来我国学者对教育本质问题持续的探讨。

1. 教育本质上层建筑说

社会存在决定社会意识，教育属于精神生活，属于社会意识形态的范畴。在社会存在中，生产关系是最根本的关系，对社会意识具有制约作用。教育是由一定社会的政治、经济所决定的，政治经济基础的性质决定了教育的性质，政治经济基础的变化决定了教育的变化。因此，教育的本质是上层建筑。显然，这种观点是政治挂帅年代下极"左"思维的产物，忽视了教育的人类自身再生产等其他重要特质。

2. 教育本质生产力说

教育劳动属于生产劳动的一种，教育劳动的对象是人，教育者是生产者，教育过程是对受教育者施加某种影响，受教育者将外在施加的影响内化为自己的知识、智慧等，从而形成生产能力，教育也就成为直接的生产力。这种特性在以科技为支撑的现代社会里越来越突出。因此，教育的本质是生产力。这种观点虽然有助于走出上层建筑说，但仍忽视了教育的人类自身再生产的特质。

---

① 叶澜.教育概论[M].北京：人民教育出版社，1991：8.
② 《教育大辞典》编纂委员会.教育大辞典（第一卷）[M].上海：上海教育出版社，1990：194.
③ 于光远.重视培养人的活动[J].学术研究，1978(3).

3. 教育本质部分上层建筑、部分生产力说

一方面,在教育活动中,所传授的社会思想意识都要与一定阶级、一定社会的要求相符;另一方面,教育中凡是与生产力有关的部分(如自然科学与技术的内容)都是由社会生产力的要求所决定的。由此使得教育部分属于上层建筑,部分属于生产力。这种观点作为上述两种观点的调和,其错误仍然是显然的。

4. 教育本质文化说

人类的历史是文化的历史,教育过程是一种历史文化过程。教育作为一种文化现象,其目的就是要促使社会历史的客观文化向个体的主观文化转变。教育是文化继承、传递和发展的必要条件和主要方式,教育的本质就是主体间的文化传承。这种观点是在否定上层建筑说、生产力说后的新观点,虽有理论突破的意义,但仍局限于文化的层面,站在文化这种外在性角度来看教育的特质。

5. 教育本质工具说

教育面临的根本矛盾就是人类无知和有知、知之甚少和知之较多、无社会经验和有社会经验之间的矛盾,而这种矛盾也主要是通过教育来解决。正是因为有了教育,社会才得以存在、延续和发展。因此,教育是传授知识或传递社会生活经验的工具。这种观点仍然将教育与人割裂开来,没有看到教育是人的教育,学生自己也是教育的参与者。

6. 教育本质社会化说

教育与社会、个人都有着密切联系,教育是以一定的影响作用于受教育者,使其发生某种转化,使其个体社会化。所以应从教育与社会以及与人的发展相联系的统一中来寻求其本质。此说与上述工具说如出一辙,同样突出教育之于学生的外在性。

7. 教育本质实践说

有人认为教育是一种有意识、有目的、有计划地培养人的社会实践活动;有人认为教育是促进人的社会化的人类自身再生产实践;有人认为教育是社会劳动能力的生产实践。这些作为近年来的新观点,自然较之以前的众多说法有其理论上的进步意义,但局限于教育过程这一狭窄的角度去观察而窄化了教育。

此外,面对不同的教育本质说,有学者提出"教育本质演变说",即认为教育的本质并不是一成不变的,教育会随着不同社会形态的历史演进而处于不断地从量变到质变的演变过程之中,使得在不同的社会形态之下,教育体现出不同的本质。

上述众多教育本质的学说,我们在肯定其意义时,也必须看到它们的局限和错误。概括起来,它们存在的共同问题是:其一,这些教育本质说大多将教育的功能与教育的本质混为一谈,将教育的功能或价值说成教育的本质。其二,这些教育本质说中有的将教育与人(学生)对立起来,将教育外在于学生,这种观点中的教育压迫性、学生非主体地位的味道是十分明显的。总之,综观理论上如此之多的教育本质观,说明针对教育研究的一些基本问题,教育界还没有达成共识,还需要研究者进一步研究。

第一,运用科学方法研究教育本质。研究教育本质首先要确定研究的方法论。对此,一些学者提供了有意义的思考,如引申研究法,从哲学对"本质"界定的分析方法上去

突破对"教育本质"的探讨。变式材料分析法,从某一类不同具体事物或者材料中抽象出共同性。通过研究古今中外的教育就会发现,教育都是教育者按照一定社会的目的、要求,以前人的知识、经验为内容,以信息传递为手段,以影响和促进受教育者的发展的活动。特殊矛盾分析法,从事物多个特殊矛盾中寻找根本的矛盾,如从教育具有育人性、生产性、政治性、文化性等中寻找教育的基本属性——育人性。本质联系法,从教育与外部事物的联系及其表现的各种属性中来寻找教育的基本属性。内因分析法,把事物的本质作为事物活动的各类要素的整合来看待教育的本质。通过这些方法,在理性思维模式上经过"教育本质—扬弃—教育本质假说—求证—教育本质"的科学假说,从而获得对教育本质的认识。在此,我们认为,研究教育本质首先是要把教育本质问题"独立"出来研究,不要把教育本质与教育功能、作用、特征和属性等问题混淆而谈。在此研究方面,教育本质的特殊范畴说则有其方法上的可取之处。

第二,在教育过程中揭示教育本质。教育本质是由教育内部特殊的矛盾所决定的,探讨教育本质自然要从教育活动中去寻找。教育活动中的教育者、受教育者与教育内容三个基本要素之间的矛盾构成了三对最为基本的矛盾:受教育者与教育内容的矛盾,受教育者与教育者的矛盾,教育者与教育内容的矛盾。如果把教育方法与手段、教育环境等要素并列,则构成了教育活动中更多的、更为复杂的矛盾。不过对于诸多矛盾中究竟哪对矛盾是最基本、最主要的,却存在不同的认识。我们认为,在教育活动的诸多矛盾中,受教育者与教育内容这一对矛盾才是最基本的、决定性的矛盾。这对矛盾的存在及其解决是教育活动最简单、最一般的本质规定,是构成教育研究最直接和最基本的单位。可以说,这对矛盾才是教育活动的逻辑起点,此矛盾的存在才是教育者的存在、教育内容的存在之理由。

综上所述,全部教育活动都是围绕受教育者由生物实体向社会实体转化这一矛盾的解决而展开的。由此可见,作为解决这一矛盾过程的教育其实是一个"教/育人"——使此人(身心水平较低的人)成其为彼人(身心水平较高的人)的过程。同时,进一步分析认为,教育这种"育人"的特质有其丰富的意蕴。

第一,教育的对象是"人"。学生作为哲学意义上具有动作发出特征的个体,他们具有哲学意义上的主体地位,进而存在主体所具有的基本特性——主体性,如能动性、自觉性、主动性、自为性、创造性等,因而不是消极、被动的客体。同时,他们还具有丰富的作为人之为人的思想、情感、态度、体验、价值观等,因而不是无情无觉的麻木实体。此为教育在对象上与其他活动(如物质活动、人力部门活动)相区别的重要方面。

第二,教育的过程是"教/育"。教育是通过教育者对受教育者施加系统影响、营造适合的环境,使受教育者受到生理的、心理的影响,获得身心的全面发展,而不是简单机械的"工厂式"的敲打挤压。同时,学生既是接受教育的客体,又是自我教育的主体;既是教育中"育"的对象者、客体,又是"育"的参与者、主体。教育对象——学生的这种属性及其所表现的教育与自育现象,规定了教育活动与其他活动(如人力部门活动)的重大区别。

第三,教育的结果是"化"。所谓"化",就是将外在于个体的人类文化内化为受教者内在的素质,表现为受教育者在知识技能、思想情感、价值观念上的提高,而不是生产出具体、有形态结构的物;同时,受教育者获得的知识、技能、情感、价值又是可变的,或者是持续发展、进步的,或者是蜕变、倒退的。这种活动结果的内在性、内隐性、变化性是教育活动与其他活动(如物质活动)的根本区别。

如此三点,规定了教育之所以是教育而区别于其他活动。可以说,教育的特质就在"育人"。进一步分析认为,教育的"育人"特质表明教育的直接任务就是服务于人的发展,直接促进人的发展。通过教育获得了发展的人才能够较好地去影响社会,参与社会的生产力提高、生产关系改善、上层建筑建设、文化娱乐等活动。因此,我们前述一些关于教育本质的说法是将教育的作用错误地看成了教育的本质。同时,教育的"育人"过程也是丰富的,既包括单纯理性的思维活动,也包括具体的生活实践活动,这些活动都具有实践的特征。

同时,将教育的本质规定为"育人",这对于教育系统中的其他范畴、命题、领域还具有原发性意义。即可以教育的育人性统领教育学的基本范畴,如可以教育之育人性轻易地把握教育与人及其发展之间的关系,准确地掌握教育与社会及其发展之间的关系,明辨各种教育功能和价值的学说,辩证地理解各种各样的教育目的观,更可以此去统领课程与教学的问题,还可以此去观察各种教育制度及其管理中的理论与实践问题。反之,其他关于教育本质的规定都不完全具备这样的育人性品质。

(三)教育的属性

纵观整个教育的发展历史可以看出,任何社会形态的教育,任何时代的教育,任何国家制度下的教育,无论是正规教育还是非正规教育,虽然存在差异,但是都贯穿着"教/育人"这一共同特质下的基本属性。下面从内在属性与外在属性两个方面来阐述教育的属性。

第一,教育的内在属性:培养人才的生产性。教育之所以存在,就在于它具有人力再生产和文化再生产的属性,它在育人过程中实现了人类个体的自我再生产——知识技能的增加、情感价值的丰富、思想境界的提升;同时也传递、传播、发展、交流与整合文化,实现人类文化的再生产。个体劳动能力的增强、人类文化的传递,进而形成人类社会的生产力,扩展了教育的生产性。正是教育的生产性决定了人类对教育需求的永恒性,因此,教育不但从远古社会走来,还在古代社会里传承下来,并进入现代社会。在这个过程中表现出只要人类社会存在,教育也就会永远存在的特性。

当然,我们要认识到教育的这种生产性具有迟效的特点。因为无论是人类个体的自然性提升、社会化提高的过程,还是人类群体的完善、完美过程,都是一个长期的过程,体现了教育之中"育"的过程性、长期性。这种特性在今天儿童从接受家庭教育、学前教育到接受系统的学校教育乃至博士毕业,其时间少则为义务教育规定的9年或12年,多则达16年甚至19~22年之久。即所谓"十年树木,百年树人"。同时,教育的长期性延伸出其超前性、迟效性等重要社会现象。关于迟效性,日本学者汤浅光朝指出,科技成果依赖于科学家群体的出现,杰出科学家的出现晚于科学家群体的出现,科学家聚集荟萃地方的出现是建立科学馆或科学城的基础。因此,培养科学家以取得科技成果、培育科学家群体以造就杰出科学家、为科学家建立科学馆或科学城以取得科技成就等此三者,就成为必须。此即著名的"汤浅三定律"。

第二,教育的外在属性:受环境制约的社会性。教育是众多社会现象中的一个部分,是人类需要的一种重要社会活动。同时,教育与社会之间的关系非常密切、复杂,一方面,社会的人口、经济、政治、文化、科技、道德以及民族、宗教等因素既是教育的内容,也深深地影响着教育的运行;另一方面,教育又以自身的作用促进个体的社会化,实现个体的发展,通过人才培养间接为社会的政治、经济、文化等领域提供人力产品,并且发挥思想导向、舆论支持等作用。

教育的外在社会性也表现在:其一,从社会发展的角度看,教育总是发生在具体的历史时期,每一段历史时期的教育有其不同的特点,它是与当时人类社会的不同特点相适应的。如中国科举制的出现、兴旺、衰败、终结,人的全面发展在西方经历古希腊、中世纪、近现代的起落反复等。其二,在具体的社会环境中,由于各种政治制度和经济模式的不同、文化类型与价值选择的差异,教育表现出相应的在特定社会里的特性,尤其是在阶级社会,政治上的统治阶级必然居于教育的统治地位,使教育成为本阶级延续统治的手段。既然如此,那种教育无目的论、教育超阶级论就不完全正确了。其三,在一个多民族的世界里,众多民族的教育都是以自己民族的文字和语言为工具,传播与发展自己民族的文化。正是这种民族性使得教育表现出多样性,民族教育的多元性之源就存在于此。

如上所述,教育具有多方面的属性。正是教育属性的多样性,体现了教育育人本质的丰富性、复杂性。当然,还要认识到教育属性的发展性,即上述教育属性是对教育活动历史与现实、形式与内容普遍抽象的结果,其属性的具体内容是变化、发展的。

(四)小学教育

小学教育是众多教育层次中的一个部分,由于教育对象是小学生这一特定情况而具有自己特殊的内涵。

第一,面向全体儿童的全民性。小学教育作为面向5~12岁学龄儿童的教育,是国民教育中的基础部分,它面向全体儿童开放,以确保儿童接受基础教育的权利。这种国民基础教育的国民性是近代以来教育发展的重要特点,是世界各国教育改革的重要方向。1990年,在泰国宗滴恩举行的世界全民教育大会上,来自世界150多个国家和地区的代表们通过了《世界全民教育宣言》,强调享受教育是人们的权利,要为所有人提供接受教育的机会。

第二,奠定基本素养的基础性。小学教育作为培养未来公民的起步教育,承担着为学生奠定成为合格公民基本素养的重要任务,包括使儿童获得体育锻炼的知识和养成体育运动的习惯,掌握基本的文化知识和养成阅读的习惯,懂得德行习惯的重要性和养成自我品德教育的习惯,形成发现美、鉴赏美、创造美的意识与初步能力,初步感受人际交往与合作的重要性并掌握一定的人际交往技巧,为成为合格公民奠定基本的综合素养。

第三,奠定持续发展的未来性。小学教育作为学生正规教育的开始,承担着为学生未来持续发展奠定基础的任务。小学教育必须面向未来,立足于学生的终身可持续发展,因而需要根据人类社会发展的基本趋势、未来社会生活的重要要求、当代儿童身心发展的特点等因素,培养适应未来社会生活的人,由此要求小学教育要奠定儿童生理素质良好发展的体育基础、儿童智能积极发展的认知基础、儿童品德健康发展的德行基础。

二、教育的系统

(一)构成要素及关系

运用系统科学的教育原理发现,教育也是一个处在相互联系中的、与环境发生关系的、各教育要素组成的整体,具有系统性。教育系统的逻辑起点决定了教育系统中学生、教师、课程三个基本要素存在的合理性。当这三个基本要素运动时就导致了教育时间、教育空间、教育方法、教育手段的引入;同时社会的物质基础、制度影响、意识形态等进入教育系统。由此,形成了一个由众多因素构成的庞大教育系统。

1. 基础要素:受教育者

受教育者是教育存在的基础。没有学生的存在,便没有了学校和教师存在的必要。所以,学生是教师的"衣食父母"是有道理的。受教育者是指在各种教育活动中从事学习的人,既包括在学校中学习的儿童、少年和青年,也包括各种形式的成人教育中的学生。受教育者是教育的对象、教育中的学习主体,是构成教育的基本要素,其自身存在生物实体与社会实体的矛盾及其转化。培养自然性与社会性统一、和谐发展的人,是全部教育活动的逻辑起点,如果缺少受教育者,整个教育就不复存在。受教育者所具备的可教性与必教性,是教育活动的重要基础,其他教育要素的存在是受教育者完成上述矛盾转化的客观条件,而受教育者的主体性是实现上述矛盾转化的内在依据。

2. 衍生要素:教育者

教育者是教育活动的组织者。教育者作为专业工作人员,接受社会和家长的教育委托,直接担负教育受教育者的责任,成为教育过程系统的组织者、指导者、调节者、研究者,因而成为教育过程系统的重要因素。教育者是对受教育者在知识、技能、情绪、情感、思想、道德、人格等方面起到教育影响作用的人,学校教育中的教育者是指在学校中担当教育教学任务的人。教育者存在的逻辑基础、价值与任务就是帮助受教育者实现由生物实体向社会实体的转化,这种转化过程具体表现为教育者向受教育者有目的、有意识地传授人类文化,以引领、促进受教育者的身心按照一定的方向发展。

3. 中介要素:教育内容

教育内容是师生活动的媒介。教育内容是教育者为促使、实现受教育者的生物实体与社会实体之矛盾转化而用来作用于受教育者的教育影响,即课程。它是根据实现教育目的的需要、适合受教育者身心发展水平而经过选择和加工的、人类最为精华的文化部分,表现为显性的教学内容(如教科书、教学参考书、课件等)和隐性的校园文化(如校风、教风、学风等)。它所提出的教育目标集中体现了社会对不成熟成员的成长期望、受教育者由生物实体向社会实体转化的方向。

有了受教育者、教育者和教育内容三个基本要素,教育过程的静态系统就基本形成了。当三要素处于活动状态时,教育场景、教育方法或手段便出现了,教育过程的动态系统也就形成了。其中,当教育者、受教育者和教育内容同时存在时,便是教学;有受教育者和教育内容而没有教育者时,便是自学。由此,我们就可以辨识有关著述中关于教育要素构成问题的说法了。

基于对教育者、受教育者、教育影响(包括教育内容、教育方法、教育手段、教育环境)等基本要素及其之间规律性联系的分析,可进一步探讨教育过程中的诸多矛盾及其占据主要地位的矛盾。在整个教育过程中包含一系列矛盾,其中的主要矛盾是主体性的教育要求与表现为客体的受教育者的身心发展特点及水平之间的矛盾。

教育系统的构成要素按照是否具有主体属性的标准而划分为教育主体、教育客体两大类。主体有多重含义:一是指实体,被理解为事物的属性、状态和作用的承担者,与现象等概念相对应。二是指物质的主要组成部分,与次要组成部分相对应。三是逻辑意义上的主体,指逻辑判断中的主语、主词。四是指人,其内部又分为两种观点:一种观点认为凡是人就是主体,其根据是马克思在《1844年经济学哲学手稿》中说的"主体是人,客体是自然界"[1];另一种观点认为人只有作为某种活动的发出者才是主体,并认为主体为认识者、实践者,客体为被认识和实践的对象。同时,马克思又指出,"一个存在物如果在自身之外没有自己的自然界,就不是自然的存在物,就不能参加自然界的生活。一个存在物如果在自身之外没有对象,就不是对象性的存在物。一个存在物如果本身不是第三者的对象,就没有任何存在物作为自己的对象。"可见,人类正是在这种对象化的活动过程中获得了自己的"主体"地位。所以,哲学认识论讲的"主体"则是指从事认识和实践的人(包括个体、群体),他们是认识活动和实践活动的承担者,是与认识和实践的客体相对应、相关联而获得其规定性的。进一步分析发现,这些因素之间形成了众多的复杂关系。

阅读链接

顾明远(1929—),中国著名教育家,从事国际教育比较、教育理论研究。他在20世纪80年代发起的主体教育及主体性教育在中国教育界产生了广泛影响;获全国优秀教师、曾宪梓奖、北京市人民教师等荣誉。

第一,教育系统的要素构成了众多的内部关系。其一,由学生与课程之间、学生与教师之间、教师与课程之间构成的基本关系。其二,学生与教育时间或空间之间、学生与教育方法或手段之间的关系;教师与教育时间或空间之间、教师与教育方法或手段之间的

---

[1] [德]马克思.1844年经济学哲学手稿[M].中共中央马克思恩格斯列宁斯大林著作编译局编译.北京:人民出版社,1985:115.

关系;课程与教育时间或空间之间、课程与教育方法或手段之间的关系;教育时间或空间与教育方法或手段之间的关系等扩展关系。在上述诸多关系中,最为基本的关系是学生与内容的关系。首先,没有教师指导是"自学",有教师指导是"教学",学生与内容之间的关系不一定依赖教师因素而存在,但没有了学生就没有教师因素存在的必要。其次,教育目的在具体层面就是掌握内容、达到内容所反映的教育要求,教师只是达到这个目的的手段而已,只是有教师的有效指导能够更好地达到而已。所以,从这个角度看,学生是学校存在的基点、教师存在的基础,学生理所当然地应该是学校的主体,学校教育的一切活动应该围绕促进学生的发展而开展。

第二,教育系统的环境产生了众多外部关系。教育的外部社会因素构成了教育的外部环境,并且各个社会因素与教育系统内部因素之间形成复杂的映射关系,其具体内容涉及学生与社会要素之间的关系、教师与社会要素之间的关系、课程与社会要素之间的关系、教育时空与社会要素之间的关系、教育物质与社会要素之间的关系、教育制度与社会要素之间的关系等。这些关系包括两个方面:一方面,这些社会因素及其变化对教育产生重要影响;另一方面,教育作用的发挥又或深或浅地引起这些社会因素的变化。总之,这些教育的外部关系都是教育工作者必须清晰认识、艺术化处理好的。否则,不良的外部学校教育环境会给学校教育工作带来诸多的不便,甚至障碍。

(二)教育系统的型构

教育系统的结构非常复杂,因此,需要通过分类才能够很好地认识。按照教育发生的场所不同,教育系统的型构包括家庭教育、学校教育、社会教育。按照教育对象的不同,教育系统的型构包括胚胎教育、学前教育、学龄教育、成人教育。按照教育层次的类别,教育系统的型构包括基础教育、中等教育、高等教育、成人教育。按照教育空间的分布,教育系统的型构包括面授教育、自学考试、函授教育和网络教育。

虽然教育系统按照不同角度划分出不同型构,但是,家庭教育、学校教育、社会教育以及网络教育是比较普遍的类型。

第一教育场所:启蒙性的家庭教育。儿童、青少年接受教育的第一场所是家庭,家庭作为第一教育场所自然被赋予了启蒙的色彩。家庭教育是一个内涵比较宽泛的概念,从广义上讲,家庭教育是发生在家庭成员之间的相互教育,既包括父母对子女有意识的、显性的指导和教育,也包括父母及家庭环境对孩子无意识的、隐性的感染和熏陶,这种影响由来已久,而且仍然占据主要家庭教育形式;既包括父母或长辈对子代的影响,也包括子代对父代或长辈的影响,这种影响在未来将越来越重要;还包括同辈群体(如夫妻)之间的相互教育。从狭义上讲,家庭教育主要是指父母或年长者对子女进行的教育。这种狭义的家庭教育是家庭教育的主要部分。

第二教育场所:专业化的学校教育。上文已经阐述了的教育概念主要是学校教育。学校教育区别于其他类型教育的重要特征就在于它的专业化,即教育者是经过专业训练,并且至少达到合格以上的资格要求;受教育者要被专业化组织,并且按照身心特征实施有针对性的教育;教育内容是作为人类经验结晶的、经过精心组织的体系;教育过程是在专门化的场所、组织化的时间中由专业化的教师组织的有针对性的活动;教育制度与管理是为了保证、提升教育质效而制定出来;教育结果既有前期的教育目的作方向引导,又有教育测量与评价作最后检验。学校教育绝对不是一种随随便便的、肆意妄为的活动,它的目的导向性、组织计划性、操作规范性、质效可控性等都是其他任何形式的教育所不能比拟的。

第三教育场所:浸染性的社会教育。社会是由众多要素构成的复杂体系,其中既涉及经济、政治、文化、科技、道德等基本要素,也包括人口、民族、宗教等综合性要素。这些要素既在静态上存在一般性的影响,也在动态上产生变革性的影响。社会教育是一个内涵比较宽泛的概念。广义的社会教育是指社会作为一种环境对社会成员的影响,既包括社会机构组织的有计划的社会教育活动,也包括社会环境自发产生的无计划的社会影响,如生活在特定社会中的个体受到所处社会的地理环境、人口构成、经济生产、政治制度、文化传统、道德规范、民族意识、宗教信仰等社会性因素的影响;它作为一种环境存在的影响,具有偶然、随机、零碎、不系统的特点。狭义的社会教育是指由政府、公共团体或私人利用社会教育资源,对儿童、青少年等社会成员所进行的有组织的活动。有组织的社会教育或无组织的社会影响存在于学校和家庭之外的"社会"这个特定空间里,这些社会性因素对人的影响不如学校教育和家庭教育那样系统、直接,而是具有"社教风化"的意味。

第四教育场所:综合性的网络教育。今天,网络专指全球最大的、开放的、由许多规模不等的计算机网络互相联结而成的网络(Internet)。由于它具有信息传递快速、便捷的特点,很快从军事领域扩展到经济、文化、政治和教育等诸多领域,而且每年都以成倍的速度增长和扩展,成为当前世界上最大的网络。[①] 网络场所既具有横贯家庭、学校、社会的色彩,又有相对独立的网络空间性质。网络在当今教育等领域获得了广泛运用。人类的学习形态经历了身体手语媒体时代、纸张书刊媒体时代、网络图像媒体时代。网络教育即为基于网络的教育,有电化教育、E教育、E-Learning、混合学习等多种称谓。关于网络教育的概念,南国农先生说:"它是主要通过多媒体网络和以学习者为中心的非面授教育方式。"[②]张杰先生认为:"网络教育是建立在网络技术平台上,利用网络环境所进行的教育、教学活动。"[③]参考有关说法后我们认为,广义的网络教育是指基于网络的教育。这个说法虽然把网络教育中的"网络"内涵隐含其中,但却未揭示网络教育的本质。狭义的网络教育是指在网络环境支撑下,以学习者的自主建构为中心的活动。它突出网络教育的环境特点,以学习者为中心,强调网络教育的自主建构特征。

以上内容主要阐述了学校教育、家庭教育、社会教育等基本概念。另外,如果给"教育"加上前缀,就会衍生出众多有关的教育概念,如宏观教育、微观教育、大众教育、公共

---

① 李疆域.互联网络发展史[EB/OL].[2014-10-08].http://www.qiuyue.com/gendai/mingci-11.htm.
② 南国农.信息技术教育与创新人才培养(上)[J].电化教育研究,2001(8).
③ 张杰.网络教育与教育新理念[J].电化教育研究,2002(5).

教育、贵族教育、党化教育、军国主义教育、法西斯教育等;如果给"教育"加上尾缀,又会衍生出众多有关的教育概念,如教育思想、教育经验、教育流派、教育思潮、教育信念、教育信条、教育理念等。读者自行去区分、辨析这些相似的概念,有助于扩展视野,厘清各种教育概念背后的边界。①

(三)现代大教育体系

上述区分仅仅是为了清晰地认识教育系统而已。事实上,现代教育越来越走向综合、交叉,逐步形成一个现代大教育体系。这种现代大教育体系立足于人的终身的可持续发展要求,破除"家庭—学校—社会"的壁垒,形成家庭、学校、社会相互联系、相互补充的大教育系统。其基本内容有:一是社会教育化,即不但要求全体社会成员都重视教育,把教育放在优先发展的战略地位,而且要求全体社会成员都接受教育,形成学习型社会。二是教育社会化,即不但要求教育主动适应社会,服务社会,为社会提供人才与技术支持,而且要求教育积极引导社会,为社会发展指明方向及道路。三是教育终身化,即不但要求个体主动地接受教育熏陶,履行终身接受教育的责任,而且要求社会积极地提供教育条件,承担提供教育资源的责任。

> **阅读链接**
>
> 陶行知(1891—1946),安徽歙县人,著名教育家、思想家。他提出生活即教育,社会即学校,教学做合一;主张实际生活是教育的指南,生活教育是行动的、大众的、前进的教育,用四通八达的教育创造四通八达的社会。他有"伟大的人民教育家""万世师表"之誉。

按照查有梁的观点,无论哪种类型的教育系统型构,都具有基本的特点:一是时间长,各种教育都或多或少地贯穿个体的一生。二是空间广,各种教育都涉及、需要学校、家庭、社会之间的大联合。三是效率高,教育促进人全面、和谐而高效地发展,并通过发展了的人去影响社会。四是内容多,特别是学校教育以丰富的内容,通过强调"博—专—博"进行博才教育。五是质量好,受过良好教育训练的人能够很好地适应社会,引领社会发展。

---

① 《教育大辞典》编纂委员会.教育大辞典(第一卷)[M].上海:上海教育出版社,1990:194.

|第二节|
教育的演进

虽然界定清楚了教育是什么,但是,教育是怎么出现的、是怎么发展起来的、各期教育发展的背景和特征是什么等,这本"历史账"也是需要了解的。因为懂得了这些历史的情形,才可能知往鉴今、少走弯路。

一、教育的发生

(一)教育的起源

教育的发生包括起源与出现两个阶段。首先谈谈教育的起源问题。早在古代,人们简单信奉教育起源的神话说,认为教育与世界上其他的万事万物一样,都是由人格化的神所创造的。对教育起源问题的学术探讨,则是到了现代才出现的,并在探讨中形成了众多学说。

1. 教育生物起源说

已有学者较多谈及这种观点。[①] 如法国社会学家利托尔诺(C.Letourneau)在《动物界的教育》中认为,教育是一种生物现象,起源于一般的生物活动。他在《各人种的教育演化》中还指出:"动物尤其是略为高等的动物,完全同人一样,生来就有一种由遗传而得到的潜在教育。""人类教育的进行与动物的教育差别不大,在低等人种中进行的教育,与许多动物对其孩子进行的教育甚至相差无几。"英国教育学家沛西·能(T.P.Nunn)在《人民的教育》中说:"教育从它的起源来说是一个生物学的过程,不仅一切人类社会有教育,甚至在高等动物中也有低级形式的教育。"生物起源论虽然看到了人类教育与动物界本能养育的相似性,但它把人类教育与动物的本能性活动相等同,这是不恰当的,否定了人类教育的目的性、意识性和社会性。

2. 教育心理起源说

美国著名教育史专家孟禄(P. Monroe)在其所著的《教育史教科书》中认为,教育起源于儿童对成人的无意识模仿。他对原始教育做了系统深入的研究,发现在原始社会中没有系统的知识和社会生活经验,也无一定的教材、教科书之类,更不可能采用一定的教学形式和方法进行教育。他据此断定原始社会的教育过程是儿童凭借着对成人的观察与模仿,从而习得各种生活知识和各种技能。此论看到了人的心理和动物的心理的区别,把教育起源从动物界引向人类,值得肯定。但它把教育起源看作一种心理现象和一种学习方式,而模仿仅为学习的途径之一,这就显示出它的错误。

---

① 柳海民.教育原理[M].长春:东北师范大学出版社,2000:41—45.

3. 教育劳动起源说

这一观点首先是由苏联教育学者提出的,继而广泛地为马克思主义教育学者所赞同。他们以恩格斯的《劳动在从猿到人转变过程中的作用》等为依据,认为人类的社会活动开始于劳动,是劳动创造了人。由于劳动,才有了人类的身体结构和大脑,才有了人类的意识和语言以及人类灵活的双手等,这些都是教育产生的最必要的、最重要的条件。同时,劳动又是认识客观世界、获取知识的主要来源。对于这一观点,早在20世纪50年代就受到怀疑,即虽然劳动创造了人本身,但并不能说劳动也创造了教育;虽然人类身体结构及语言、意识是从劳动中发展而来的,但并不能说劳动就是教育的起源。当然,教育劳动起源说较之生物起源说、心理起源说有其进步的方面,但它把劳动这一教育起源的必要条件当成充分条件是不恰当的。

4. 教育交往起源说

教育学家叶澜指出,之所以各种教育起源理论都没能科学地解释教育的起源问题,其中最重要的一点是因为在研究教育起源问题时各自对"起源"一词的理解不同。叶澜认为,"起源"不同于"产生""出现",要说明某事物的产生和出现,只需要阐明该事物存在的必要性和可能性,并说明这种必要性和可能性在什么时间、什么地点范围内存在即可。"起源"则要说明该事物由何而生,从何演化出来。[①] 因此,依据叶澜的精神,可以这样形象地理解教育的起源问题:如果 B(教育)产生于 A(非教育),那么,首先,A 与 B 是两个不同的事物;其次,A 中必然包含 B 产生的必要与充分条件。什么样的 A 产生教育 B 呢?答案是"交往"。

阅读链接

叶澜(1941—),中国著名教育家。她在教育起源学说上独树一帜地提出"教育起源于交往";她关于教师专业发展过程的思想有力推动了该领域的工作;她开创和引领的"新基础教育"理论与实践的研究在国内外产生了重大影响。

总之,关于教育起源的问题还值得进一步研究。其中,教育交往起源说的重要贡献在于将教育起源问题从人之外引导到教育与人之内,有助于揭示教育的起源,即"起源"不同于"产生",探讨"起源"则要找到"原型";同时,既要明白起源结果物与"原型"之间的联系,更要区分开二者间的差异,切不可把起源结果物等同于"原型"本身。以此观之,前述众多关于教育起源问题的学说都没有避免这一点。

---

① 叶澜.教育概论[M].北京:人民教育出版社,2006:42.

(二)教育的出现

不管教育起源于什么,在人类第一种社会形态里,教育确实是发生了,这便是原始社会的教育。原始社会是人类的第一种社会形态。此时,人类对自然、对自身的认识甚少,生产工具主要是采自自然或经简单打磨的石器。知识的贫乏与工具的简陋既反映了早期人类实践水平的低下,又制约了早期人类实践的范围,因而,人们获得的物质生活资料在数量和种类上都是非常有限的。为了维护族群的生存,他们不得不过一种原始共产主义式的生活,集体劳动,共同分配食物。此时,私有制还没有产生,人类还不能正确认识自然和人生,对风雨雷电、生老病死等做出解释的"泛灵论"和"通灵论"是原始人的哲学,产生了具有巫术性质的原始舞蹈和严格的仪式性知识。在此政治、经济、认识基础上的教育,具有如下特征:

第一,教育性质的平等性。教育的平等性主要是指在原始社会中所有人都能受到基本相同的教育。在原始社会里,生产力低下,生产资料是整个原始社会成员共有的,人人都参加劳动,共同享受劳动成果,没有剥削,人们在社会中的地位是平等的。这就决定了人们在教育中的平等性,决定了教育的无阶级性。这种教育的无阶级性主要表现在两个方面:一方面,所有的人都有受教育的权利;另一方面,所有人受教育的内容都是一样的,没有高低之分,只有男女之别(原始社会的劳动分工是按性别进行的,如一般会让女孩子学习采集,让男孩子学习打猎等不同的活动),教育是完全平等的。

第二,教育活动的原始性。由于原始社会生产力低下,生产工具简单,与此相应的教育具有原始性的特点。其一,教育目的的原始性,即使年轻一代获得参加社会劳动的能力,以及学会生活的经验与技能。其二,教育内容的原始性,即仅仅是传授一些磨制和使用石器工具的简单经验以及一些社会习俗、礼仪和生活规范等。如《尸子》讲:"燧人氏之世,天下多水,故教民以渔;宓羲氏之世,天下多兽,故教民以猎。"其三,教育过程的原始性,即没有专门的教育者、受教育者以及专门的教育场所,教育还同其他上层建筑(如政治事务、宗教、艺术等活动)紧密结合在一起。在原始社会里,教育一般跟诸如冠礼、祭祀、图腾崇拜等原始的宗教、仪式等紧密联系在一起,没有专门的教育机构、场所、教育者、书本教材,更不可能有现代化的教学工具,教育活动主要是靠年长一代的言传身教。

随着社会的发展,原始社会晚期的教育活动较之原始社会前期、中期的教育活动有一定的进步与发展。首先,随着社会生产力水平的提高,生产领域的扩大,生产技术的进步,到了原始社会后期,由于部落联盟之间经常发生战争,军事训练成为当时主要的教育内容,教育内容比以前更加丰富。其次,随着社会的发展与人类语言、思维的发达,口头传授的方式越来越广泛,教育手段、方式更加多样化。

二、教育的发展

(一)古代教育

古代社会以土地为主要资源,以畜力耕作为经济基础,其政治基础是土地占有者对社会的宗法专制,这种政治、经济制度又制约、影响社会文化生活的各个方面,因此,其教育特征表现为：

第一，出现了学校教育，教育目标较为狭窄。随着铜制、铁制工具替代石器、木器用于生产，生产力水平得到了提高，出现了"剩余"，出现了依靠"剩余"生存的学者与学生。同时，统治者对接班人的需求又推动了学校的产生，文化的发展使得有内容能够传授且必须传递，学校由此而产生了，教育开始专门化了。据查，公元前2500年左右，埃及就出现了人类最早的学校。古代中国也在公元前1000年左右出现了学校，如我国有关记载中所说："夏曰校，殷曰序，周曰庠，学则三代以共之。"此时的学校，其目的仅在于培养官吏、牧师或骑士。如古代中国，学校目的是传播统治阶级的意识形态和治国方略，培养能够维护和巩固封建统治的官吏。学成之后，经选士或科举，优秀者授予一定的官职。中世纪的欧洲，世俗教育与僧侣教育则培养各自所需的骑士、教士、牧师。"学而优则仕"，即此之谓也。

第二，为统治阶级服务，教育具有阶级性。阶级的存在规定了教育的阶级性。在奴隶社会，只有奴隶主贵族子弟才有接受学校教育的权利，授以军体教育和道德训练，形成阶级的意识与维护阶级利益的能力。到了封建社会，教育的阶级性被上推为等级性，即使同为统治阶级，不同官职出身的子弟接受的也是不同等级的教育。[①] 此时，劳动人民则只能在生产劳动中接受教育，是没有资格也是上不起学的。在西方，教育与宗教一直密切联系，古代尤其如此。在没有统一的国家而有统一的宗教的西欧，教权高于皇权，此时的教育多由宗教把持，通过传播宗教教义，培养人们对上帝的虔诚和热爱，对世俗生活的鄙视和疏远。即使是世俗的骑士教育，也要学习宗教教义，浸透着宗教精神。

第三，以伦理道德为内容，教育内容封闭。奴隶社会的教育内容多为军体技能，封建社会的教育内容则多为封建伦理、宗教经典，以形成伦理道德及治国所需的品质。在此期间，中国授以"四书五经"等儒家经典，西方学校则授以宗教教义和宗教仪式（做祈祷、唱赞美诗等）。一些世俗性学科（如修辞、逻辑、辩证法等）也被赋予神学旨意。不过，此时在世俗性较强的学校教育中也存在一些科技教育，如中国的官学就有算学、天文学、医学等内容，甚至有如唐代太医署、大仆寺、司天台等中央部门开办的专科学校，正是这些科技教育促使了中国古代科学技术的发达。

第四，传授－接受式教学，教育方法机械。由于教育的阶级性、等级性规定了受教育者必须从内心到外在行为坚决服从社会阶级、等级秩序，知识的学习只能是机械记忆、背诵，对既成定论的接受，不容许思考、怀疑。即便是个人体会与践行也不能超越社会规范，以利于培养服从封建统治秩序的官吏、骑士、牧师。同时，辅之严格的纪律训练、约束，对质疑社会秩序、违反纲常伦理者处以重罚，以使教育起到"防奸养士"之功。当然，也应看到此期教育方法上的一些进步、创新。如东方孔子的启发式教学、榜样示范，马融

[①] 如：唐朝的官学体系中，设有"二馆六学"（弘文馆、崇文馆和国子学、太学、四门学、书学、算学、律学），官职不同人的子弟分别上不同级别的学校。弘文馆和崇文馆只招收皇亲国戚的子弟；国子学只招收三品以上文武官员的子弟；太学只招收五品以上官员的子弟；四门学只招收七品以上文武官员的子弟；书学、算学、律学则招收"八品以下及庶人通其学者"。

的小先生教学制等;西方苏格拉底的问答术(又称"产婆术")等。

第五,教育经验不断丰富,理论认识不断提高。到古代社会的后期,统治阶级认识到"建国君民,教学为先"的重要性,越来越重视教育,推动了教育实践与教育理论的发展,出现了大量总结和研究教育活动经验的论著,提出了比较丰富的教育教学思想。如东方有孔子的《论语》、乐正克的《学记》、颜之推的《颜氏家训》、韩愈的《师说》和《进学解》、程端礼的《程氏家塾读书分年日程》等;西方有昆体良的《演讲术原理》、杰罗姆的《致莱塔的信》、本笃的《本笃规程》、伊西多的《辞源》等。这些教育经验为后世教育思想的形成、教育科学的发展奠定了基础。此外,受宗法专制制度的影响,教育管理处于人治状态,学校教育的兴废完全取决于统治者的个人品质(如中国北宋时期的三次兴学)与时局的状态(如中国古代就有"乱世不修学校"的普遍现象),因此,教育很难获得持续、稳定的发展。

拓展阅读

孔丘(公元前551—公元前479),中国古代思想家、教育家。他以"仁"为核心理念,他的有教无类的理想、学而优则仕的目标、"六艺"教育、因材施教等思想影响了后来中国乃至东南亚地区的教育。作为儒家学说的创始人,被后世誉为"万世师表"。

在古代,不同层次教育的办学主体不同,其中,小学教育作为基础性的蒙学教育,在中国古代主要是民间开办,往往以大户人家的私塾、大家族的社学、一般民众的书馆等形式出现;在西方有教区、教堂举办的针对儿童的教区教育。在古代的小学教育中,学生层次差异较大,教师水平参差不齐,办学条件厚薄不一,缺乏规范的系统性,教育质量也缺乏保障。古代高等教育的办学主体主要是国家,如中国古代的太学;书院作为中国古代的另一种高等教育,它的办学主体主要是民间,但后来也出现了"官化"的倾向。

阅读链接

科举制,始于隋代,废于1905年。它采用分科取士的办法,经过乡试、会试、殿试程序,常用口试、帖经、墨义、策问和诗赋等方法;到了明清实行八股取士。它是中国古代读书参试、选拔官吏的制度,对中国乃至世界官吏选拔制度产生了重要影响。

(二)现代教育

从十四世纪开始,欧洲出现了文艺复兴运动。文艺复兴运动以人性反神性引导人们抑神扬人；以科学理性反蒙昧主义，提倡科学启蒙；以个性解放反封建专制，倡导个人自由；以平等反等级观念，争取人人平等；重视现实生活，肯定现实生活幸福；反对禁欲主义，肯定现实享受；等等。这些思想对现代社会及其教育产生了深远的影响。17世纪后，当大机器生产替代手工生产、工业经济替代农业经济、民主政治替代宗法专制，以及由此而引起社会系统的全面变革时，自由、民主、平等、科学、理性成为人类的普遍理念，人类社会便走向现代社会。同处现代的资本主义与社会主义，虽然存在生产关系的差异，但各社会的生产力具有相似性，都面临着如环境、资源、人口、粮食等共同问题，表现出许多共性。

第一，教育对象扩大，使人成为合格劳动力。随着生产力的发展，人类机器大生产时代到来，这就要求工人具有一定的文化基础，掌握一定的机械操作技能，这些不能在传统生活、生产中获得的工业技术，自然需要由专门的学校来承担；同时，这些人才需求是普遍性的，需要把大批的青少年送往学校，因此，工业先发展起来的国家便开始了普及义务教育的实践。由于传统的小规模教学难以满足社会发展对人才的需求，因而采取班级授课等新形式来大规模地培训合格的技术工人亦成为必需。教育对象的历史性扩大由此得以实现，人类教育由此从精英教育走向大众教育。同时，在普及义务教育的过程中，还出现了将学前教育纳入国民教育体系、逐步延长义务教育年限等趋势。按照教育的育人特质，教育对象的扩大意味着能够使更多的人成为合格的劳动力，教育年限的延长还意味着需要更长的时间来提高人的劳动力。

第二，重视教育立法，使教育能更好地育人。为了保证工业化生产对技术工人的大规模需要，通过立法保证义务教育的实施，从而保证工业时代所需技术工人的后备人才，使工业社会得以维持，因而，制定诸如义务教育法等法规自然也就成了进入工业化国家的必然。由此便出现人类进入现代社会实施教育立法的重要现象。如从最早的英国的《初等教育法》，到后来日本的《教育基本法》，再到美国的《国防教育法》等。又如我国1986年颁布了《中华人民共和国义务教育法》，1994年颁布了《中华人民共和国教育法》等一系列重要法律。总之，重视教育立法，从法律上保证人们受教育的权利，有助于在法律上、制度上落实育人活动。

第三，教育内容丰富，使人的发展越来越丰满。进入工业时代后，人类增加了对自然界的认识，自然科学知识丰富起来，并且作为第一生产力进入学校，成为学校教育的重要课程。学校教育的内容由传统单纯的社会规范逐步走向自然科学与人文社会科学并举的新时期，教育内容由此逐步丰富起来。如英国哲学家斯宾塞在《教育论》中自问自答：什么知识最有价值？一致的答案是科学。在他的重要影响下，诸如物理、化学、生物等具有分化性质的自然科学的学科逐步成为学校课程，进而成为后来学校教育内容的重要部分。当然，这种自然科学与人文社会科学并进的学校教育内容使得学生受到越来越丰富、全面的训练，人的发展也就走向丰满，丰富了教育的育人内涵。

第四，教育手段的现代化，提高了育人的效率。随着现代科技的教育运用，教育的设备、手段也逐步进入现代化，如无尘粉笔、移动黑板、广播、电视、录像以及各种实验仪器等先进教学设备在学校教育中得到广泛应用。同时，各国还不断加大教育投入，充裕学校教育经费,使得学校教育物质条件得以改善。通过现代技术的教育运用,教育的设备条件得到改善,教育的质量得到不断提高,教育的育人效率也因此逐步提高。

第五,重视教育国际化,教育交流合作频繁。现代教育的国际化是指现代教育应培养受教育者从小就为一个国际化的时代做准备。20世纪中叶以来,人类逐渐进入到一个一体化的世界,发达的交通,迅捷的通讯,共同市场的形成,共同问题的出现,日益把不同地区、不同民族和不同意识形态下的人民的命运紧紧联结在一起,"地球村"的意识开始出现。但是,由于国家利益、意识形态、文化传统等多方面的差异,一体化的世界并不是"大同世界",而是充满着分歧和冲突的。在这种情况下,现代教育不仅是促进民族和国家发展的工具,而且也是促进国际理解、交流与合作的重要工具,是传播和平理念、维护世界和平的主要工具。因此,现代教育在培养学生的民族文化认同感和爱国主义精神的同时,也要使他们具备从事国际业务的意识、知识、情感和技能。如日本把培养"面向世界的日本人"、韩国把培养"面向世界的韩国人"作为面向21世纪的教育目标,这些都反映出他们的教育在强调保存本民族文化传统的同时,努力使青少年成为能够在国际舞台上大显身手的人才。

第六,重视教育研究,提高育人的科学性。现代社会对时间与效率的普遍追求,使人们开始思考教育的有效性问题,出现了教育效率问题的研究;同时,诸如公平、正义、关爱等各种普世价值观不断深入人心,使得人们关注教育中的公平问题,特别是种族歧视、民族宗教冲突等,促使人们去研究教育的道义问题。又由于统计方法的教育运用,结合其他教育方法,使得教育研究成为现实。正是这些教育研究,提高了现代教育育人的科学性,使育人的教育让人在受教育后更好地成其为人。

(三)未来教育

在当前信息化、知识化发展趋势的影响下,教育面临着艰巨的挑战、深刻的革命,教育的各个方面,包括教育制度、教育结构、教育手段、教育内容、教育目的以及教育理念、教育思潮等都在发生一系列的深刻变化。同时,教育也会在应对中继续展现自己的育人特质。

第一,全民化下的全民教育。自从义务教育在率先实现大工业生产的国家实施以来,教育的对象陡然增加,世界其他国家也纷纷进入义务教育行列,世界教育逐步进入全民化的轨道。展望未来,全民教育仍然是未来社会国际上影响力较大的教育思潮之一,它不仅成为当前世界各国教育改革的方向,还成为未来教育的发展趋势。全民教育侧重于普及教育,它认为教育对象不分国家、地区、种族等,教育向社会上的所有人开放。接受教育是社会成员的一项基本权利,全体社会成员都有接受教育的权利。近年来,在国际上日益流行的"全纳教育"也有助于进一步支持、落实这种全民教育的趋向。

> **阅读链接**
>
> 《全纳教育共享手册》[①]代表的"全纳教育"思想，指示了人类教育将走向全纳教育，即容纳所有学生、满足不同需求，反对歧视排斥、倡导参与合作，并在教育人权观、教育平等观、教育民主观、教育价值观、学校教学观等方面提出了一系列要求。

第二，终身化背景下的终身教育。教育终身化思想虽可追溯到古希腊哲学家柏拉图和亚里士多德等人那里，文艺复兴时期也出现了具有终身教育意义的成人教育，但现代意义上的终身教育却始于1965年法国成人教育家保罗·郎格朗（Paul Lengrand）的《论终身教育》报告书的发表。它不但标志着概念化和体系化的终身教育的开始，而且引起了世界各国的极大关注与认同。终身教育在时间上贯穿人的一生，在空间上打通了学校与社会、家庭的阻隔，教育对象包括所有年龄阶段的所有社会成员，同时，终身教育还对过去教育处境不利者提供补偿教育的机会。终身教育对学校教育的培养目标和教学内容等也提出了新的要求，使传统教育各方面都发生了相应的变革，以便更好地为个人及社会的发展服务。

第三，民主化下的民主教育。教育民主化是20世纪后半叶世界社会及教育改革的主流思潮，并逐步成为许多国家教育的基本政策。它具体包括教育的民主和民主的教育两个侧面。前者是民主外延的扩大，即把政治上的民主扩展到教育领域；后者是教育内涵的加深，即把过去那种专制的、不充分民主的教育改变成充分民主的教育。教育民主化的核心是教育的公平，教育的公平不仅包括教育机会平等，还包括教育的起点、教育的过程、教育的结果等一系列关于教育各方面的平等。

第四，个性化下的因材施教。随着个性解放、生产创新对个性发展的需要，人类社会进入了更注重个体个性发展的新时代。工业时代初期，"标准化"思维下形成的抹杀个性的统一化教学早就受到了人们广泛的质疑、批判，重视个性、培育个性、张扬个性的因材施教成为未来教育改革与发展的重要取向。由此可以预见，基于个性化的因材施教将成为未来教育的重要特质。

第五，差异化下的多元教育。在人类尊重差异、逐步走向一个多元共生、共存时代的情况下，教育的多元化也是题中应有之意。它具体表现在：教育思想的多元化，可以预见未来教育中可以找到多种多样的教育指导思想；培养目标的多元化，在国家统一性目标被弱化、个性化教育目标被突现出来的背景下，教育中会出现各种各样的受教育动机；办学模式的多元化，适应多元教育需求及其目标的教育模式也必然是多元化的。多元化的教育正好吻合了"不拘一格降人才"的理想，可使育人的教育更加丰富多彩。

---

① 联合国教科文组织.全纳教育共享手册[M].陈云英等译.北京：华夏出版社，2004.

第六,信息化下的立体教育。研究表明,计算机在教育中的运用形成了以计算机为核心的教育信息化态势,引起了教育的系统性变革,表现在从信息存在基础到课程内容存储与展现形式的变革、教师任务与工作方式的转变、学生学习条件与学习模式的变化、课堂教学要素与组织形式的变革、教学测量和评价方式的信息化发展等诸多革命性的发展等方面。[①] 可以预见,在逐步克服当前教育硬件技术缺陷、实现学科与网络的有机整合、实现传统课堂教学与网络教学功能的耦合后,加之教师角色的顺利转型,教育将借助于信息化条件而使操作界面更加友好、智能化程度更高、操作更为方便。将家庭、社会与学校联合起来,将职前教育与在职培训联合起来,将个体学习与网络协作联系起来,将正规教学与自主学习统一起来,由此构成一个立体的教育网络,让人们在愿意学习时都能够选择、接受所需要的教育。

此外,也有学者总结当代教育发展的趋势,将其特点归纳为:一是多元化,即体现在教育思想、教育目标、办学模式、教学形式、评价标准等方面。二是全民化,即各国致力于让所有人都受到教育,特别是让适龄儿童完全受到初等教育,使中青年脱盲。三是终身化,即受终身教育思想的影响,逐步推进职前教育与职后教育、青少年教育与成人教育、学校教育与社会教育的一体化。四是民主化,即促进教育机会均等,建立平等师生关系,促进教育过程机会均等。五是技术化,即现代科技被广泛运用于教育设备、手段、程序。还有学者将其概括为教育多元化、教育全民化、教育终身化、教育民主化、教育技术现代化。

[①] 唐智松.教育存在的革命与教育系统变革[J].教育与现代化,2001(1).

第三节 教育的作用

教育的作用自然是促进学生的发展,这种作用即教育自身存在的客观影响,由此显现教育的功能。同时,人类也有这种教育影响的主观需求,由此彰显教育的价值。因此,教育之所以与人的发展具有联系,就在于教育的作用。

一、教育的功能

功能是该事物对其他事物的某种作用,这种作用是由该事物的特定结构和外部事物的特定结构共同决定的,是不以人的主观愿望为转移的,具有客观性。据此,教育的功能是教育对其他事物的作用,是教育作用的重要表现。

(一)教育功能的分类

教育作为一种非常复杂的社会现象,其功能的表现也是极其复杂的。在学术界,比较有代表性的观点有以下几种:

1. 个体功能和社会功能

从教育作用的对象是个体还是群体的角度来看,可以将其划分为个体功能(本体功能)和社会功能(派生功能)。前者是指教育具有影响个体身心发展、培养个体的作用,我们又把这一功能称为本体功能;后者是指教育具有影响社会发展、培养社会所需要的人才的作用,这一功能又具体表现在通过对社会的政治、经济、文化等方面的影响而作用于社会,我们又把这一功能称为派生功能。

2. 显性功能和隐性功能

从教育作用是显性的还是隐性的,可以将其划分为显性功能和隐性功能。前者是依照教育目的的要求,在实际运行中所出现的与之相符合的结果,是人们在教育过程中容易被人们知道、察觉的功能;后者是伴随显性教育功能所出现的非预期性功能,如教育复制了现有的社会关系,再现了社会的不平等,它是指在教育过程中不容易被人们所发现、注意、察觉的功能,是伴随着显性教育功能而出现的非预期性功能。

3. 正向功能和负向功能

从教育作用的性质是积极还是消极的角度,可以将其划分为正向功能和负向功能。前者是指教育有助于个体发展和社会进步,促进人、社会向积极的方面变化的作用;后者是指教育阻碍个体发展和社会进步,导致人与社会向消极方面变化,妨碍社会进步与个体自由、生动、活泼、全面、和谐的发展。教育功能是教育对个体和社会产生的影响是客观的,但这种影响既可能带有积极的成分,也可能伴有消极的成分。

(二)教育功能的选择

面对从不同角度划分出来的众多教育功能,在实践中需要做出正确的选择,以便充分合理地发挥教育的作用,避免抓小放大、顾此失彼。

第一,发挥教育的基本功能,促进个体发展。教育是培养人的社会实践活动,教育的首要任务是培养人,教育首先面临的个体对象是学生,因而,教育的第一个最基本的功能就是教育对个体发展的促进功能,即教育的个体功能,也是教育的本体功能。

个体发展主要是指个体从出生到生命的终结,其身体和心理两方面所发生的一切积极变化。教育就是通过独特的形式、专门的机构以及丰富的教育内容等,来促进个体身体和心理两方面的和谐发展。教育的个体功能还包括教育促进个体社会化的功能和教育促进个体个性化的功能。人是社会性和个性的矛盾统一体,个体发展一方面要求其社会化,另一方面又要求其个性化。教育正是通过个体的社会化和个性化,促使一个自然人向一个能在现实社会中生活的社会人转化。因此,教育的个体发展功能表现为促进个体社会化的功能和促进个体个性化的功能。

第二,发挥教育的扩展功能,促进社会发展。教育的社会功能又称为教育的派生功能,它是在教育个体功能的基础上扩展出来的。教育的社会功能主要包括教育的经济功能、政治功能、文化功能以及社会的成层变迁功能。

总之,教育功能是教育客观存在的有用性,不管人们是否愿意接受教育,如何扭曲教育,如何评价教育,它都有它的客观效果。同时,面对众多的教育功能,需要处理好各种功能之间的关系,即处理好教育的直接功能与间接功能、显性功能与隐性功能的关系,特别要避免负面影响的发生或扩大。

二、教育的价值

价值是指某一事物满足人们主观需要关系的意义判断,它表明的是某一事物这一客体与人这一主体之间的一种满足与被满足的关系,具有较强的主观性。教育的价值是指教育满足人们主观需要关系的意义判断,它是教育作用的重要表现,是教育这一社会实践活动具有满足个体或者社会需要的关系意义。

(一)教育价值的分类

价值是多样性的,即使同一事物也有不同种类、不同性质的价值。教育价值也不例外,也是多方面的,根据不同的角度,站在不同的立场可以把教育价值划分成若干种类。如从满足教育主体的直接性和间接性来看,可以把教育价值划分为内在价值(理想价值)与外在价值(工具价值);从教育功能来看,可以把教育价值划分为教育的政治价值、教育的经济价值、教育的文化价值、教育的育人价值等;从教育内容来看,可以把教育价值划分为德育的价值、智育的价值、体育的价值、美育的价值等;从教育程度来看,可以把教育价值划分为学前教育价值、初等教育价值、中等教育价值、高等教育价值等。由此可以看出,教育价值是多种多样的。另外,教育价值是教育满足个体或者社会主体的需要的关系判断,它具有主观性的一面。人们根据各自不同的需要,站在各自不同的立场、角度划分出许多不同的价值类别,从而形成许多不同的教育价值派别。

1. 内外价值论

布鲁巴克(Brubacher)强调教育对人文修养的作用,认为:"内在教育价值是教育本身所固有的价值,不是因为教育相对于另外某些事物有用处,而是因为它本身就具有好的价值。"杜威则认为,教育价值就是教育给现实社会和人的生活所带来的益处,外在价值是依赖教育去达到另一种价值所产生出来的,是因为教育对某种事物有用处。

2. 知识价值论

斯宾塞、巴格莱(Bagley)、怀特海(Whitehead)等人从教育所包含事物知识的价值的角度,强调全部教育活动都是借助于知识的传授来实现的。如斯宾塞认为,任何一种知识的获得都有两种价值,一是知识的价值,二是训练的价值。知识的价值在于指导人的行为,训练的价值是对学生思维的培养和人格的训练。巴格莱强调科学知识的教育价值,肯定人类文化遗产的教育价值,认为教育目的必须包含社会文化的价值。

3. 文化价值论

教育学家斯普朗格用"文化"这一基本范畴来统合个人与社会、自我与历史、主观精神与客观精神的多重关系,认为个人是文化生命的关键,教育就是一种文化活动,教育目的就在于将包含于文化中的各种客观的价值(如生理的、经济的、审美的、理智的、宗教的)输入儿童的经验中,以完成他们整个的、有效能的、自乐的人格。因此,教育的人格陶冶价值是教育价值的核心,教育具有促进人的精神生活发展的作用,教育应培养社会文化的继承人。

(二)教育价值的选择

面对从不同角度划分出来的众多教育价值种类,在实践中需要做出正确的选择,以便合理、充分地发挥教育的作用,避免出现抓小放大或顾此失彼的现象。

第一,认识教育价值取向的多元化。所谓教育价值的取向,也就是指教育价值主体从自己的需要出发,选择教育价值客体的某一种属性为价值目标。从上述关于教育价值的众多分类、流派中可以看出,在现实的教育过程中具有多种类型的教育价值,也确实存在着不同教育主体的教育价值取向的差异。如在个体方面,有的人追求学历、文凭等外在价值,有的人追求教育发展个体身心的内在价值;又如在社会方面,有的社会追求政治方面的价值,有的社会追求经济方面的价值等。因此,在社会日益趋向多元化的今天,教育者和受教育者、家长和社会都要认识到这种教育价值取向的主体化、个性化、差异化、多元化等形势,以尊重、理解的态度对待不同教育主体的教育价值需求。

第二,满足不同主体的教育价值需求。价值的追求是教育实践活动的目的和动因,人们是按照自己的价值观办教育的。教育价值主体不同,他们各自的需要也就有可能不一样,从而,他们选择的教育价值客体的属性也就会有所不同,甚至有时是相互对立的。在选取教育价值时,应该认识到价值本身就具有双重性、相对性,也就是说,一种教育有无价值本身是相对的,是站在不同的主体、不同的角度而言的。不同教育主体的价值选择不一定相同,比如,个体和社会在教育的个体价值和社会价值上,或者完全重合,或者部分重合,或者完全相异甚至对立。由于主体的教育价值取向不同,他们在实际的教育过程中所表现的行为也就有所不同,进而产生相应不同的教育结果。所以,我们应该尊重不同教育主体的教育价值需求,使之成为大多数人之所需。当然,在选择教育价值时,要尽可能顾及各个方面的价值取向,坚持个体的教育价值取向和社会的教育价值取向的辩证统一。

总之,教育的价值是教育对人们主观需要的满足程度,不同主体对教育是否有用的判断存在差异。因此,需要科学认识教育主体的教育价值的主观性、多样性、选择性。同时,面对教育对人们众多的有用性,首先,需要认识教育价值的复杂性,上述教育价值之间客观存在正向价值与负向价值之间的矛盾、冲突。其次,需要在实践中正确选择教育价值,既要重视教育对社会发展的外在/客体价值、获取利益的功利性价值,更要重视教育对个体发展的内在/主体价值、修养身心的非功利价值。

如上所述,在概括性地阐述了教育的功能与价值等基本理论后,还有教育准备生活说、教育生活预备说、教育万能论、教育救国论、教育无用论、读书无用论、学校消亡论、教育荒芜论、教育独立论、非学校化论、学历主义论、文凭社会论等学说,读者可以自行去查阅、辨析这些思想,有助于更为广阔地理解教育的作用问题。①

需要提及的是,在人们探讨上述客观功能、主观价值等教育的有用性时,亦有学者专门清理其无用性,如丹尼尔·科顿姆(Daniel Cottom)所著的《教育为何是无用的》一书②,就是一例。作者在该书中列举了众多的教育无用论,如受过教育的人变得抽象而非实际,变得冷酷而不再体贴,他们富有逻辑但缺乏感性,善于分析但缺乏信任;教育鼓励人们产生疯狂而古怪的想法;学识渊博是危险的,教育使我们成为生活放荡不羁、政治方向激进的空想主义者与无法适应环境的孤僻者;知识不能果腹,知识不能为我们付账;教育让我们口若悬河但却衣衫褴褛,有学问的脑袋好比绝顶的傻瓜,优等生为差等生工作;教育所描绘的理想主义状态使人们不满意现实而又不能摆脱现实;受教育的人变得多疑、愤世嫉俗、筋疲力尽等。

> **阅读链接**
>
> 《教育为何是无用的》是丹尼尔·科顿姆所著。作者在该书中列举了20多例的教育无用,甚至借用存在主义的观点认为,当世界末日来临时,受教育最多的人将会是首先被消灭的那一批人之一。该书体现了作者在教育作用问题研究上独树一帜的风格。

最后,需要明晰的是,教育的功能与教育的价值是一对相似、互相联系但指向相反的两个概念,前者是教育自身客观存在的,后者是人们对教育的主观感受。其实,教育具有

---

① 《教育大辞典》编纂委员会.教育大辞典(第一卷)[M].上海:上海教育出版社,1990:53—57.
② [美]丹尼尔·科顿姆.教育为何是无用的[M].仇蓓玲,卫鑫译.南京:江苏人民出版社,2005.

传播知识、传授技能、增强体质、陶冶情感等功能,人们所说的"教育无用论"或"教育万能论",只是一些人觉得教育有助于就业、生活而认为其有价值,另外一些人觉得教育无助于改善生存、生活而认为其无用。

本章小结

在本章里,我们首先从"教育"概念的厘定出发,探究了东西方文字中对教育的理解,然后系统地罗列了众多关于教育的概念,并在比较分析后,给出了我们关于教育的概念,并对其内涵做了剖析。基于教育概念的界定,进一步分析了诸多关于教育本质的认识、诸多关于教育属性的认识,剖析了教育系统的构成要素及其复杂关系,得出了学生与教育内容之间的关系是教育最为基本的关系的结论。还在分析家庭教育、学校教育、社会教育、网络教育的基本情形后,阐释了它们走向联合的现代大教育体系的内涵。

其次,再回头去梳理教育的起源、发生、发展的历史进程,对其中涉及的各种教育起源学说、教育出现时的基本情形做了描述。同时分别对古代社会教育的基本特征、现代教育的共性特征做了系统的梳理、归纳,还对未来教育的重要性做了预测,从而勾勒出一幅教育历史发展的全景图。

最后,我们从教育功能与教育价值的角度探讨了教育的作用问题,从教育的个体功能与社会功能、显性功能和隐性功能、正向功能和负向功能三个不同角度分析教育的功能;从教育的内外价值论、知识价值论、文化价值论等不同的角度对教育的价值做了分析。同时,还对教育的功能、教育的价值的做了阐述,以此澄清了诸如"教育万能论""教育无用论""学校消亡论""教育荒芜论"等认识。

复习思考

一、巩固练习

1. 试比较汉语中的"教育"与西语中的"education"这两个不同语言中的概念的内涵,并分析它对东西方教育发展的影响。

2. 阐述教育系统的构成要素及其关系,指出并论证其中的哪一对关系是教育的基本关系。

3. 试比较古代教育、近代教育、现代教育的特征,并分析其存在差异的原因。

4. 有的人说:"知识改变命运,学历成就未来。"而有的人却说:"读书无用,从学校毕业就等于失业。"请运用教育的功能与价值理论分析这些认识。

二、观点辨析

1. 学校教育的产生说明培养接班人是学校的基本任务。
2. 教育的生产性说明举办私立学校营利是正常的。
3. 基于教育社会性特点的存在,按教育规律办事是不可能的。
4. "范进中举"现象说明了教育是摧残人类的活动。

三、阅读与思考

阅读材料 1：张楚廷先生所著的《教育基本原理——一种基于公理的教育学》①是众多教育学原理著作中独树一帜的作品。该作与已有众多的教育学原理类著作相比，首先克服了以往那些没有问题起点就直接进入"自说自话"状态的套路，作者从几个与教育关系密切的基本假设及其推演出发，推导出教育存在的合理性及其基本规律，再基于假设所推导出的结论提出有关的教育教学要求。综观全书，思维之严谨，逻辑之严密，透露出作者对教育的众多真知灼见。

思考任务：在尽可能搜集、整理有关教育学原理著作的基础上，请将它们与张楚廷先生的《教育基本原理——一种基于公理的教育学》进行比较，写出一篇 2000 字左右的读书笔记。

阅读材料 2：《读者》杂志曾经刊载一则如下材料：1979—1980 年间，哥伦比亚大学政治科学系课堂上的两个大一新生总是没精打采。一个是来自夏威夷的黑人，惯于占据教室右后方的角落，戴一顶足以遮住脸部的阔帽，常常呵欠连天，伏案寻梦。此君就是奥巴马。另一个来自台湾，喜欢窝在教室左后方的一隅，听得无趣，也索性呼呼大睡。此君就是李开复。奥巴马为什么爱躲在教室的角落睡觉，事必有因。李开复并非厌学，而是对政治科学不感兴趣，蹉跎到大二才转系，改学计算机后如鱼得水，两年后毕业，成绩居于全系之冠。李开复后来与计算机领域的天才人物比尔·盖茨共事，并成为微软中国研究院的院长，不断地在信息领域开创着一个个不安于现状、勇于探索前进的神话。

问题思考：阅读这则材料，运用教育的功能与价值理论，写一篇 2000 字左右的读后感，讨论当代教育的价值问题。

---

① 张楚廷.教育基本原理——一种基于公理的教育学[M].长沙：湖南师范大学出版社，2009.

第三章 教育目的：类型及具化

◆ **案例阅读**

据新华网长沙2013年7月10日电：一名班主任擅自修改学生的升学志愿。消息指出，高考志愿原本该由学生自己做主填报，然而近日在湖南省益阳市，一名班主任竟然"包办"了学生这一重要选择，自作主张地将学生的五个志愿全填一所民办高校，引起许多学生和家长的不满。目前，当地教育部门已就此事展开调查。据益阳市资阳区教育局查实，高平迎丰中学班主任刘某某，在学校安排本班学生志愿填报时，擅自将本班学生陈某某带到其办公室，与湖南某职业学院的招生老师一起鼓动陈某某，希望陈某某填报该学院的专科志愿。在未完全征得陈某某同意的前提下，刘某某将陈某某的5个专科志愿全部填为湖南某职业学院。陈某某回到家后，将填报志愿的经过告诉了母亲。母子二人商量后，电话联系刘某某，要求更改志愿。然而，刘某某以志愿已经提交不能修改为由，拒绝修改。

◆ **问题聚焦**

上述这则材料引发我们思考几个问题：学生及家长、教师及学校、国家及社会之间在教育目的上是否是一致的？这则材料中的班主任的培养目标与学生的学习目标为何不一致？学校的培养目标、学生的学习目标到底由什么因素决定？它们之间是否需要保持一致？它们之间的关系是什么？这些问题的背后，其实就是教育目的的主体及其之间的关系，国家教育目的、学校培养和学生个人学习目标之间的关系等问题。

◆ **学习目标**

1. 了解学生及家长、教师及学校、国家及社会这些构成教育目的主体的教育目的及其之间的博弈和影响。
2. 了解教育目的的类型划分，理解个人本位教育目的观和社会本位教育目的观、应然教育目的和实然教育目的的内涵。
3. 理解现代教育目的价值取向及其弊端，认识现代教育目的的转向趋势。
4. 了解国家教育目的、学校培养目标、课程及课堂教学目标之间的层级结构，分析国家教育目的是如何层层落实到课堂的。
5. 理解我国当前教育目的的法律表述、基本内涵。
6. 比较应试教育、素质教育的内涵、利弊与存在基础。

第一节
教育目的的界定

国家或社会办教育自然是有目的的,那么,学生及其家长、学校及其教师有没有自己的教育目的? 他们之间是如何博弈、调和的? 再者,什么是教育目的? 教育目的有何特点? 这些问题都是在从事教育活动之前需要搞清楚的。

一、教育目的之主体

(一)主体的构成

教育目的是教育参与者在进行教育活动之前,在头脑中预先存在着的教育活动所要取得的结果。那么,相应的基本问题就有:什么是教育目的? 如《教育大辞典》中表述"教育目的"是"把受教育者培养成为一定社会所需人才的总要求"。其实这个说法有值得深入思考的三个话题:"谁"规定谁是受教育者? 什么样的社会需要? 什么样的总要求? 如此等等,其实涉及教育目的的主体问题。

谁在提出教育目的? 自然是探讨教育目的首先要回答的问题。综观古今中外教育目的的提出者,不外以下几类:政府或国家、学生及家长、社会的学者或团体等。但是,无论是谁提出教育目的,这里面都有一个他们从外在把教育目的"加给"教育内部系统的问题,使学生及家长、教师及学校"接受"他们的教育目的,并认真实践。这种教育目的的外在性在今天日益受到人们的质疑。如张楚廷先生在其《教育基本原理——一种基于公理的教育学》中站在教育公理的角度对教育目的问题提出质问:学校的教育目的到底是谁的目的? 政府或社会的? 学生或家长的? 还是学校的? 是否存在不同的教育目的主体? 不同教育目的主体有公认的教育目的吗? 分析起来发现,国家教育目的的作为"外在"的目的,它是国家作为主体通过合法化形式(法律法规、政策文件)规定的教育目的(正规的、外显的教育目的);它具有外显性(法制形式)、正规性(政府等社会代表认可的)等特征。家庭教育目的作为"内在"的目的,它是学生及其家长在教育过程中,作为受教育的当事人个体的目的;它是被遮蔽的、内隐的教育目的;它具有内隐性(学生或家长个体内心中)、非正规性(个人选择、认可的)等特征。介于国家或政府与学生及家长之间的是学校教育目的,学校教育在遵循政府或国家教育目的的同时,也顾及学生及家长的教育目的,故表现出应然与实然的两面性(如明素质教育,暗应试教育)。

教育参与者有没有自己的教育目的? 答案是肯定的。众所周知,学生进学校读书有自己的目的,这便是学生的教育目的,当然,这个目的不一定与家长、学校、政府、社会的目的一致;家长送孩子到学校念书,自然也有其目的,其目的自然也不一定与教师或学校、政府或社会的目的一致;政府或社会举办学校更是有其目的,那么,它规定的这个学校教育目的与学生、家长的教育目的是否一致呢? 答案也是多种多样的。我们可以初步获得一个认识:学生与家长、教师与学校、政府与社会等教育的直接参与者、间接参与者都有自己的教育目的,但他们之间的教育目的却不一定一致,或许完全吻合,或许部分吻合,或许完全对立。同时,深入分析发现,在教育中,公开而为社会所认可的教育目的不是学生制定的,而是掌握着"话语"霸权的教育者及其背后的支持者所制定的。而在此教育目的制定过程中,学生及其家长处于失语状态,其教育目的受到遮蔽,被排除在主流教育目的之外,学生参与教育目的的制定的权利被剥夺,在教育目的的制定中学生被严重的边缘化。①

谁的教育目的思想理论层次较高?尽管教育目的的参与主体涉及多个方面,但关于教育目的理论最为丰富的、概括层次比较高的,还是教育家们。在教育史上,人类的教育目的或教育理想的内容是丰富的。如果按照教育理想的服务对象的"指向"(即指向人或社会这两个向度)这一视角来对传统的教育理想进行分类就会发现,众多的教育理想大致可以归类为"社会本位"的教育理想——治世,"个人本位"的教育理想——育人,以及处于二者之间的"个社统合"(在"个社统合"论中,由于各自的立场不一样,因此在具体主张上也存在着差异,如有的持个社等同的观点,有的偏重于道德,有的偏重于人格,还有的偏重于文化)——兼顾社会需要与个人发展这样三种类型。可见,人类教育理想的变迁似乎也具有一定"规律性"——"游离"于个人本位与社会本位两个极端之间(包括两个极端)。而且,对众多教育理想提出的历史背景再加以考察,我们还会发现,教育理想的这种"游离"的基本趋势是:当社会失序时,人们往往把教育理想置于社会本位上;在社会和平时期,则更多地转向对人本身的思考,将教育理想置于个人或教育对象的发展上。当然,在这两种历史背景下,都有调和教育的"治世"与"育人"功能、主张二者结合的人。

(二)主体间的博弈

不同教育目的的主体间是如何博弈的?虽然存在不同的教育目的的主体,而且主体之间教育目的不一定吻合,但教育活动最后还是开展起来了。这里面就有一个不同教育目的主体之间的或强制,或妥协,或隐藏的各取所需的问题。当然,一般的情形是:政府提出或社会提出或通过学者提出其教育目的,并以其强权将这个外在的教育目的加给学校,使其成为学校教育的目的。因此,我们所探讨的教育目的便是这样一种政府或社会的、外在而非教育主体内在的教育目的。总之,教育活动的参与主体都有其目的,这些教育目的之主体涉及三大方面:一是社会机构(如政府、政党、团体),他们举办教育有其团体目的;二是学生及其家长,他们有其上学求教的目的;三是学校及其教师,他们开展学校教育有其办学目的。三大教育目的的主体之间虽然在价值取向上不一定吻合,但是通过传授与接受知识及其相应的教育考试、人才选拔而取得共识,从而使教育活动得以维系下去。

知晓此教育主体之间在目的上的博弈情形,就不难理解国家教育的强迫性的道理,也就明白一般所言教育目的便是这样一种政府或社会的、外在而非教育主体内在的教育

---

① 唐智松,石峰.网络下教育理想的批判与重建[J].渝西学院学报(社会科学版),2005(3).

目的。当然,也容易理解社会及政府、学生及家长在教育目的或价值选择上的差异甚至矛盾现象,也能够理解为什么会出现学校及教师在差异或矛盾之间的"中间路线"或"阳奉阴违"(如我国一些中小学一方面高举"素质教育"的大旗,另一方面却狠抓"应试教育"的落实)的无奈现象了。

二、教育目的的内涵

(一)教育目的的概念

基于不同的哲学观点,古今中外的思想家和教育家对于教育目的问题有着不同的回答。[1] 在中国古代,位列"四书"之首的《大学》开宗明义地指出"大学之道,在明明德,在亲民,在止于至善",具体为格物、致知、诚意、正心、修身、齐家、治国、平天下。其他教育家也有诸多见解,如孔子认为教育目的在于养成具有仁德的君子,或全面修养的"成人";孟子认为教育目的在于"尽性"或发展本性,在个人方面为存心和立命,在社会方面为亲和仁民;荀子则认为教育目的在于化性起伪,使人初为士,次为君子,最后为圣人;汉代著名思想家、教育家董仲舒认为"夫万民之从利也,如水之走下,不以教化堤防之,不能止也"。他一针见血地指出教育目的就是要"化民成俗",他的这个教育目的几乎代表整个古代中国社会的教育目的,影响了中国古代教育的发展。

> **阅读链接**
>
> 《大学》开宗明义地提出"大学之道,在明明德,在亲民,在止于至善";而后指出格物、致知、诚意、正心、修身、齐家、治国、平天下"八条目";强调"物有本末,事有终始……自天子以至于庶人,壹是皆以修身为本"。该作位列"四书"之首。

到了近现代,许多西方教育家对教育目的问题进行了系统阐述。如卢梭提出,教育目的"不是别的,它就是自然的目标",即培养"自然人"。[2] 裴斯泰洛齐认为,教育应该"依照自然法则,发展儿童道德、智慧和身体各方面的能力"[3]。斯宾塞认为:"为我们的完满生活做准备是教育应尽的职责。"[4]沛西·能说:"一切教育努力的根本目的应该是帮助男女儿童尽其可能达到最高度的个人发展。"[5]涂尔干(Durkheim)认为:"教育的目的就是在儿童身上唤起和培养一定数量的身体、知识和道德状态,以便适应整个政治社

---

[1] 黄济.教育哲学通论[M].太原:山西教育出版社,2005:658—659.
[2] [法]卢梭.爱弥儿(上)[M].李平沤译.北京:人民教育出版社,1985:4.
[3] [瑞]裴斯泰洛齐.天鹅之歌[M].北京:人民教育出版社,1964:206.
[4] [英]斯宾塞.斯宾塞教育论著选[M].胡毅,王承绪译.北京:人民教育出版社,1997:58.
[5] [英]沛西·能.教育原理[M].王承绪,赵瑞瑛等译.北京:人民教育出版社,1992:2.

会的要求,以及他将来注定所处的特定环境的要求。"[1]以上这些先贤们及教育著作关于教育目的的认识和思想,是当今认识教育目的实质的基础和借鉴。

总之,教育是人类的一种有意识地依据自觉设定的目的所进行的对象性活动,是一种有意识、有目的、有计划地培养人的社会实践活动。人们在进行教育活动之前,首先就要使自己所从事的活动结果化,在观念中设定一定的目的。可见,教育目的是人们在进行教育活动之前,在头脑中预先存在着的教育活动所要取得的结果,它指明教育要达到的标准和要求,说明办教育为的是什么,所培养的人要达到什么样的规格。可以说,教育目的就是人们在头脑中预先设想的教育活动所要达到的效果,规定着人才培养的规格。

关于教育要培养什么样的人,历史上涌现出众多的观点。如在西方,古希腊时期的雅典希望培养多种才能和谐发展的人;斯巴达要求培养骁勇的忠诚战士;亚里士多德提出通过体、德、智的和谐教育促进人理性发展和体魄健美。古罗马时期要求培养善于演说的雄辩家。而到中世纪,宗教学校致力于培养虔诚的宗教僧侣,而世俗教育却要求培养忠诚的骑士。文艺复兴后,培养"泛智式"身心自由、和谐发展的人成为主流,如薄伽丘(Boccaccio)认为大自然把人造得美丽又匀称,不是用木头和金刚钻造人,而是用血肉造人,所以,人应当是全面发展的人;卢梭希望通过自然的教育以培养个性自由发展的"自然人";裴斯泰洛齐要求教育要发展全面的劳动能力,同生活保持密切联系,从而获得发展体力和脑力的手段。空想社会主义者圣西门、傅立叶和欧文等提出全面发展的人,促进了马克思、恩格斯人的全面发展及其教育理论的完成。马克思、恩格斯希望通过教育使人的"体力和智力获得充分的、自由的发展和运用",人的"精神、道德和审美情趣"获得充分、自由的发展。为此,要求发达的生产力、和谐的生产关系、有机的体力与脑力相结合,来实现人的全面发展。

> **阅读链接**
>
> 亚里士多德(公元前384—公元前322),古希腊思想家。他根据灵魂论把教育划分为体育、德育、智育,要求不同阶段施以恰当的教育和训练,以促进人的和谐发展。他开创了逻辑学、伦理学、政治学和生物学等研究,有"百科全书式人物"之誉。

(二)教育目的的特点

教育目的作为教育参与者对未来教育之期望、对教育活动的要求指向教育的目标和未来,作为教育活动内部结构的重要组成部分,它有自身的特点。

---

[1] [法]涂尔干.道德教育[M].陈光金等译.上海:上海人民出版社,2001:309.

第一,主观预期性。它是指社会或个人对教育对象未来发展状况的期望,是设置教育机构和创办学校的政府或社会、接受教育的学生和参与教育的家长、实施教育的学校和教师等的主观期望,而不是已经形成的客观结果,故所展现的是一种预期的状态。如代表国家的政府对于人才培养的规格往往采用高标准,在一定程度上是超现实的,具有预期性和理想化色彩,这是由"目的"本身的性质所决定的。因为作为目的,一定是需要努力才能达到的,教育目的中关于人才规格的要求不可避免地要超越一定的现实。

第二,客观时代性。教育目的具有时代的气息,任何一个教育目的都是在特定的历史客观条件下所做出的主观选择。历史上的不同时期,由于国家教育所处的国际背景不同,教育目的制定者的哲学思想不同,在教育宗旨和教育目的方面都必然会留下时代的印记。如农业时代的教育目的是培养适用于散漫农耕、节奏较慢、传承为主的传统臣民;工业时代的教育目的是培养适用于工厂化、标准化、技术型的产业工人;信息时代则要培养适用于网络生存的自主化、个性化、具有较高主体性的创新人才。因此,那种绝对普适性的超越时空的教育目的是不存在的。

第二节
教育目的之型构

众多教育目的主体,特别是教育学家们提出了众多的教育目的理论。为了阐明教育目的问题的复杂性,就需要对这些教育目的理论进行系统的分类、梳理,并加以剖析。

一、教育目的之类型

(一)基于主体差异的分类

根据人们对教育目的概念范畴的界定,可以看出研究教育目的应包含以下三个需要说明的因素:制定教育目的的主体因素、价值倾向因素、存在方式因素。由此产生了以这三个因素为依据而进行教育目的分类的标准。

制定教育目的的主体即是整理、规定教育目的的个人或团体。这些主体一般包括立法、行政部门和政党,社会团体特别是宗教团体与能对教育活动产生影响的经济集团、教育团体、教育过程当事人(教师、家长等)。由于不同的团体或个人具有不同的价值观念,所以就有不同的教育目的分类。

1. 外在的教育目的和内在的教育目的

所谓外在的教育目的,即作为主体的社会既定的教育目的,是一种通过合法化形式(法律法规、政策文件)而表现出来的教育目的,因而又称为正规的教育目的。这是一种既对社会的进步又对社会个体福利有益的理想状态的描述,在性质上具有普遍的社会意义,因为在一般观念上它适用于社会全体成员,并且理论上是一种在社会及教育生活中占据主导地位的支配性的价值观念在教育实践领域的反映,是基于社会生活对社会成员的普遍要求的意识而提出来的。

所谓内在的教育目的,是作为个人主体的教育过程中的当事人的目的,是一种实实在在对参与教育活动者的教育行为起作用的目的。它是有限制的,其特征是具体的、特殊的,适合于特殊的个人。它通常跟个人的物质生活环境及其利益、需要紧密地联系在一起。由于表现形式是内隐的、不明晰的,故亦称为内隐的教育目的或非正规的教育目的。

把教育目的区分为"外在的"和"内在的"两个范畴,意味着它能够使人们在思维中确定教育目的的内在规定性的同一性中的差异性,又能在差异性中发现其内在的同一性,从而划定教育目的的功能发挥的前提条件、界限。同时,这种区分还意味着人们能够在给定的界限内,通过给定前提条件的探究而获得一种基本的原理,从而使人们在教育实践中,能够在外在的教育目的和内在的教育目的之间建立起一种有效的、合乎辩证法原理的转化机制。

2. 指令性教育目的和指导性教育目的

所谓指令性教育目的,是指立法与执政部门、执政党等制定主体以法定文献的形式规定的一定社会的受教育者的质量和规格。因而带有强制性,目的是为了维护社会的既有秩序,也可称为绝对的、向后的或制度化的教育目的。

所谓指导性教育目的,是指那些不拥有政治权力的部门或团体制定的教育目的。由于它不具有法律赋予的强制性,所以只能是指导性的教育目的。指导性教育目的更多地从个人素质的培养来预示新的社会状态,所以也称为相对的、向前的或终身的教育目的。

(二)基于价值取向的分类

人类历史上长期存在着两种不同的教育价值观:一种是从个人发展出发,依据内在需要确定的;另一种是从社会发展出发,依据外在需要确定的。依据这两种不同的教育价值观,也就有了两种不同的教育目的价值取向:个人本位论和社会本位论。

1. 个人本位论

个人本位论主张教育目的应以个人价值为中心,应主要根据个人自身发展和完善的精神性需要来制定教育目的和建构教育活动。在这种理论看来,首先,人生来就具有健全的本能,教育的职能就在于使这种本能不受影响地得到完善和发展。因此他们否定社会制度的权威,反对社会对个人的约束,强调个人自由权利至高无上,认为按照社会要求培养出来的人,其本性会被抹杀掉。他们主张教育的首要目的不在于谋求国家利益和社会发展,而在于发展人的理性和个性,使人真正成为人。其次,个人的价值高于社会的价值。他们认为,有利于个人发展的教育就一定有利于社会发展,但有利于社会发展的教育不一定有利于个人发展,评价教育价值也应当以是否有利于个人的发展为标准。个人本位论的价值取向主要反映在自然主义和人文主义的教育思想中,主要的代表人物是法国的卢梭、瑞士的裴斯泰洛齐、德国的康德、美国的马斯洛(Maslow)和法国的萨特等。

拓展阅读

卢梭(1712—1778),法国启蒙思想家。他认为,自然意味着内心状态、人格和精神的自由;自然教育也是自由教育;大自然希望儿童在成人以前就要像儿童的样子。他的著作《爱弥儿》深深影响了现代教育理论。

2. 社会本位论

社会本位论主张教育目的应以社会价值为中心,应主要根据社会发展需要来制定教育目的和建构教育活动。这种理论认为,首先,个人的一切发展依赖于社会。真正的个人是不存在的,只有人类才是真正的存在,人之所以为人,只因他生活于人群中并参与社会生活;人的身心发展的各个方面都靠社会提供营养,人的一切都从社会得来。其次,教育的一切活动都应服从和服务于社会。教育目的应当根据社会的要求来确定,个人不过是教育的原料,不具有任何决定教育目的的价值;教育的首要目的就是使个体社会化,使个人适应社会生活,成为对社会有用的公民;教育过程就是把社会的价值观念和集体意识强加于个人,把不具有任何社会特征的人改造成为社会的人。再次,以对社会功能的好坏作为教育结果的评价标准。离开了社会的需要,就无从对教育的结果进行评价。这种观点从古至今都存在,但其理论的高峰时期是在19世纪到20世纪初,它的主要代表人物是德国的纳托普(Natorp)和凯兴斯泰纳(Kerschensteiner)、法国的孔德(Comte)和涂尔干等。涂尔干曾说:"教育在于使年轻一代系统地社会化。"[①]在我们每个人身上,可以说都存在着双重人格:一种人格可以称为个体我;另一种人格是社会我。教育的目的就在于塑造"社会我"而不是"个体我";在我们身上表现的不是我们个人,而是我们作为其中一个组成部分的社群或不同社群的宗教信仰、道德信仰与习俗、民族传统或职业传统以及各种集体信仰。这种体系的总和就是社会我,塑造社会我就是教育的目的。

> **阅读链接**
>
> 涂尔干(1858—1917),法国社会学家。他发表了大量关于教育、宗教、自杀、法律和犯罪的论著,这些论著被视为社会学的基础著作,为社会学的科学化奠定了基础。他主张社会本位的教育目的,有"教育社会学奠基人"之誉。

上述两种观点都有合理的一面,也都有片面过激的一面。其一,个人本位论强调个体的个性化,认为教育应着力于增进个体的价值和能动性。一般说来,社会的活力与社会的进步有赖于每一个社会成员的能动性与创造性,但也应看到能动性与随意性、创造性与破坏性的区别,看到个性跟社会整体利益和社会进步趋势可能是一致的,也可能是不一致的。如果不加限制地、抽象笼统地提倡人的个性化,有可能驱使人们无节制地追逐个人的利益,使个人丧失主体性,沦为个人需要和利益的奴隶。其二,社会本位论强调个体的社会化,这无疑是有道理的,任何社会为了保持稳定、延续和繁荣,都会对其成员的发展做出一定的规范,使他们认同社会普遍的价值观念和行为准则。但也应看到,社会规范个性与压制个性是不同的,培养个体的整体意识与把个体消融于整体之中是不同的,社会的凝聚力与对社会的消极适应是不同的。社会本位论恰恰忽视了这些差别,他们主张的社会化不是与个性化统一的社会化,而是非个性化的社会化。从根本意义上讲,没有必要把人的个性化与人的社会化割裂和对立起来,而应使二者尽可能达到某种统一。当然,这种统一应该是历史的、具体的统一,而不是超历史的、抽象的和一成不变的统一。

(三)基于实施吻合的分类

从教育目的实施的实际效果与预期理想之间的吻合程度,可以将教育目的划分为两大类:"一类是应该如此,即应然的目的,出现在国家教育方针的表述中;另一类是实际如此,即实然的目的。"[②]

---

① [法]涂尔干.道德教育[M].陈光金等译.上海:上海人民出版社,2001:39.
② 孙孔懿.教育失误论[M].南京:江苏教育出版社,1997:77.

1. 应然教育目的

所谓应然教育目的，即教育目的的制定主体以成文的、合乎规范的形式所规定并表述的教育目的。一般说来，它以法定的形式来规定教育目的，反映了国家或民族对教育要培养什么样的人的一种主观性的期待，因此具有价值判断性质。其特点是理论化、概念化、理想化、权威性、统一性等。

2. 实然教育目的

所谓实然教育目的，是指教育过程中的当事人在理论层面进行理解、贯彻、执行的教育目的，其特点是大众化、可操作性、具体化。由于国家教育目的在理解、贯彻、执行过程中容易受当事人利益驱动、价值观念等因素影响，所以应然教育目的并不等同于实然教育目的，教育活动当事人观念中的教育目的也并不必然地反映社会总体的教育目的。在教育实际生活中发挥直接作用的，往往是实然的或内在的教育目的。

关于应然教育目的与实然教育目的的实践情形，我们做如下举例分析。在我国基础教育中，长期存在以应试、分数、升学为主要目的的教育观，存在着教育观念上的保守性、教育思想上的滞后性、教育目的上的片面性、教育对象上的少数性、教育方法上的机械性等弊端，这跟应然教育目的是相背离的，成为严重阻碍素质教育实施的一大障碍。当这种实然教育目的严重偏离了应然教育目的的指引方向时，国家就会调动各种力量，采取各种措施对实然教育目的进行纠正，使它回到应然教育目的的轨道上。因为各个具体的教育活动当事人的内在教育目的跟社会总体的教育目的可能保持一致，也可能不一致甚至发生矛盾，所以有必要对两者及两者之间的关系进行深入的分析研究，努力寻求应然教育目的和实然教育目的之间一种有效的联系机制。这样可以避免由于对教育目的理论的曲解和实际贯彻中的片面性而带来的在实际教育工作中的混乱，还可以使国家教育目的逐步具有可操作性，以利于由应然教育目的向实然教育目的转化。

二、教育目的之转向

教育对社会发展具有两重性，它"可能长时间地再现"过去的社会状态，也可能"预示某些新的社会状态并加速它的变化"。[①] 着眼于"再现过去社会状态"的教育目的，是教育消极适应社会的目的观；着眼于"预示某些新的社会状态"的教育目的，是教育推动社会发展的目的观。前者培养的是"工具人"，后者培养的是"主体人"。教育推动社会发展的目标取向，不失为一种良性的选择，但要达成，首先要实现的是教育目的价值观的转变。

（一）客体论向主体论的转变

当代教育目的的首要转向就是教育对象在地位上由客体论向主体论的重大转变。关于教育目的的确立，历史上影响最大的是个人本位和社会本位两大倾向。个人本位论基于天赋论中人的自然的、自在的发展，是从存在的角度来考察的人的变化与发展过程，

[①] 联合国教科文组织国际教育发展委员会.学会生存——教育世界的今天和明天[M].华东师范大学比较教育研究所译.北京：教育科学出版社，1996：183.

是一种无主体的发展。它与把人的发展看成一种实践行为,教育的价值在于引导受教育者朝着理想的状态主动发展等现代教育理念大相径庭。社会本位论把社会的要求作为决定教育目的的唯一能动要素,必然无视人的主动性,把教育视为一个塑造的过程,强调个体的社会化,从而把人塑造成社会所需要的工具。

由此可见,传统的教育目的论,无论是个人本位的自然发展观,还是社会本位的工具观,都没有把人作为主体来培养,也没有发挥人在教育过程中的主体地位。按照马克思主义的观点,人作为现实的实践活动主体决定了环境的形成和变革,人的发展决定了社会的发展,教育要根据人的发展规律为未来的社会培养人,这种人不是社会的工具,而是自身和社会发展的主体。培养变革社会、推动社会发展的主体人,必须实行以建构受教育者主体性为目标的主体性教育。

"建构"不是把人作为客体进行塑造,也不是人的自然发展,它是在人已有发展的基础上使人得到新的发展的过程。"人的主体性发展和建构是现有主体性和可能主体性相互转化和循环前进的过程。"[1]这一过程十分复杂,它把人的发展与社会的发展,主体的发展水平与教育的要求(教育目的)等之间的矛盾协调统一起来。

(二)个人主体向类主体的转变

当代教育目的的又一重要转向就是在教育对象的价值观取向上由占有性个人主体向共存的类主体的重大转变。14~16世纪,西欧的文艺复兴运动启蒙了个人的主体意识。从此,确立个人的主体地位,弘扬个人的主体精神,成为西方深层的文化意蕴,也是西方文明向现代化前进的动力。但是,建立在笛卡儿"我思故我在"原则基础上的主体性,是把人局限于单一的、自我的状态,把对方视为被动的客体,与之发生改造与被改造的对象性关系,所以,这种主体性一开始就具有个人主义和占有性的特征。在人与自然的关系中,人对自然完全充满了一种统治的冲动,培根(Bacon)的"知识就是力量",康德的"人是自然的立法者",显然确立了个人的理性的主体性、占有性的绝对地位。这种主体性把知识作为人类征服自然的工具和手段,把人类的幸福建立在知识的积累上,其目的在于追求人类至高无上的境界或人类的解放。这种占有性作为一种观念和定式,同样迁移到人与人的社会关系上。正如霍克海默(Horkheimer)所说:"人类努力降服自然的历史,也是人类降服人的故事。""在解放的历程中,人遭受了与世界相同的命运;对自然的统治蕴含着社会统治。"[2]具有占有性的个人,在满足对自然的统治之后,人类的生存家园也遭到了极大的破坏,"自然界也报复了人类";在人统治他人之时,人与人之间的矛盾也加剧了。

和平与发展是人类迈向现代化的一大主题,人们希望生活在一个充满爱的社会环境和一个可持续发展的自然环境之中,这促使人们开始对传统的个人主义的理性主体性或占有性主体性进行反思,呼唤一种新主体性,一种共存的类主体性。类主体把促进整个人类发展作为最高的目的,主张对待自家与国家、人与人之间的关系,要用民主代替独裁,

---

[1] 黄葳.主体性教育论[M].贵阳:贵州人民出版社,1997:106—107.
[2] [美]弗莱德·R.多尔迈.主体性的黄昏[M].万俊人等译.上海:上海人民出版社,1992:13.

用对话代替战争;对待人与自然的关系,要用可持续开发代替掠夺,用保护代替破坏;对待科学技术,要用人性化规范其应用,依靠类主体创造一个有别于工业文明的后工业文明。

随着人们对传统的人性和理性教育的反思,教育也应从培养孤立的个人主体转变为培养类主体,从发展占有性个人主体向发展共存的类主体转变。这样的类主体教育包含两层含义:第一,它不只是以个人发展为目的,而是以整个人类的共同发展为目的。人类是主体社会形态的最高层次,类的发展是人的教育所追求的最高目标和最终结果,但类的发展只有通过个人的发展来实现。第二,类主体教育作为面向个人主体的教育,它发展的不只是"颈部以上"的认知方面,而是人的完整人格——真善美的统一;它发展的不是以征服、占有为目的的个人主体性,而是人的共存或交互主体性。主体间性是个人的、独立的,同时又具有交互性和人类性。联合国教科文组织在《学会生存——教育世界的今天和明天》中强调的"学习化社会"和"终身教育"这两个概念,可看作对类主体教育两层含义的呼应,因为唯有全面的终身教育,才能培养完整的人。

近年来的教育理论研究表明,人们越来越认同"社会以教育为本,教育以学校为本,学校以教师为本,教师以学生为本,学生以发展为本"的说法,由此衍生出当前的反映人本主义理念的生本教育取向。所谓生本教育,就是坚持学生是教育的出发点与目的,是学校存在的基础,教育要使学生在知识与技能、过程与方法、情感态度与价值观等方面获得发展。关于实现生本教育的技术,我们认为可以这样思考:一是要确立以学生为中心的教育,必须抛弃教师中心与考试中心的现象,营造适合学生发展的教育;二是要强调课程与内容的整合,批判对完整科学世界的人为割裂现象,使学生获得全面而协调的发展;三是强调教育要联系学生生活实际,反对远离学生生活的教育,通过教育使学生能够过上美好的生活;四是要实施合作教学、对话式教学,反对、批判灌输式教育和规训式教育,教育要引导学生实现自动建构;五是教育要坚持"顺人之天,以致其性"的理念,批判"一刀切""一锅煮"的工厂式教育,坚持因材施教,适应与促进个性发展。总之,以生为本的教育就是教育要导向学生的人生幸福。

教育目的作为培养什么样的人的问题,历来受到人们的重视,人们也提出了众多的人才培养理想。除以上理论外,读者还可以自行去查阅人文主义教育、人道主义教育、自然主义教育、自由教育、放任主义教育、干涉主义教育、文雅教育、创造教育、合作教育、闲暇教育、回归教育、补偿教育、教育无目的论这些相似概念,理解这些关于培养人的各种主张、学说的内涵及其利弊,有助于树立正确的教育目的观。[①]

---

① 《教育大辞典》编纂委员会.教育大辞典(第一卷)[M].上海:上海教育出版社,1990:45—53.

| 第三节 |
教育目的之实践

国家的教育目的"遮蔽"着其他主体的教育目的而成为显性的教育目的。那么,国家的教育目的是怎么从宏观的层面落实到学校乃至每一节课堂教学中的呢?这就是教育目的的具体落实问题。

一、制定教育目的

(一)教育目的的依据

尽管教育目的的表述方式多种多样,但它并不是一个超社会、超历史的范畴,在规定教育目的时必须以一定的客观存在及其发展规律为前提和根据。

第一,社会生产力的发展水平。教育目的的提出要受一定社会历史条件的制约,受教育者只能在现实的社会生活条件下才能获得发展。这些条件主要包括生产力、生产关系以及建立在一定生产方式之上的政治关系和政治制度等。其中,生产力发展水平的高低直接决定了社会能够提供给教育的物质条件以及个人在其一生中用于受教育的自由时间的多寡,从而在根本上决定了社会的每一个个体发展的可能性。一定的生产力总是要根据自己的发展水平对劳动者的教育提出自己的要求。

第二,生产关系及其衍生关系。任何一个社会,对教育的要求总是在一定的社会关系中产生并受这种关系所制约,因此,一定的教育目的必定表现为一定条件下教育与周围现实的关系,必定由一定条件下的物质生活需要或物质经济利益所决定。在阶级社会里,不同的阶级由于经济利益和政治利益不同而有不同的教育目的。他们通过教育来造就合格的公民和政治统治人才,从而使受教育者具备本阶级所期待的世界观、人生观、政治立场、政治观点和思想意识等,使教育目的总是反映统治阶级的经济和政治利益,且集中体现统治阶级对人才培养的要求。因此,教育目的的性质和方向是由政治经济制度决定的。

第三,受教育者身心发展规律及需要。任何教育目的离开了受教育者就失去了其赖以存在的载体,因此,制定教育目的时必须考虑受教育者的身心发展规律和特点。首先,要考虑受教育者的身心发展特点,如顺序性和阶段性、稳定性和可变性、发展速度的不均匀性以及个别差异性等特点[①],它们是确定各级各类教育目的(或目标)的重要依据。其次,要考虑受教育者自身发展的需要。学生不是被动的、完全由外部条件塑造与规定,他们是有明显个性要求且不断发展变化的活生生的人,教育目的必须考虑受教育者在不同环境、不同时代下的心理需求。

---

① 南京师范大学教育系.教育学[M].北京:人民教育出版社,2001:93—97.

第四，研制者的价值观念倾向。古今中外的思想家和教育家，基于不同的哲学观点，有着不同的教育目的观。

(二)教育目的的作用

就一般情况而言，人们所说的教育目的多指的是国家的教育目的。作为国家的教育目的，它要发挥着对全国教育的宏观指导作用和强制督促作用。

第一，宏观指导作用。国家教育目的是国家制定的、指导全国性教育的宏观层面的教育总要求，是各地、各学校制定相关各项教育政策和规定的基本依据，它规定了一定历史时期的教育的总目标和总任务。在内容上，教育目的不仅包括人才培养规格的要求，而且还包括达成这些培养目标的指导思想、原则和策略。学校教育及学校内的众多课程均在此国家教育目的之下活动，其中，从学前教育到高等教育等不同层次、从人文社会科学到理、工、农、医、法律、艺术等不同类型的学校，都要遵守教育法规，按照国家的教育目的办学，按照国家教育目的的要求去组织学校教育活动。不管什么样的课程都要在国家教育目的的指导下，服务于学校教育目标的实现。

第二，强制督促作用。国家教育目的体现了国家教育的最高意志，体现了政府教育的基本主张，甚至反映政党的教育追求。为了实现这些目的，国家还通过立法的手段、形式加以强化，以此规范各级教育行政机关、各级各类学校教育的行为，并以此要求为基本标准去引导、督促、调节、评估各级各部教育行政机关、各级各类学校教育的质效，并采用奖励或惩罚等措施来强化这种教育目的的指导性作用。因此，在世界范围内，为了实现国家教育目的，各国都重视教育立法，并颁布教育法规，如1870年英国颁布了世界上第一部义务教育法规《初等教育法》，1882年法国颁布了体现民主、世俗、免费等原则的《费里法案》，1958年美国为提高基础教育水平而颁布的《国防教育法》等，以法律、法规的效力来强化国家教育目的的意志、督促国家教育目的的实行。

二、落实教育目的

(一)设计层级结构

要将国家层面宏观的教育目的落实到课堂层面微观的教学目标，需要一个逻辑关联的、层次具体化的层级结构设计。这种层级结构的设计按照由高到低、从宏观到微观的角度可分为三个层次。

1. 顶级层次：国家的人才规格

国家的人才规格是国家对教育所要造就个体在质量规格上的总的规定和对教育培养的个体在从事社会职业时的各种基本素质的规定，是教育目的最为宏观层次的设计。这一目的主要体现在我国用人制度对教育产品的要求和社会对人才的素质、知识、技能的要求方面。它指导和牵动着各级各类教育机构的运行方式和工作内容，是在教育实践和社会发展中对人的全面发展理念的追求，同时直接指导着学校的培养目标。

国家层面的教育目的主要规定人才的性质方向、基本规格。按照我国学者王道俊、王汉澜的观点，国家教育目的"一是就教育所要培养出的人的身心素质做出规定，即指明受教育者在知识、智力、品德、审美、体质诸方面的发展,以期望受教育者形成某种个性结构。二是就教育所要培养出的人的社会价值做出规定,即指明这种人符合什么社会的需要或为什么阶级的利益服务。其中关于身心素质的规定是教育目的结构的核心部分。"[①]这样在宏观上才能够有助于指导其下各级各类的学校教育、门类众多的课程及其教学活动。

2. 中级层次:学校的培养目标

学校的培养目标是国家教育目的的具体化。学校,特别是占主要构成的官办学校,是作为国家机构的一部分、实现国家意志的一部分、实现国家教育目的的一部分而设置的,显然要服从于、服务于国家教育目的的实现。同时,学校还划分为不同层次,具体化地落实国家的教育目的。

在具体实践中,由于各级各类学校的性质及各个教育层次中的需求和任务存在差异,统一的、概括的教育目的难以同时指导不同目标的教育实践,因而要因校制宜,各级各类学校拟订与其教育性质和任务相适应的培养目标,一方面指引和协调学校具体的教育方向,另一方面为评价学校的教育质量提供具体标准。但是,它们都是隶属于国家教育目的之下的。

3. 微观层次:课程的教学目标

课程的教学目标是学校教育目的的具体化,是教育目的之中最为微观层次的目的,是国家教育目的、学校培养目标的进一步具体化。课程是为实现教育目的而选择的教育内容的总和,主要是确定传授给学生哪些知识,培养学生哪些素质、技能,并且通过教、学、评、考、督的具体适量的定性定量分析工作来建立测量和评价学生学业成就的基本标准体系,以检测教学所达到的要求和水准。它通过教学内容单元、阶段教学任务或课堂教学目标等非常微观层次的系列目标来落实,因而具有很强的操作性。

课程的教学目标是落实教育目的的基本点,学者们对它有较多的认识,如布卢姆(B. S. Bloom)把教学目标分为认知领域、情感领域和技能领域,各领域又包括若干具体的下属目标,如认知领域包括知识、理解、运用、分析、综合、评价六个方面的目标。加涅(Gagne)认为,课程目标就是形成学生五种能力——智力技能、认知策略、言语信息、运动技能、态度。我国学者戚业国、陈玉琨提出素质教育目标体系应当包括知识领域、情感领域、动作技能与健康等三个部分,其中知识领域包含学科知识、意会知识、能力知识、信息知识四个知识群,情感领域包含心理、品德、思想三个方面,动作技能与健康包含保健和运动知识、运动技能、生活习惯等下属内容。总之,制定课程目标要着眼于学校的具体培养目标和课程本身的特点,以达到科学指导教学实践的目的。

[①] 王道俊,王汉澜.教育学[M].北京:人民教育出版社,1999:94—95.

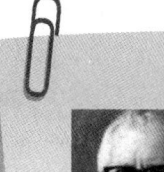

阅读链接

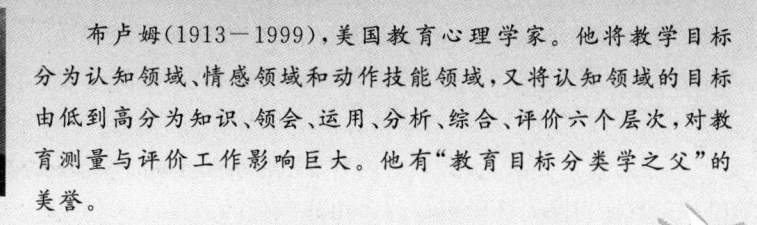

布卢姆(1913—1999),美国教育心理学家。他将教学目标分为认知领域、情感领域和动作技能领域,又将认知领域的目标由低到高分为知识、领会、运用、分析、综合、评价六个层次,对教育测量与评价工作影响巨大。他有"教育目标分类学之父"的美誉。

上述各层次由整体到局部,由抽象到具体,构成了功能的等级性。结构的等级性与功能的等级性的辩证统一,也构成了教育目的系统的层次性。最高层次的教育目的是一般的、共性的,具有相对持久性、稳定性,它确定整个教育的方向,并演绎出其他低层次的教育目标,是一切较低层次教育目标的基础。同时,高层次的教育目的的实现往往意味着达到了许多具体化的教育目标,而较低层次的教育目标是落实最高层次教育目的的基本手段,是在变化中为最高层次教育目的服务的,它是特殊的、具体的。较低层次目标的实现,也意味着其下属目标的完成。总而言之,下属目标的制定是为了更好地遵循较低层次的目标,较低层次目标的实施是为了更好地实现最高层次的目的,各个层级有机结合,共同实现教育目的系统的总目的。

总之,经过上述三个层次结构从宏观到微观的深化、具体,从而把社会的教育意图从宏观的国家层面具体到微观的课堂层面,使形式上千差万别的课堂教学都贯彻着国家的教育目的和社会的教育理想。

当然,教育目的也有人类共识的一面。如近年来,出于对传统学校教育目标的反思,基于教育的生命化、生活化、国际化而提出了新的学校教育目标。这种思想借用联合国教科文组织撰写的《教育——财富蕴藏其中》来说,就是教育必须围绕四种基本学习能力的培养来重新设计、重新组织。这四种能力是构成教育的四大支柱:Learning to know(学会求知);Learning to do(学会做事);Learning to be(学会生存);Learning to live together(学会合作)。[1] 具体而言,学会求知就是认识掌握世界的工具;学会做事就是学会在一定环境中工作,也包括实际动手能力、人际关系处理能力、社会行为、集体合作态度、主观能动性、交际能力和解决矛盾的能力;学会生存即培养和提高自己的生存能力,改造自己以适应环境;学会合作即培养学生在人类活动中,在保持主体自由、自主的条件下,个体积极地参与、密切地合作的品质。这种教育目的观具有很大的人类通用性,为世界各国教育所认同。

(二)发挥指导作用

国家的教育目的对实际教育活动具有重要的作用,它不仅是教育工作指导思想的核

---

[1] 联合国教科文组织总部中文科.教育——财富蕴藏其中[M].北京:教育科学出版社,1996:75.

心,而且是一切教育实践活动的总纲,对教育实践具有多方面的作用,概括起来,主要有指导作用、激励作用和评价作用等。

第一,指导作用。教育目的的指导功能,首先体现在指导行政部门制定有关方针政策上。教育行政部门的方针政策多种多样,其中部分方针政策是关于提高教育质量、加速人才培养的。这类方针政策必须根据教育目的的要求制定,如进行课程改革的方针政策。其次体现在调节教育实践活动的方向上。教育目的制约各级各类学校的培养目标,指导各个学校的教育方向,引导教育内容、途径与策略等的选择。总之,通过国家教育目的、学校培养目标到课程教学目标这种由高到低的逐层次的分化、分步骤的具体化,这种清晰的层级结构有助于明晰国家、学校、教师不同教育主体的任务、责任。

第二,激励作用。教育目的是对受教育者未来发展的一种设想,它立足现实、指向未来,具有一定的理想性且蕴含着观念价值。这种观念价值一旦变成现实,将给国家、社会和个人带来巨大的利益(因为价值是客体与主体的关系,是客体对主体的有用性)。这样,教育目的中的观念价值与期望值形成了一种吸引力,促进教育者与受教育者为达到自己的理想目的而努力工作与学习,直至将它变成现实。在实践中,各级各类学校在不偏离国家宏观整体的教育目的的基础上,根据自身特色制定有针对性的培养目标,各学科及其课程教学的教师在国家教育目的、学校培养目标的指导下,依据学科特点、师生自身特点而将教育目的具体化、课堂化。这样,通过国家行政层面的鼓动与支持、学校层面的支撑与组织、教师层面的组织与实施,教育目的从国家层面落实到课堂教学之中。

第三,评价作用。教育目的为教育活动指明了方向,是检验、评价、衡量全部教育活动最终结果的依据和标准。根据这些依据和标准,分别从宏观和微观方面对教育活动的效果和质量做出判断,评价教育活动的得与失,评价现实的教育结果是否达到预期的要求。由此获得的评价结果,一方面可以说明教育实践是否与教育目的相吻合,看到教育实践与教育目的的差距;另一方面可以考究教育目的是否切合实际,为修正教育目的提供依据。

需要说明的是,国家教育目的作用的发挥是有条件的,最根本的条件之一是有与教育目的要求相应的社会环境,尤其是教育环境,包括师生的观念、各种教育资源等,这是以上所阐发教育目的意义的前提。也就是说,若缺乏这种条件,教育目的的作用就会或多或少地丧失。

教育目的的最终结果是培养出一定规格的人才。而关于人才的概念则有许多相似的表达,读者可以自行去查阅诸如人才、通才、天才、多面手、一专多能、德才兼备、又红又专等概念,有助于扩展视野,厘清各种教育概念背后的边界。[①]

三、中国的教育目的论

(一)历史发展分析

教育目的在中国古代称"教育宗旨",新中国则用"教育方针"等概念来表述。在古

---

① 《教育大辞典》编纂委员会.教育大辞典(第一卷)[M].上海:上海教育出版社,1990:62—64.

代,对中国社会及其教育影响极其深刻的《大学》开篇就说:"大学之道,在明明德,在亲民,在止于至善。"并且为实现教育目的规定了相应的路线:"格物、致知、诚意、正心、修身、齐家、治国、平天下。"对古代中国教育影响深刻的《学记》也明确地说:"建国君民,教学为先";"君子如欲化民成俗,其必由学乎"。由此提出的"化民成俗"的教育思想成为整个古代中国教育的重要导向。后来,汉代的董仲舒直白地指出为"防奸养士"。由此从基本的"化民成俗"到"学而优则仕"的"修齐治平"路线成为古代中国教育目的的基本方向。

到了近代,晚清政府实施新教育,于1904年颁布了第一部由国家制定的反映教育宗旨的《奏定学堂章程》,其中规定:"立学宗旨……以忠孝为本,以中国经史之学为基,俾学生心术壹归于纯正,而后以西学论其知识,练其艺能,务期他日成才,各适实用,以仰付国家造就通才。"此规定反映了"中学为体,西学为用"的思想。1906年,学部针对民权思想的流行和资产阶级革命派的活动,拟订"忠君、尊孔、尚公、尚武、尚实"的五项教育宗旨。这五项教育宗旨虽未摆脱"中体西用"的窠臼,但注意到了对国民公共心、国家观念、身体素质和基本生活技能的培养,教学方法上学用结合。民国初期,根据蔡元培的建议,决定以"注重道德教育,以实利教育、军国民教育辅之,更以美感教育完成其道德"的宗旨取代清末的教育宗旨。1929年,国民党党代会公布:"中华民国之教育,根据三民主义,以充实人民生活、扶植社会生存、发展国民生计、延续民族生命为目的,务期民族独立、民权普遍、民生发展,以促进世界大同。"但这种教育宗旨在后来国民党实施独裁统治时逐步演变为培养知"礼义廉耻"及遵守"忠孝仁爱信义和平"的公民之教育。

新中国成立后至1956年,这一时期新的教育需要在改造旧教育的基础上建立,没有形成指导全国各级各类学校教育的统一的教育目的。1949年通过的《中国人民政治协商会议共同纲领》中规定:"人民政府的文化教育工作,应以提高人民文化水平,培养国家建设人才,肃清封建的、买办的、法西斯主义的思想,发展为人民服务的思想为主要任务。"1957年,毛泽东同志在《关于正确处理人民内部矛盾的问题》一文中指出:"我们的教育方针,应该使受教育者在德育、智育、体育几方面都得到发展,成为有社会主义觉悟的有文化的劳动者。"1958年中共中央、国务院在《关于教育工作的指示》中正式肯定了这一教育目的,并提出"党的教育方针是教育为无产阶级政治服务,教育与生产劳动相结合"。"文革"期间,教育背离了这一要求,出现了"宁要社会主义的草,不要资本主义的苗"的教育观。1981年,《中国共产党中央委员会关于建国以来党的若干历史问题的决议》中规定:"坚持德智体全面发展、又红又专、知识分子与工人农民相结合、脑力劳动与体力劳动相结合的教育方针。"1985年,《中共中央关于教育体制改革的决定》中提出培养有理想、有道德、有文化、有纪律的"四有"新人的要求。1995年,《中华人民共和国教育法》中规定:"教育必须为社会主义现代化建设服务,必须与生产劳动相结合,培养德、智、体等方面全面发展的社会主义事业的建设者和接班人。"至此,关于教育目的的规定成为法定文本,并沿用至今。

> **阅读链接**
>
> 《中华人民共和国教育法》于1995年颁布，它是新中国颁布的第一部教育大法，标志着中国进入了依法治教的新阶段。它被寄予落实教育优先发展战略地位，建立社会主义现代化教育制度，维护教育关系主体合法权益，加速教育法制建设根本保障的厚望。

此外，在"一国两制"下，香港、澳门、台湾地区的教育目的也是值得关注的。如台湾在2003年修订的《国民教育法》中规定，教育目的在于使学生"养成德、智、体、群、美五育均衡发展之健全国民"，要求小学及中学的课程"应以民族精神教育及国民生活教育为中心，学生身心健全发展为目标"。又如香港在《学校教育目标》中提出："学校教育服务应令每个儿童的潜质得以发展，日后成为有独立思考能力和关注社会事务的成年人，具备知识技能、处事态度成熟、过充实的生活，并对本港社会做出积极贡献。"这些都是我国教育目的法规的重要组成部分，其中关于教育立法动机的阐述，关于注重教育与生活的联系、关注儿童潜质发展、个性发展与社会性培养并举、强调民族精神和社会责任的培养等内容都是值得肯定的。

按照1995年颁布的《中华人民共和国教育法》对当前中国教育目的的规定，总结新中国教育目的表述中的内涵，它在实际上具有重要的价值。

第一，规定了人才的性质：社会主义事业的建设者和接班人。教育在其发展历程中无一不受社会制约，我国作为社会主义国家就明确了其教育目的的社会主义方向，所以我国教育目的的确立必定要体现这一社会性质。通过上述对新中国教育目的的发展历程及其表述的认识，我们可以看出，这一教育目的不同于以往历史上任何社会所存在的教育目的，它最突出的特点是为社会主义现代化的建设、巩固和完善服务。青少年作为国家的花朵和希望，所受到的教育目的的指引从根本上决定了他们是否能更好地成为未来社会主义现代化建设的中坚力量。因此，为了坚持和维护社会主义利益、服务于社会主义建设这一根本，我们的教育目的就要自始至终朝着培养合格的社会主义事业的接班人和建设者这一目标而努力。

第二，指出了发展的方向：德智体等方面全面发展。我国的教育目的是把学生的全面发展作为其方向。一方面，这符合马克思主义关于人的全面发展是历史的必然性这一理论学说，不仅继承了马克思关于社会主义教育观的理论思想，更进一步发展了这一理论内涵。另一方面，更好地做到理论联系实际，依据中国当代国情进行具体问题具体分析，这为社会主义人才培养指明了方向。我国教育目的坚持和完善这一发展方向，使得教育更有利于丰富和培养学生各方面的素质，进一步推动社会主义现代化建设。同时，全面发展的教育目的要求学生的素质能够得到多方面的充分发挥；个性发展的教育目的是全面发展在不同个体身上的不同表现，体现出不同的特点。因此，教育目的的确立应在坚持学生全面发展的同时也兼顾其个性发展,从而更好地培养和提升人才的素质。

第三,确立了主体的品质:个性张扬与生动活泼。欧文说过,教育就是要形成人的性格。学生是教育实施的主体,教育目的应充分依据学生个体的身心发展规律来确定。由于个体身心发展规律具有差异性和特殊性,教育既要坚持促进学生个体基本素质的全面发展,又要依据每个学生不同的身心发展特征,即个性特征,进行因材施教。弘扬个性是发展人性的本质要求,个性的张扬与发展能够得到适时、合理的满足,才能使得我国社会主义人才建设出现多姿多彩的景象,才能为我国现代化建设中不同领域和部门对不同人才的需求贡献一分力量。当前我国教育目的的实践忽视了学生个体在教育过程中个性自由的发展,从而造成压制学生的很多兴趣爱好甚至消磨其他素质潜能的发展这一事实。在学生的个性张扬和发展遭到忽视之后,他们就无法享受到学习的快乐感觉,也就被动地变为知识的接受者,而教师则成了死板的灌输者,这不仅违背了教学相长的原则,也没有达到全面发展的要求。

第四,提出了发展特殊才能:创新意识与创新能力。当今社会,全球经济和知识经济已成为国际社会的主流经济,参与其中所需要的不是一般的知识和能力,而是创新。早有学者批评指出,我国教育目的的表述对学生的创新素质重视不够,现实教育中学生的创新素质不高,大体呈现一种"依葫芦画葫芦"的现象,即在各领域原有成果的基础上,不能或者很少能做到举一反三。其中,中小学教育在学生的技能拓展、兴趣培养上缺乏教授创新素质的意识,而将精力投入到应试教育的"填鸭式"教学中,使得学生成为"考试工具""书呆子",丧失了青少年儿童本该有的活力和激情,抑制了青少年儿童的身心健康发展。以上所表现出来的国民创新素质低下的情况经常发生在当前的社会发展中,以至于出现人力、财力的大量浪费,使得我国的综合国力在国际竞争中处于劣势。因此,我们的教育目的在实践中落实时需要特别强调学生创新素质的培养。

(二)小学教育目标

教育目标有国家、学校、课堂三个层次,其中国家的教育目标是宏观的、统揽全局的,学校教育目标作为国家教育目标的落实,要服从、服务于国家教育目标的实现。因此,初等教育、中等教育和高等教育在服从于国家教育目标的同时,也具有与自己学校层次相应的教育目标。我国在2001年颁布的《基础教育课程改革纲要(试行)》中指出,包括小学教育在内的基础教育要使学生具有爱国主义、集体主义精神,热爱社会主义,继承和发扬中华民族的优秀传统和革命传统;具有社会主义民主法制意识,遵守国家法律和社会公德;逐步形成正确的世界观、人生观、价值观;具有社会责任感,努力为人民服务;具有初步的创新精神、实践能力、科学和人文素养以及环境意识;具有适应终身学习的基础知识、基本技能和方法;具有健壮的体魄和良好的心理素质,养成健康的审美情趣和生活方式,成为有理想、有道德、有文化、有纪律的一代新人。

分析认为,《基础教育课程改革纲要(试行)》中关于基础教育培养有理想、有道德、有文化、有纪律的一代新人的要求反映了小学教育目标的基本精神。

第一,品德方面:民主法制的意识、遵纪守法的行为、科学的世界观和人生观、社会责任感和服务精神、爱国和爱社会主义、继承和发扬民族优秀传统。

第二,智能方面:初步的创新精神、一定的实践能力、较好的科学和人文素养、环境和合作意识、终身学习的意识和技能。

第三,体美方面:具有健壮的体魄、锻炼身体的方法、良好的心理素质、健康的审美情趣和积极的生活方式。

这些对小学教育目标的规定,基本上符合小学生的身心发展特征,符合中外教育的历史经验,因而是比较科学的。

(三)探索素质教育

当代中国教育目的之实践是非常丰富的,大到国家层面为贯彻教育目的的层层指导及调控,中到学校层面为贯彻教育目的的各门课程规定及实施,小到各门课程的教学目标指导及评价,如此等等,其中的实践内容、实践形式在近年来的中国高等教育、基础教育中进行了丰富多彩、各有特色的探索。但是,综观这些探索,不外乎对应试教育的批判、对素质教育思想的实践探索。

1. 反思应试教育

多年来,我国在学校教育的实施过程中,人们的教育观念以及实施的具体内容和形式等诸多方面都不能适应社会对现代化高素质人才的要求。教育发展的整体水平不高、劳动者的整体素质较低、终身学习的观念尚未深入人心等,是存在于我国教育中长期没有根治的问题,而首先应该反思的是应试教育。应试教育是一种"考什么、教什么、学什么"的教育,它以分数或升学率作为衡量教育质量的标准,突出教育的筛选、甄别功能,是一种"选拔适合于教育的学生"的教育。在应试教育中,升学或为谋取未来较好的职业而获得一个好文凭是至关重要的,至于个人的身心是否全面发展无关紧要。应考竞争是升学的唯一途径,因此,应试就几乎成为教育目标了,其他的教育目标由于不具有升学的功利价值而被忽略。这种片面追求升学率的倾向把基础教育搞成升学教育、应考教育,使学生为争夺高学历、高文凭而拼命学习。

应试教育给学生的身心和谐发展以及社会发展带来了诸多不良影响:

其一,束缚了教育的视野。因为应试教育是围绕考试而组织学生的教育活动,所以就把教育引向了考试的狭窄天地,着重关注、培养学生对考试学科的学习兴趣,忽视、抑制乃至扼杀学生在其他方面的兴趣。学生为考试而学习,在德、智、体、美、劳上得不到全面和谐发展,导致学生走向片面发展。

其二,弱化了学生的能力。应试教育只能让学生在知识掌握方面停留在机械记忆、重复训练的层次上,难以达到理解、贯通、灵活运用和创新的层次,以至于学生没有创新能力和动手动脑等能力。特别是局限了学生的思维,学生都以标准答案为准绳,不能进行发散思维和创新。

其三,加重了学生的学习负担。为了考试,学校教学围绕考试"指挥棒"而转,"唯书""唯考",大搞题海战术,没完没了的文字阅读,无穷无尽的材料背诵,学生每天的学习时间长达十三四个小时。在应试教育中,学生在拿高文凭、高学历的压力下,把大部分时间用在苦读书上,没有自己的自由时间,失去了青春乐趣。为了考高分,学生把自己封闭在狭窄的苦读的生活空间里,很多学生产生了"学习厌倦症""考试恐惧症",有的甚至产生"厌世症""自闭症""忧郁症"等。

其四,加重了教师的工作负担。在应试教育中,教师面临着学校直接任务指标、社会舆论评价等外在压力,同时也出于自身就业声望、业绩口碑、生存压力等顾虑,往往会迎合应试教育的要求,以提高学生的分数为抓手。无穷无尽的课标解读、提纲揣摩、考题琢磨增加了教师大量反复性、机械性的工作,特别是重点大学的升学比例、各种题型的猜题押题使教师面临巨大的心理负担和精神压力。

其五,影响了教育的公平。为了提高学校的升学率、提高考上重点大学学生的比例,学校乃至教师均重视有升学潜力的学生,将教学注意力重点放在优秀学生身上,对那些所谓没有升学或没有升上重点大学潜力的学生持轻视甚至歧视的态度。这种面向少数优秀学生、为促进少数学生升学而组织的教学,在偏重于有升学潜力学生的同时,致使大多数学生被忽视、被放弃,不能得到很好的、公平的教育机会和发展条件,人为地制造了教育的不公平。

尽管上述弊端招来了人们对应试教育的不断批评,但应试教育却仍然"顽强"地存在着。综合各种影响因素可以发现,促成应试教育的主要原因有以下几点:

第一,应试教育是传统考试文化的延续。从隋朝起一直到清朝实行了1300余年的科举考试制度深刻地影响着我国的文化教育。在当代,科举制度虽然已不复存在,但其在"官本位"社会中的价值取向却影响着现代人的教育观念。"万般皆下品,唯有读书高""学而优则仕"等传统观念在人们心中还根深蒂固;"知识改变命运""学历成就未来"等现代观念也广泛为人们所认同。在这些观念是否要消除、能否消除、怎么消除等问题都没有弄清楚之前,期望它没有影响的存在是天真的。

第二,应试教育是社会生活压力的产物。在长期实行计划经济的时代,我国经济成分单一,国营以外的其他经济成分很不发达,因此,劳动就业指标非常有限,就业门路不宽。在脑体差别、工农差别、城乡差别还将长期存在的情况下,升学、高学历、高文凭是非常诱人的,它是通往高地位、高待遇、高消费的桥梁。进一步看,我国当前还处于社会主义初级阶段,生产力还不发达,就业岗位特别是第二、第三、第四产业提供的岗位比较有限。在农业人口通过读书、升学向城市转移及城市人口的就业维持等问题上,教育考试都发挥着重要的甄别、筛选作用,使得人们认同教育的作用而选择包括应试教育方式在内的教育。

第三,竞争有限教育机会和资源的结果。在社会主义初级阶段,由于社会发展总体水平的局限性,导致社会提供的教育机会远远不能满足广大人民群众受教育的需求。我国的经济发展水平还没有能力为教育大发展提供坚实的物质基础,教育资源上的供需矛盾还不可能彻底解决,因此教育机会上的竞争必不可免。在具体的实践中,体现为在高等院校中"985工程"大学不多、"211工程"学校有限,在基础教育中"国字号"重点中学较少、示范幼儿园不多,而进入什么样层次的学校就读关系到未来升入什么样的高一级学校读书及就业,关系到工作收入及生活条件。这样漫长而简单的逻辑链,让人们甚至不择手段地竞争以求进入优质学校,希望通过享受优质教育资源而获得优秀学业、进入理想大学、获得理想工作岗位。

第四,应试教育是教育实践偏差的产物。在应试教育中,升学率成为衡量学校教育质量的标准,考试分数成为评价一个学生好坏的标准。用人制度问题、教育结构问题、高考制度问题、教育评价问题等让应试教育愈演愈烈。因此,在教育实践中,人们只重视智育,忽略德育、体育、美育和劳动技术教育,且智育过程也不全面,出现了重知识接受、轻智力开发的现象。学生即使考试获得高分,但除了应试能力较高外,其他能力,特别是实践动手操作能力较弱,出现"高分低能"的现象。

明白上述关于应试教育存在的基础,就不难理解应试教育"批而不亡"的现象,也不难理解一些中小学校悬挂应试教育与素质教育两面旗帜的现象。

2. 探索素质教育

有关文献表明,时任国家教育委员会副主任的柳斌先生1986年在《人民教育》上撰文较为明确地提出了素质教育的理论。在我国,素质教育的提出有其深刻的历史背景与现实环境。素质教育是根据社会经济的发展和人的发展的实际需要,以全面提高学生的综合素质水平为宗旨的教育。它是适应时代需要而产生的新的教育观念、教育思想和教育方法,而不是什么固定的模式;它是以提高学生创新能力为核心的主体教育,在教育与人的关系上坚持以学生为中心;它是"造就适合于学生的教育";它是一种促进学生身心全面发展的教育;它包括学生的身体素质、心理素质、思想道德素质、科学文化素质、创新素质等。素质教育的主要目的是强调在传授知识和发展能力的基础上,使人的身心得到全面和谐发展,成为既有高尚人文精神又有良好科学素养的人。其实质是促进人的内在身心和潜能的发展以及人类文化和知识向个体心理品质的内化。其核心是提高人的素养和品质,培养人的创新精神、创造能力和主体性。可见,素质教育是以提高国民素质为目标的教育,其终极目标是以个体素质和全民素质的提高为基础的人的现代化,即在发展个性的基础上,促进人的现代化,以增强个人适应社会的生存能力和改造社会的创造能力。

人们关于素质教育特点的认识可以概括为:其一,以人为本。素质教育以人为本,这是教育本质的体现,是教育本体功能的回归。这种教育本质观在具体教育实践中就是"以生为本",营造适合于学生的教育,学校其他一切要素都围绕营造良好学生发展环境而组织,教师等其他教育主体服务于学生的需要,体现"学生是学校的上帝"的理念。其二,突出主体精神。素质教育以突出受教育者的主体精神为重要标志,这种精神的核心是赋予、确立、稳定学生的主体地位,以激发学生的主体性为重要目标,以培养合理的主体间性为重要内容,培养自主、自立、自强、尊重他人、善于合作的公民。其三,面向全体。素质教育是面向全体国民的教育,对各级各类学校而言,则是在民主、平等理念下面向全体学生的教育。它不是片面地关注少数学生能否升上重点学校,而是关注每个学生在原来基础上都有所进步,体现教育过程中的平等。其四,关注终身发展。素质教育体现教育的连续性和一贯性,强调学前经验和学校学习的结合、学校和校外实践活动的结合,强调各级教育在组织和内容上的一体化,体现家庭、学校、社会的一体化,体现教育与生产生活的结合,特别是它不再仅仅关注学生在某个阶段的学习成绩,而是关注持续发展中的某个阶段教育的适宜需求,对学生的能力运用不再是"涸泽而渔"式的短期性挖掘,而是可持续性的发展培育。[①]

近年来,在积极探索、推动素质教育的同时,也有人对素质教育提出异议。那么,为什么还要追求素质教育?为什么素质教育越来越成为我国近年来教育的共同举措呢?这是因为素质教育有其价值和基础。

第一,素质教育是我国教育目的理论的有益发展。全面发展理论作为马克思主义教育目的的经典学说,虽然有其科学性,但由于社会的发展、时代的差异,特别是关于实现人全面发展的条件等问题,使得它难以适应今天的中国教育,在马克思主义中国化的思维下,需要对其进行发展。素质教育是全面发展教育的具体落实,它通过德育、智育、体育、美育、劳动技术教育诸方面去培养学生全面发展的素质。同时,素质教育也是全面发展教育的补充,它以全面发展加特长发展为学校培养目标,既体现全面发展的方向,又反映个性发展的要求,将个体发展的共同性与个性化结合起来,既有助于国家教育目的的实现,也兼顾学校特色培养目标的实现,是我国在教育目的理论上的一大进步。

第二,素质教育是对应试教育消极影响的纠正。应试教育作为计划经济的产物,它仅仅强调学生的考试分数而忽视学生的全面发展、协调发展,形成考什么、教什么、学什么的简单链条,进而形成考试方式、学校教育、政府管理相联系的简单而僵化的体制,所培养的学生难以获得协调、全面的发展。

第三,素质教育是知识经济时代的要求。人们预料:"一个以知识和信息的生产、分配和使用为基础,以创造性人力资源为依托,以高新技术产业以及信息咨询业和管理为主的服务业为支柱的新时代即将来临,人们把这个新时代称之为知识经济时代"。[②]在这样一个时代里,占优势、占主导地位的一定是有知识、有文化、具有高素质的人。《中国教育改革与发展纲要》中要求,大力加强基础教育这项提高民族素质的奠基工程,并提出:"中小学教育要由'应试教育'转向全面提高国民素质的轨道,面向全体学生,全面提高学生的思想道德、文化科学、劳动技能和身体心理素质,促进学生生动活泼地发展。"可以说,在应试教育到素质教育的转变中,以素质教育统领教育是中国教育近二十多年来发展的基本取向。

---

① 孙孔懿.素质教育概论[M].北京:人民教育出版社,2001:114-129.
② 陈磊.素质教育新论[M].武汉:武汉理工大学出版社,2003:64.

阅读链接

柳斌，原国家教育委员会副主任、国家总督学，曾先后在中学、大学、地区教研室任教。他于1986年提出并推进素质教育的理论与实践，30多年来，对中国各级各类教育产生了极其深远的影响。

近年来，随着教育教学改革的深化，素质教育在我国推行了多年，各地不断涌现出实施素质教育的典范，产生了很大影响。如比较早期的湖南汨罗素质教育经验、近年来的山东杜郎口模式、最近上海和四川成都的新优质学校建设实践等，都是对应试教育的大触动，也引起了社会普遍的良好反响。但是从总体上看，素质教育未见很大起色，未取得突破性进展，在实际工作中还存在着大量的问题。如当前我国多数中小学采取的教育政策是一方面要应试教育，另一方面还要素质教育，即应试教育和素质教育"两手抓，两手都要硬"，因此就出现"上午应试教育，下午素质教育""课内应试教育，课外素质教育"等现象。在推进素质教育后，各中小学纷纷"减负"，作业量减少，课程难度降低，以适应素质教育的要求。但无论是家长、教师或学校，都无法以科学的素质教育形式来填补这些剩余时间，他们让学生参加各种各样的培训班，认为这样可以提高学生的素质，错把特长教育当作素质教育。客观地说，这些问题一部分是教育自身的问题，另外一部分也是社会因素造成的，因为教育考试这个"指挥棒""紧箍咒"不完全是学校能够解决的问题，因此，我们应当理性地、辩证地看待素质教育实践中的诸多现象。

素质教育推行近二十年，在一定程度上发挥了对应试教育的抑制作用，也促进了素质教育的实践探索和理论发展，这些是值得肯定的方面。当然，仍然存在素质教育实施不力、应试教育难以根除的现象。究其原因：其一，上述应试教育的基础仍然存在，诸如生产力、生产关系等影响因素短时间内难以解决，况且它们也不是教育所能解决的问题，素质教育的实施当然举步维艰了。其二，素质教育的理论还在发展。如《基础教育课程改革纲要（试行）》要求："义务教育课程标准应适应普及义务教育的要求，让绝大多数学生经过努力都能够达到，体现国家对公民的基本要求，着眼于培养学生终身学习的愿望与能力。"这些表述都是非常好的，但在实践中怎么在目标层面具体化、在操作层面模式化、在评价层面客观化，都是需要探索的。不解决这些具体的问题，素质教育就如目前被学生比喻的"应试教育乌云上面的太阳"，虽然耀眼、令人向往，但却照不到自己的身上。

应试教育向素质教育转轨的问题已成为我国教育改革的焦点问题。为了推进这种转轨，有必要清晰认识两者的区别和联系。

应试教育与素质教育存在重大的区别，这种区别主要表现在：

其一，二者的教育价值观不同。素质教育和应试教育具有不同的价值尺度，是两种截然不同的教育价值观的反映。应试教育深受中国传统教育价值观的影响，如继承了"读书做官"的传统思想，忽视了培养劳动者；培养少数"尖子"，忽略提高全民素质；注重为社会发展的某些方面培养片面的人才,忽视培养其他方面的人才;通过教育博取功名的观念根深蒂固,忽视学生的身心和谐发展。而素质教育的价值观是以现代社会的期望方向——促进学生全面和谐发展为取向和尺度的,是教育的外部价值和内部价值的辩证统一体。一方面,它以全面提高全部学生的身心素质为直接目的。这一目的是为了培养具有全面而丰富的精神世界的一代新人,体现出教育的崇高价值。另一方面,它追求教育的实用价值,培养社会所需要的各类高素质人才,促进个人与社会协调发展。

其二,二者的教育内容取向不同。应试教育以应试和升学为中心来设置课程、安排教学内容,导致教育课程发生不正常的倾斜:重智育课程,轻德育、体育、美育等课程,这种偏科现象对人的全面发展非常不利。素质教育则紧紧抓住了时代的脉搏,从理论上把握了教育理想的价值取向,着眼于学生素质的全面提高,以完整的素质结构为核心来设置课程。在提高自然科学教育质量的同时,加强德育、体育、美育和劳动技术教育。在培养读、写、算的同时,注重培养学生的观察、思维、动手、动脑等能力,还注重选修课和课外活动的设置,培养学生的广泛兴趣。

其三,二者采用的教育方法不同。应试教育是一种"授之以鱼"的方法,它只重视知识的灌输,课堂教学以注入式的讲授为主,要求学生按部就班地做好课堂笔记,强调背诵模仿,做大量的作业。这种重教轻学、重知轻能、重记轻思的教育方法会挫败学生的兴趣和信心,使学生的学习变得被动。素质教育是一种"授之以渔"的方法,教师注重从学生的实际出发,采取各种有效途径调动学生学习的积极性和主动性。素质教育重视启发诱导学生,引导学生的思考方向,使学生建立符合自身特点的学习方法和学习习惯,强调把外部的教育影响内化为学生的自身素质,重视内化过程和内化机制的研究,重视多种教学方法的结合,特别是现代化的教学技术的运用,让学生亲自体验所学知识。

其四,二者的教育评价标准不同。应试教育以升学为目标,因此,它单以考分为尺度来评价学生,以学生的考分和升学率为标准来评价教师。素质教育强调全面提高教育质量,教育行政部门把全体学生全面素质的提高作为对学校教育工作的评价标准。因此,它不仅仅看考试分数和升学率,更注重从实际全面地、合理地、科学地评价学生、教师和学校。对学生的评价,除了考试成绩以外,更注重学生的思想品德、科学文化、生理心理等综合素质的提高。评价教师,坚持以教书育人的整体效果来衡量,同时注重教师是否创建民主的师生关系,是否促进学生的健康和谐发展等。评价学校,则坚持教育思想、教育质量、管理水平的综合考量。

当然,应试教育与素质教育也存在互补的联系,主要体现在:

一方面,素质教育不是万能的。因为教育本身就不是万能的,影响人发展的因素有多方面,教育仅仅是一种影响而已,况且素质教育主要偏重于教育的目标问题。此外,我国素质教育作为一种新的教育理念,走入实践没多久,在理论方面准备不足,素质教育的一系列理论问题,如素质教育的概念、目标与内容、过程与模式、方法与手段、考试与评价、教师队伍素质、教育管理与监督等还要进行认真梳理。同时,素质教育也需要考试,不能一提素质教育就全部抛弃应试教育中积累多年且行之有效的考试管理技术。

另一方面,也不能全盘否定应试教育。因为应试作为一种手段,学生具有的应试能力也是综合能力之一。同时,包括素质教育在内的任何教育都是离不开考试手段的,考试客观上除了具有教学发展的指导作用外,还有社会人才的甄别、评价和选拔功能,即素质教育的结果同样需要通过考试手段进行衡量,高素质的人才也需要通过考试来选拔。所以,问题并不在于要不要考试,而在于改革考试制度,要全面地、科学地、多形式地、多途径地进行考试,即在增加参考次数的同时,着重解决好以下问题:其一,调整考试科目及其权重。在清除文理对立的情况下,设计文理综合及文中偏理、理中偏文的多种类型的考试,以满足不同学生的个性倾向、兴趣偏好的需要。当然,这样就要求中小学教育放弃简单的文理分科做法,消除"配餐制式"课程设计,而转以科目全面的、类型齐全的"自助餐式"的课程。同时,还要进一步研究哪些学科进入考试、这些学科之间的分数权重等技术性问题。其二,调整考试的内容。那些相对陈旧的、较为机械的知识要少考,主要考查那些能检验学生理解力、激发学生想象力、提高学生应用力、培育学生创新力的内容,以此将死记硬背的知识性考试转向素质性考试,消除教育考试中的"背多分"现象。其三,改革考试的方式。目前的考试太偏向于书本知识复述、经典问题解决、书面笔试考查、个体独立完成等方面,在适当比例下应该增加诸如复杂现象分析、综合问题解决、实践技术操作、社区社情认知、合作品质检验、可持续发展品质培养等方面素质的考查。

本章小结

本章里,我们首先从教育目的的主体构成出发,认识到了因为教育参与主体对教育目的的不同追求,才导致了教育中的国家或社会、学校或教师、学生或家长在教育问题上的不同态度,深刻地揭示了诸如素质教育与应试教育等看似矛盾却在并行的实际现象。同时,我们在对历史上众多教育目的说法的整理中确定了教育目的的概念,并指出了它的主观预期性、客观时代性等基本特点。

其次,作为有目的性的活动,教育的参与者纷纷提出自己的教育目的,由此形成了极其丰富的教育目的内容观。我们从不同角度对众多的教育目的内容进行了系统梳理,即从教育目的主体差异的角度分出了外在的教育目的和内在的教育目的、指令性教育目的和指导性教育目的;从教育目的的价值取向的角度分出了个人本位论、社会本位论;从教育目的实施中理想与现实是否吻合的角度分出应然教育目的、实然教育目的。在反思以往教育目的观局限性的同时,介绍了教育目的由客体论向主体论、个人主体向类主体的转变趋势。

最后,基于国家教育目的"遮蔽"着其他主体教育目的的实情,我们探讨了国家制定教育目的的依据,梳理了国家教育目的具有的宏观指导作用、强制督促作用;剖析了国家教育目的的经过国家人才规格的顶级层次、学校培养目标的中级层次、课程教学目标的微观层次的三个层次设计,从而把教育意图从宏观的国家层面具体到微观的课堂层面,如此就能够发挥其激励功能、指导功能和评价功能等。

此外,我们一方面对中国教育目的的历史发展做了系统的梳理;另一方面对中国当前法定教育目的的内容及其内涵进行了解读,揭示了它在人才性质规定、发展方向指导、主体品质结构、特殊才能培养等方面的要求。同时,对近年来作为热点问题的应试教育、素质教育现象进行了理性的剖析。

复习思考

一、巩固练习

1. 所谓教育目的,到底是谁的目的——国家的、教育者的还是受教育者的?谈谈你对不同教育主体的教育目的问题的看法。

2. 有人认为"一切为了学生,为了一切学生,为了学生一切"的说法是不可能的。请谈谈你的认识。

3. 古今中外的先贤和名著中对教育目的做了哪些设定?在教育目的理论中,"个体本位""社会本位"的内涵是什么?其科学性如何?

4. 我国当前教育目的的基本精神是什么?为什么在当前的教育实践中存在诸如素质教育"倡而不兴"、应试教育"批而不亡"的现象?

二、观点辨析

1. 有人说,门门功课的分数都相同,这就是全面发展。

2. 有人说,对应试教育"批而不亡"的现象说明应试教育是正确的。

3. 有人说,素质教育实施多年的低效现象说明了素质教育不符合需要。

三、阅读与思考

阅读材料 1:陶行知曾经说:"中国的乡村教育走错了路……他教人羡慕奢华,看不起务农。他教人分利不生利。他教农夫子弟变成书呆子。""旧的教育实践和理论是吃人的教育,它不只教人吃别人,还教人吃自己,是不可能创造人民幸福的,因此要提倡新教育,建立教人创造幸福的生活教育。""生活教育是要达民之情、遂民之欲,它要教民众做主人,做自己的主人,做政府的主人,而不教人吃别人。""生活教育是以生活为中心的教育……过什么生活便是受什么教育……有目的生活是有目的教育,无目的生活是无目的教育。""从生活与教育的关系上说,是生活决定教育。从效力上说,教育要通过生活才能发出力量而成为真正的教育。""生活教育是生活所原有,生活所自营,生活所必需的教育。""要从乡村实际生活中产生活的学校;从活的教师中产生活的学生。""把教育推广到生活所包括的领域,把生活提高到教育所瞄准的水平。""教学咸得其宜,则国家造就一生利人物,即得一生利人物之用。将见国无游民,民无废才,群需可济。""实际生活是教育的指南。""用四通八达的教育,创造四通八达的社会。"

思考任务:请在阅读这则材料后,撰写一篇 2000 字左右的读书笔记,阐释教育与生活之间的关系,剖析当前我国教育"去生活化"现象的危害、根源及根治对策。

阅读材料 2:我国于 2004 年修订并颁布了《小学生日常行为规范》,其中对小学生的行为做了许多具体规定,如升降国旗、奏唱国歌时肃立、脱帽;尊敬父母、听从父母和长辈的教导;尊敬老师,接受老师的教导;尊老爱幼,平等待人;待人有礼貌,不打扰别人的工作、学习和休息;诚实守信,知错就改;虚心学习别人的长处和优点,不嫉妒别人;爱惜粮食和学习、生活用品;衣着整洁,学会家务劳动;按时上学,坚持锻炼身体;认真做值日,保持教室、校园整洁;爱护公物;遵守交通法规;遵守公共秩序等。

思考任务:请仔细研读我国的《小学生日常行为规范》,同时在搜集其他国家类似的学生行为规范或守则的基础上,对它们进行比较分析后写出 2000 字左右的读书笔记。

第四章 教育主体：生师及关系

◆ 案例阅读

新学期开始，一位年轻女教师接了一个让大家都头痛的班。当她第一次走进教室时，不料学生却用"对面的女孩看过来"的歌声"迎接"她，而且黑板上还写着大大的五个字："我们是差生！"她听着、看着，然后微笑着说："13年前，有个和你们一样大的山村女孩，考上了县里的一中，却只能编在差班。可她不服输，发誓要取得好成绩；她在课桌上贴着自己的座右铭'我挺棒'，以此鞭策自己。功夫不负有心人，三年后高中毕业，她以优异的成绩考上了一所大学……你们想知道那个女孩是谁吗？""谁？"一些学生问道。女教师还是一脸的微笑，用略带自傲的语气说："远在天边，近在眼前。""哇！"教室里有了异样的赞美声。她转过身指着黑板上的字说："这几字写得还可以，可惜标点用错了。""用错了？"不少学生疑惑地重复这三个字。女教师提高了嗓门说："我们一齐用力把这个叹号压弯，加油，一二三！"她一边说，一边用红粉笔把叹号改成大大的问号。接着，她又说："现在老师读这句话，请大家用我刚才介绍的座右铭大声回答。"教师："我们是差生？"学生："不！我挺棒！"教师："对！我们挺棒！"教室里一片掌声。

◆ 问题聚焦

从上述这则材料中我们可以引申出更多的问题：为何有优生、差生之谈？如何辩证地看待所谓的优生与差生？学生的内涵是什么？学生的权利与责任有哪些？教师凭借什么因素判断学生是优生或差生？教师的内涵是什么？教师的权责与资格是什么？师生关系的内涵及其取向应当是什么？这些都是教育中师生教育主体所涉及的基本问题。

◆ 学习目标

1. 理解学生的基本属性及其相应的教育要求，结合《未成年人保护法》了解学生的权利与义务及其教育要求。
2. 掌握社会化的内涵、学生社会化的实质及其目标。
3. 阐述学生主体地位的理由及其主体性的表现。
4. 理解教师工作的特点、教师的权利与责任。
5. 理解教师专业工作的标准，掌握小学教师专业标准的内容。
6. 理解师生关系的内涵及基本内容，了解师生关系的类型，掌握建设良好师生关系的基本方法。

| 第一节 |
小学学生

因为有学生的存在,才有了对教师的需要,故需要先阐述学生。学生作为哲学意义上具有"某种活动的发出者"这样主体特征的人,自然确立了其在教学活动中的主体地位。那么,学生的特点与属性、权利与责任有哪些?学生的社会化过程是怎样的?如此等等都是我们需要明白的。

一、学生的界定

(一)学生的内涵

传统意义上,学生同弟子、学子、学徒、门生及生徒等同,指接受学习的人。《后汉书·灵帝纪》中有"始置鸿都门学生"的记载,李贤注"鸿都,门名也,于内置学。时其中诸生……至千人焉";唐代的韩愈在《请复国子监生徒状》一文中也说"国子馆学生三百人"。而现代意义上,学生等同于受教育者,与教师作为教育者相对应。如《教育大辞典》中认为,学生是"在各级各类学校或其他教育机构学习的人",或是"泛指一切受教育的人"。[①] 从广义的角度来看,学生泛指一切受教育的人,既包括在学校中学习的儿童、少年和青年,也包括各种形式的成人教育中的学生;这个界定仅关注受教育这一事实,而不计教育的提供者、形式等要素。从狭义的角度来看,学生指在各种教育机关受教育的人;这个界定则进一步强调教育的形式化。从更狭义的角度来看,学生则是指学校中以学习为主要任务的人;这个界定则强调教育机构的形式性和活动主体的目的性。在学校教育领域所谈论的学生都是指更狭义上的学生。关于对学生的认识,有几点是需要特别明晰的。

第一,学生是学习的主体,师生在教育活动中互为主客体。在以往的观念中,将教师与学生对立起来看待,在主体与客体位置上持"非此即彼"的一元化思维。这个观念是需要转变的。从哲学意义上讲,教师与学生都是某种活动的发出者,都具有实践能动性,都是哲学意义上的主体,即学生也是教育活动的主体,而不是教师作用的消极受众。其中,特别值得注意的是,学生在对学习对象的自主选择、主观理解、认知加工中反映主体的特性。当然,在教师发布教育信息、学生接受教育信息,学生向教师提出问题、教师回答学生提问等过程中,师生之间的主体与客体关系是相互的、不断转化的。

第二,学生在教育实践活动中表现出特有的学习主体性。学生的实践活动主要是教育实践活动,或更为恰当地说是学习活动。那么,学生的主体性也就主要表现在这些学习活动之中。具体内容主要有:其一,个体学习的独立性。学生学习的现有水平、学习的

---

① 《教育大辞典》编纂委员会.教育大辞典(第一卷)[M].上海:上海教育出版社,1990:238.

目标与追求、制约学习的个性心理特征等是各不相同的,教师的教学要注意因材施教。其二,对教育影响的选择性。学生对教师的教育影响并不是无条件接受的,而是会根据主体意识(积极的或消极的)进行选择,这要求教师的教学要最大限度地适应学生的需要。其三,学习活动的自觉性。学生学习活动的主动性、自觉性是其主体性的本质体现,教师的教学活动要建立在学生对学习自觉、主动的自我追求的基础上。其四,学习实践的创造性。学生完成学习任务的方式、方法、思路以及对问题的认识等,不完全按照教科书或教师预定的"轨道"进行,往往根据自己的理解倾向、价值态度、知识基础进行加工。

(二)学生的属性

学生作为学校中以学习为主要任务的人,不同于一般意义上的人,他有其独特的属性,并通过这种属性区别于其他的主体。

第一,学生是有生命意蕴的人。这里的"人"首先是指学生是一个具有生命特征的、生命尊严的、生命价值的独立个体,其生命的权利、尊严、价值是必须得到尊重与保护的。其次,生命意蕴包含着生命的整体性。它是指"人的生命是多层次的、多方面的整合。生命有多方面的需要:一方面,生理的、心理的、社会的;另一方面,物质的、精神的、行为的;以及认知的、价值的、信仰的。任何一种活动,人都是以一个完整的生命体的方式参与和投入,而不是局部的、孤立的、单方面的参与和投入"[①]。再次,作为具有生命意蕴的人,自然具有人的思想、情感。因此,教育要重视学生独立的人格、需要、愿望和尊严,抛弃把教育定位为为个人谋生做准备、把学生当作"工具"看待,只注重逻辑化和系统化的科学知识传授、忽略人的非理性需要的冲突教育观。教育要重视学生人格的培育、灵感的启迪、情感的交融,从中得到生命多层次的满足和体验。

第二,学生是处于发展中的人。学生的能力还没有完全展现,还具有巨大的发展潜力。美国著名心理学家和哲学家威廉·詹姆斯(W. James)指出:"我毫不怀疑绝大多数人不论在生理上、精神上还是道德上都只是很有限地利用了他们的潜力。""与我们应该成为的样子相比,我们只是半睡半醒。"[②]在现代教育思想中,无论是苏霍姆林斯基(Cyxomjnhcknn)的"让每个学生都抬起头来走路"的教育信条,还是马卡连柯(Makarenko)的"高度尊重与严格要求相结合"的教育原则;无论是维果茨基(Lev Vygotsky)的"最近发展区"教学理论,还是赞可夫(Zankov L. V.)的"高速度、高难度"教学实践;无论是布卢姆的"掌握学习",还是洛扎诺夫(G. Lozanov)的"暗示教学",都从不同方面、不同程度认识到学生是有潜力可开发的人,对学生在教育教学中的地位和作用给予高度尊重,从而表现出乐观的教学观。因此,学校教育要用发展的眼光来看待学生。

---

① 钟启泉,金正扬,吴国平.解读中国教育[M].北京:教育科学出版社,2000:6.
② 肖川.教育的视界[M].长沙:岳麓书社,2003:11—12.

> **阅读链接**
>
> 苏霍姆林斯基(1918—1970),苏联教育家。他17岁投身教育工作,在帕夫雷什中学从事教学与研究30多年。他著作甚丰,收集在《苏霍姆林斯基选集》中,其中《给教师的一百条建议》为师范生入学必读书目,在国内外享有盛誉。

第三,学生是具有能动性的人。学生作为具有实践能动性的主体,自然具有主体性特质,对包括教育在内的外界影响能够主动地反应、主动地认识、自觉地选择,甚至自主地创造,而不是简单的"容器",任由外界人为地注入、添加、灌输,这些都是学生能动性的重要体现。因此,教师不能把学生当作"容器"而机械地灌输。同时,学生的能动性还表现在自我教育上。一方面,教师对学生的影响是通过学生自身的能动性来接受的,没有这个能动性就不能够接受教师的教育影响;另一方面,学生能够进行自我教育,在教师的教育之外,主动地选取学习资源,能动地认识学习材料,自主地调节自我言行。因此,教师应巧妙地利用学生依赖性和向师性的特点,培养学生独立、自主的发展意识与能力,发展学生的自我教育能力,达到"教是为了不教"的教育境界。

第四,学生是生活于未来的人。现代教育强调未来意识,现代教师更要有未来观念,既要培养学生适应未来社会发展的各种素质,又要通过教育活动培养学生对未来主人的角色认同,从根本上形成学生的主体意识和主体能力。正如一位先知所说:"你们的孩子,都不是你们的孩子,乃是'生命'为自己所渴望的儿女。他们是借你们而来,却不是从你们而来,他们虽和你们同在,却不属于你们。你们可以给他们以爱,却不可以给他们以思想,因为他们有自己的思想。你们可以荫庇他们的身体,却不能荫庇他们的灵魂,因为他们的灵魂,是住在'明日'的宅中,那是你们在梦中也不能想见的。你们可以努力去模仿他们,却不能使他们来像你们,因为生命是不倒行的,也不与'昨日'一同停留。你们是弓,你们的孩子是从弦上发出的生命的箭矢。"因此,教育不仅要教会学生适应当前的生活,还需要引导学生学会适应和创造未来的生活,通过教育及学生的实践去引领社会发展、造就美好的未来社会。那种简单地以今天的生活需要去教育学生的做法是目光短浅的,特别是当社会处于病态的时候,更加需要教育培养引导、创造明天美好生活的人。

二、学生的权责

(一)学生的权利

提到学生的权利,首先需要确立儿童权利主体地位的意识。1989年,联合国通过的《儿童权利公约》的核心精神是维护青少年儿童的社会权利主体地位,其所包含的基本精神即儿童利益最佳原则、尊重儿童尊严原则、尊重儿童观点与意见原则、无歧视原则。广义的学生的权利包括:一是作为公民享有法律所赋予公民的一切权利。例如,《中华人民共和国宪法》第二章第三十三条至第五十条对我国公民的基本权利所做的规定。二是作为受教育者所享有的受教育的权利。狭义的学生权利是指学生所享有的教育法律法规所规定的权利。在狭义范畴内，按照我国的法律规定，学生享有的权利有：

第一，教育资格权。近年来，"全纳教育"流行世界，作为一种具有国际性影响力的教育理念，其基本点就在于为所有儿童、青少年及成人提供接受教育的机会，保障所有人的教育权。全纳教育主张，在学校中要创造一种关注每一个人、加强合作、反对排斥和歧视的氛围，并按照学生的不同个性和需求进行教学，促进所有学生的参与，发挥学生的主动性和创造性。《中华人民共和国教育法》（以下简称《教育法》）第四十二条第一款规定：学生有"参加教育教学计划安排的各种活动、使用教学设施、设备、图书资料"的权利。这一规定是保障学生受教育的前提和基础。学校必须组织、安排好各种教育教学活动，并使不同程度和年级的学生参加相应的活动，保证所有的学生能够平等地接受学校教育。

第二，物质帮助权。我国《教育法》第四十二条第二款规定：学生有"按照国家有关规定获得奖学金、贷学金、助学金"的权利。奖学金和贷学金主要适用于高等学校和中等专业学校的学生，奖学金是奖励给那些勤奋学习的优秀学生；贷学金是贷款给那些经济有困难的学生，以帮助他们完成学业。助学金主要适用于义务教育阶段的学生。《中华人民共和国义务教育法》（以下简称《义务教育法》）第十条规定："国家设立助学金，帮助贫困学生就学。"

第三，教育申诉权。申诉权是指学生在受到学校处分或认为学校、教师侵犯其人身权、财产权时，向学校或主管部门申诉理由，请求处理的一种自我保护方式和权利，情节严重时还可以对侵权者提起诉讼。这是公民申诉权和诉讼权在学生身上的具体体现。其法律依据是《教育法》第四十二条第四款的规定："对学校给予的处分不服向有关部门提出申诉，对学校、教师侵犯其人身权、财产权等合法权益，提出申诉或者依法提起诉讼。"这一权利是学生受教育权得以实现，其他有关权利不受侵犯的根本保障。

第四，安全的权利。没了生命，一切教育皆无从谈起。因此，以生命安全为核心的安全权利是学生极其重要的权利。世界各国教育无不高度重视学生的安全权利。在我国的《小学生安全教育守则》中，对学生的家庭安全、学校安全和户外安全均做了较为具体的阐述、指导。例如，关于家庭安全涉及有序的生活、安全的保障，户户离不开火，家家须防火，家庭用电安全，中毒的预防与急救等方面的安全提醒、指导。关于学校安全涉及纪律是群体安全最有效的保障，学校的用电安全，体育运动中的安全问题，内容几乎涉及了学校生活的各个方面。关于户外安全涉及上学路上的安全，恶劣天气、环境下的安全等方面，对遭遇风暴、雷雨、洪水等情况时的安全行为提出了具体的方法。

第五，公民人身权。人身权是公民享有的最基本、最重要的权利，保护公民人身权是国家和政府最基本的责任。《中华人民共和国宪法》第三十七条规定："中华人民共和国公民的人身自由不受侵犯。"第三十八条规定："中华人民共和国公民的人格尊严不受侵犯。禁止用任何方法对公民进行侮辱、诽谤和诬告陷害。"《中华人民共和国民法通则》第五章第四节规定的公民的人身权有生命健康权、姓名权、肖像权、名誉权、婚姻自主权。《教育法》《义务教育法》《中华人民共和国未成年人保护法》《中华人民共和国刑法》有关部分也对学生人身权有详细的规定。根据有关法律规定，学生的人身权可分为生命健康权、姓名权、肖像权、名誉权、荣誉权、人格尊严权。

> **阅读链接**
>
> 《中华人民共和国未成年人保护法》于1991年颁布，2012年修订，分总则、家庭保护、学校保护、社会保护、司法保护、法律责任、附则，共七章七十二条。它通过对儿童保护途径和违法责任的规定，形成了全方位保护未成年人的空间。

(二)学生的义务

学生的义务是指学生依照有关法律法规的规定，对自身行为的约束和必须履行的责任。我国《教育法》第四十三条规定，受教育者应当履行下列义务：

第一，遵守国家法律和法规。遵守国家的法律法规是每一个公民必须履行的基本义务，学生也不例外。所遵守的法律和法规包括全国人民代表大会制定的宪法、法律，国务院制定的行政法规，地方人民代表大会制定的地方性法规以及根据法律法规制定的行政规章。这些法律和法规包括教育法律、教育法规和教育规章等。对学生来说，特别要遵守这些国家法律法规中的有关条款。

第二，遵守学生行为规范。学生在校必须遵守学生行为规范，这是学生必须履行的重要义务。学生行为规范特指原国家教育委员会颁发的《小学生日常行为规范》《中学生日常行为规范(试行)》《高等学校学生行为准则(试行)》。这三个规章集中体现了国家对学生在政治、思想、品德、学习以及行为等方面的基本要求。同时，学生要尊敬师长，这是对学生品德的重要要求。学生还要自觉地养成良好的思想品德和行为习惯，要把学生行为规范的有关内容内化为良好的思想品德，外化为健康的行为习惯。

第三，完成规定学习任务。学生为履行受教育的义务，必须努力学习，完成法律法规所规定的学习任务。对义务教育阶段的学生来说，努力学习和完成规定的学业是带有强制性质的，任何学生都不能逃避。对非义务教育阶段的学生来说，进入某一层次的学校接受教育是自己的权利，同时也有义务努力学习并完成教学计划规定的学习任务，否则就不能毕业或获得相应的学业证书。所以，任何学生都必须努力学习。

第四，遵守学校管理和规定。国有国法，校有校规。学生进入某一所学校或某一教育机构，就必须遵守该校或该教育机构的管理制度。每一所学校都有自己的管理制度。学校管理制度主要有教学管理制度、学籍管理制度、品德行为制度以及其他管理制度等。教学管理制度主要有注册、考试、升级、留级、转学、复学、休学、退学等制度，学籍管理制度主要有考勤记录、纪律教育、奖励处分以及学生毕业资格的审查等管理规定，品德行为制度主要是学校校训、体育卫生制度等。这些制度都是依据有关法律法规和规章制定的，是学校正常运转的保证，学生有义务遵守。

三、学生社会化

(一)社会化的内涵

人是在社会中生存和发展的,脱离了社会的人只是具有人形的动物,而无社会性可言。因此,人的社会性就决定了其社会化是必要的。关于社会化的含义,不同学科从其学科视角出发做出了不同的界说,即使在同一学科内部也存在着种种不同的界定。社会化是一个反映个体和社会之间关系的概念,最早起源于人类学。在人类学中,将"社会化"与"濡化"当作同义词使用的情况比较普遍。人类学家惠廷认为,社会化就是"接受文化熏陶""使文化代代相传的过程"。我国著名社会学家费孝通认为:"社会化就是指个人学习知识、技能和规范,取得社会生活的资格,发展自己的社会性的过程。"[1]在心理学界,美国社会心理学家齐格勒(Ziegler)等人认为:"社会化指的是一个过程,通过这一过程人们成为他们所生活的那个社会的一个有特色的和积极主动的社会成员。"[2]

通过比较各学科对社会化的界定,可以发现它们的研究视角有所不同。文化人类学家从文化的角度定义社会化,偏重社会化过程中文化的承继和个体对社会文化的适应;社会学中的社会化强调人与社会的互动,关注社会规范的内化、社会生活方式的掌握及社会角色的形成;而心理学则着重从个体的角度对社会化予以界定,强调社会化过程中的个体成长。尽管各学科在研究视角上各有侧重,但由于研究对象同为"社会化",所以对这一概念内涵的揭示仍有诸多共同之处,这表现在近十几年社会学和心理学在这一概念上的差异日趋减少,通融性日益增大。

(二)学生的社会化

学生的社会化是指学生在与社会的相互作用中学习社会知识、获得价值规范、掌握社会经验、形成社会行为、发展自我、获得个性的过程,其结果是使个体从自然人转变为社会人,成为合格的社会成员。从理论上讲,学生的社会化是与个性化相互统一的过程,两者缺一不可,其内容的任何缺损都不能称之为真正意义上的社会化。教育的过程就是使个别的人逐渐社会化的过程,这不仅不妨碍个性的发展,而且是个性发展的必要条件。社会化是学生的社会性的充分体现,个性化是学生的个性的充分实现。按照辩证唯物主义的观点,学生的全面发展既是社会化的过程,又是个性化的过程,是社会化与个性化的辩证统一,它们构成了人类发展过程中一对相互对立又相互统一的矛盾运动。社会化建立在学生的个性化基础上并体现于学生的个性化之中;个性化以学生的社会化为前提并体现于学生的社会化过程中。社会化为个性化的发展奠定基础;个性化则为社会化输送新鲜血液,增添活力,是社会发展进程中的"催化剂"。当强调社会化时,并不是要把学生变成一模一样的仅仅具有社会性的"标准件",而是有不同能力、特长、个性的充满生机和活力的创造个体;当我们强调个性化时,则是在社会化的基础上,注重学生个性的充分发展和充分实现。社会化保证了人类社会的延续与文化的传承,个性化使得学生具有超越

---

[1] 费孝通.社会学概论[M].天津:天津人民出版社,1984:54.
[2] [美]E.齐格勒等.社会化与个性发展[M].李凌等译.北京:北京航空航天大学出版社,1988:12.

现实、改善现实的独特性与创造性。如果一个社会只允许社会化的存在而扼杀个性化，那么这个社会将可能长期在一种水平上简单重复；如果一个社会过分强调个性化而忽视社会化，那么这个社会将可能面临失范和动乱的危险。社会化与个性化是教育功能的两个不同方面，不能混为一谈。

  学生社会化的目标包括：其一，养成社会规范。这种规范涉及社会生活的各个方面，它要求社会成员必须遵守，只有这样，社会秩序才能够正常运行。其二，确立生活目标。学生逐步清晰自己准备过什么样的生活，较为具体的生活目标是什么，唯有这样才不至于混日子，无所事事。其三，形成价值观念。这种价值观念涉及个人与社会生活的各个方面，特别是要求学生认可社会主流价值观，按照主流价值观标准去衡量是非。否则，将可能难以融入主流社会。其四，认可角色定位。这种角色定位涉及家庭角色、职业角色、交友角色等方面，它要求合格的社会成员不断认可自己的这种角色，而且还要扮演相应的角色。否则，会造成人的角色错位或角色丧失，造成社会角色的混乱。其五，掌握职业技能。这种职业技能是作为社会成员必须具备的，是合格社会成员个人安身立命之所在，也是社会集体发展基础之所在。

  在学生社会化过程中，需要警惕两种倾向：其一，过分社会化。美国社会学家丹尼斯·朗(D.H.Wrong)认为，过分社会化相当于社会过分整合，这意味着社会环境(包括人际关系)对人具有强大的制约作用，个人自由(包括个性发展)的发展余地是极为有限的。过分社会化实质上是社会化过程中的偏差现象，是一种只承认共性、抹杀个性的社会现象。值得注意的是，在我国传统文化观念中，非常认可这种过度社会化倾向，认为"听话""本分"的年轻人才是好青年。其结果是造成人格的压抑，甚至扭曲。其二，社会化失败。在人类历史的漫长岁月中，过分社会化一直居于统治地位，过分社会化的对立面不是"社会化不足"，而是"过分个性化"，意指个人接受与社会主流文化相对立、相冲突的亚文化的过程，这事实上是对社会化目标的背离。在学校教育中也经常出现部分学生对教育要求乃至社会要求置若罔闻，一意孤行，缺乏社会成员基本规范，其结果是不但被学校开除，而且难以融入社会，甚至成为社会的对立面，以至于走向扰乱社会秩序的地步。

第二节
小学教师

教师到底是一个崇高的事业、专门的职业,还是一个养家糊口的手段?做一个合格的教师必须具备哪些条件?怎样才能够培养出合格的教师?教师是否也需要终身发展?如此等等,都是全面认识教师需要搞清楚的。

一、教师的界定

(一)教师的内涵

教师职业的产生经历了一个过程,在人类教育出现初期,父母或长者担任教师,传授有关生产、生活的知识;后来出现了专门传授风俗、习惯、伦理、道德以及氏族传说、部落图腾等内容的巫师。学校出现后,社会上巫师中的一部分继续留在民间从事有关巫事之类的活动,但另外一部分巫师则进入学校作为教育者,从事学校的教育活动,并获得教师的专门称号。因此才有"巫"与"师"并称、并用或通用的习惯。

关于教师的概念,古今中外的人们给出了许多说法。如我国古代有"师者,教人以道者之称也";"师也者,教之以事而喻诸德者也";"智如泉涌,行可以为仪表者,人之师也";"师者,所以传道、授业、解惑也"。《教育大辞典》中教师的定义是:"教师是在学校中传递人类科学文化知识和技能,进行思想品德教育,把学生培养成为一定社会需要的人才的专业人员。"《教育法》中规定,教师是"在学校教育中担负着教育、教学任务的专职人员"。这些就规定了教师的工作性质、工作领域和基本任务。

> **阅读链接**
>
> 韩愈(768—824),中国古代杰出文学家、思想家。他在《师说》中提出教师有"传道、授业、解惑"的任务,"弟子不必不如师,师不必贤于弟子"成为后世佳话。作为古文运动领袖、"唐宋八大家"之首,有"文章巨公"和"百代文宗"之誉。

综合各种说法,我们认为,教师是在学校中以对学生施加特定影响为主要职责的人。这个概念反映了教师工作的基本特点。

第一,工作对象的主体性。教师的工作对象不是物而是人,他们有着不同的生活经验、不同的年龄;他们有自己的需要和态度,彼此间存在着一定的个性差异;他们生活在不同的家庭环境中,经受着不同的影响,遗传素质不同,接受教育的基础不同,这一切都决定了教师在进行教育劳动时不能像物质生产劳动那样采取千篇一律的方式,而必须善于根据每个学生的不同特点采取不同的方法,使所有的学生都得到较好的发展。

第二,工作目的的发展性。教师的工作目的是要"生产"一种新人,教师既要向学生传授文化科学基础知识和基本技能,促进学生知识的增长,又要进行思想道德引导,提高学生的思想道德水平;既要开发学生的智力与潜能,提高学生的心智水平,又要进行体育训练,提高学生的体质和体能;既要让学生学会遵守规则,顺利完成社会化,又要引导学生张扬个性,实现个性化发展。因此,教师要善于全面了解学生的情况,善于组织利用学生成长过程中多方面的积极因素,使学生在最佳环境中不断进步。

第三,工作过程的创造性。教师的工作对象是人,教师要因材施教,在教育教学的原则、方法、手段与内容的运用、选择和处理上,都需要具有创造性。教学内容虽然已为教学大纲和教科书所规定,但怎样把这些死板、生硬的东西变成形象具体、容易为学生所接受的东西,这就需要教师在备课时进行创造性的加工和设计安排。在课堂教学中,从来没有,也不会有适用于一切年级、一切教材的固定的金科玉律式的程序和模式,教师每上一堂课,都应该是一次再创造的劳动和艺术加工的过程。教师如果照本宣科、僵化死板、循规蹈矩、生搬硬套,就会使教育教学工作陷入程式化、模式化的局面,变得僵化、平淡、乏味、令人生厌。对课堂上偶尔出现的新情况,要善于利用教育机智,创造性地妥善处理。

第四,工作方式的示范性。教学作为教师的教与学生的学的交往活动,其基本形式是教师示范、学生模仿,学生再在教师引导下独立学习。这种性质决定了教师工作的示范性特征。教师工作的示范性表现在教育活动的方方面面,如教师朗读课文、分析例题等具有示范性;教师的思想意识、文明习惯、道德风貌以及人生观、价值观都可能对学生产生影响。另外,教师的个性心理品质和心理健康水平对学生也具有潜在的示范性。正如"德国教师的教师"第斯多惠(F. A. W. Diesterweg)指出的:"教师本人是学校里最重要的师表,是最直接的、最有教益的模范,是学生最活生生的榜样。"[1]总之,教师工作与其他工作的最大不同点,就在于教师主要是用自身的思想、学识、能力、言行和人格等,通过示范和引导去影响学生。

阅读链接

第斯多惠(1790—1866),德国教育家。他认为学校要培养有博爱精神的人和自觉的公民,主张全人类教育,反对等级和沙文主义教育。他著述甚多,其中《德国教师教育指南》最有影响力。他被誉为"德国教师的教师"。

---

[1] [德]第斯多惠.第斯多惠教育文集[M].袁一安译.北京:人民教育出版社,1956:203.

第五,工作结果的或然性。不管施加任何形式的教育,教师的工作结果在学生身上产生的影响都属于精神层面而非物质层面,因此从有形的形式上是难以衡量教师劳动成果的。从外在形式上看,在教师这个角度上是完成了所谓规定的知识或技能传授、思想或行动方面的示范,给学生施加了教育影响。但是,这些教育影响到底对学生是否产生了影响、在多大程度上产生了影响,都是不确定的,因为这些教育影响需要在学生愿意接受并且实现内化下才可能发生。同时,这些教师施加的教育影响在学生身上是立即产生反应还是延迟产生反应,也是不确定的,因为有些教育影响在传授后能够在学生身上产生立竿见影的效果,有些教育影响则可能很长时间后才会使学生产生反应。总之,这些产生反应与不产生反应、及时或延时的现象,都表明了教师工作结果的或然性特征。

教师工作的上述特点也表明了教师工作的重要性,因此,人类一直重视教师队伍建设。如我国在2012年发布了《国务院关于加强教师队伍建设的意见》,从加强教师队伍建设的指导思想、总体目标和重点任务,加强教师思想政治教育和师德建设,大力提高教师专业化水平,建立健全教师管理制度,切实保障教师合法权益和待遇,确保教师队伍建设政策措施落到实处六个方面提出了指导性的意见。

(二)教师的权责

1.教师的权利

教师所享有的社会权利尤其是专业权利的多少,不仅反映国家和社会对教师职业的重视与保护程度,而且直接影响到教师在社会民众及学生心目中的威信与地位。因此,以法律手段确立和保障教师的权利,是提高教师社会地位的必要措施。如我国1993年颁布的《中华人民共和国教师法》中要求:全社会都应当尊重教师。教师的平均工资水平应当不低于或者高于国家公务员的平均工资水平。建立正常晋级增薪制度。地方人民政府对违反本法规定,拖欠教师工资或者侵犯教师其他合法权益的,应当责令其限期改正。违反国家财政制度、财务制度,挪用国家财政用于教育的经费,严重妨碍教育教学工作,拖欠教师工资,损害教师合法权益的,由上级机关责令限期归还被挪用的经费,并对直接责任人员给予行政处分;情节严重,构成犯罪的,依法追究刑事责任。其中,在该法的第七条中还具体规定,教师享有以下权利:①教师享有"进行教育教学活动,开展教育教学改革和实验"的权利;②教师享有"从事科学研究、学术交流、参加专业的学术团体,在学术活动中充分发表意见"的权利;③教师享有"指导学生的学习和发展,评定学生的品行和学业成绩"的权利;④教师享有"按时获取工资报酬,享受国家规定的福利待遇以及寒暑假的带薪休假"的权利;⑤教师享有"对学校教育教学、管理工作和教育行政部门的工作提出意见和建议,通过教职工代表大会或者其他形式,参与学校的民主管理"的权利;⑥教师享有"参加进修或者其他方式的培训"的权利。

> **阅读链接**
>
> 《中华人民共和国教师法》于1993年颁布,旨在维护教师合法权益,保障教师地位,加强教师队伍管理,确保教师队伍素质。它规定各级人民政府应当加强教师思想政治教育和业务培训,改善教师工作条件和生活条件,保障教师合法权益,提高教师社会地位。

从教育社会学的角度看,教师的社会权利包括两个方面:一是作为一般社会成员(公民)所享有的一般社会权利,如生存权、就业权、言论权等;二是作为特殊社会成员(专职教育者)所享有的特殊社会权利。这里只论述教师的特殊社会权利,即教育自由权。所谓教育自由权,是指教师在教育实践活动中所拥有的权限。

教师的教育自由权应当包括以下四个方面:①教科书选用权。在保证达到教学大纲所规定的各项目标的前提下,教师有权根据自己的判断,选择自己认为最合适的课本作为教科书。②课程实施计划制订权。教师有权根据实际情况,自主地制订所任学科的学期或学年的具体实施计划,对教学目标、教学进度等做出自己的安排。③教学形式与教学方法运用权。教师有权根据教学需要,采取自己认为最合适的教学形式和教学方法;在确保对学生负责的前提下,有权尝试新的教学形式与教学方法。④评价手段使用权。只要不违反师德,不妨碍学生的身心发展,教师在教育实践活动中有权使用任何评价手段,以保证教育效果。

2. 教师的责任

从教育社会学的角度看,教师的社会责任包括两个方面:其一,作为公民所必须履行的一般社会责任,如尊老爱幼、遵守秩序、维护团结、维护法纪等。其二,作为专职教育者所必须履行的特殊社会责任,即对学生身心施以符合社会要求的影响。当然,这种特殊社会责任的内容在不同社会有所差异。如在我国,由于社会所强调的是集体利益重于个人利益、个人利益服从集体利益,因而教师便负有培养学生的集体主义精神这一不可推卸的社会责任。而在美国,由于社会更强调个人的自由选择、推崇个人的自我实现,因此教师也就自然以培养学生的个人自由观念、自我价值意识为己任。

对小学教师而言,由于小学教育的启蒙性,小学教师的职责更具重要意义。总结已有认识,小学教师的职责可概括为:儿童知识的启蒙者,给予儿童认知以初始的启迪;儿童智慧的开拓者,点燃儿童智力发现、发掘的火花;儿童心灵的陶冶者,对儿童人格进行熏陶、诱导、示范;儿童健康的保护者,对儿童身体进行保护和监督。[①]

---

① 胡寅生.小学教育学教程[M].北京:人民教育出版社,1993:81.

二、教师的资格

(一)教师的专业性

随着社会分工的出现与发展,出现了各种门类的职业(vocation);随着社会分工的稳定与发展,职业成了人们赖以生存的不同的工作方式。当某种职业特别需要特殊智力来培养和完成时,这种职业便提升到了专业(profession)的地位,即出现了专门职业。这种专门职业拥有其他职业所没有的专业精神和不能达到的专业水平。[1] 所以,一种职业是否达到专业的高度,是存在衡量标准的。如利伯曼(Lieberman)认为,凡称得上"专业"的职业,必须具备以下特征:范围明确,垄断地从事社会不可缺少的工作;运用高度的理智性技术;需要长期的专业训练;从业者无论个人还是集体均具有广泛的自律性;在专业的自律性范围内,直接负有做出判断、采取行为的责任;非营利,以服务为动机;形成了综合性的自治组织;拥有应用方式具体化了的伦理纲领。[2] 可见,一种职业能否被社会认可为一门专业需要具有一定条件。综合各种关于专业标准的认识可见,其内容主要有:具有严格的资质标准或入行要求;其服务具有不可替代性或垄断性;有职业道德规范或职业伦理;需要专业知识和专业技术;需要长期和持续的专门技术训练;有专业自主权并对工作行为负责;有组织性强且自律性强的专业性组织。

按照上述关于专业的标准,我们可以说教师是一门专业。因为充当教师,需要达标的学历,具有教师资格证书;只有经过严格训练并持续提升的教师才能胜任教育工作及其变化的要求;教师具有相应的职业道德、职业伦理要求;教师具有专门的学科专业知识与专门技能;教师的培养过程具有周期性且形成专业提升保障机制;教师有课堂教学的自主权、评价学生学业的权利;国内外都有专门化的教师学术团体、组织。由此可见,教师是一门专业,教师工作是专业工作。

人们对于教师专业化的特征做过一些探索。如教育学家霍勒提出了教师专业化的条件:履行重要的社会服务;需要持之以恒的理论与实践训练;系统知识训练;高度的自主性;经常性的在职进修;团体的伦理规范。[3] 还有学者总结认为教师职业专业化特征主要为:职业上的自主权;知识基础界限明确,高深博大,专业性强,深具理论性;对新到者的培训、证书和执照有控制权;有自我管理和自由制定政策的权威(尤其在职业道德方面);忠实于公共服务等。[4] 借鉴各家观点发现,教师专业化的特征主要有:①知识、理论与技能具有较强的专业性;②入职需要经过长期训练,且条件比较严格;③在职需要持续不断地培训、专业提升;④在本职业范围内有自主决定、自主管理、自主判断等权力;⑤特有的职业道德和公共服务精神等。认识这些教师专业标准的特征有助于认识高等院校教师教育的专业地位和社会价值,也有助于认识教师在职培训的作用与意义。

---

[1] 教育部师范教育司.教师专业化的理论与实践[M].北京:人民教育出版社,2003:33.
[2] Lieberman M. *Education as a Profession*[M].New Jersey: Prentice-Hall, 1956:2—6.
[3] 史宁中,柳海民.教师职业专业化:21世纪高师教育持续发展的生命力[J].高等师范教育研究,2002(5).
[4] 刘河燕.教师专业化的内涵、实质及标准[J].西南民族大学学报(人文社科版),2005(5).

(二)教师的专业资质

关于教师的专业标准包括哪些具体的内容,近年来出现了一批研究成果,不少学者提出了关于教师专业素质的结构模型。其一,我国教育学界著名学者叶澜先生认为,教师的专业素质应包括:①教育理念:对教育工作本质的理解;关于教育的观念与信念。②专业精神:认识教育事业的重要性;形成对事业的责任感;具有乐业、敬业和为专业奉献自己的精神。③专业知识:一般的、较为宽广的科学与人文素养;当代重要的工具性学科的知识和技能;1~2门学科专业知识和技能;教育教学知识与技能。④专业能力:社会交往能力;组织管理能力;教育研究能力。⑤专业智慧:感受、判断新状态、新问题的能力;把握教育时机和转化教育矛盾、冲突的机智;迅速做出教育决策和选择;根据实际对象、情景和问题,改革教育行为的魄力。[1] 其二,我国心理学界著名人物林崇德先生等人提出教师专业素质包括:①职业理想,即教师的事业心、责任感和积极性等,也就是我们平时所说的师德。②知识水平,包括教师的本体性知识、实践性知识和条件性知识。本体性知识是指教师所具有的特定的学科知识;实践性知识是指教师在实现有目的的行为中所具有的课堂情景知识以及与之相关的知识;条件性知识是指教师所具有的教育学与心理学知识。③正确的教育观念,指教师对教育、学生、教学的现实主观看法。④自我监控能力,指教师为了保证教学的成功,在教学的全过程中将教学活动本身作为意识的对象,不断地对其进行积极主动的计划、检查、评价、反馈、控制和调节的能力。⑤教学行为,指教师在教学过程中表现出来的外显行为。[2] 综合各家意见,我们认为,教师的专业素质结构应包括专业知识、专业技能、专业态度三个方面。其中,专业知识包括普通科学文化知识、学科专业知识、教育专业知识;专业技能指教师应该具备的实践操作能力,如备课能力、了解学生的能力、课堂调控能力、言语表达能力、运用计算机的能力等;专业态度包括对教育事业的热爱、对学生的情感、对教师集体的态度等。

当然,上述关于教师专业素质的构成,一方面,各个层次教育的教师、各个类型学校的教师存在共性;另一方面,由于教师所从事教育有属于小学、中学、高校等层次的差异,因而其专业素质的具体内容也是存在差异的。因此,上述种种说法均趋向于笼统,对各类具体学校层次教师专业发展缺乏相应的针对性。但是,值得肯定的是,这些说法都在致力于教师专业素质构成的探索,各自从不同侧面揭示了教师的专业素质结构。这些说法中虽然难有一个相对全面的认识,但是它们对于制定小学教师、中学教师专业标准无疑起到了支撑作用。

三、小学教师标准

2011年,我国颁布了《小学教师专业标准》,强调小学教师是履行小学教育工作职责的专业人员,需要经过严格的培养与培训,具有良好的职业道德,掌握系统的专业知识和专业技能,并对小学教师的专业标准做了专门的规定。

---

[1] 叶澜等.教师角色与教师发展新探[M].北京:教育科学出版社,2001:208.
[2] 林崇德,申继亮,辛涛.教师素质的构成及其培养途径[J].中国教育学刊,1996(6).

《小学教师专业标准》中指出,小学教师需要具备的基本理念包括:其一,师德为先。具体要求有:热爱小学教育事业,具有职业理想,践行社会主义核心价值体系,履行教师职业道德规范,依法执教。关爱小学生,尊重小学生人格,富有爱心、责任心、耐心和细心;为人师表,教书育人,自尊自律,做小学生健康成长的指导者和引路人。其二,学生为本。具体要求有:尊重小学生权益,以小学生为主体,充分调动和发挥小学生的主动性;遵循小学生身心发展特点和教育教学规律,提供适合的教育,促进小学生生动活泼学习、健康快乐成长。其三,能力为重。具体要求有:把学科知识、教育理论与教育实践相结合,突出教书育人实践能力;研究小学生,遵循小学生成长规律,提升教育教学专业化水平;坚持实践、反思、再实践、再反思,不断提高专业能力。其四,终身学习。具体要求有:学习先进小学教育理论,了解国内外小学教育改革与发展的经验和做法;优化知识结构,提高文化素养;具有终身学习与持续发展的意识和能力,做终身学习的典范。

《小学教师专业标准》从专业理念与师德、专业知识和专业能力3大方面、13条目、共计58条详细地规定了小学教师专业标准的具体内容。

(一)专业理念与师德

小学教师的专业理念与师德包括:①职业理解与认识。具体要求有:贯彻教育方针政策,遵守教育法律法规;热爱教育事业,树立职业理想和敬业精神;认同教师专业性和独特性,注重专业发展;具有良好道德修养,为人师表;具有团队合作精神,积极协作与交流。②对小学生的态度与行为。具体要求有:关爱学生,重视学生健康与安全;尊重学生人格,维护学生权益;信任学生,尊重差异;创造条件,让学生快乐生活。③教育教学的态度与行为。具体要求有:树立育人为本,德育为先的理念;尊重教育规律,为学生提供适合的教育;引导学生体验学习乐趣,培养动手能力和探究精神;引导学生学会学习,养成良好学习习惯。④个人修养与行为。具体要求有:富有爱心、责任心、耐心和细心;乐观向上、热情开朗、有亲和力;善于自我调节情绪,保持平和心态;勤于学习,不断进取;衣着整洁得体,语言规范健康,举止文明礼貌。

(二)专业知识

小学教师的专业知识包括:①小学生发展知识。具体要求有:了解学生生存、发展和保护的法律规定;了解学生的身心发展规律,掌握促进学生身心健康发展的方法;了解学生学习特点,掌握学生良好行为习惯养成的知识;了解幼儿园到小学、小学到初中衔接阶段学生的心理特点,帮助学生顺利过渡;了解青春期和性健康教育的知识和方法;了解安全防护知识,掌握针对学生的侵犯与伤害的预防方法。②学科知识。具体要求有:适应综合性教学的要求,了解多学科知识;掌握所教学科知识体系、基本思想与方法;了解所教学科与社会实践的联系,了解与其他学科的联系。③教育教学知识。具体要求有:掌握教育教学基本理论;掌握学生品行养成规律;掌握不同年龄小学生的认知规律;掌握所教学科的课程标准和教学知识。④通识性知识。具体要求有:具备相应的自然科学和人文社会科学知识;了解中国教育基本情况;具有相应的艺术欣赏与表演知识;具有适应教育内容、教学手段和方法现代化的信息技术知识。

(三)专业能力

小学教师的专业能力包括:①教育教学设计。具体要求有:合理制定小学生个体与集体的教育教学计划;合理利用教学资源,科学编写教学方案;合理设计丰富多彩的班队活动。②组织与实施。具体要求有:建立良好的师生关系,帮助学生建立良好的同伴关系;创设教学情境,根据学生反应调整教学;调动学生积极性,激发学习兴趣;发挥学生主体性,灵活运用启发式、探究式、讨论式、参与式教学;将现代教育技术手段整合应用到教学中;较好使用口头语言、肢体语言与书面语言,使用普通话教学,规范书写钢笔字、粉笔字、毛笔字;妥善处理突发事件;鉴别小学生行为和思想动向,用科学的方法防止和有效矫正不良行为。③激励与评价。具体要求有:对学生日常表现进行观察与判断,发现和赏识学生进步;灵活使用多元评价方式,给予学生恰当指导;引导学生进行积极的自我评价;利用评价结果改进教育工作。④沟通与合作。具体要求有:使用符合学生特点的语言进行教学;善于倾听,有效沟通;与同事合作,共同发展;与家长有效合作;与社区建立良好关系。⑤反思与发展。具体要求有:主动收集分析信息,不断进行反思;针对教学中的问题,进行探索和研究;制定专业发展规划,不断提高专业素质。

需要指出的是,教师职业道德作为教育工作者在教育活动中所应遵循的道德规范以及与之相适应的道德观念、职业情操和品质,是教师职业的"形象窗口"。世界各国都制定了教师职业道德标准,加强教师职业道德建设。我国先后在1997年颁布、2008年修订了《中小学教师职业道德规范》,要求教师在职业道德上做到遵纪守法、爱岗敬业、教书育人、关爱学生、为人师表、终身学习、团结协作、尊重家长等。

对小学教师而言,由于教育对象是小学生,因此,对教师职业道德的要求还要有所差异。总结有关研究认为,小学教师的职业道德更为特殊一些,因为人们对小学教师的社会评价较低,所以更需要坚定其教育信念;因为小学生幼小羸弱,所以更需要关心呵护;因为小学生的学习处于起步阶段,所以更需要耐心细致、诲人不厌;因为小学生学习的强烈模仿性特征,所以更需要注重良好言表。这些是小学教师做好小学教育工作特别需要具备的职业道德要求。

(四)优秀教师标准

达到专业标准的教师当然是合格的教师,但还不是优秀的教师。我国著名学者查有梁教授等人通过对学生、校长和教师以及家长三个群体进行的"优秀教师素质调查"结果表明,不同群体心目中的优秀教师标准各有特点。① 学生心目中优秀教师的项目内容及重要性排序为:有责任感、不刺伤学生自尊心、对学生一视同仁、教法生动容易领悟、敢于承认自己的失误、愿意参与学生活动、多和学生接触、重视学生能力培养、理解当代学生思想、有组织能力、对学生有耐心。校长及教师心目中优秀教师的项目内容及重要性排序为:有责任感、有组织能力、知识面广、重视品德教育、教法生动容易领悟、敢于创新、有进取心、教学能抓住重点突出关键、注意教与学的及时反馈、敢于承认自己的失误、重视学生能力的培养。家长心目中优秀教师的项目内容及重要性排列为:有责任感、重视品德教育、教法生动容易领悟、有组织能力、重视学生能力培养、鼓励学生思考、知识面广、教学能抓住重点突出兴趣、严格要求学生、讲解透彻明白。

---

① 查有梁等.教育人才素质研究[M].郑州:河南教育出版社,1991:79.

> **阅读链接**
>
> 查有梁(1942—),中国著名跨学科研究学者,从事跨学科教学与研究多年,著述颇丰,有《控制论、信息论、系统论与教育科学》《教育模式》等代表著作;多院校兼职专家,在高等院校、中小学校都享有盛誉。

从上述调查结果可以看出,学生、教师、家长从不同的视角和认识出发,对教师素质的看法有所不同,但并无大的差异,即优秀教师的重要素质包括:其一,有较强的教育事业责任感,热情执着而不懈怠。其二,重视对学生的品德教育,不惟考试分数是问。其三,有较强的教育组织能力,教学有秩序和效率。其四,知识面比较宽广,能给予学生多方面的知识。其五,重视培养学生的能力,而不局限于知识的传授。其六,讲究教育教学的方法,教学效果较好。其七,具备良好个性修养,注重个人形象。

四、教师的教育

(一)专业发展阶段

对于一位教师来说,当他选择师范教育类或教师教育类专业时,就开始了专业发展的历程,这个历程直到退出教育岗位为止。因此,教师专业发展贯穿于教师整个职业生涯中。关于教师专业发展阶段的理论研究经历了一个逐渐进步与完善的过程,对此,许多学者基于不同的研究角度进行了精确的描述与分析。综观近年来不同学者有关教师专业成长过程的研究结果,主要包括以下三种观点:

1. 三阶段论

20世纪70年代末,伯顿(Burden P. R.)等学者提出了教师生涯循环发展理论,认为教师的发展要经历三个阶段:①求生存阶段,特征是教师教学活动有限,关注学科教学,缺乏信心且不愿尝试新方法。②调整阶段,特征是教师学到了有关组织课堂、学生、课程的方法和知识,开始注意到学生的复杂性,并学习新的技能以满足各方面的需要,逐渐有了信心。③成熟阶段,特征是教师感到能更好地控制教学活动和教学环境,以学生为中心,能够处理可能出现的问题,已经有了新的、自己的专业见解。

2. 四阶段论

富勒(Frances Fuller)总结教师的专业成长阶段为:①教学前关注阶段,特征是教师只是想象中的教师,只关注自己。②早期生存关注阶段,特征是教师关注自我胜任能力,关注课堂控制、学生评价。③教学关注阶段,特征是教师关心目前情境下如何完成教学任务,如何掌握相应的教学技能。④关注学生阶段,特征是教师开始把学生作为关注的核心,关注如何通过教学更好地影响他们的成绩和表现。

3. 五阶段论

司德菲(Steffy B. E.)提出教师生涯的人文发展模式,将教师的发展划分为:①预备生涯阶段,特征是教师持理想主义,富有创意和活力,容易接纳新观念,积极进取。②专家生涯阶段,特征是教师有较高水平的教学能力,能激发自我潜能,达到自我实现。③退缩生涯阶段,特征是教师漠视教学革新,职业倦怠。④更新生涯阶段,特征是教师以积极措施应对倦怠,学习新知识,并致力于专业成长。⑤退出生涯阶段,特征是离开教师岗位,安度晚年或继续追求专业成长。

上述关于教师专业发展阶段划分的说法,虽然各自关注的重点稍有差异,但都是逐步完善的,即从教师的专业发展水平,递进到教师专业的终身性。值得肯定的是,它们都是从一个连续的角度对教师专业发展过程进行了区分和分段,有利于认识教师专业发展的整体性、连续性,指导教师专业的终身发展。

一般而言,人们将教师专业发展划分为教师接受教育的职前阶段和担任教育工作的在职阶段。之所以这样划分,是因为这两个阶段具有明显的区别:其一,角色区别。职前阶段时,他还是受教育者的身份,接受教师专业训练,履行作为学生必须完成的学习任务,承担作为学生需要担任的角色,较少具有可选择性。在职阶段时,他是作为教育者的身份,从事教育教学工作,履行作为教育者必须完成的教育任务,承担作为教师需要承担的角色。其二,言行区别。基于上述角色的区别,职前专业发展阶段与在职专业阶段教师的言行也存在区别,前者要求这些未来的教师按照师范生守则行事,合格的标准是学生学习守则和专业学习要求;后者要求这些现实教师按照教师专业标准行事,是否合格的标准是教师专业标准和工作守则。其三,发展方式区别。职前阶段的专业发展是在教师指导下完成的,是教师主导与学生主体相结合的结果,存在学生、教师和内容三个要素及其关系。在这种预备性的专业发展过程中,有教师的指导、调节、评价。在职阶段的专业发展是教师自己发挥主体性,主要关系是教师主体与资源客体之间的关系。在这种发展过程中,教师需要在没有他人主导的情况下自我利用外部资源进行自主发展。

(二)职前培养模式

在古代,没有专门培养教师的教育机构,孔丘、朱熹、苏格拉底、柏拉图等中外名师的师德与技能是"自学"的,教师资格也是"自我加冕"的。后来的教师多是那些读书致仕不成,或仕途上告老还乡从事教师工作的,也有少数一边做官一边招生授业的。到了近现代以后,由于普及义务教育需要大批的教师,才使专门培养教师的师范教育成为一种教育制度,开始了师范院校专门培养教师的历史。

在历史上,培养教师的学校主要有以下几个层次:其一,培养小学教师的中等师范学校。这类学校招收初中毕业生,培养的时间一般是五年制,毕业颁发中等师范教育证书;针对小学教育工作需要设置相应课程;设置的课程内容比较全面,有的简单地划分为文科和理科两个大类,学生毕业后主要从事小学教育工作,文科类学生所任科目是语文、历史、思想品德、音乐等课程,理科类学生承担数学、地理、自然常识、体育等课程。其二,培养初中教师的专科师范学校。这类学校招收高中毕业生,培养的时间一般是三年制,毕业颁发专科师范教育证书;针对初中教育工作需要设置相应课程;设置的课程内容比较全面,仍然划分为文科和理科两个大类,学生毕业后主要从事初中教育工作,文科类学生所任科目是语文、政治、历史、地理等课程,理科类学生承担数学、物理、化学、生理卫生等课程。其三,培养高中教师为主的师范院校。这类学校招收高中毕业生,培养的时间一般是四年制,毕业授予师范教育本科文凭;针对高中教育工作需要设置相应课程;设置的课程内容比较专业,进行专业划分较细的小类培养,学生毕业后主要从事高中教育工作,根据所接受的专业教育在中学担任相应的学科教育工作。

总之,无论上述哪种教师教育的培养模式,其基本情况都是:学制为3~5年,课程主要包括文化素质通识教育、学科专业智能教育、心理智能教育、教育工作实习等几大方面。由于在这种培养模式中,学科专业的本体性知识教育与其他方面的背景性知识教育混合并进、没有严格分段进行,因而此模式被概括为"混合制"教师培养模式。

到了20世纪中叶以后,由于社会进步对教师要求的提高,以及教师在职持续提升要求的提出,仅仅依靠师范院校培养教师的模式难以为继,因此,发达国家率先用教师教育代替师范教育,开启了教师教育模式以培养教师的新历史。1966年,联合国教科文组织在《关于教师地位的建议》中将教师工作定位为专业,视为一种要求经过专业训练及不断提高才能维持的专业工作。一方面,在教师教育模式中,职前教师培养放弃传统的三四年"混合制",转而以"4+X"的"专业制"模式代替,即学生先需要通过4年的学科专业教育,再在专门的教育学院或综合大学里的教育学院通过3~5年不等的教育、教学的理论与临床训练,方可取得教师资格。另一方面,在职教师培训亦纳入教师教育总体结构之中,依托专业的训练机构实施教师的在职专业提升。由此,教师的学历教育和在职进修并举,促进教师学历的逐步高化。如目前我国实施的免费师范生攻读教育硕士政策,即接受免费师范生教育的本科生,在毕业一年以后,符合条件者即可免考返回高校攻读教育硕士,学习两年,符合条件者可获得专业硕士学位。

为了深化教师教育改革,全面提高教师培养质量,建设高素质专业化教师队伍,我国于2011年颁布了《教师教育课程标准》,具体包括"幼儿园职前教师教育课程目标与课程设置""小学职前教师教育课程目标与课程设置""中学职前教师教育课程目标与课程设置"以及"在职教师教育课程设置框架建议"四个课程标准的内容。《教师教育课程标准》指出,教师教育课程包括教师教育机构为培养和培训幼儿园、小学和中学教师所开设的公共基础课程、学科专业课程和教育类课程。《教师教育课程标准》专门针对其中的教育类课程标准做了规定,其具体内容主要有:围绕培养造就高素质专业化教师的目标,坚持育人为本、实践取向、终身学习的理念,创新教师培养模式,强化实践环节,加强师德修养和教育教学能力训练,着力培养师范生的社会责任感、创新精神和实践能力。由此提出要优化教师教育课程结构,构建体现先进教育思想、开放兼容的教师教育课程体系,并从教育信念与责任、教育知识与能力、教育实践与体验三个方面,各自34条具体内容,以及课程设置建议等方面做了规定。同时,教育部还发布了《教育部关于大力推进教师教育课程改革的意见》的通知,以便有力推进《教师教育课程标准》的实施。

当然,从师范教育到教师教育的发展是教师培养的重大进步,即教师教育比传统的师范教育更为强调教师的专业性,看重的是教师应具备的专业知识、专业技能和专业实践能力;教师教育是立于学科教育基础之上的三个新的课程系列——教师专业知识课程系列、教师专业技能课程系列和教师专业实践能力培养的课程系列,而不是师范教育的教育学、心理学、教材教法"老三门"。教师教育采取开放的培养体制,其他综合性大学或机构均可参与教师培养,而非像师范教育仅仅局限于师范院校。同时,教师教育把职前教育和在职培训联合起来,体现了终身教育的时代趋势,更有利于教师专业能力的持续提升。因此,人们通常用师范院校的"师范性"和教师教育的"专业性"来描述二者之间的区别。

(三)在职专业发展

1. 发展政策

为了推进在职教师专业的持续发展,我国在2011年颁布的《教师教育课程标准》中提出了"在职教师教育课程设置框架建议",其中指出,在职教师教育课程分为学历教育课程与非学历教育课程。学历教育课程方案的制定要以本标准为依据,考虑教师教育机构自身的培养目标、学习者的性质和特点,并参照在职教师教育课程设置框架;非学历教育课程方案的制定要针对教师在不同发展阶段的特殊需求,参照在职教师教育课程设置框架,提供灵活多样、新颖实用、针对性强的课程,确保教师持续而有效的专业学习。"在职教师教育课程设置框架建议"中还指出,在职教师教育课程要满足教师专业发展的多样化需求,充分利用教师自身的经验与优势,进一步深化和发展职前教师教育的课程目标,引导教师加深专业理解、解决实际问题、提升自身经验,促进教师专业发展。

同时,为了切实推进小学教师的专业发展,我国教育部于2011年发布了《小学教师专业标准》(以下简称《专业标准》),对推进小学教师专业发展进行了相关政策层面的规定。具体要求有:

第一,教育行政部门要将《专业标准》作为小学教师队伍建设的基本依据。各级教育行政部门要根据小学教育改革发展的需要,充分发挥《专业标准》的引领和导向作用,深化教师教育改革,建立教师教育质量保障体系,不断提高小学教师培养培训质量。制定小学教师准入标准,严把小学教师入口关;制定小学教师聘任(聘用)、考核、退出等管理制度,保障教师合法权益,形成科学有效的小学教师队伍管理和督导机制。

第二,师范类院校要将《专业标准》作为小学教师培养培训的主要依据。师范院校要重视小学教师职业特点,加强小学教育学科和专业建设。完善小学教师培养培训方案,科学设置教师教育课程,改革教育教学方式;重视小学教师职业道德教育,重视社会实践和教育实习;加强从事小学教师教育的师资队伍建设,建立科学的小学质量评价制度。

第三,小学要将《专业标准》作为教师管理的重要依据。小学要制定专业发展规划,注重教师职业理想与职业道德教育,增强小学教师育人的责任感与使命感;开展小学校本研修,促进教师专业发展;完善教师岗位职责和考核评价制度,健全小学绩效管理机制。

第四,小学教师要将《专业标准》作为自身专业发展的基本依据。小学教师要制定自我专业发展规划,爱岗敬业,增强专业发展自觉性;大胆开展教育教学实践,不断创新;积极进行自我评价,主动参加教师培训和自主研修,逐步提升专业发展水平。

2. 发展技术

第一,完善教师资格证书制是基础。最早实施教师资格制度的是法国。1803年法兰西第一帝国决定建立初等教育教师考核和证书制度，1833年《基佐法案》正式实施了这一制度。在美国，1903年所有的州均实施了这项制度。在我国，1993年颁布的《教师法》明确规定了"国家实行教师资格制度"，1995年颁布《教师资格条例》，2000年颁布《〈教师资格条例〉实施办法》，教师资格制度在全国开始全面实施。目前，教师资格证书制度也日益呈现出越来越高的标准与要求。此外，世界各国的教师教育大致可以分为定向型和开放型两类。定向型教师教育目的明确，但封闭不灵活，选择面窄，学生的学科知识不够深厚，专业性不强。因此，要实行开放型教师教育，教师资格证书制度必不可少。教师资格证书制度的实施也有利于从更大范围内招聘教师。

第二，加强教师培训是客观要求。学校在教师专业发展过程中处于极其重要的地位，它不仅是培养学生的场所，也是教师专业发展的基地。教师任职的学校应是其专业发展的主要环境。传统的教师教育是一种以工具理性为主导的"技能熟练"培训模式，它十分强调科学、系统、确定的知识技能体系传授。但是，由于教师专业是实践性很强的专业，这种教师培训模式往往偏重于教育理论知识的传授，而很少与教育实践相联系，容易造成理论与实践的分离。因此，教师专业发展非常需要一种能结合理论与实践的教师培训模式。

第三，发展性教师评价是保障机制。正式的教师评价制度始于20世纪50年代，到20世纪80年代末以前，以奖惩为根本目的的教师评价在世界范围的教师评价领域一直处于垄断地位。这种奖惩性教师评价通过对教师工作表现的评价，做出解聘、晋升、降级、加薪、减薪、增加奖金等决定。这种评价由于漠视教师在评价中的主体地位和专业成长引发了许多问题而广受批评。因此，20世纪80年代末以来，以英国为首的一些发达国家开始摒弃奖惩性教师评价，并转而推行发展性教师评价。发展性教师评价是指以促进教师专业发展和未来发展为目标的一种教师评价制度。它是一种双向的教师评价过程，建立在评价双方相互信任的基础上，和谐的气氛贯穿评价过程的始终。

第三节 师生关系

教师与学生之间的关系无疑是众多教育关系中最为重要的关系。师生关系的本质是什么？师生关系的内容有哪些？师生关系发展的规律是什么？如何才能够建设良好的师生关系？这都是当代师生关系建设中需要认识清楚的。

一、师生关系的内涵

(一)师生关系的特质

师生关系是指教师与学生在教育交往过程中所发生的联系。从本质上讲,教育作为教师与学生等社会成员之间的合作行为,具有社会属性,这就决定了师生关系是一定的社会关系在教育中的反映,不同社会的人际关系在教育领域中就反映出不同的师生关系,所以说,师生关系在本质上是一种社会关系。当然,在不同社会的人际关系中,有不同的师生关系。在古代,社会制度的专制性,使得师生关系蒙上专制性的色彩,如在农业时代,"天地君亲师"就矗立在作为中国人灵魂系着点的神龛上。由于时代的局限性和对人的不尊重,导致了师生关系被扭曲,"一日为师,终身为父"的"师道尊严"成为师生关系的标准。而到了近现代,基于多党制的民主政治取代了以血缘关系为基点的宗法专制,人人生而平等成为社会共识,这种社会中人与人之间的平等人际关系反映到教育中,就是现代教育中民主平等的师生关系。

当然,在教育实践中,师生关系的复杂性还远不止此,需要深入分析。教师与学生作为教育活动能动要素的"两极",谁是主体、谁是客体一直存在争论。在教育史上,人们以谁是教育的中心为标准,探讨了师生关系,曾经出现了两种截然不同的观点。其一,以赫尔巴特(J.F.Herbart)为代表的"教师中心论",强调教师在教育过程中的绝对支配地位,主张学生是教育的对象而无视其主体地位。它的哲学基础是机械唯物论,心理学基础是行为主义。其二,以卢梭、杜威等人为代表的"学生中心论",是在批判传统教育理论的过程中,针对"教师中心论"而提出的。它认为学生的发展是一种主动的过程,教师的作用只在于引导学生的学习兴趣,以满足学生的需要。它的哲学基础是内因论,心理学基础倾向于人本主义。从主客体的角度看,"教师中心论"与"学生中心论"分别对应着"教师是主体,学生是客体"与"教师是客体,学生是主体"这两种观点。

> **阅读链接**
>
> 赫尔巴特(1776—1841),德国教育学家。他的代表作《普通教育学》被公认为是第一部具有科学体系的教育学著作。人们公认,在近代教育史上没有任何一位教育家可以与之比肩,他因此被誉为"科学教育学的奠基人"。

在现代教育中,人们以主客体理论来探讨师生关系,提出了多种观点,如教师主体、学生客体论,教师客体、学生主体论,教师、学生均是主体等,但比较一致的认识是在师生共同主体中坚持学生主体。[①] 一方面,就教的活动来说,由于学生是处于未成熟状态的人,而教师"闻道在先""术业有专攻",教师是主体,学生是客体,教育内容是中介。另一方面,就学的活动而言,由于学生是教育活动的基础和出发点,教育活动要围绕着学生的成长和发展而展开,学生是主体,教育内容是客体,甚至在一定程度上教师也是客体。《学会生存——教育世界的今天和明天》中说:"未来的学校必须把教育的对象变成自己教育自己的主体。受教育的人必须成为教育他自己的人;别人的教育必须成为这个人自己的教育。这种个人同他自己关系的转变,是今后十几年内科学与技术革命中教育所面临的最困难的一个问题。"总之,提升学生地位到主体位置,坚持学生的主体地位是现代教育的重要特质。

学生的主体性表现在以下方面:一是对教育影响的选择性。学生对教师的教育影响并不是无条件接受的,他有根据主体意识(积极的或消极的)进行选择的权利,这就要求教师的教学要最大限度地适应学生的需要。二是学习的个体性。学生学习的现有水平、学习的目标与追求、制约学习的个性心理特征等是各不相同的,教师的教学要注意因材施教。三是学习的自觉性。学生学习活动的主动性、自觉性是学生学习主体性的本质体现。教师的教学活动要建立在学生对学习的自觉的、主动的自我追求的基础上。四是学习的创造性。学生完成学习任务的方式、方法、思路以及对问题的认识等,并不一定完全按照教科书或教师预定的"轨道"进行,往往表现出一定的创造(创新)性。教师教学中要允许并鼓励这种创造性,并把它看作学生创造能力发展结果的必要表现形式。

(二)师生关系的内容

1. 基本关系:工作关系

师生之间的交往首先以教师的教与学生的学所构成的工作关系为基础。一方面,教学中的教是教师的工作,一位教师只要签订了工作合同,就要按照合同完成相应的教的工作,即使对所教学生存在乐于接受或心理排斥的差异,也要进入课堂完成教的工作。另一方面,学生作为教育的对象、学习的主体,只要被赋予了学生这个角色,就要进入课堂参与

---

① 陈建华.基础教育哲学[M].北京:北京大学出版社,2009:142.

学的活动,即使对任课教师存在乐于交往或排斥的差异,也要进入课堂完成学的活动。

具体而言,教师与学生之间发生关系的基础是教师的教、学生的学的结合,因此,教学作为工作关系的体现是师生关系的基础,教师与学生之间的基本关系是一种工作关系。当然,教师与学生之间的这种工作关系具有极其深刻而重要的教育属性,因而它也是一种教育关系。教育关系是师生关系中最基本的表现形式,即教育关系是师生关系的核心。师生之间的教育关系是为完成一定的教育任务而产生的关系。这种关系是从教育过程本身出发,从对教师与学生在教育活动中各自承担的不同任务和所处的不同地位的考察中,对两者关系做出的教育学意义上的解释。一般来说,在教育活动中,教师是促进者、组织者和研究者,而学生是参与者、学习者,同时又是学习的主人和自我教育的主体。这种关系形式并不随教师和学生的主观态度而改变,而是由客观条件所决定,并且在教师和学生的积极活动中得以体现。教育关系的建立,首先取决于教师的教育水平,直接受制于教师的专业知识、教育技能和人格力量等。

同时,教师与学生之间工作关系的内容也是很丰富的:其一,教师与学生在教育内容上结成授受关系,即教师作为闻道在先、知识与经历较为丰富的教育者,具有教授学生的能力与责任;学生作为后学、知识与经历较浅者,具有接受教育的权利与责任。其二,教师与学生在人格上结成平等关系,即学生虽然尚未成熟,但作为一个独立的个体存在,在人格上与教师是平等的,教师不可以任何理由侮辱、践踏学生的人格尊严。其三,教师与学生在道德上结成互动关系,即一方面教师以高尚的道德示范、要求学生,另一方面,学生也以较高的道德标准审视、要求教师,由此形成教师与学生在道德上相互审查、相互促进的关系。

2. 衍生关系:交往关系

基于师生工作关系而衍生出其他方面的师生关系,如认知、情感方面的心理关系,长辈、晚辈的伦理关系,以及超越教与学的社会人际关系等,这些都可统称为交往关系。

首先,师生之间有因认知、情感的交往和交流而形成的心理关系。心理关系是师生为完成共同的教学任务而产生的心理交往和情感交流。这种关系能把师生双方联结在一定的情感氛围和体验中,实现情感信息的传递和交流。师生心理关系是伴随着教学活动的开展而自然形成的,是教学活动中一种客观而基本的师生关系,它受到教学过程和结果的直接影响。由于教育教学活动是师生之间的互动过程,所以师生之间的心理关系在教育教学活动中也起着举足轻重的作用,并贯穿于师生关系的全过程。师生心理关系对教学活动具有重要影响,是教学活动得以展开的心理背景,并制约着教学的最终结果。同时,富有魅力的教学过程和高效优良的教学结果,会促进师生情感关系更加融洽和谐。所以加强师生之间的相互理解和沟通,直接关系到学生的学和教师的教,甚至会对学生世界观、价值观的形成产生很大的影响,优化师生心理关系应是师生关系改革的现实要求。

其次,教师与学生作为先学与后学、长辈与后辈的伦理关系。师生之间的伦理关系是指在教育教学活动中,教师与学生构成一个特殊的道德共同体,各自承担一定的伦理责任,履行一定的伦理义务。这种关系是师生关系体系中最高层次的关系形式,对其他关系形式具有约束和规范作用。学生的道德观念有很大一部分是从教师那里直接获得的,教师会潜移默化地对学生施以道德方面的影响。这就需要教师不仅有广博的知识,还应该有高尚的人格和正确的道德思想,而这正是建立良好的师生伦理关系的关键。长期以来,师生伦理关系没有受到应有的重视。师尊生卑是古代社会师生伦理关系的基调,并具有明显的等级性。而在现代社会,互相尊重、人格平等成为师生伦理关系的基础,只有充分体现现代伦理基本精神的师生关系才是真正意义上的现代师生伦理关系。

最后,教师与学生之间可能发展出超越教与学的社会人际关系。如果说学生与教师之间因为教与学的工作而组织在一起,这种师生关系可能带有强制性的色彩,那么这种师生关系会随着教与学双边活动的结束而终止。如果师生在结束教学的工作关系后仍然保持联系,那么这种联系就在一定意义上超越了教学工作,成为一种社会性的人际交往关系。在这种社会性的人际关系中,狭义上的教师与学生的角色已经不存在了,彼此作为社会的公民而交往,其交往的动力多来自学生对过去教学关系的怀念、眷顾,特别是对教师高尚道德人格的佩服、幽默教学风格的欣赏、卓越有效教学方法的赞赏。

二、师生关系的建设

(一)建设的理论基础

要建设什么样的师生关系?首先需要清楚已有师生关系的类型及其优劣。综合有关师生关系的研究,主要有以下三种类型:

类型一:命令—服从型师生关系。这种师生关系的特征是:只片面地强调教师的权威作用,忽视学生的主体性、主体地位的存在,要求学生具有不问是非、绝对服从的奴性,是一种不平等的、不民主的师生关系。这种师生关系表现在教师决定了教育过程中的一切,学生只是被动地适应于教师的安排,因而容易引起学生的反感、不满,导致师生的交往障碍。

类型二:放任—自流型师生关系。这种师生关系的特点是:强调淡化教师的权威意识,片面强调学生的主体性、独立性,教师居于旁观者地位。这种师生关系容易削弱教师的主导作用、指导作用,因而教学中容易出现学习无计划、学习效率低下、学习内容不系统等弊端。

类型三:民主—参与型师生关系。这种师生关系的特点是:强调教师与学生之间的平等、合作与信任,既肯定教师在教育过程中的主导作用、指导作用,发挥教师的积极性,又强调学生的主体性,发挥学生的主动性、自觉性和能动性。

在上述三种师生关系类型中,学生一致认同第三种师生关系,这为教师在处理教师与学生关系上的取向、态度提供了方向。现代师生关系应被理解为"我—你"主体间性对话关系,因此,重建师生关系应当体现如下重要原则:

第一,民主平等性。教师与学生在平等的基础上彼此敞开心扉,进行对话与沟通,从而达到相互理解的境界。教师与学生作为具有完整人格的"我"与"你"在相遇过程中,不只是知识的授受,而且包括情感的交流、智慧的碰撞等,都是在平等交往中完成的。这种师生平等关系,不是外在形式上的平等,而是真正意义上的平等。在这种关系中,教师不再是知识的权威者和教学过程的主宰者,也不再是学生的对立面,而是"平等者中的首席"。教师"除了他的正式职能以外,他将越来越成为一位顾问,一位交换意见的参与者,一位帮助发现矛盾论点,而不是拿出现成真理的人"①。

第二,交互影响性。在"我—你"师生关系中,教师和学生都从教育中获益。教师通过与学生的真诚对话感受到自身的学识与境界也相应地得到提升,体验到一种心灵的自由和前所未有的解放感,享受着与学生平等对话所带来的自由轻松的生命体验。学生也自觉地从地位上提升自己,拥有了作为一个独立的声音而发言的话语权,不再沉默不语,拥有了充分的自由度,在与教师的自由对话中学习、领悟和生发出前所未有的知识和情感体验,感受着作为真正"人"的全部尊严,享受着对话带来的无穷愉悦。因而,师生在课堂生态系统中能够共同展现着自身的生命价值,在充分发掘生命潜能中共同成长。

第三,合作对话性。教师从不作为知识的占有者和给予者,而是通过合作与对话启迪学生的智慧。对话的本质并非将一种观点强加于另一种观点之上,而是改变双方的观点,达到一种新的视界。学生从教师"独白"的语境中彻底解放出来,在对话中,对话双方只有观点之别,没有高低之分;只有双方的相互启发,言说者和倾听者的关系是相互转化的,即学生不只是倾听者,教师也不只是言说者,二者都可以是倾听者与言说者,这样师生之间就构成了真正的相互交流、相互理解的对话关系。"通过对话,教师的学生及学生的教师等字眼不复存在,新的术语随之出现:教师学生及学生教师。"②

第四,和谐信任性。和谐是事物的状态或者关系达到相宜相生、相辅相成、和衷共济的美妙境界。在教育教学的过程中构建恰到好处的师生关系,要求教与学本身的和谐,既不能过分强调教而忽略学,也不能过分强调学而忽略教。③ 信任则是社会和谐发展的原动力。人与人的互不信任不仅从宏观上制约社会和谐发展,也从微观上限制学生心理空间的扩展,并可能在学生社会化过程中演化为利己主义、个人主义,最终降低教育的有效性。和谐信任的师生关系是师生关系民主平等、互利共赢及合作对话的基础,也是这三者实践的最终理想诉求。

(二)建设策略

第一,确立生命教育的理念。叶澜教授指出:"教育除了鲜明的社会性之外,还有鲜明的生命性。""教育是直面人的生命、通过人的生命,为了人的生命质量的提高而进行的社会活动。"④近年来,学者们不断地呼吁教育要看到人,要把学生当作一个完整的生命个体来看待,认为教育不仅仅是让学生获得丰富的分门别类的知识,而更重要的是彰显并提升学生的生命意义与价值。基于生命教育的价值取向,师生关系构建的前提就是要引导人认识生命的意义,发现生命的价值,体验生命的丰姿。这要求教师要眼中有学生,要把学生当作一个完整的生命个体来看待,把学生当作不断主动生长、主动寻求意义的生机勃勃的人来看待。师生关系建设的途径在于通过丰富学生的精神世界,解放学生的

---

① 联合国教科文组织国际教育发展委员会.学会生存——教育世界的今天和明天[M].华东师范大学比较教育研究所译.北京:教育科学出版社,1996:118—119.
② [巴西]保罗·弗莱雷.被压迫者教育学[M].顾建新等译.上海:华东师范大学出版社,2001:31.
③ 邵晓枫,廖其发.论和谐师生关系的内涵[J].西南大学学报(社会科学版),2008(4).
④ 《教育研究》杂志社记者.为"生命·实践教育学派"的创建而努力——叶澜教授访谈录[J].教育研究,2004(2).

内部力量,发掘学生的生命潜能,以提升学生的生命意义与价值为基本取向,使教育充满生命的活力。"教育对于生命不仅依然具有原始性的价值,而且具有提升人的生命价值和创造人的精神生命的意义,即对生命潜能的开发和发展需要的满足,成了教育重要的基础性价值。"①

第二,发挥教师的主体性。被誉为"德国教师的教师"的第斯多惠指出:"教师本人是学校里最重要的师表,是最直接的最有教益的模范,是学生最活生生的榜样。"②相对于学生,教师的年龄、文化乃至社会地位决定了教师在教育活动中的主导地位,教师要在师生关系的建设中充分发挥其主导性。这意味着教师应转变传统的角色心理,将自己由传道授业解惑的道德权威转变为与学生共同成长的专业教育者。更重要的是,教师要不断提高自身的专业素养,包括学科专业知识素养、心理学素养、领导力素养,在教学中树立专业可靠的形象,为学生创造良好的、新鲜的、有趣的教育活动场域,了解与其交往对话的学生的身心特点,熟练运用民主的领导方式,热爱、尊重学生,公平对待学生,主动并善于与学生沟通。此外,教师还要不断开阔视野,更新信息储备,努力提高自我修养,才能成功构建民主型师生关系。

第三,发挥学生的主体性。良好师生关系的建设单单依靠教师难以实现,必须有作为另一关系主体的学生积极参与其中,即发挥学生的主体性。学生所用的语言、学生的行为方式、学生的价值观念是学生个体文化影响师生关系的三方面因素。在师生关系建设中发挥学生的主体性,需要学生在保持个性的同时,在与教师的交流中与教师一样,尽量使用规范的语言,提高个人表达能力,获得哈贝马斯(Habermas)所指的"交往性资质"③,师生双方的对话才能顺利进行。行为动作同样是交往的重要形式,在师生关系建设中发挥学生的主体性,还需要学生在交往中不断把握教育场域内的有形或无形的交往准则,选择合适的、礼貌的行为方式与教师进行互动,师生双方的交往才能更有效地进行。在师生关系的建设中,学生也应发挥主体性,看到良好师生关系对师生双方和整个学习团体的价值。但不要在功利性观念的指引下,将师生关系看作利益关系,把良好师生关系看作获得其他利益的手段,破坏教育交往环境的平衡。

> **阅读链接**
>
> 哈贝马斯(1929—),德国哲学家、社会学家。他在《交往行为理论》中将人的行为分为目的性行为、规范性行为、戏剧性行为、交往性行为四类。他对批判理论哲学框架的制订、对行动理论的发展、对资本主义社会危机的分析,使他成为法兰克福学派第二代旗手。

---

① 叶澜等.教育理论与学校实践[M].北京:高等教育出版社,2000:136.
② [德]第斯多惠.第斯多惠教育文集[M].袁一安译.北京:人民教育出版社,1956:203.
③ 张天宝.走向交往实践的主体性教育[M].北京:教育科学出版社,2005:23.

第四,革除传统的教育方式。教育方式合适与否直接关系到师生关系的好坏,教育得当,则师生关系和谐;教育不当,则师生关系失和。首先,教育方式要多样化。如集体教育与个别教育相结合;身教与言传相结合;课堂教育与课外教育相结合;显性教育与隐性教育相结合;学校教育与家庭教育、社会教育相沟通。其次,教学方式要优化。传统的讲授式教学使学习成为纯粹被动的接受与记忆过程,导致学生的能动性、创造性逐渐丧失,主体性弱化。从事实上构建"我—你"师生关系,就必须依照具体教学情境选用相应的更加平等、开放,更加有利于师生主体性生长的教学模式和方法。在这个方面,一些教育学者已经总结了较好的做法,如布鲁姆的发现教学模式,它不是给学生一个已有结论,而是让学生体会发明与创造的过程;阿莫纳什维利的合作学习模式,强调师生、学生之间的合作与互动,突出教学的情意功能;马丁·布伯(Martin Buber)提出教学要促使儿童形成建立对话关系的能力。[1]

第五,营造良好的教育环境。师生关系的构建往往受到周边环境的制约和影响。例如,课堂的组织环境包括教室的布置、座位的排列、学生的人数等,这些因素可通过改变师生交往的空间和交往的频率对师生关系产生影响。我国中小学传统的课桌摆放格局多呈"秧田式",隔断了师生之间的交往及生生之间的交往,不利于民主、平等、和谐师生关系的建立。此外,学校的人文环境也是构建良好师生关系,形成教育合力的重要影响因素。

第六,遵循师生关系发展规律。师生关系的构建应遵循师生关系的发展规律。一般认为,师生关系的确立与发展主要经历"接触、认识""接纳、认同"到"依赖、共鸣"几个阶段。"接触、认识"指教师与学生最初的接触、表层的认识;而"接纳、认同"是师生在较多接触中相互接受对方,达成共同的价值观、理念;师生关系发展的最终境界是达致"依赖、共鸣",师生在共同的信仰、价值认同的基础上形成心理上的相互依赖、情感上的共鸣,师生关系呈现和谐共生的状态。良好的师生关系也非一日造就的,师生关系的发展是一个动态的过程,暂时的失衡并不意味着终结,一时的风平浪静也并不意味着可以松懈。

总之,良好师生关系的建构就是师生关系的建立、调整和优化的过程。影响师生关系的因素是多方面的,只有多方面的共同努力,才能实现建设民主平等、互利共赢、合作对话及和谐信任的师生关系的愿景。因此,构建良好师生关系的实践应从教师、学生及学校环境等方面共同进行。

本章小结

本章里,我们基于学生是教育存在的基本点的立场,首先剖析了"学生"这个概念所蕴藏的学习主体的内涵,概括了学生所具有的有生命意蕴的人、处于发展中的人、具有能动性的人、生活于未来的人等属性;阐述了学生的教育资格权、物质帮助权、教育申诉权、安全权、公民人身权等权利;同时也按照《教育法》指出了学生的义务,还对社会化的内

---

[1] 朱德全,王梅.对话教学的模式与策略探析[J].高等教育研究,2003(2).

涵、学生社会化的目标做了探讨。

其次,我们从一般意义上的教师出发,阐述了教师的内涵,概括了教师工作对象的主体性、工作目的的发展性、工作过程的创造性、工作方式的示范性、工作结果的或然性等特点;剖析了教师具有的教育权利,指出了教师需要承担的诸如学生的知识启蒙者、心灵陶冶者、健康保护者等责任;辨析了教师工作的专业性,在对众多教师专业标准说法分析的基础上概括出了教师的专业资质内容,还将其引申到小学教师问题上,阐述了小学教师应当具备的专业理念与师德、专业知识和专业能力等专业标准内容;同时,进一步分析了各种专业发展阶段的理论,剖析了教师的职前培养模式、在职专业发展的实践。

最后,我们先是基于对哲学主体理论的认识,分析了教师与学生关系的历史变迁,指出了现代教育中需要确立的教师主导、学生主体及其教育中互为主客体的复杂关系,并概括出了学生所具有的对教育影响的选择性、学习的个体性、学习的自觉性、学习的创造性等主体性;接着再对学生与教师之间的关系问题展开了阐释,指出了教与学的工作关系是师生之间的基本关系,同时还衍生出心理关系、伦理关系、人际关系;在对命令—服从型、放任—自流型、民主—参与型等师生关系类型分析的基础上,提出了建设良好师生关系的策略。

复习思考

一、巩固练习

1. "学生"这个概念意味着什么?学生的基本权利和主要责任是什么?社会化及学生社会化的内涵是什么?

2. "教师"这个概念意味着什么?教师的专业标准是什么?什么是教师专业化?教师如何实现自己的专业持续发展?

3. 师生之间的地位关系经历了什么样的发展?学生与教师到底谁是教育主体?学生的主体性表现在哪些方面?

4. 关于师生关系,有师徒关系、工作关系、社会关系、"我—你"关系等认识,你赞成哪一种观点?为什么?

二、观点剖析

1. 学生安全问题的突显,说明了需要坚持"学生中心论"。
2. 过分听话的乖娃娃现象,其本质是"过度社会化"。
3. 教师职业是一种社会分工,无所谓是"臭老九"还是"灵魂工程师"。
4. 有人说:"没有教不好的学生,只有教不好的先生。"

三、阅读与思考

阅读材料1:有研究指出:孩子是个本能的生物人。越小的孩子,他们的行为就越像动物,就更情愿依靠本能的欲望来做出选择。"感觉好就去干""但求好事,莫问前程""做自己想干的事""为所欲为",是许多孩子的行为特质。问起犯罪原因,监狱里的孩子往往会回答两个字:冲动。越轨是压力促成的。在孩子的每一个越轨行为背后,都可以发现一个压力源。联合国有关机构曾经为孩子的压力源列过一个清单,大致是学习困难、考试失败、老师鄙视、同学疏远、失去挚友、亲子关系紧张、家庭变故、搬家、转学、来自学校和家庭的暴力,等等。这些压力使孩子产生了挫折感和其他负面情绪,如焦虑、沮丧和愤怒。在这些负面情绪支配下,孩子就有可能离家出走、逃学、夜不归宿、不良交友、加入团伙和打架斗殴。如果我们不是一味责怪越轨的孩子,而是细心地去找出其背后的压力源,并且移走它,孩子也许很快就会恢复常态。①

思考任务: 结合这则材料,去找一位中小学生谈心,体会这则材料中所蕴含的观点,并写成2000字左右的访谈感想。

阅读材料2: 李镇西《做最好的老师》:"做最好的教师"是用今天的我与昨天的我相比——我今天备课是不是比昨天更认真?我今天上课是不是比昨天更精彩?我今天找学生谈心是不是比昨天更诚恳?我今天处理突发事件是不是比昨天更机智?每天都不是最好,甚至每天都有遗憾,但每天都这样自己和自己比,坚持不懈,我便不断地向"最好的教师"的境界靠拢。一个一个的"更好"便汇成了一个人一生的"最好"。从某种意义上说,本书就是李镇西老师"自己和自己比"的真实记录。

思考任务: 请阅读这本书,对李镇西的教育思想进行概括。请你对一所中小学校的教师职业道德情况做一次调查,并以2000字左右的论文形式报告你的调查结论。

---

① 皮艺军.专家视角:正视青春期危机[EB/OL].[2014-05-13]. http://www.jyb.cn/Theory/zjld/200903/t20090303_245582.html.

第五章 教育内容：构成及设计

◆ **案例阅读**

有学者指出，当前课程论中所研究的知识，其实是一种"往后看"，即从已有的知识往后看，其间充满着逻辑过程。这些作为知识体系的课程，其逻辑的结果来自人为的条理化，并通过逻辑化来陈述。这种由低级到高级、由简单到复杂、由局部到系统的步步推进式的上升，形成了今天我们所看到的课程体系中的严密的逻辑结构，经受住了波普尔所说的"证伪"的敲打或攻击。传统教材注重"逻辑完备的演绎"，教材编写专家把一些偶然发现的规律，采取各种简化形式，用严密的逻辑推理和演绎叙述，环环相扣，其好处是便于"注入""灌输"，这给传统的注入式教学提供了方便。然而，这种完备的演绎叙述，都是枯燥、封闭的，容易出现"学生没有问题"的问题，因为其中失去了学生的个体体验，失去了学生参与的积极性。更为严重的是，课本中这种严密的逻辑，在"师道尊严"的背景下，又使得学习者在精神上受到压抑，在不平等的教育气氛中接受意识规矩，从而感到自卑和渺小，失去了向知识挑战的勇气。[①]

◆ **问题聚焦**

读罢上述这则材料，我们联想到几个问题：教育中所教授的知识，是谁规定的？其价值取向是什么？组织逻辑是什么？在教育的历史过程中，人们传授了哪些知识？到今天，人们对已有的所谓知识又是怎样分门别类的？怎样按照学校层次进行安排的？如何看待近年来国内外基础教育的课程改革？如此等等。

◆ **学习目标**

1. 了解中外教育内容的历史演进，比较中国的"六艺教育"和西方的"七艺教育"。
2. 了解人们对现代众多课程的类型划分，并能够绘制其结构图。
3. 掌握学科课程、综合课程、学术课程、活动课程，以及核心课程、问题课程、潜在课程等概念。
4. 理解课程计划、课程标准、课程分流、课程统整、课程资源、课程设计等概念。
5. 掌握世界基础教育课程改革的重要趋势，介绍、评价中国2001年启动的新一轮基础教育课程改革活动。
6. 理解校园文化的内涵和特点、班级文化的内涵和特点。

---

① 包国庆.21世纪教育研究原创性的六个猜想[J].电化教育研究，2003(8).

| 第一节 |

教育内容

没有教育内容就无法实现培养目标。自从有教育便有了教育内容,那么,在历史发展过程中,东西方教育到底教了什么内容呢?总结人类的教育内容,有哪些内容是共同认可的?这些问题显然需要系统梳理。

一、教育内容的界定

(一)教育内容的内涵

学校教什么、学什么的问题就是教育内容。关于教育内容的说法,历来就很多。综观各种各样的教育内容观点,我们认为,教育内容是指经选择而纳入教育活动过程的知识、技能、行为规范、价值观念、世界观等文化总体;[1]它是指学校在教育目的的制约下,根据一定社会要求,向学生传授的知识技能、思想观点、行为习惯等的总和,是对受教育者提出的、受教育者应当完成的学习任务。教育内容的本质是作为高于受教育者目前发展水平的要求,它从静态上体现了受教育者目前的任务,从动态上反映了受教育者未来的方向。教育内容以书本为载体,以知识技能、认知思维、情感态度、德行等方式呈现出来,这些内容代表了社会对青少年发展方向的期望,在一定程度上也符合人类进步的方向。它对教师而言,是需要完成的教学任务;对学生而言,是需要掌握或形成的素质。

教育内容作为社会提出的、教师具体给予的要求,作为学生必须接受的、形成的目标,它具有自己的特点。

第一,高于目前水平的差距性。教育内容作为学生将要达到的目标,是对受教育者未来发展给出的方向性要求,为学生适应未来生活做准备,自然高于学生目前的发展水平,学生需要通过一定程度的努力才能够完成,与学生目前的发展水平之间存在一定的差距。相反,如果教育内容的要求低于或等于学生目前的发展水平,那就不能走在学生发展的前面,就不能有效促进学生的发展。故曰:"没有要求,就没有教育。"

第二,历史与社会的规定性。教育内容是社会、政府、专家、教师等不同主体根据自己的社会价值观、教育价值观而主观地对浩瀚的人类文化进行筛选、提取、编辑,并以教材等形式呈现出来。当然,教育内容的选择要受到特定历史时期的政治制度、经济水平、文化概念等因素的影响。同时,占主导地位的领导阶级要求教育内容要符合自己的阶级立场、意识形态、价值观念,成为延续本阶级文化的工具,由此使得任何特定情况下的教育内容都带有特定社会的规定性。

第三,构成内容的相对系统性。任何时代的社会都需要德行、身体、智能等方面有所发展的人,因此,任何时代的教育内容基本上都包括德、智、体等方面,并且以知识技能、

---

[1] 顾明远.教育大辞典(增订合编本)(上)[M].上海:上海教育出版社,1998:765.

认知思维、情感态度、德行等客体性的方式呈现出来。同时,在家庭、学校、社会等众多不同的教育时空中,由于教育内容存在的差异而增加了其多样性。即使在学校教育中,也因为年级层次、学校类型、学科类别等因素的差异而存在较大区别,这些差异构成了教育内容的丰富性。

(二)教育内容的类型

首先,按照存在空间区分,教育内容包括课堂教学内容与课外活动内容。前者是指由众多知识体系构成的、以课程方式出现的、具有相对凝固或稳定状态的课堂教学内容(有学者称之为"课程文化"),具体内容按照学科门类包括语文、数学、外语、品德、历史、生物、地理、物理、化学等;后者是指与相对凝固的课程内容相对的、弥散于校园之中的课外活动内容(人们习惯称之为"校园文化"),具体内容包括校容校貌、校纪校风、领导作风、教风学风以及藏于此之下的价值观念等方面。

其次,按照载体形式区分,教育内容包括固性型教育内容与活性型教育内容。前者以文字书本、模型实物等为载体,即传统的书本;这类教育内容载体的存储机理是原子存在,因而不能做诸如移动、插入、缩放、翻滚等数码技术处理。后者以光电呈现、存储用具等为载体,如Word文档、PPT课件、电子类读物,以及更为广泛的专题、博客等网络资料;这类教育内容载体的存储机理是数码存在,使用者能够做移动、剪辑、复制、粘贴、插入、缩放、翻滚等数码技术处理。

最后,按照所涉领域区分,教育内容包括物质领域、精神领域、制度领域以及综合领域等众多方面。其中,物质领域的教育内容主要包括自然科学、人体科学等门类;精神领域的教育内容包括社会科学、人文艺术等领域;制度领域的教育内容涉及行政制度、管理规范等领域;综合领域的教育内容则涉及众多,如系统科学、思维科学、军事科学等。

二、教育内容的演进

(一)历史发展

1. 中国教育内容的发展[①]

在中国,夏朝及其以后的商周等时期,是中国社会的早期时代。自从那时产生教育后,教育内容就开始发展、丰富起来。首先,夏代作为有较为完整形态的第一个王朝,就开始了较早的形式化教育,设置了"序""校"。其中,"序"起初是教射场所,后来发展成为奴隶主贵族教育子弟的场所;"校"教以习射等军体技能,以培养能射善战的战士为目标。此外,夏代还有为了"皆所以明人伦"而进行的人伦道德教育,以及在"夏道遵命,事鬼敬神而远之"下的宗教知识教育。到了商代,学校以培养尊神重孝、勇敢善战的未来统治者为目标,教以思想教育、军事训练。具体是把"孝"作为思想教育的中心内容,以射御为中心进行军事训练。同时,商代还重视礼乐教育和书数教育。西周是我国具有准确历史记载的朝代,出现了从幼儿教育到大学教育的学校体系。家庭教育主要是对幼儿进行取食物用右手等基本生活技能、尊敬长辈等礼仪规则习惯的教育。到了小学教育,其内容包

[①] 毛礼锐,沈灌群.中国教育通史(第一卷)[M].济南:山东教育出版社,1985.

括德行艺仪等方面。根据规模和等级,大学分为辟雍和泮宫,大学学大艺、履大节,分科教学以礼乐为重、射御次之,还学习《诗》《书》;设在王都郊外六乡行政区中的地方学校总称为乡学,以德行艺为纲进行礼乐教育。礼的内容极广,包括政治、伦理、道德、礼仪,社会生活的各方面都不能没有礼;乐包括诗歌、音乐、舞蹈,蕴含德育、智育、体育、美育多方面的要求;射御即射箭和驾驭马拉战车的技术;书是指文字,数是指计算。可见,"六艺教育"包含多方面的教育因素。

随着春秋时期"经济下移"和"政治下移",以及王权衰落、礼制破坏,出现了"学术下移","学在官府"破灭,私学获得发展。其中,儒、墨两家的教育内容集中体现了这一时期的教育思想。孔子创办私学,编订的《诗》《书》《礼》《易》《乐》《春秋》"六经"作为主要教育内容。墨子私学的教育内容主要围绕培养"兼士"展开,包括政治和道德的教育,主要是墨家的十大纲领:尚贤、尚同、兼爱、非攻、节用、节葬、天志、明鬼、非乐、非命。战国后期,经过长期私学办学经验的积累,出现了一批集中论述教育问题的理论著作。《大学》是儒家学者论述大学教育的篇章,提出了大学教育的"三纲领""八条目",并进行了论证。《中庸》主要阐述了先秦儒家的人生哲学和修养问题,提出了"中庸之道"。《论语》记载:"子以四教:文、行、忠、信。"即孔子以文献、品行、忠诚和信实教育学生。《孟子》继承并发挥了孔子的教育思想,又在新提出的性善论的基础上,发展出"心性之学"。

进入汉代,统治阶级推行"罢黜百家,独尊儒术"的文教政策,以《论语》为代表的儒家经典成为主要的教育内容。汉代教育政策的重要体现者董仲舒的教育思想具有重要影响。他认为,道德是立政之本,提倡以"三纲五常"为核心的道德教育内容。"三纲"即"君为臣纲,父为子纲,夫为妻纲","五常"即仁、义、礼、智、信。"三纲"是道德的基本准则,"五常"是与个体的道德认知、情感、实践等心理、行为能力相关的观念。自此,儒家经典成为官学中规定的教科书。隋唐时期的教育内容,无论是在儒家经典方面,还是在专科知识方面,其范围、程度远远超过了前代。就儒家经典而言,唐代将儒经分为大经、中经、小经。大经包括《礼记》《左传》,中经包括《诗经》《周礼》《仪礼》,小经包括《周易》《尚书》《春秋公羊传》和《春秋谷梁传》,另外还有《孝经》和《论语》。在专科教育方面重视医学教育。

阅读链接

《论语》是记载孔子及弟子言行的语录体散文集,反映了以孔子为代表的儒家思想。文中教人为人处世之道,内容多半涉及社会生活,对中华民族的心理及道德起到过重大影响,为古代中国初学者必读之书。

到了宋代,朱熹所作《四书集注》成为基本教材,并对宋代以后的中国教育产生了深远影响。宋元时期出现了蒙学教育,蒙学教育的基本内容包括初步的道德行为训练和基本的文化知识技能学习。朱熹在总结前人教育经验和自己教育实践的基础上,把一个人的教育分为"小学"和"大学"。小学的任务是"教以事",即"教人以洒扫、应对、进退之节,爱亲、敬长、隆师、亲友之道",以及"礼、乐、射、御、书、数之文"。大学教育内容的重点是"教理",即重在探索"事物之所以然"。清朝崇尚儒家经术,提倡程朱理学,重视学习包括自然科技知识、军事知识和技能在内的经世致用之学。

> **阅读链接**
>
> 朱熹(1130—1200),中国古代理学家、教育家,闽学派的代表人物。他所著的《四书集注》成为后世教材,他关于教育内容顺序、读书方法、学生规范等开创性见解被后世认同。后世公认他是孔孟后最杰出的儒学大师,世称"朱子"。

进入近代,中国教育开始出现了转变。洋务教育的开端一般被认为是中国近代教育的开端,它创办了不同种类的洋务学堂,教学内容始终在"中学为体,西学为用"的范围内,以"西文""西艺"为主,课程包括外语、数学、格致、化学等一般性课程以及和各自专业相关的科学技术课程,注意学以致用,有别于传统学校的经史义理和八股文章。"中学"也称"旧学","四书五经,中国史事、政书、地图为旧学"。"西学"也称"新学","西政、西艺、西史为新学"。维新运动之后提出全面学习西学,改变传统的教育内容,传授科学技术,培养新型人才。除了经、史、礼、乐等知识之外,还把诸多门类的自然科技知识、各种军事知识和技能正式列入教育内容,并进行分科设教。

2. 西方教育内容的发展[①]

古希腊是现代西方文明的摇篮、现代西方教育的发源地。古希腊时期的教育以斯巴达和雅典教育为突出代表。在斯巴达,教育被当作国家事业,完全由国家控制。首先,斯巴达人实行严格的体检制度,凡是经受不住考验或是被长老认为体质虚弱的就会被丢弃至弃婴场,以此保证种族在体质上的"优越性",培养体格强壮的战士。然后,儿童从7岁至18岁进入国家的教育机构,开始军营生活,学习"五项竞技"、神话和传说,参加祭神、竞技和各种仪式,以养成健康的体魄、顽强的意志以及勇敢、坚忍、顺从、爱国等品质。从18岁起,公民子弟进入高一级的教育机构——青年军事训练团接受正规的军事训练,直至达成军事训练的全部内容。雅典教育的目的就是把儿童培养成为集智慧、道德、健康、美感等品质于一身的公民,对青少年实施智育、体育、美育、德育及军事教育等多方面的和谐教育。到13岁左右,公民子弟需要进入体操学校(又称"角力学校")接受各种体育训练,包括游泳、舞蹈、赛跑、跳跃、摔跤、掷铁饼、投标枪等。德育则以古希腊的"四大德",即智慧、勇敢、节制、正义来教育青少年,教师尤其重视用《荷马史诗》中的人物做榜样来教诲自己的学生怎样做一个好公民。

公元5世纪末至14世纪文艺复兴运动之前的这段时期被称为中世纪,一方面由于战乱的破坏,另一方面限于占领者较低的文化水平,中世纪的知识教育被僧侣们所垄断,

---

① 滕大春.西方教育史(第一卷)[M].济南:山东教育出版社,1988.

基督教教育以及贵族气息浓重的骑士教育为这个时期的世俗社会教育做出了贡献。基督教以具有广泛影响的《圣经》为基本材料,教育机构是分散于各地的修道院,它集生产、生活、教育等多重功能于一身。基督教的知识观最典型的特征就是以神学为最高学问,科学要服从神学,神学理论高于其他科学。教育的最高目的是使人进入绝对真理的世界,成为具有纯粹信仰的人。早期的修道院学校主要强调宗教信仰的培养,知识学习的内容不过是简单的读、写、算,以后课程逐渐加多、加深,形成以"七艺"为主要课程的体系。骑士教育是西欧封建社会一种特殊形式的家庭教育,其目标是培养勇猛豪侠、忠君敬主的骑士精神和技能,养成封建统治阶级的保卫者。骑士教育在于灌输服从与效忠的思想观念和训练勇猛作战的诸多本领。从14岁到21岁学习"骑士七技",即骑马、游泳、投枪、击剑、打猎、弈棋和吟诗。此外,在中世纪末期,由于资本主义生产方式的出现及其对科学技术的要求,较为高级的专门知识与技能的教育成为社会发展的新需要。因此,借鉴传教士在教堂探讨高深宗教学问的形式,创办了早期的大学。这些早期大学服务于资本主义发展的需要,主要传授科学技术等世俗的高级专门知识。早期大学的出现是人类教育史的重大进步,为近代大学的发展奠定了基础。

阅读链接

《圣经》是犹太教和基督教的经典,其中融合了历史、文化、政治、经济等内容。它与希腊文明一起,形成了今天的欧美文化,为无数的文学家、艺术家、思想家提供了无穷的灵感与启迪,至今仍有极高的阅读价值。

进入现代社会以后,随着社会的需求和科学的进步,新兴教育思潮不断涌现,欧洲教育也逐渐由注重书本转向注重经验,由注重思辨转向注重科学实践。从教育内容方面来讲,洛克首分德育、智育、体育,详细论述了培养绅士的教育。首先是体育,他要求通过户外活动进行饮食、衣着、睡眠的教育,以及养成忍耐劳苦的习惯。其次是德育,他认为通过早期教育、良好榜样、行为习惯等方式以使绅士养成理智、礼仪、智慧和勇敢等道德品质。再次是智育,他强调学问的内容必须是实际有用的广泛知识,包括文化知识、各种技能技艺,文化知识包括阅读、写作、图画、速记、外语、神学、地理、算术、天文、几何、历史、法律、自然哲学等;技能技艺方面的课业有舞蹈、音乐、击剑、骑马、各种手工技艺等。

到了19世纪,随着实证主义哲学思潮的兴起,涌现出一批反映时代要求及总结教育实践状况的教育思想家。反映在教育内容方面,以斯宾塞及其著作《教育论》为代表。他倡导科学教育,反对古典主义教育,在西方教育史上首次鲜明而正确地提出了"智育""德育""体育"三个教育基本范畴,丰富了人们对教育本质和内容的认识。

> **阅读链接**
>
> 斯宾塞(1820—1903),英国社会学家。他认为,教育的目的在于教导人怎样去过完满的生活,因此,需要接受生理学、社会学、教育学、历史学、休闲活动等广泛教育。他的科学教育、自主教育、快乐和兴趣教育思想影响很大。

进入20世纪,教育内容出现了人文主义与科学主义之争,即教育到底是着眼于人的科学素养还是人文素养。其中,人文主义教育既注重科学,又注重人文,它们统一于人的理性发展之中。后来,科学技术迅速发展,日益显示出巨大的力量,科学知识逐渐成为教学的中心内容。随之而来的实质教育偏重于科学知识的教学,形式教育偏重于人文教育。于是,在教育发展历史上,就有了关于科学主义还是人文主义的争论。科学主义教育重视人的智力和潜能的发展,提倡以自然科学知识为主的科学教育。当代人文主义教育在继承传统的同时,针对科学主义教育被片面推崇、人文主义教育受到削弱所带来的一系列问题,以美国人文主义心理学家马斯洛和罗杰斯为代表,提出反对功利化和机械化,反对科学主义教育对人性、人的价值的忽视,主张教育教学要关注人,弘扬人的个性,尊重人的尊严,培养整体的、自我实现的人和具备创造性才能的人。

由此可见,社会的发展及科技的进步,使得教育内容越来越丰富和完善,尤其是自然科学的发展,使得自然科学知识不但进入教材而且占据着非常重要的地位。此外,美育以及劳动教育也成为教育内容中不可缺少的部分。但总的来讲,德智体始终是教育的基本内容,是任何时期教育内容的主体构成部分。

(二)基本构成

综上所述,教育内容随着时代而演进,构成越来越丰富,走向全面发展。一般认为,德育、智育、体育是其基本部分。

1. 德育

有了身体就会有行为,自然就需要德行的规范。教育内容的第一块必然是德育。德育是对学生施加德行的知识与方法,让学生提高认识、熏陶情感、锻炼意志、促进行动的教育;它为其他教育提供德行保证。在我国,学校德育就是引导学生领悟无产阶级思想政治观点和道德规范,组织和指导学生的道德实践并培养学生的社会主义道德品德。德育是全面发展教育的重要组成部分,是实现全面发展教育目的的保证。

德育的任务是通过思想品德教育,在受教育者思想品德的发展上要达到的基本要求和规格,它反映了教育目的在道德领域方面的要求。因为国情的差异,各国德育的内容既有忠于国家、热爱人民、团结协作、遵纪守法等共性,也有更多的个性。我国中小学德育的任务涉及了解马克思主义基本观点和中国特色社会主义基本理论,建设社会主义现代化强国,艰苦创业的献身精神,实事求是、勇于开拓的科学精神,以及文明行为习惯等。完成上述任务的德育内容包括政治教育、思想教育、道德教育和法纪教育。它们之间既有联系又有区别,绝对不能把它们机械地割裂开。实现上述德育任务的内容很多,但相对稳定的、最基本的内容如下:公德教育、集体教育、文明习惯教育、纪律教育、法制教育、理想教育、国际教育等。

关于道德发展及其教育的研究,比较有影响的是柯尔伯格(L.Kohlberg)的道德认知发展理论。柯尔伯格把儿童的道德认知发展划分为前习俗水平、习俗水平、后习俗水平三种,并且细分出六个阶段,揭示了社会规范内化为儿童自身道德标准过程中的规律。教育者可以通过运用道德两难故事(如海因茨偷药为妻子治病的故事)来判断儿童的道德发展水平,并施以相应的教育,这种道德教育的实效性受到了各方面的赞赏。

阅读链接

柯尔伯格(1927—1987),美国心理学家。他将儿童的道德判断划分为三个水平、六个阶段,揭示了道德观念从认知的低级形式到高级形式的发展过程,对掀起20世纪70年代认知发展教育运动产生了重大影响。

2. 智育

智育是授予学生科学智能和方法,促进学生掌握知识和技能、开发智力的教育;它是其他各育的知性基础。智育作为传授知识技能和发展智力的教育,为其他各育的实施提供着知识技能的准备和智力的支持,是实施其他各育的基础。智育中也包含着其他各育的因素,其他各育中知识因素的获得和开发都离不开智育。智育不等于教学,智育是全面发展教育的组成部分之一;教学则是学校的基本工作,是实施上述各育的基本途径。

智育的任务主要有:①向学生传授系统的文化科学知识。教给学生的知识必须是可靠的被实践所证明的、反映事物本质和规律且具有一定逻辑联系的知识体系。②培养训练学生形成基本技能和技巧,使学生获得在智力活动和体力活动中常用的具体行动方式,如智力技能、操作技能、社会活动技能等。③发展学生的智力,包括观察力、注意力、想象力、思维能力和创新能力,以及养成良好的自学能力、学习兴趣和习惯等,其中核心是思维能力和创新能力。实现上述智育任务的内容贯穿在不同学习阶段的各门学科中,如小学阶段应通过语文、数学、自然、思想品德等来培养学生的观察、想象、思维、记忆等能力。中学阶段要通过政治、语文、数学、历史、地理、化学、物理等来培养学生的理论思维能力和辩证思维能力。

3. 体育

身体的存在是一切人活动的基础。体育主要是针对身体而言的。体育是传授运动智能和体育道德,促进学生获得运动技能、养成体育风尚的教育;它是其他各育的身体基础。体育是促进学生身体发育,增强体质以及对学生进行道德品质教育的重要手段;体育为学生的学习生活、生产劳动和社会活动等奠定了坚实的物质基础;在体育活动中可培养学生吃苦耐劳的品质和团结友爱、相互合作的集体主义精神;体育能使学生形体匀称、动作协调、姿态优美,培养学生对美的感受与情感;体育能愉悦学生性情,丰富学生生活,减轻学生负担;体育不仅是全面发展教育的重要组成部分,而且是人的全面发展必不可少的重要条件。

体育的任务主要包括:①指导身体锻炼,促进身体的正常发育和机能的发展,增强学生体质,提高其健康水平;②掌握身体锻炼的基本知识和正确的技能技巧,养成锻炼的好习惯,提高身体运动能力;③使学生掌握卫生保健知识,养成良好的卫生保健习惯;④培养良好的体育道德品质。实现上述体育任务的内容主要有田径、体操、球类、游戏、武术、游泳等。体育的组织形式包括体育课、早操、课间操、眼保健操、课外体育活动等。

总之,德育、智育、体育是全面发展教育的有机组成部分,是长期实践的抽象和概括。它们之间既不能相互替代,又不能彼此分割,要正确认识和处理好它们之间的关系。

第一,各育是相对独立、有自身独特作用的。各育都有自己的特定内涵和功能,对学生的发展起着不同的作用,不能相互替代。如体育促进学生身体健康发展,奠定各育实施的生理基础。德育规范学生言行、引导德行,对各育起着保证方向和动力的作用。各育中都包含着智育的成分,各育的实施都离不开它,故智育是其他各育的知识和智力基础。

第二,各育是相互联系、相互促进的。由于各育之间存在内在的相互联系,因此要坚持各育并举,处理好它们之间的关系,使其相辅相成,发挥教育的整体功能,防止顾此失彼的现象。在实际生活中,学生的德、智、体的发展是不平衡的或者在某方面有缺陷,教育者要针对学生的不足和缺陷对症下药。学校教育有时也会在不同时期、不同阶段的不同任务下强调某一方面,但这绝不意味着要忽视或放松其他方面。

第三,各育要并举推进、特长发展。由于各育的独特作用,需要各育并举、共同推进,但是,各育并不是均衡发展,而是基本发展加特长发展。要求每一个学生都成为科学家、艺术家、运动员、哲学家是不可能的。全面发展是指学生的基本素质都有所发展,学生可以而且应当在基本素质有所发展的基础上保持并发展自己的兴趣和特长。所以,在教育中,要承认学生的个性特点和差异,有针对性地培育学生,把全面发展与因材施教结合起来,使学生既有比较完善的基本素质,又有自己的特长和个性。

第二节

学校课程

教育内容在现代学校中有"课程"这个较为专业化的专门称谓。为了便于阐述,下面从课堂教学与课外活动两个角度来分类阐述教育内容,一般意义上的课程主要是指课堂教学的内容。课程被称为学校的心脏。那么,这个心脏包含哪些理论?这需要详细探究。

一、课程的界定

(一)课程内涵

"课程"一词来源于拉丁文,原指"跑道"(racecourse),即将课程比喻成比较标准的场地,学生在上面跑向终点(获取文凭)。[①] 长期以来,关于课程的定义存在众多说法,如较早的斯宾塞认为,课程是学校里的科目设置及其进程安排。联合国教科文组织定义课程为"一种专门组织的理论性和实践性学习的计划,必须成功地完成这样的计划才能实现特定的教育目标,并相应地达到特定的知识水平,获得特定的职业资格"[②]。陈侠认为:"课程可以理解为为了实现各级学校的教育目标而规定的教学科目及其目的、内容、范围、分量和进程的总和。"[③]还有学者认为,课程是学习方案,即"课程是毕业或资格证书所要求的系统学科或科目主题顺序,如社会科课程、体育科课程等"[④]。也有学者认为,课程是学习经验,即"课程指学习者在学校的指导下获得的全部经验"[⑤]。

由于研究者研究视角的差异、研究兴趣的差别等,课程研究领域对课程的本质存在多种争论,"课程"也被认为是一个使用最普遍却定义含混的术语。目前,关于课程的本质有如下观点:其一,课程即学问和学科。这是出现最早且流行甚广的一种观点,在我国许多教育专著和教育学教材中,普遍把课程看作学科、教材或学问知识。如《教育大辞典》定义课程为:"为实现学校教育目标而选择的教育内容的总和……泛指课业的进程……学科的同义语,如语文课程等。"[⑥]其二,课程即书面的教学(活动)计划。美国课程论专家比彻姆(G. A. Beauchamp)认为:"课程是书面文件,可包含许多成分,但它基本上是学生注册入学于某所学校期间受教育的计划。"[⑦]这种观点是对课程的较全面把握,既注重对教学内容的安排,又强调教学活动过程的预设,在一定程度上丰富了课程的内涵。

---

① 瞿葆奎.课程与教材(上册)[M].北京:人民教育出版社,1988:249—250.
② UNESCO.*Terminology of Technical and Vocational Education*. Revised Education,1984:587.
③ 陈侠.课程论[M].北京:人民教育出版社,1989:13.
④ 黄甫全.关于教学、课程等几个术语含义的中外比较辨析[J].课程.教材.教法,1993(7).
⑤ 吕达.独木桥?阳关道?——未来中小学课程面面观[M].北京:中信出版社,1991:3.
⑥ 《教育大辞典》编纂委员会.教育大辞典(第一卷)[M].上海:上海教育出版社,1990:257.
⑦ G. A. Beauchamp. *Curriculum Theory*(2nd). Peacock press, 1986:6.

其三,课程即预期的学习结果或目标。为了区分课程与教学的概念,博比特(F. Bobbitt)、约翰逊(M. Johnson)等人把课程定义为预期的学习结果或目标。如约翰逊认为,课程"规定(或至少期待)教学的结果",但"并不规定其手段,即不规定那些为实现结果而加以利用的活动、材料,以至教学的内容",课程只能由"预期的学习结果的构造系列"所组成。[1] 其四,课程即学习经验。研究者将界定课程的视角转向学生的学习,从而把课程界定为"学生在学校内所获得的全部经验"。如杜威反对把课程看作一套活动或预先设定的目标,认为课程应该与儿童生活相联系,应把儿童生活引入教材,并让儿童直接去体验。多尔(R. C. Doll)说:"公认的课程定义,已从学程的内容、科目及学程表,变为在学校领导或指导下给学习者提供的一切经验。"[2]其五,课程即文化再生产。如英国课程论学者斯基尔贝克(M. Skilbeck)、劳顿(D. Lawton),巴西教育家弗莱雷(P. Freire)等认为,课程是一种文化现象,并从文化产生、发展的现象和规律出发揭示课程的内涵。除了上述课程定义外,还有"知识和经验的重建""生产的技术系统""认知—情感内容和过程""思维模式""种族经验"等定义方式。

教育者大多有自己的课程观,教育历史上出现了众多的课程观,诸如人文主义课程观、泛智主义课程观、感觉主义课程观、自然主义课程观、主知主义课程观、功利主义课程观、实用主义课程观、结构主义课程观、发展主义课程观、理想主义课程观、进步主义课程观、改造主义课程观、科学主义课程观,以及学科中心论、儿童中心论、生活中心论、社会中心论、问题中心论、情景中心论等课程思想,读者可以查阅这些教育流派、思想家的课程观,有助于开拓课程观视野。[3]

综合各种观点发现,课程是按照一定教育目标而确定的在教育过程中作为主要教育内容的所有学习科目及其进程安排的总和,其核心是学校使学生通过学习掌握促进其身心发展的教育性经验体系,是实现教育目标的主要媒介,并具有其基本的特点。

第一,合乎目的性。从内容性质看,学校课程应在学校环境中对学生具有教育意义和作用,缺乏教育性的经验不属于课程范围之列,它们是学校为实现教育目的而精心组织的、符合学生身心发展规律的媒介体系。从人类教育活动所特有的育人目的性角度看,课程也无非是实现育人目标的手段,具有预期的目标指向性,如促进学生身心的全面发展。

第二,经验概括性。相对于学习者来说,课程是一种外在于学习主体的客观存在,是学习主体认识和经验的对象,而不是主观性的自我意识或观念。而且它们都是从浩瀚的文化中筛选出来的、偏重于已有认识总结的概括性经验体系。作为一种重要的教育影响因素、一个教师和学生共同作用的对象,课程应该是可以通过认识和实践而转化为个体经验的,不管这种经验是知识性的,还是活动性的。

第三,严密系统性。具有预期目标的课程不论其存在形式如何,都脱离不了一定的结构系统,包括横向的组织与纵向的序列,即从幼儿园、小学、中学到大学等纵向的层次

---

[1] M. Johnson. *Definitions and Models in Curriculum Theory*. Educational Theory(April),1967:130.
[2] R. C. Doll. *Curriculum Improvement：Decision-Making and Process*. Mckay Company,1964:15.
[3] 《教育大辞典》编纂委员会.教育大辞典(第一卷)[M].上海:上海教育出版社,1990:265-270.

序列看,从小学或中学一个阶段里的各门学科课程等组成的横向组织构成角度看,它们都是从一定逻辑出发,按照一定结构原则进行严密组织的。

《基础教育课程改革纲要(试行)》中提出,为保障和促进课程适应不同地区、学校、学生的要求,实行国家、地方和学校三级课程管理。教育部总体规划基础教育课程,制订基础教育课程管理政策,确定国家课程门类和课时。制订国家课程标准,积极试行新的课程评价制度。省级教育行政部门依据国家课程管理政策和本地实际情况,制订本省(自治区、直辖市)实施国家课程的计划,规划地方课程,报教育部备案并组织实施。经教育部批准,省级教育行政部门可单独制订本省(自治区、直辖市)范围内使用的课程计划和课程标准。学校在执行国家课程和地方课程的同时,应视当地社会、经济发展的具体情况,结合本校的传统和优势、学生的兴趣和需要,开发或选用适合本校的课程。各级教育行政部门要对课程的实施和开发进行指导和监督,学校有权力和责任反映在实施国家课程和地方课程中所遇到的问题。

(二)课程标准

课程是随着社会的发展而不断演变的,反映了一定社会的政治、经济、文化要求,受社会发展以及学生身心规律的制约。为了便于指导教育实践,各国教育主管部门都制订了自己的课程标准。课程标准是课程计划中以纲要形式编定的、有关教学内容的指导性文件;具体规定教学的目的与任务,知识的范围、深度和结构,教学进度和教学方法等基本要求。课程标准体现了国家对课程的统一要求,是编写教科书和教师教学的直接依据,也是衡量各科教学质量的重要标准。

《基础教育课程改革纲要(试行)》中规定:"国家课程标准是教材编写、教学、评估和考试命题的依据,是国家管理和评价课程的基础。应体现国家对不同阶段的学生在知识与技能、过程与方法、情感态度与价值观等方面的基本要求,规定各门课程的性质、目标、内容框架,提出教学和评价建议……义务教育课程标准应适应普及义务教育的要求,让绝大多数学生经过努力都能够达到,体现国家对公民素质的基本要求,着眼于培养学生终身学习的愿望和能力。"解读这个规定可见其蕴意丰富:其一,课程标准的地位在于它是教材编写、教学、评估和考试命题的依据,是国家管理和评价课程的基础。在宏观管理工作层面具有教育行政"指挥棒"的作用。其二,该课程标准规定了各门课程的性质、目标、内容框架,提出教学和评价建议等要求。在微观教学工作层面具有教学工作"指挥棒"的作用。其三,我国中小学课程标准将课程的目标分为知识与技能、过程与方法、情感态度价值观三个方面(即所谓的"三维目标")。它规定了基础教育课程教学基本方向的要求,是课程教学的指南。其四,该课程标准还强调义务教育课程标准应适应普及义务教育的要求,让绝大多数学生经过努力都能够达到。这表明国家对基础教育课程的难度有明确的要求,特别是针对绝大多数学生而确定,体现面向全体学生的理念。其五,该课程标准还强调课程标准要体现国家对公民素质的基本要求,着眼于培养学生终身学习的愿望和能力。这表明我国基础教育的培养目标是公民,对未来公民特别强调其终身学习的愿望和能力的培养。

二、课程的型态

(一) 课程类型

课程结构是指课程各部分的组织与配合,它涉及课程基本范畴的确定。关于课程的结构,存在较多对立的观点,在早期就出现过两次大的争论。其一,形式教育论课程观和实质教育论课程观。前者强调古典语言、文学和古代历史、数学、逻辑等学科的学习,重视这些学科的形式训练价值;而后者则重视自然科学知识的学习,强调课程和教材的实质性内容。其二,学科中心论课程观和儿童中心论课程观。前者强调课程的出发点是学科本身,以学科知识分类为基础,以学科教学为核心,以掌握学科的基本知识、基本技能为目标,自然也有强调知识的系统性而忽视儿童兴趣和心理发展的弊端;而后者的出发点则是儿童,主张按照儿童的需要、兴趣、能力及经验来设计课程,提倡活动课程、经验课程,强调课程要适应和满足儿童自然发展的需要,当然也存在忽视知识本身系统性的问题。

随着课程实践的发展与理论研究的深入,当代学校课程结构呈现出更加丰富、分类更为精确的状态。如在第一层次上,按照课程内容是偏重单一学科知识还是综合学科知识而将课程划分为学科课程与综合课程;在第二层次上,按照课程内容是偏重于认知活动还是实践活动而将课程划分为学术课程与活动课程;在第三层次上,按照课程内容是否具有显性的特征而将课程划分为显性课程与潜在课程。此外,从是否要求学生研习的角度可将课程划分为必修课程和选修课程;从课程管理的主体是谁的角度可将课程划分为国家课程、地方课程和校本课程。如此等等,可见当代学校课程的结构类型众多。

上述提及的众多课程结构中的一些课程是教育、教学中经常触及并需要理解的。下面介绍几种常见的课程类型。

1. 学科课程

学科课程是分门别类地从各门学科中选择部分内容,组成不同的学科,并从课程体系出发,整体安排它们的顺序、授课时数及其期限;它目前仍是学校课程的主要类型。学科课程的门类比较多,钱学森将其划分为自然科学、人体科学、系统科学、思维科学、人文科学、社会科学、军事科学、文学艺术等。学科课程的重要代表人物有夸美纽斯、赫尔巴特等。学科课程强调按照学科知识来分科设置课程,强调学科知识的系统性,便于教师系统讲授,因而也带来忽视学生经验、脱离学生生活、压抑学生主体性等问题。

2. 综合课程

综合课程打破传统从一门学科中选取特定内容的做法,根据一定的目的,从相近的几门学科中选取内容并将这些内容相互融合而构成课程。综合课程具有整体性地呈现事物、增强学科之间横向联系、知识综合性强、节省课时等特点,符合客观对象的整体性特征,有利于形成整体性的世界观;它打破传统学科课程的做法,是当代世界课程改革的重要动向。但这种具有相关学科综合的课程教学要求教师必须知晓相关学科,由此出现教学任务的难度高而教师难于胜任的问题。

与综合课程相关的一个概念是核心课程,它是围绕人类的基本活动(如人类的衣、食、住、行等)来确定学习中心内容的一种课程;它抛弃学科或学生的单方逻辑,在兼顾学生需要和社会需要方面,在结合学生的兴趣、需要以及认知特点方面,具有较适切性意义,是课程发展的重要方向,但也存在如何保证知识的系统性、保障自身的深入性等问题。

3. 活动课程

虽然学科课程、综合课程等的逻辑出发点不同,但内容本身都是偏向于知识体系的,属于学术型课程,与此相对应的是活动课程。活动课程是从儿童兴趣、需要出发,以儿童的经验为基础,由各种不同形式的系列活动组成的课程。活动课程形成于20世纪初期,由杜威在芝加哥实践探索而来。他主张从做中学,反对把教材看作固定或现成的、儿童之外的东西;主张通过手工、游戏、烹调、表演来学习、发展。这种课程具有强调学生的自主性和主动性,强调通过学生自己的实际活动而获得直接经验,强调学生综合能力的训练和个性养成的特点。但由此也带来了课程内容及其安排缺乏严格计划性,不容易使学生获得系统、全面的科学知识和基本技能等问题。我国在20世纪90年代后开始提出"活动课",并在最近的课程改革中将其升华到"综合实践"的高度,其包括了研究性学习、社区服务、社会实践、劳动技术教育等部分,由此形成与学科课程并举、相互补充的课程结构状态。

4. 潜在课程

上述学术型课程和综合型课程均是学校课程表所能列入的、能够有组织进行的、具有明确学习范围并且可以进行考核的课程,故可统称为显性课程,与此相对应的是隐性课程或潜在课程。潜在课程渊源于杜威提出的"附带学习"(collateral learning),经克伯屈发展为"附学习"(concomitant learning),两者都指学习中自发或自然产生的态度、情感、价值倾向等方面的学习。后来人们进一步认为,隐性课程存在于学校、家庭和社会教育中,它可能是积极与消极的统一、学术性与非学术性的统一、有意识性与无意识性的统一、非预期性与可预期性的统一,具有弥散性、普遍性和持久性;它要求学校优化整体育人环境,重视学习过程。后来被加以发展,人们把校园文化、课程文化蕴含的不容易进行制度性规范与考核的教育影响统称为隐性课程。潜在课程中的"课程"并非实指,而是虚指,即教育中客观存在的但又不容易控制的教育因素,如学校的校容校貌、领导作风、教师的教风、学生的学风等,以及教师在知识传授过程中所流露出来的价值观念、态度倾向、情感立场等,它们通常以潜移默化的形式对学生的情绪情感、认知方式、价值理念、行为方式等产生影响。这些因素一旦被提出就容易转化为显性,但由于它们的非组织计划、非预期考核、潜移默化等特征,不易于作为类似知识的刚性规定去规划在课程中。

上面介绍了学界通常提及的课程类型,其实课程类型的学说是非常丰富的,读者可以自行去查阅诸如古典主义课程、学术中心课程、学术性课程、职业性课程、人性中心课程、理想课程、官方课程、经验课程、操作课程、轮形课程、螺旋形课程、广博课程、发展性课程、终结性课程、平行课程、微型课程等相似概念,有助于拓展课程视野,知晓各级各类教育中课程的知识。[1]

---

[1] 《教育大辞典》编纂委员会.教育大辞典(第一卷)[M].上海:上海教育出版社,1990:272—276.

(二)课程统整

课程分流和统整是课程设计中的重要工作。课程分流主要涉及中学阶段的文理分科问题、普通教育与职业教育的关系问题。中学(主要是高中)课程设计是否采取文理分科的形式,历来是一个有争议的问题。我国目前在普通高中二年级开始文理分科,有不少学校为了迎合高考,甚至在高一就开始文理分科。我们认为,普通高中不实行文理分科为好,过早分流不但会影响学生建立宽广的知识基础,而且有可能扼杀学生充分挖掘自己潜能的机会,加剧片面追求升学率的倾向。从教育公平的角度来说,课程分流不利于提供人人平等的课程,容易造成教育机会的不公平。这里的问题是,如果不实行文理分科,那么与现行高考制度的矛盾又该如何处理?我国高中课程采用"双轨制",实行普通教育与职业教育的全面分流,即一部分初中毕业生进入普通中学,另一部分进入中等职业学校。其结果是,把升学竞争的压力降到了初中,让初中生在15岁左右毕业时就选择是升学还是就业,未免太不公平了。正如联合国教科文组织报告所指出的那样:"在学生有机会充分开发其学习潜力之前就安排他们去学习那种会剥夺或减少下一级教育升学机会的教育课程是不公平的。"①事实上,取消课程分流已经成为课程设计的一个重要趋势。香港教育统筹委员会报告指出:"在初中阶段取消文法、工业和职业先修学校的标签,让学校根据学生的兴趣和特点设计课程;而在高中阶段,应让学生有更大空间选择适合自己兴趣及能力的学习单元,并应鼓励他们涉猎不同的学习范畴。"②一旦取消课程分流,便有可能与我国当前大力发展中等职业教育的政策发生矛盾,这又该如何处理呢?课程分流的问题是一个涉及众多因素的复杂问题,需要系统研究,在涉及实践操作时不但要考虑理论上的合理性,也要考虑实际上的可行性。

传统中小学的课程均采用分科设计,各个科目相互独立,单独教学。由于分科太细,科目过多,既缺乏横的联系,又缺乏纵的连贯,学生往往只学到零碎的知识,无法学以致用,影响了课程的品质。因此,减少科目,加强课程的统整,以比较大的学习领域取代传统的分科设计,重视科目间横的统整,进行统整的、主题式的合科教学,让学生融会贯通不同学习领域的知识,成为当前世界课程设计发展的一个方向。香港教育统筹委员会报告指出:"每个人都是从学习经历中培养态度和能力,以及构建知识……所以课程的设计,应以为学生提供学习经历为着重点。"要为学生提供知能发展、生活经验、与工作相关的经历、社会服务和体艺发展等五种基本和重要的学习经历,并以融会贯通的方式,结合课堂内外不同形式的学习活动,让学生在多姿多彩和多元化的学习社会中培养积极的态度和各种能力。我国新一轮基础教育课程改革也提出,课程内容的组织要突破以学科为中心的模式,倡导从学生的兴趣和经验出发,结合社会、科技的发展,重组各门课程的学习内容,体现综合性。的确,课程的统整有助于学生多方面能力的发展,但如不考虑师资培训、评价制度改革、非文本课程资源的开发利用等,则很难取得预期的效果。

此外,课程设计应充分考虑学生的个别差异,为各具个性的学生提供不同的适应性

---

① 联合国教科文组织.世界教育报告:1991[M].北京:人民教育出版社,1992:54.
② 香港特别行政区教育统筹委员会.教育制度检讨:改革方案[Z].香港:香港政府印务局,2000:28.

课程,是目前各国都比较重视的问题。通常的做法是,适度减少必修科目,增加选修科目,开展丰富多彩的以兴趣为中心的课程活动,尤其是针对课堂中的实际情况,为学生提供自主学习的机会。一般来说,学校和课堂层面的课程设计更易于照顾学生的个别差异。

长期以来,我国中小学课程结构问题比较突出,因此,《基础教育课程改革纲要(试行)》中强调,要改变课程结构过于强调学科本位、科目过多和缺乏整合的现状,整体设置九年一贯的课程门类和课时比例,并设置综合课程,以适应不同地区和学生发展的需求,体现课程结构的均衡性、综合性和选择性。还强调要改变课程内容"难、繁、偏、旧"和过于注重书本知识的现状,加强课程内容与学生生活以及现代社会和科技发展的联系,关注学生的学习兴趣和经验,精选终身学习必备的基础知识和技能。

三、课程的设计

(一)课程资源

由于众多研究者分类标准的差异,关于课程资源类型的划分方法比较多。其一,泰勒(Ralph Tyler)根据课程设计的程序,把课程资源分为四种类型,即目标资源、教学活动资源、组织教学活动的资源及制订评估方案的资源。[1] 其二,《基础教育课程改革纲要(试行)》中把课程资源分为三种:校内课程资源,如学校的图书馆、实验室、专用教室及各类教学设施和实践基地;校外课程资源,如校外的图书馆、博物馆、展览馆、科技馆、工厂、农村、部队和科研院所等各种社会资源以及丰富的自然资源;信息化课程资源,如利用网络获取最新的教育资源。其三,研究者综合运用多种参照标准,把课程资源细化为多种类型。比如,按照课程资源的功能特点,可以把课程资源划分为素材性课程资源和条件性课程资源两大类;按照课程资源的空间分布或来源,大致可将其分为校内课程资源和校外课程资源,它们都可以包括素材性课程资源和条件性课程资源;按照课程资源与人的关系,可以把课程资源的载体划分为生命载体和非生命载体两种形式[2]。根据课程资源的性质,可将其分为自然课程资源和社会课程资源;根据课程资源的物理特性和呈现方式,可将其分为文字资源、实物资源、活动资源和信息化资源;根据课程资源的存在方式,可将其分为显性课程资源和隐性课程资源[3]。

以上这些划分标准各有长短,相对而言,划分越细,我们的认识也越深入,对我们认识课程资源问题越富有启发意义。然而,既然是划分类型,统一的划分标准还是应该有的,我们根据课程设计和课程目标的四种来源,相应地把课程资源分为四种,即自然环境资源、社会环境资源、文化资源及教育过程中教师和学生等人力资源。

1. 自然环境资源

自然环境作为课程设计的四大支柱之一和课程目标的四大来源之一,它在课程资源中的地位和作用自然不应忽视。自然环境资源不仅为学生的发展提供了直接的物质基

---

[1] 江山野.简明国际教育百科全书(课程卷)[M].北京:教育科学出版社,1991:110.
[2] 吴刚平.课程资源的理论构想[J].教育研究,2001(9).
[3] 徐继存,段兆兵,陈琼.论课程资源及其开发与利用[J].学科教育,2002(2).

础,更对学生的精神陶冶、审美体验和人格发展等起到巨大的促进作用。恰如谢灵运所说:"山水含清晖,清晖能娱人。"自然环境优美宜人,生机无限,给人的身心感官带来无限的美感,给人的精神带来无限的灵性和智慧。

2. 社会环境资源

社会环境资源是相对自然环境资源而言的,它实际上与文化资源和教师、学生及学生家长等人力资源有交叉重叠。为研究之深入起见,此处的社会环境资源特指学生所在的学校、家庭、社区以及所生活于其中的整体社会范围中的物质条件和制度环境,如学校的图书馆、实验室、显性课程和潜在课程设置等,社区的科技馆、博物馆、动物园、植物园、少年宫等公共机构和场所,以及当代社会迅猛发展的信息技术资源等。勃朗弗勃伦纳(Bronferbrenner)把人的生活环境分为大系统、外系统、中间系统和小系统,并认为由每个在家庭、学校、商店或者夏令营等处的人所体验的日复一日的事件和活动所组成的小系统对人的发展影响最直接、最重要。学校、家庭和社区是对学生影响最显著、最集中的社会环境资源,它一直是研究者普遍关注的焦点,在课程资源中占据重要地位。

3. 文化资源

文化资源涉及以生态价值观为指导的社会意识形态、人类精神和社会制度等资源。提升文化发展的生态化是课程价值的重要理念之一,它反映在课程目标中就是要培养学生的生态价值观,而这一课程目标的实现必须依赖于生态文化资源。如果要对文化资源的形态加以说明,可将其描述为多元文化。多元文化是生态文化存在与发展的客观形态,也是生态文化发展的必要前提,它为不同文化背景的学生提供平等的学习机会,有利于培养学生对本民族文化的接纳和认同,有利于培养学生的全球意识和跨文化交往的能力,养成以平等态度交流、以和平方式解决争端、以合作方式解决问题的能力,也有利于提高学生的文化选择与批判能力及文化创新能力。

4. 人力资源

受人力资源的影响,在课程资源的开发过程中重视教师、学生和学生家长这些人力资源的开发与利用,其特别之处就在于他们的双重身份,即一方面他们是课程资源开发与组织的主体,作为主体,他们的兴趣、爱好、能力、经验等制约着课程资源开发的水平;另一方面他们本身又是课程资源。以教师为例,"教师不仅决定课程资源的鉴别、开发、积累和利用,是素材性课程资源的重要载体,而且还是课程实施的首要的基本条件资源。所以,从这个意义上来讲,教师是最为重要的课程资源,教师的素质状况决定了课程资源的识别范围、开发与利用的程度以及发挥效益的水平。"[1]

无论哪种资源,最后主要以教材的形式呈现出来。在基础教育中,教材是教师教、学生学的基本材料。同时,教材作为按照一定标准筛选的、按照学生的认知和兼顾学科逻辑顺序组织起来的材料,是人类智慧的结晶。因此,教材是基础教育极其重要的材料。《基础教育课程改革纲要(试行)》对教材给予了高度重视并提出重要要求,如教材改革应有利于引导学生利用已有的知识与经验,主动探索知识的发生与发展,同时也应有利于

---

[1] 吴刚平.课程资源的理论构想[J].教育研究,2001(9).

教师创造性地进行教学。教材内容的选择应符合课程标准的要求,体现学生身心发展特点,反映社会、政治、经济、科技的发展需求;教材内容的组织应多样、生动,有利于学生探究,并提出观察、实验、操作、调查、讨论的建议。

(二)课程开发

在教育实践中还涉及课程资源开发的任务。课程资源的开发所涉及的问题面广量多,既有理论的探讨又有实践的考察,既有事实的取舍又有价值的判别,既有机构的原因又有个人的因素。在如此众多的矛盾关系中,我们首先需要把握的是厘清课程资源的类型,并以此为基础确立开发策略。基于以上对不同类型课程资源的认识,根据课程资源开发的实际需要、具体条件等因素,需要采取相应的课程资源开发策略。

1. 需求导向策略

开发课程资源的最重要工作是明确课程资源开发的目的与需要。这首先取决于不同的课程资源开发主体,其原因在于不同的课程资源开发主体所表现出来的目的、需求有着明显的差异。如以地方教育行政部门为主体进行课程资源开发,那它面对的就是该地区整体教育发展的需求,就是基于该地区教育发展的现实问题与未来发展情况而确定的目的。如以学校为主体进行课程资源开发,那它就需要综合考虑本校课程发展的优势与不足,考虑学校当前课程实施的实际以及未来课程发展的规划等,并在此基础上确定课程资源开发的目的以及相应的具体途径和方式方法。如以教师为主体进行课程资源开发,教师就会结合本人的课程与教学观念、教育教学水平,根据自己所教学科的特点及学生的实际情况等,明确自身的需求,并以此为开发课程资源的起点。

恰当运用需求导向进行课程资源开发有赖于以下前提:首先要对需求之客观性、真实性有正确把握。需求源自对现实的不满足、源自对理想的追求及对未来的积极态度,需求作为一种原动力,其本身是无可厚非的。然而,需求又是非常具体、非常现实的,如果脱离了本地区、本学校乃至教师本人的实际状况,一味去跟风模仿、贪大求全,忽略自身需求之客观性和真实性,往往会导致南辕北辙、缘木求鱼等事与愿违的情况发生。其次是对需求之情境性和个体性要有充分考虑。教育教学是一个变动不定的过程,在这个过程中充满了变化,表现出鲜明的情境性和个体性,因此,教育教学中的需求具有情境性和个体性的特点,进行课程资源开发需要正视它们。最后是对需求之理想性、发展性要有深刻理解。需求具有明显的层次性和多样性,同时它也具有深刻的潜在性,如何把这种潜在性转变为现实性,依赖于课程资源开发主体的课程与教学观念、教育教学水平,依赖于课程资源开发主体对未来课程发展的深刻洞察和整体把握。只有全面把握需求的以上特性,进行课程资源开发才具有针对性和实效性,才能使课程资源开发进入良性发展过程。

2. 因地制宜策略

我国幅员辽阔,历史悠久,复杂的历史、地理和现实等造成了目前我国在经济、文化、教育等方面客观存在的南北差异、东西差距及城乡差别,有时即使在同一地区也存在着显著的差异。因此,在开发课程资源的过程中,我们同样需要坚持因地制宜的原则,并把它作为课程资源开发的必要策略。因地制宜策略包含三方面的含义:一是目的的地方指向性,即它解决当地实际问题,为当地的经济、文化发展及人才培养服务;二是资源的地方依赖性,即它为解决问题所需要的资源来自当地,如借助当地的经济、文化、自然环境、历史、人才等各种条件;三是方法的地方特色性,即该方法具有较强的地域特色,虽然不便在全国全面推广,但在该地区却被证明是科学有效的。因地制宜策略既可以用来增强原有的地方特色和优势,又可以用来弥补本地在经济、人才、环境等方面所存在的先天不足。

当然,由于每个教师的个性、能力、水平及所教课程的不同,其教育教学就会表现出很大的差异性,并在长期的教育过程中形成自己的教学风格。如何扬长避短、不断改进和完善自己的教学风格,成为每个教师面临的重要问题。因此,教师完全可以把课程资源开发与自身教学风格的完善、自身的专业成长结合起来,使课程资源的开发过程同时成为自身的成长过程,使课程资源的开发过程成为形成自己教学风格的助力。

(三)课程设计

1. 课程设计的取向

不同课程设计者的课程立场是不同的,因而课程设计的价值取向也是千差万别的。有研究者对已有的课程设计取向进行了系统分析,并把这些取向描述为:其一,强调促进学生智力发展的认知过程发展取向。它关注的重点在于教师如何教,而不是教什么。其二,强调教学组织及效能的科技取向。它认为课程的作用在于寻找有效的手段,用以实现一系列事先规定的目的。它常为学生提供一系列按一定程序组织起来的教学活动,以改变学生的行为,并为学生安排不同层次的学习程序,让学生掌握课程内容的每个细节。其三,强调个人成长的自我实现取向。它认为课程的功能在于协助儿童争取个人解放和自我实现,关注课程的内容以及学习的过程,重视学习者的情感、态度和价值观在学习中的作用。它强调课程设计的原则包括:人的基本需要是成长和自我实现;心理和社会健康依赖于"存在"的确认和整合;成长的基本工具是人际关系;学习模式应以个人的经验为主。其四,强调改革的社会重建取向。它强调课程设计时重点考虑社会需要、社会改革和社会责任。它分化为两种取向:一是强调对社会的适应,二是强调对社会的改革和创造未来。它认为课程的目的在于使学生掌握社会技能以及提高儿童的批判意识。在选择课程内容时,强调真实、行动取向和价值教育的原则。其五,教学内容的学术理性主义取向。它所关注的是使学生获得继承文化传统的工具,同时使他们学习前人创造的伟大思想和事物,主张设置传统学科,以使学习者获得具有力量的、精确的和普遍性的思想。其六,强调人与环境关系的生态整合取向。它强调个人对意义的追寻和未来取向,假设个人信度(以至个人意义)是由整合自然及社会环境而获得的,注重社会需求及个人获得需求的均衡。[1]

2. 课程设计的模式

上述六种课程设计取向,反映了课程设计者的矛盾与困境,解决矛盾最好的办法是将学科、学生、社会及科技四种取向整合起来考虑课程的设计。在实际的教育情境中,很

---

[1] 李子建,黄显华.课程:范式、取向和设计[M].香港:香港中文大学出版社,1996:60—76.

少有采取某一极端的课程设计取向的,课程设计往往是各种理论取向的结合。

(1)目标模式

目标模式是根据课程设计者对学习者行为变化的期望而确定的教育目标进行课程设计的思路。该模式产生于博比特提出的"活动分析"课程设计方法,由泰勒完善。泰勒把课程设计过程概括为确定教育目标、选择学习经验、组织学习经验、评价学习结果四个步骤或阶段。之后,不少学者对它进行了补充和发展。其中,塔巴将其充实成诊断需要、形成具体的目标、选择内容、组织内容、选择学习经验(活动)、组织学习经验(活动)、评价、检查平衡性和顺序性八个阶段。[①] 目标模式的特征有:其一,以明确而具体的行为目标作为课程设计的中心,其他设计步骤都要围绕着预先制订的行为目标来进行。其二,强调目标的行为导向,要求确立明确而不含糊的外显性行为目标,否则,设计出来的课程就难以达到预期的教育效果。其三,重视目标的结构性,要求按不同的层次水平将各项目标组成一个完整的体系。其四,主张目标的"价值中立"。他们认为,教育是一门科学而不是一门艺术,课程设计是一个技术问题,把价值和事实区分开来,不重视课程价值问题的研究,回避对目标进行价值判断。

目标模式的可取之处是明显的:首先,目标模式强调明确具体的行为目标,一改以往教育目标的表述过于笼统以致难于理解和把握的状况,有助于课程标准的制订,有利于学生了解将要学习的具体内容。其次,目标模式在某种程度上促进了教育测量与教育评价的发展,加快了标准化测验的完善进程。但是,目标模式也存在局限性:一是忽视课程结构的整体性,把由多种成分或多种要素组成的课程结构整体分割开来,片面强调目标的特殊性。二是割裂了教育过程中的事实与价值,看不到教育过程是一个价值创造和意义诠释的过程,使课程设计局限于技术理性的框架之中,导致课程设计的机械性和缺乏艺术性。三是强调目标的具体性、可预期性和行为化,只看到正式课程而忽视了潜在课程。四是重视了训练的价值,忽视了对教育内涵的真正把握。这样,就把学校看作工厂,压抑学生的主体性,故被称为"工学模式"。

阅读链接

《课程与教学的基本原理》是被誉为"教育评价之父""现代课程之父"的美国教育家泰勒所著。书中提出,学校应当从追求哪些目标、选择和形成学习经验、有效地组织学习经验、课程评价四个环节来设计课程,即"泰勒原理"。此书被誉为"现代课程理论的圣经"。

---

① H. Taba. *Curriculum Development: Theory and Practice*. New York: Harcourt, Brace & World,1962:347—379.

(2)过程模式

过程模式不预先指定目标,而是详细说明内容和过程中的各种原理,即在设计中详细地说明所要学习的内容,所要采取的方法以及该活动中固有的标准。学生所创造的"最终产品",不是按照行为事先指定出来,而是在事后借助那些建立在该知识形式中的标准来加以评价。过程模式的思想渊源可以追溯到卢梭及以后兴起的进步主义教育运动,但第一次明确提出的是英国学者斯坦豪斯(L.Stenhouse),他认为,设计课程不必用目标预先指定所期望达到的结果;可以从具有内在价值的知识形式中,挑选出那些足以体现该知识形式的内容;对这样的内容进行选择,不是根据它所要引起的学生行为,而是根据它在多大程度上反映该知识形式。布鲁纳按照结构主义课程论设计的《人:一门学程》就是一个典型的例子,它适用于9~13岁儿童的社会科学课程,包括教科书、影片、海报、录音带、参考资料和游戏等,采用行为科学等研究成果作为课程内容的依据。阿特金(J.M.Atkin)认为,科学的课程设计如若只追求达成特定目标的效率,就会造成"教育公害",必须加以防范,而防止产生这种公害的办法就是"罗生门模式":设定一般目标;实施有创造性的教学活动;论述;评价教学活动引起的结果。

过程模式有其特征:其一,具有开放的设计思路。教学过程涉及的因素相当复杂、变动不定,课程设计不可能完全按照预定的目标来进行,需要针对具体情况不断做出调整。其二,强调教育是一个过程。教育不是达成目标的手段,不是使学生获得预定的知识与技能,而在于求得智慧的发展。其三,强调师生合作,主张发展与探究的学习,要求学生积极主动地参与到教学过程中。其四,强调教育是经验的改造,注重根据学生的实际情况,相对灵活地选择和组织课程内容。其五,注重形成性评价的实施。它强调对课程实施过程的形成性评价,通过对这一过程的详细考察、分析和研究,明确课程存在的问题及其原因和性质,进而提出改进的策略。

阅读链接

布鲁纳(1915—),美国教育心理学家。他认为,学校教育目标应最好地促使学生的智力发展,使其获得各种优异才能;他倡导发现法,要求重视学生学习的信心与主动精神。他的著作《教育过程》具有重要影响。

(3)自然设计模式

自然设计模式是借鉴目标模式与过程模式两种设计模式的优点,既反对在单一的理论基础上建立起来的预设的课程目标,又怀疑脱离课程目标的课程设计手段,主张在设计课程时应综合考虑不同的价值取向,重视教育情境的实际状况,强调课程设计者在设计过程中的不断深思和持续反省,要求课程设计者根据实际情况做出决策而不是依赖于外在的权威或已有的原则。它关注课程实践中的实际进展,从而建构一种符合实践需要的、实用的课程设计模式。因此,自然设计模式往往被看作一种实用折中的课程设计模式。它是美国课程学者瓦克提出的,瓦克对一个成功的美术课程设计案例进行研究后发现,该课程设计小组的工作有如下特点:在开始阶段,该课程计划没有制定目标,而且目标在其余阶段只提供引导和参考的作用;课程设计工作主要由美术教师和专家进行,学生和其他学科的教师等人员很少参与其中;课程计划的设计以实践推理和慎思为主,通常的工作主要是辨别、形成和陈述问题,思考和表达解决这些问题的方案,以及讨论不同方案的利弊;课程计划所依据的资料并不属于理想的科学化——实证性内容,而是大多来自小组成员自身的经验;在课程计划的慎思中,很少采用有关社会的资料;大部分的慎思论述并没有借助三个传统的课程决定因素,如学生、学科内容以及社会。[1] 瓦克根据以上这些实际的课程设计过程,提炼出了自然设计模式。

(4)情境分析模式

瓦克认为,设计模式共有三个要素:立场、慎思和设计。[2] 立场是指课程设计者的理论基础,具体包括课程设计者的信念、价值、假定、意向、目的以及行动的程序等。立场是课程设计者的行动纲领,也是整个课程设计工作的起点,它的重要作用在于给课程设计的决策者提供事实和逻辑的基础,为后续工作奠定基础。慎思是从立场向设计转化的中间环节,其主要作用在于形成多种变通的方案,并辨别各种方案的优劣,从而最终选择一套最为可行的方案。慎思有四个方面的重点工作:一是课程设计人员必须找出决策点;二是在这个决策点上形成变通方案;三是必须考虑各个变通方案的优缺点;四是必须仔细考虑,做出选择,核心工作是为做出选择进行辩护。因此,课程设计的慎思过程主要是一个辩论过程。

(5)文化分析模式

课程学者们孜孜以求的各种课程设计模式对课程设计者真有帮助吗?答案可能是肯定的,但问题在于帮助的程度。事实上,模式在规范课程设计者的同时,往往也阻碍了他们(尤其是教师)的自主性和创造性。构建模式的目的不在于处处受其约束,更重要的是要超越各种模式的片面性或局限性,针对不同的情境,进行有创意的设计。因此,超越现有的各种模式,使课程设计模式逐渐走向多样化是课程设计者的必然选择。

课程设计模式多样化的一个重要问题,就是对模式的选择与重组。而模式选择与重组的关键,是分析课程的要素。一般来说,课程的要素包括目的(目标)、内容(知识)、活动(经验)、资源、媒体、教学策略、评价等,课程设计者应针对具体的教育情境以及课程设计的不同层次(宏观层次,如课程计划的设计;中观层次,如课程标准和教学大纲的设计;微观层次,如课堂活动中师生的课程构建),侧重于课程的某些要素进行设计,如此则避免了模式的单一化,使课程设计走向多样化成为可能。

---

[1] 李子建,黄显华.课程:范式、取向和设计[M].香港:香港中文大学出版社,1996:162.
[2] 黄政杰.课程设计[M].台北:台湾东华书局,1991:165.

四、课程的改革

(一)世界课程改革

20世纪70年代,发达国家掀起了大规模的、深刻的学校课程改革运动,其重要影响如下:一是美国布鲁纳的结构课程理论及其改革,为全球课程改革树立了典范。二是最近发展区理论、发生认识论支撑下的发展性教学课程观和建构主义课程观风靡全球。面对课程的改革与发展,许多国家做出了不同选择,但在做出选择的同时又面临不少困惑,特别是课程结构、课程分流、课程统整、课程设计怎样处理学生的个别差异等问题,是许多国家普遍关注的重要课题。为了保证课程的均衡性、连贯性以及学校与学校之间的一致性,各个国家或地区对课程的结构做了不同的规定,由此形成了不同国家的课程型态。如美国的课程结构,美国的《2000年目标:美国教育法》要求:调整中小学课程结构,加强核心课程(英语、数学、自然科学、历史、地理、外语、艺术等),试图处理好学术性与非学术性、必修与选修课程之间的关系。

当前世界基础教育课程改革的基本理念主要有:其一,注重基础学力训练,即注重读写算等基本学习能力的培养。其二,重视信息素养养成,即信息的搜集、分析、综合、规范等素质的养成。其三,强调培养创新素质,即为了培养创新人才而开展以创新思维为核心的训练。其四,强调培育德行素养,即注重培养学生在价值多元时代健康的德行。其五,重视尊重学生经验,即重视个体经验、尊重个性而设计课程及其活动。

(二)中国课程改革

我国自20世纪80年代以来,开始启动中小学校课程改革运动。这场课程改革是一个逐步推展、扩大的探索性过程,大约经历了四个逐步摸索的阶段。第一阶段:个别教师进行学科教学单项改革;第二阶段:群体教师进行学科教学片区改革;第三阶段:部分学校进行学校教学整体改革;第四阶段:全国中小学校进行课程整体改革。近二十年来的改革虽然为后来的改革积累了经验,但是无论是从课程文本来看,还是从课程实施的方式来看,改革都是比较肤浅的,特别是缺乏对课程总体结构的整体性重新设计、缺乏对课程知识结构体系的重新组织等,可见其改革力度是非常有限的。2001年颁布的《基础教育课程改革纲要(试行)》,启动了新一轮基础教育课程改革。

> **阅读链接**
>
> 钟启泉(1939—),当代中国教育家,教育部基础教育课程改革专家工作组组长,中国新一轮基础教育课程改革的重要推动者,《全球教育展望》杂志主编,多所日本大学客座教授,在国内外教育界具有重要影响。

相比之下,2001年启动的新一轮基础教育课程改革是一次根本性的课程改革,其改革深度、影响深远程度是以往改革无法比拟的,其中有几个亮点是值得关注的。

第一,深刻反思、重新确立课程改革的目标。改变课程过于注重知识传授的倾向,强调形成积极主动的学习态度,使获得基础知识与基本技能的过程同时成为学会学习和形成正确价值观的过程。改变课程结构过于强调学科本位、科目过多和缺乏整合的现状,整体设置九年一贯的课程门类和课时比例,并设置综合课程,以适应不同地区和学生发展的需求,体现课程结构的均衡性、综合性和选择性。改变课程内容"难、繁、偏、旧"和过于注重书本知识的现状,加强课程内容与学生生活以及现代社会和科技发展的联系,关注学生的学习兴趣和经验,精选终身学习必备的基础知识和技能。改变课程实施过于强调接受学习、死记硬背、机械训练的现状,倡导学生主动参与、乐于探究、勤于动手,培养学生搜集和处理信息的能力、获取新知识的能力、分析和解决问题的能力以及交流与合作的能力。改变课程评价过分强调甄别与选拔的功能,发挥评价促进学生发展、教师提高和改进教学实践的功能。改变课程管理过于集中的状况,实行国家、地方、学校三级课程管理,增强课程对地方、学校及学生的适应性。

第二,系统整体、科学合理地重新设计课程结构。其一,整体设置九年一贯的义务教育课程。规定小学阶段以综合课程为主。小学低年级开设品德与生活、语文、数学、体育、艺术(或音乐、美术)等课程;小学中高年级开设品德与社会、语文、数学、科学、外语、综合实践活动、体育、艺术(或音乐、美术)等课程。初中阶段设置分科与综合相结合的课程,主要包括思想品德、语文、数学、外语、科学(或物理、化学、生物)、历史与社会(或历史、地理)、体育与健康、艺术(或音乐、美术)以及综合实践活动。积极倡导各地选择综合课程。学校应努力创造条件开设选修课程。在义务教育阶段的语文、艺术、美术课中要加强写字教学。其二,高中以分科课程为主。为使学生在普遍达到基本要求的前提下实现有个性的发展,课程标准应有不同水平的要求,在开设必修课的同时,设置丰富多样的选修课程,开设技术类课程。积极试行学分制管理。其三,从小学至高中设置综合实践活动并作为必修课程,其内容主要包括:信息技术教育、研究性学习、社区服务与社会实践以及劳动与技术教育。强调学生通过实践,增强探究和创新意识,学习科学研究的方法,发展综合运用知识的能力。增进学校与社会的密切联系,培养学生的社会责任感。在课程的实施过程中,加强信息技术教育,培养学生利用信息技术的意识和能力。了解必要的通用技术和职业分工,形成初步技术能力。其四,农村中学课程要为当地社会经济发展服务,在达到国家课程基本要求的同时,可根据现代农业发展和农村产业结构的调整因地制宜地设置符合当地需要的课程,深化"农科教相结合"和"三教统筹"等项改革,试行通过"绿色证书"教育及其他技术培训获得"双证"的做法。城市普通中学也要逐步开设职业技术课程。

第三,从转变教学方式、适应信息化角度改变教学过程。其一,教师在教学过程中应与学生积极互动、共同发展,要处理好传授知识与培养能力的关系,注重培养学生的独立性和自主性,引导学生质疑、调查、探究,在实践中学习,促进学生在教师指导下主动地、富有个性地学习。教师应尊重学生的人格,关注个体差异,满足不同学生的学习需要,创设能引导学生主动参与的教育环境,激发学生的学习积极性,培养学生掌握和运用知识的态度和能力,使每个学生都能得到充分的发展。其二,大力推进信息技术在教学过程中的普遍应用,促进信息技术与学科课程的整合,逐步实现教学内容的呈现方式、学生的学习方式、教师的教学方式和师生互动方式的变革,充分发挥信息技术的优势,为学生的学习和发展提供丰富多彩的教育环境和有力的学习工具。

第四,重新确立教育质量观,转变教育评价的理念与技术。其一,建立促进学生全面发展的评价体系。评价不仅要关注学生的学业成绩,而且要发现和发展学生多方面的潜能,了解学生发展中的需求,帮助学生认识自我,建立自信。发挥评价的教育功能,促进学生在原有水平上的发展。其二,建立促进教师不断提高的评价体系。强调教师对自己教学行为的分析与反思,建立以教师自评为主,校长、教师、学生、家长共同参与的评价制度,使教师从多种渠道获得信息,不断提高教学水平。其三,建立促进课程不断发展的评价体系。周期性地对学校课程执行的情况、课程实施中的问题进行分析评估,调整课程内容、改进教学管理,形成课程不断革新的机制。其四,继续改革和完善考试制度。在已经普及九年义务教育的地区,实行小学毕业生免试就近升学的办法。鼓励各地中小学自行组织毕业考试。完善初中升高中的考试管理制度,考试内容应加强与社会实际和学生生活经验的联系,重视考查学生分析问题、解决问题的能力,部分学科可实行开卷考试。高中毕业会考改革方案由省级教育行政部门制定,继续实行会考的地方应突出水平考试的性质,减轻学生考试的负担。其五,高等学校招生考试制度改革,应与基础教育课程改革相衔接。要按照有助于高等学校选拔人才、有助于中学实施素质教育、有助于扩大高等学校办学自主权的原则,加强对学生能力和素质的考查,改革高等学校招生考试内容,探索提供多次机会、双向选择、综合评价的考试、选拔方式。同时要求考试命题要依据课程标准,杜绝设置偏题、怪题的现象。教师应对每位学生的考试情况做出具体的分析指导,不得公布学生考试成绩并按考试成绩排列名次。

此外,《基础教育课程改革纲要(试行)》还对教材开发与管理、课程管理、教师的培养和培训、课程改革的组织与实施等做了政策上的规定、指导。这些带有支撑性的制度规定与指导,对于推进课程改革具有重要的价值。

第三节
校园文化

校园文化作为与课程文化一样对学生产生影响的教育内容，同样需要关注，并清楚认识其内涵、作用等。同时，校园文化包括学校层面的校级文化、班级层面的班级文化。因此，需要从这两个层面来系统阐述。

一、校园文化的界定

(一)校园文化的内涵

校园文化与课堂文化从课堂内、外两个方面构成了学校教育的内容。从广义上讲，校园文化是学校整体文化的总和，包括校容校貌、教学与管理制度、师生的共识、价值观与规范等；狭义的校园文化是相对于正式的课程文化而言的，主要是指学校的校容校貌、校纪校风、领导作风、教风学风，以及深藏在这些表面之下的价值观念等内容。校园文化从本质上讲，是与占主流地位的课程文化相对应的一种亚文化，它反映了以学生、教师为主体的人群的文化态度、价值倾向、感情立场等，因而与主流文化的要求时而吻合、时而偏离。同时，校园文化是对社会文化的了解、吸收、融合、内化的结果，从逻辑上讲，校园文化是社会文化的一个部分，与社会文化之间是包容关系。当然，校园文化不是社会文化的附庸，而有自己的相对特质，如超前或滞后于时代，与社会文化的矛盾性，价值观的多元化和浪漫色彩，强烈的表现欲望和盲目流行等。

关于校园文化的特点已有许多研究，综合这些观点我们认为，校园文化的特点有：

第一，超前性与制约性并存。一方面，校园文化作为教师、学生等群体所体现出来的文化，基于教育的理想色彩、教育对社会的超越性特质，特别是学生处于青少年时期，没有家庭的经济负担、生活责任等方面的顾虑，也没有到赡养父母和抚养孩子的阶段，对个人和社会的未来充满理想化的向往，因而使得校园文化表现为一种近乎理想、超越现实的亚文化。另一方面，这种超前性也有一定的局限。因为毕竟学校中的教师及部分学生是比较注重实际的成人群体，即使是学生，他们中的大多数也是为改善或提高生活地位的现实而来的，所以大多数学生关注那些关乎自己未来生计的教育活动，不至于离开社会主流价值观太远，校园文化难以离开社会文化的大背景。那种认为学校适应社会文化、继而与其保持一致的观点是片面的。也正是因为这种超前性，校园文化时常成为社会现实的批判者，使校园文化与社会主流文化之间时常出现差异甚至对立。

第二，稳定性与变革性并存。一方面，因为校园环境有一定的稳定性、封闭性，如学校周边环境、校内建筑等物质环境、学生与教师构成、学校课程及其实施等的相对稳定性；这些因素在保持稳定性的同时，其实也保持着对外部的相对封闭性，由此使得校园文化呈现出相对的稳定性。如"石室精舍"，即现在的成都石室中学，系公元前143年由蜀郡太守文翁创建,迄今已有两千多年的历史。自其创办以来,屡经兴衰,但校址及其教化活动从未变动,是世界上现存历史最悠久的学校之一,其文化教育影响的连续传承极为罕见。正是由于这种稳定性,才使得学校保持了自己的文化身份,才获得了人们对特定学校的文化认同。另一方面,这种稳定性也是相对的,即校园文化具有变异性的方面,因为学生与教师出入学校、社会,与社会保持文化的交流,从而可能将社会文化带进学校,促使校园文化发生变化。同时,学生群体自主创造的时尚文化等新文化、教师群体自觉创造的精致文化等都在推进校园文化发展、更新,而且学校领导层面也有一定程度组织化的文化创造,这些新创造的文化叠加起来,促进校园文化呈现极具活力的变革状态。正是校园文化的这种稳定性与变革性,使其既是自己,又不是自己;既保持着某些特质,又进行一定的更新,在相对稳定中不断前进。

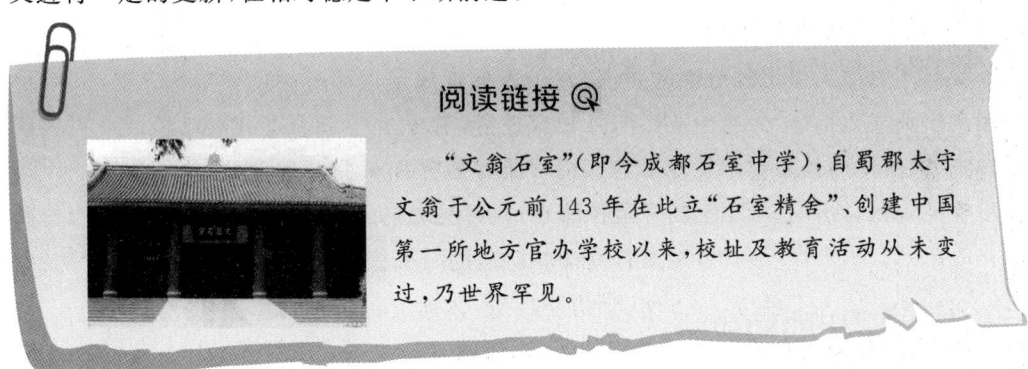

阅读链接

"文翁石室"(即今成都石室中学),自蜀郡太守文翁于公元前143年在此立"石室精舍"、创建中国第一所地方官办学校以来,校址及教育活动从未变过,乃世界罕见。

第三,广泛性与潜在性并存。一方面,校园文化作为一种氛围性的存在,在校园的办公场所、运动场地、楼台书阁、食堂餐厅、寝室和小卖部、交通道路等各个场合都能感受到这种弥散性的校园文化的存在。如人们在游览一个校园时,校园的建筑、校园的人文等,都能够让其感到这种校园文化的气质所在。另一方面,校园文化的影响又是具有潜在特质的,特别是校园文化中的物质层面部分,就静静地存放在那里,不会自动地对进入者产生影响;校园文化中的制度层面部分,也是静态地挂在墙上,也不会自动地对进入者产生影响;即使是在学生与教师言行上呈现出来的人文风貌,也需要进入校园文化者自主去感受才能产生影响,可见校园文化的潜在性。当然,在诸如导游、指导者的指导下,这些潜在的影响才可能转化为显性的影响,进而对人产生影响。

第四,自觉性与规范性并存。一方面,校园文化所反映的规范要求学生等进入者自觉执行。学校对弥散在整个校园中的文化无法像课堂规则那样规范化地要求学生等群体去执行,主要是靠学生和人们的自觉遵守、维持。另一方面,虽然学生等进入校园后自主地感受、自觉地遵守校园文化,但是,如果有不遵守校园文化的要求,甚至破坏校园文化的情形出现,如衣着不端、奇装异服、行为越轨、过分亲昵、破坏设备、浪费财物、反主流文化、非法集会等,那么学校就需要采取强制措施予以制止、纠正。这反映了校园文化执行中的规范性要求。

(二)校园文化的作用

校园文化具有多方面的作用,按照作用的性质,可将其划分为:其一,导向作用。校园文化有助于将学校全体成员的思想与行为统一到学校组织的发展目标上来,不仅对学校教师与学生等成员的心理、性格、行为起导向、塑形作用,而且对学校整体的价值取向和行为起导向作用。其二,陶冶作用。校园文化能对学校成员特别是学生群体的思想、性格、兴趣起潜移默化的作用,让学生等群体在校园文化情境中受到陶冶,体现它的陶冶育人作用。其三,激励作用。校园文化所蕴含的价值立场、奋斗理想等能够使学校教师、学生看到学校的特点和优点、方向与目标,形成对学校的荣誉感、自豪感,激励师生按照学校建设方向努力。其四,凝聚作用。校园文化使成员自觉不自觉地接受学校的共同信念和价值观,促进学生、教师对学校的心理认同,从而把个人融合于集体,减少内耗,形成归属感,增加凝聚力。

此外,如果按照影响方式,可将校园文化的作用划分为:其一,显性作用。校园文化具有"文化规定性"的外显性影响功能,特别是制度层面的校园文化就明确地对学生以及教师等群体的行为提出规范性的要求,并对违反者规定了相应的惩罚措施。其二,隐性作用。校园文化具有"无声的说话能力"的隐性影响功能,它提供了指引学校成员行为的各种表达性符号,润物细无声地影响人们。如果从作用对象的角度看,校园文化的作用有对学生的教育作用、对职工的规范作用、对社区的辐射作用。如果从影响性质看,校园文化的作用有积极作用和消极作用。由此可见,校园文化的作用是多方面、多层次的。

二、校园文化的构成

校园文化的丰富性决定了它结构的复杂性,按照不同的划分方法,可将校园文化的构成划分为不同的类型。

(一)校级文化的构成

从形态结构的角度,可以将学校层面的校园文化,即校级文化划分为物质文化、制度文化、精神文化。

1. 校园物质文化

校园物质文化是人类对象化的产物,是校园文化的空间物态形式,是学校精神文化的物质载体。其主要内容包括:一是人工化的自然环境,如学校园林景观中的树木花草、草地山坡、湖光山色、环境卫生、寝室净化等。二是设施设备,如学校的教室、实验室、办公室、工作室、寝室、餐厅、厕所、图书馆、运动场等。三是文化饰品,如布满学校教室、实验室、运动场、寝室、餐厅、办公室等场所的名人语录、著名字画、名人雕塑、碑帖文物等。当前,许多学校都建造具有自己学校标志性的建筑物,如楼房或雕塑等。

2. 校园精神文化

校园精神文化是校园中教师、学生等学校主体的意识形态,具有明显的价值倾向、情感立场。其主要内容包括:其一,认知成分,即校园主体对学校的印象,对教育的认识,对社会的态度,对领导的认识、评价等。其二,情感成分,即校园主体对学校中存在的各种现象以及开展的各种活动等的热爱或厌恶、满意或否定、关心或漠视、忠诚或背弃等倾向,属于非理性的成分。其三,价值成分,即校园主体对学校及其各种活动的价值倾向,如师生本身坚持什么样的价值立场、站在什么样的价值立场去剖析学校活动等。其四，理想成分，即教师、学生等校园主体对学校整体、师生群体、学生群体或个体的希望、追求，是校园主体的精神支柱、行为导向和驱动力。

3. 校园制度文化

校园制度文化是关于校园主体行为规范的文化，是对实施教育目的的各种主体、目标、过程和结果的规范化、具体化要求，其内容涉及领导体制、专业设计、教学制度、课程安排等。当然，除学校规定的制度文化外，还有非制度层面的文化，如流行的校园民谣、学生非正式团体中的组织文化等。

当然，在实际的学校文化活动中，上述三个层面很难分开，需要明确的是，学校文化的结构之间存在着一定的差异。

从内容构成的角度来看，校园文化可以划分为信仰、价值、观念、态度体系，知识、思维、技术、表达体系，规范、角色、行为、环境体系。

总之，校园文化的内容是非常丰富的，除上述划分出来的类型构成外，还可以从主体结构上，将校园文化的构成划分为：教师文化、学生文化、职员文化。从性质结构上，将校园文化的构成划分为两类：一类是离散文化与统合文化，其中前者是指校园文化分属于不同的团体，后者指制度性文化（校规）；另一类是顺学校文化与反学校文化。

（二）班级文化的构成

班级文化是作为社会群体的班级的所有成员或部分成员所共有的信念、价值观、态度的复合体；班级成员的言行倾向、班级人际环境、班级风气等为其主体标识，班级的墙报、黑板报、活动角及教室内外环境布置等则为其物化反映。美国教育社会学家沃勒在《教学社会学》中开了班级文化研究之先河。20世纪五六十年代，美国的科尔曼、克拉克与英国的哈格里夫斯等人关于青年文化、学生文化类型的探讨使得班级文化研究进入系统化与科学化阶段。70年代以来，英国教育社会学界主导的关于学校教育知识与班级互动过程的实证分析，则促使班级文化研究从"输入—输出"研究转向"黑箱"研究。

班级文化作为在教师引导下形成的、以学生为活动主体的亚文化，有其独特特点：其一，结构的异质性。班级文化是教师良构文化与学生劣构文化的并存。班级文化包括教师文化与学生文化。教师文化是精致编码的权威文化（由教师的思想素质、价值观念、专业技能、科学人文修养、人格魅力及个性与气质等构成）；学生文化包括学生集体与个体的文化（集体的如班风、班纪；个体的如个人的素质）。其二，影响的社会性。社会文化通过学生进入班级，影响班级学生的思想、观念、价值与集体的情绪、情感。其三，性质的矛盾性。既要形成共同的班级集体文化，培养共性，又要鼓励个性文化的发展，张扬学生的个性，所以班级文化存在集体文化与个体文化的冲突与协调（教师与学生文化的冲突、学生之间的文化冲突），教师要努力促成学生集体文化与个体文化的对立与统一。其四，功能的多重性。班级文化具有多方面的功能，这些功能在性质上具有双重性：共性培育与个性张扬之间的双重影响；传统保守与创新繁荣的双重性。

班级文化的内容也是非常丰富的，按照不同的角度可以划分出不同的类型。其一，按照与社会要求的吻合程度,班级文化可分为班级制度文化与班级非制度文化(含班级反制度文化)两种成分。其二,按照班级成员的认同程度,班级文化可分为班级虚形文化(体现社会要求但尚未被班级成员内化的文化,又称纯制度文化)与班级实体文化(班级实际具有的文化,又称实质文化)两个层面。其三,按照班级成员的占有集中程度,班级文化可分为统合型班级文化(班级所有成员或大部分成员共同占有)与离散型班级文化(班级成员分别占有几种不同性质的文化,且其中任何一种均不占主导地位)两种类型。

本章小结

  本章里,我们首先对教育内容的概念进行了界定,概括出了它高于目前水平的差距性、历史与社会的规定性、构成内容的相对系统性等特点;按照存在空间将其划分为课堂教学内容与课外活动内容,按照载体形式将其划分为固性型教育内容与活性型教育内容,按照所涉领域将其划分为物质领域、精神领域、制度领域以及综合领域等众多方面。然后再从历史出发,分别介绍了中国教育历史发展中的内容演进和西方教育历史发展中的内容演进,并从中概括出了德育、智育、体育三个基本部分。

  其次,我们以课程这个基本概念进行了现代教育内容的探讨。在比较各种课程概念的基础上,总结出了现代课程的概念,概括出了它的特点。同时,还对课程标准的内涵、课程类型做了介绍。其中,一方面,对现有课程的分类、分流、统整和课程资源开发进行了分析。另一方面,对课程设计的取向、课程设计的模式做了介绍,对课程设计中的目标模式、过程模式、自然设计模式、情境分析模式进行了分析。同时,对20世纪70年代以来世界范围内的课程改革趋势及其基本理念做了介绍,对中国20世纪80年代以来的中小学校课程情况做了回顾,还特别介绍了2001年启动的基础教育课程改革情况。

  最后,阐述了校园文化的内涵并概括出它的特点,指出了它的导向作用、陶冶作用、激励作用、凝聚作用等功能。同时,从形态结构的角度将校园文化划分为物质文化、精神文化、制度文化。此外,还专门对班级文化做了阐述,概括出了其结构的异质性、影响的社会性、性质的矛盾性、功能的多重性等特点,并对班级文化的多方面功能、多种类型做了简介。

复习思考

一、巩固练习

  1. 什么是教育内容?中外教育历史上的内容变迁是怎样的?请向你的同学介绍中国历史上的"四书五经"、西方历史上的"七艺教育"。

  2. 现代课程有哪些重要模式和重要理论流派?请你比较学科课程、综合课程、活动课程、广域课程、潜在课程的各自优势与缺点。

  3. 了解当代世界基础教育课程改革的重要趋势及其基础,掌握中国教育部2001年启动的新一轮基础教育课程改革的目标,并评价其实施效果。

4. 什么是课程资源、校园文化?请你调查一所中小学校的校本课程资源开发、校园文化建设的情况。

二、观点剖析

1. 实践成才的现象说明了书本知识没有什么价值。
2. 人文主义教育者是反对科学教育思想的。
3. 中小学分科教学并不科学。
4. 隐性课程其实并不是一门具体的课程。

三、阅读与思考

阅读材料1:《我们在如何"选编"思想文化:一个审视教育自身的视角》[①]选读:涂尔干的"教育本身不过是对成熟的思想文化的一种选编"的说法,给我们提供了一个分析视角。在这一视角下,我们就会追问:是谁在选编?为何作这样的选编?选编的结果如何?从这一视角来看历史上的教育我们能看到些什么?……在中华文明史上,孔子整理编撰了《诗》《书》《礼》《乐》《易》《春秋》,这是中国教育史上的第一次选编。到了汉代,董仲舒以儒家思想为主体,建立了以"天人合一"为基础的儒学体系和社会人伦理论框架,完成了对思想文化的又一次选编。自那以后,历代各级教育都在传承这一成熟的思想文化。直到近代面对西方思想文化的巨大冲击,中国的教育才再次进行新的一轮选编,即"西学东渐"后,西方人带到中国来的不仅有天主教神学和古希腊逻辑学、几何原本,而且有以"日心说"为代表的西方近代科学知识,包括天文、历法、数学、物理、医学、地理等。直至19世纪末20世纪初,西方的科学、哲学、政治学、经济学理论,从培根、笛卡儿、卢梭、孟德斯鸠、伏尔泰、康德、尼采、亚当·斯密直至马克思等,各种学说都被介绍到了中国。面对西学引入带来的冲突和挑战,中国极其艰难和极其匆忙地按照"中学为体,西学为用"的标准,对当时已知的世界范围内成熟的思想文化又进行了一次新的、大规模的选编。20世纪50~70年代,中国教育对成熟思想文化的选编标准就是以阶级斗争为纲。改革开放以来,中国教育已经不再把以阶级斗争为纲作为选编思想文化的标准,这是一个重大转折。

思考任务:上述材料给了我们一个观察教材的角度。按照这个角度,我们当前面对世界各种思想文化的相互激荡和中国思想文化的浮沉兴衰,面对着永恒主义、要素主义、人文主义、科学主义、进步主义、实用主义、后现代主义、新儒学,以及信息化、市场化、大众化、全球化等挑战,到底应该如何选编教材呢?请你联合同学为此开展一次研讨会。

阅读材料2:河北省张家口市张北县师范路小学在总结本校的校本课程开放中写道:我校确立了以"全面发展,快乐成长"为办学理念,以创办"规范+特色"的学校、塑造"优质+特艺"的教师、培养"全面+特长"的学生为办学宗旨,以"打造一流师资团队,创建特色魅力名校"为奋斗目标,在保证国家、地方课程全面、有效实施的基础上,先后开发

---

① 冯向东. 我们在如何"选编"思想文化:一个审视教育自身的视角[J]. 高等教育研究,2010(11).

了一些选修类的校本课程。其核心是：第一，以生为本，开设校本课程。即根据对学生兴趣和爱好的调查，开设了带有"玩"的校本课程，主要有舞蹈、器乐、绘画、书法、棋类、篮球、足球等，其他如数学兴趣课、英语口语、快乐阅读等仅占较少比例，使学生从"玩"中体验童真童趣。通过丰富多彩的活动，培养学生各自不同的兴趣爱好，增长特殊才能，发展个性特长。第二，以校为本，开设特色课程。学校在艺术教育经验积累的基础上，为了彰显学校特色，满足学生个性化需求，除常规艺术课外，还成立多个艺术特长班。第三，团队合作，开发校本课程。基于教师是课程的实施者、开发者、创造者的认识，提高专业水平，倡导教师团队合作开发校本课程。通过校本课程的开发与实施，使学生的特长得到了发展，促进了教师的专业成长与学校内涵和特色的提升，学校的知名度不断提升。现在，课堂纪律相当好，学生们都爱参与，每到班级活动时，教室里歌声、琴声、欢笑声，不绝于耳……

思考任务：请在收集其他更多中小学校本课程开发与实施资料的基础上，对当前中小学校本课程的开发与实施写一篇2000字左右的评论短文。

第六章 教育过程：途径及规范

◆ **案例阅读**

据报道：杜郎口中学是一所农村中学,曾经连续 10 年在县里考试成绩居倒数之列。如今,杜郎口中学用了 8 年的时间,探索出了一条既能保持升学率,又能提高学生自学能力和综合素质的"三三六"自主学习模式,即立体式、大容量、快节奏的"三"个特点;预习、展示、反馈的"三"大模块;预习交流、明确目标、分组合作、展示提升、穿插巩固、达标测评的课堂展示"六"环节。该模式以学生在课堂上的自主参与为特色,课堂上的绝大部分时间留给学生,老师用极少的时间进行点拨。同时,教室里无现代化教学设施,前后都是大黑板,课桌纵向排列,学生分组排位,讲台没了,师生同在一方空间、一个平面。教学中分组交流讨论不断进行,说、唱、演无所不有。但也有人对杜郎口模式提出质疑:教师课堂教学不超过 10 分钟,造成学生课后预习负担加重,预习成为真实的教学,课堂成为表演;并非所有学生都适合同一种教学模式,并非所有老师都希望在"三三六"的程序下进行教学。随着杜郎口教学模式知名度的提高,来参观的人数达 50 万人次,门票收入就达到 3000 万元。

◆ **问题聚焦**

上述材料中提及的"杜郎口模式"已经是家喻户晓了,从中引发出一系列深刻的理论问题值得我们深思:学校教学的本质是什么？学校教学有哪些规律、原则？课堂教学有哪些重要的模式和基本形式？课堂教学与课外活动各自的特点是什么？家庭教育、社会教育、网络教育也是教育的重要形式,它们各自的特点、作用、要求又是什么？如此等等。在现代大教育观下,它们都是重要的教育途径,一起构成了现代大教育的完整体系。

◆ **学习目标**

1. 理解教学的内涵,了解学校教学的基本规律、基本原则。
2. 了解重要的现代教学模式,比较传授—接受式、引导—探究式两种教学模式的特点和利弊。
3. 了解教学工作的基本环节,阐述一节好课的标准。
4. 剖析班级教学的优点与不足,理解课外活动的特点与作用。
5. 分析家庭教育、社会教育的内涵、特点和要求。
6. 阐释网络教育的内涵,理解网络教育的特点及其引发的影响。

第一节
学校教育

　　课堂教学和课外活动是学校教育活动的两种基本方式。其中,课堂教学是众多教育活动中最基本、专业的活动。认识课堂教学的本质、规律、原则,明晰各种教学组织形式的特点,是保证课堂教学质量、完成学校教育任务的重要基础。

一、课堂教学的内涵

(一)课堂教学的概念

　　关于教学概念的认识,在学术界存在众多说法。参照王策三先生在《教学论稿》中的总结,可以将其归纳为以下几种:其一,认识发展说。王策三先生认为,所谓教学,乃是教师教、学生学的统一活动,其实质是教师引导学生的认识活动。李秉德先生认为:"教学就是教的人指导学的人进行学习的活动。进一步说,指的是教和学相结合或相统一的活动。"[1]以王策三先生为代表的教学认识论观点在我国长期占据重要地位。另有学者认为,教学是一个复合体,教和学不可分割,教为学而存在,学又靠教来引导。[2] 与此观点相近的是"认识和实践统一说",这种观点是从马克思主义的认识论角度来审视教学,认为它是一个包括认识和交往实践两个方面的活动过程,是认识与实践相统一的过程。总之,这种观点认为,教学是教师有目的、有计划地引导学生掌握基础知识和基本技能,发展认识能力的过程。其二,双边活动说。该学说认为,教学是教师的教与学生的学相结合的双边活动过程。如实用主义教育代表人物杜威认为,教学是以儿童为中心的活动过程。与此观点相近的是"交往本质说",以斯卡特金为代表,认为教学的"本质首先在于这是一个教师与学生相互交往的过程。没有这种相互交往,就没有教学"[3]。还有与此观点相近的"教学关系说",以罗杰斯为代表。他认为,教学是人与人相互作用,形成完好的人际关系的过程。近年来,我国学者也纷纷认同这种观点,提出教学过程是师生之间的交往,通过交往促进学生主体性的发展。其三,刺激反应说。以桑代克(E.L.Thorndike)和斯金纳(B.F.Skinner)为代表。他们从生物化的哲学观出发,认为学校教学是安排刺激情境,使学生形成适应的感应性,并通过练习和强化,最终形成习惯的过程。与此观点相近的是"引导发现说",以布鲁纳为代表,认为教学是一个学生探究和发现的过程,此过程强调儿童的自主独立,强调儿童积极主动地发现和探索。其四,教育劳动说。这种观点源于雅科夫列夫。他认为,教学是一种劳动,从这一意义上说,学校就是劳动的场所。

---

[1] 李秉德.教学论[M].北京:人民教育出版社,2000:2.
[2] 吴也显.教学论新编[M].北京:教育科学出版社,1991:2.
[3] 朱佩荣.季亚琴科论教学的本质(上)[J].外国教育资料,1993(5).

从任何意义上说,教学过程都是劳动的过程。① 其五,多重本质说。该学说认为,教学过程既然是多层次、多类型的,那么教学的本质也应该是多级别、多类型的,从而提出教学过程的认识论、心理学、生理学、伦理学和经济学五个方面的本质。

> **阅读链接**
>
> 王策三(1928—),当代中国教育家,著有《教学论稿》《教育论集》《教学认识论》《教学实验论》《现代教育论》《基础教育改革论》等。他的教学过程本质认识论观点在我国教育界产生了广泛影响。

综观"教学"定义方式可以发现,由于不同学者从不同理论角度来界定"教学",故出现了众多的"教学"定义。同时,由于界定的技术不同,得出的"教学"定义的内容也相异。由此可见,要获得较为共同的认识,需要确定界定"教学"概念的学科立场或理论角度。站在教育自身的角度来看,教学就是教师的教与学生的学所构成的双边活动,旨在让学生在教师的指导下实现增长智能、提高德行、增强体质以及学会学习等目标。

(二)课堂教学的作用

课堂教学作为实现教育目标的途径,承担着重要的教学任务,具有重要的意义。

第一,课堂教学是人类经验转化为个体经验的高效途径。以课堂教学、课外活动为途径,运用诸如班级教学、小组教学、合作学习等形式,教师以课程标准指导教学方向、以传授一接受为基本方式,能够集中地向学生传授智能,从而将人类积累下来的文化精华便捷、高效地传授给学生,使学生不必事事经过实践而以间接经验学习的方式很快掌握人类积淀的智能精华,缩短认识过程,加速个体智能的提升速度。正如马克思所说,人类发现二项式定理经过了两百年,而中学生掌握二项式定理只需要两个小时。因此,课堂教学的这种作用既是学校产生的重要基础,也是学校继续存在的重要条件。

第二,课堂教学是促进学生个体获得全面发展的重要途径。各种学校教学规章制度规范了教师与学生的教与学的行为,使教学活动避免了随意性、偶发性、偶然性、零散性、零碎性等弊端,从而变成一种专业性很强的、效果显著的特殊活动。如在课堂教学中,通过创设适宜的学习环境、指派有效的指导教师、设置全面的学习内容、安排科学的教育进程,为学生得到全面发展奠定了基础。又如多学科教师联合教学给予学生全面的文理知识和技能的训练,多方位的师生人际交往互动给予学生多方面的人际情感与态度倾向的影响,教师的指导与学生的自主相结合赋予学生主体地位并激发其主体性的发展。再如教育内容的处理就是经过严格的选择,依据知识构成的逻辑顺序和学生获得知识的认知规律将其整编成体系,作为学生认识世界的媒体。这比起学生自己选择、自发学习社会

---

① 朱佩荣.季亚琴科论教学的本质(上)[J].外国教育资料,1993(5)

上零散的经验,其目标、内容、时间、效果都要优越得多,更有利于促进学生的全面发展。

第三,课堂教学是学校教育工作的中心环节。尽管学校工作涉及行政管理、教学事务、后勤保障,以及学生工作、教师工作、党团工作等,但必须明确的是,教学工作是核心。因为教学是在教师的指导和精心组织下进行的,不但能够避免学生自学中的困难和反复尝试的过程,而且教师也试图选择最优的方法组合去完成教学任务,能够最大限度地保证学生学习的稳步推进。因此,学校教学是促进学生自学最为有效的途径,学校一切工作必须围绕教育过程而展开,坚持以教学工作为核心。那种离开以教学工作为核心的学校工作安排,不但荒芜了学校教育,失去了学校的文明传递功能,而且也容易误导学生,以至于滑向错误道路。

二、课堂教学的要求

(一)教学规律

所谓教学规律,是"教学现象中客观存在的,具有必然性、稳定性、普遍性的联系。它对教学活动具有规约作用,是制订教学原则的重要依据"[1]。在众多的教育学类著作、教材中,均有提及教学规律的主题,并且总结、列举出了众多的教学规律。如教育或教学与外部社会之间的联系,教学内部各要素之间的联系等。当然,也有学者站在后现代主义的角度质疑包括教学在内的规律性,即认为教学中不存在那种所谓稳定的、必然的、本质的联系。也有学者认为,教育学作为人文社会科学,它具有的是或然性规律,而非自然科学的必然性规律,因而,既不能以自然科学的规律观来看待或否定教学规律,也不可因为这种或然性而怀疑教学的规律性。我们认为,教学是有规律的,以前人们所罗列的教学规律之所以被人怀疑或否定,缘于他们没有找准教学规律。

课堂教学的基本规律是诱发、缩小教育者提出的教育要求与学生现有发展水平之间的差距。只要是真正的教学,就必然出现这种现象,故谓教学规律。其具体含义是:一方面,教育教学活动的动因是教师代表社会向学生提出高于学生现有发展水平的教育要求,其表现是以书本为媒介开展教学,其具体任务是学生完成相应的学习内容;另一方面,学生虽然具有一定的身心发展水平,但是这种现实的身心发展水平低于教师提出的教育要求。由此二者之间存在一定的差距,形成理想要求与现实水平之间的矛盾。教学就是为诱发、缩小此差距,解决此矛盾而存在、开展的,故教学中有认识活动、实践活动、交往活动。已有关于教育规律的认识、关于教学概念的界定之所以出现那么多不同的说法、产生那么多的偏差,就在于被表面现象所迷惑,没有把握住这个根本点。

基于对教学基本规律的把握,教学实践中必然遵循这个基本规律的原理,从而衍生出一些次生的教学规律。其一,从教学主体的角度来说,次生的教学规律有教师主导与学生主体相结合、学生接受教育与自我教育相结合等。其二,从教学内容的角度来说,次生的教学规律有直接经验与间接经验相结合、智能开发与情意培育相结合、培育情意与增强体能相结合、传授知识与发展智力相结合等。

---

[1] 《教育大辞典》编纂委员会.教育大辞典(第一卷)[M].上海:上海教育出版社,1990:179.

当前,我国小学生的学习负担比较重,严重影响学生的全面发展。教育部在2013年8月公布的《小学生减负十条规定(征求意见稿)》中规定:严格实行免试就近入学;严禁分重点和非重点班;教学不得拔高要求和加快进度;不留书面式家庭作业;一至三年级不举行任何形式的统考;全面取消百分制,采取分级评价;教辅材料购买遵循"一科一辅"和家长自愿原则;严禁违规补课;每天锻炼一小时;教育部门每学期公布督导报告。因此,探索教育规律,特别是探索学校教学的规律,按照教学规律去组织教学、减轻学生负担是当前中小学教育非常重要的工作。

(二)教学原则

"原则"即"指观察、处理问题的标准"[1],"说话或行事所依据的法则或标准"[2]。依据对"原则"的定义,教学原则是在教学过程中要遵守的基本要求。依据什么样的条件或标准来确立教学原则十分重要,一般来讲,确立教学原则的依据主要包括:一是社会依据。教学是社会系统的子系统,教学具有社会性,确立教学原则必定遵循一定的社会依据,主要是特定社会的经济、政治、文化、人口等条件和需求。二是人的依据。人作为教学中的主体而存在,离开了人,也无所谓教学。教学是以人为参与主体、以人为逻辑起点、以人为目的的活动。确立教学原则所要遵循的人的依据主要是人的身心发展规律、人的先天素质、人的后天条件、人的生存生活发展需要等。三是教学本身的依据。教学具有独立性、系统性、复杂性、规律性,确立教学原则必定也要以教学自身为依据,特别是教学自身的规律概括、经验总结等。总之,教学原则作为一种教育要求,源于对学生身心特征的关照、对教育自身规律的尊重、对教育者价值观念以及教育的任务内容的选择。

教育家们历来就重视并提出了诸多教学原则,当然,在学理上明确地提出并阐释教学原则的还是夸美纽斯,他在其代表作《大教学论》中提出了直观性、量力性、巩固性、循序渐进、因材施教等30多条教学原则。随着人们对教学原则思想的不断总结,并结合当今教育发展中出现的问题,我们获得了一些具有重要影响的教学原则。关于教学原则的综合研究认为,主要的教学原则有科学性、思想性、启发性、直观性、巩固性、量力性、系统性、理论联系实际、因材施教、教师主导作用等。[3] 当然,人们也注意到,已有的许多教学原则主要着重于知识的传授与接受,不免带有"少、慢、费、差"的特点。赞可夫提出了为促进学生一般发展的高难度、高速度、理论知识起主导作用等教学原则,他的新教学体系理论在教育界产生了巨大的影响。

---

[1] 《辞海》[M].上海:上海辞书出版社,1987:344.
[2] 中国社会科学院语言研究所词典编辑室.《现代汉语词典》[M].上海:商务印书馆,1983:1422.
[3] 顾明远.教育大辞典(增订合编本)(下)[M].上海:上海教育出版社,1989:195.

阅读链接

赞可夫(1901—1977)，苏联教育心理学家，著有《教学与发展》等，毕生从事教学与发展问题的实验研究，提出了教学与发展问题的主导思想——以最好的教学效果来达到学生最理想的发展水平，影响深远。

上述教学原则作为教学历史经验的总结，具有一定的合理性。但分析它们也可以发现，这些教学原则之间重叠、混乱的现象是比较明显的，有必要从教育活动进行程序的角度将其梳理成为以下几个方面。

第一，对象的角度：因材施教。基于学生个体与群体差异的存在，从营造适合于学生的教育出发，教学中应当重视学生的差异，尊重学生的差异，促进学生的差异发展，特别反对不顾学生差异的"一刀切"。这一原则包括一些具体的技术性原则，如：①通过集体进行教育的原则。学校、班级都是不同层级和规模的教育集体。这样的教育集体，不仅能提高教育效率，其本身还富有潜移默化的教育性。②严格要求与尊重信任相结合的原则。严格要求自不待言，尊重信任则能建立平等、和谐、积极互动的师生关系，从而促进教学发展。

第二，关系的角度：主导—主体。在社会性的成熟度和知识的掌握上，教师都"长于"学生；在呼唤学生主体性的时候，教师仍应该是"平等者中的首席"。学生作为教学的基本要素之一，是学习的主体。因此，教学要遵循教师主导和学生主动相结合的原则。这一原则包括一些具体的技术性原则，如：①充分发挥教师的指导、对话、修正的作用。②积极发挥学生的自觉和自动、自主和自为、继承和创造等多方面的主体性。需要特别指出的是，学生的主体地位及主体性的发挥长期受到抑制。正如巴西学者保罗·弗莱雷在《被压迫者教育学》中描述的：教师教，学生被考虑；教师无所不知，学生一无所知；教师思考，学生被动思考；教师讲，学生听——温顺地听；教师制订纪律，学生遵守纪律；教师做出选择并将选择强加于学生，学生唯命是从；教师做出行动，学生则幻想通过教师的行动而行动；教师选择学习内容，学生适应学习内容；教师把自己作为学生的对立面而建立起来的专业权威与知识权威混为一谈；教师是学习过程的主体，而学生纯粹是客体。①

---

① ［巴西］保罗·弗莱雷.被压迫者教育学[M].顾建新等译.上海：华东师范大学出版社，2001：25—26.

> **阅读链接**
>
> 《被压迫者教育学》是20世纪批判教育理论家、巴西教育家保罗·弗莱雷（1921—1997）的代表作。人们称赞它是"一本关于平等和正义的书""被压迫者的教育圣经""真正革命的教育学"。

第三，内容的角度：学生适切性。即在教学内容的选择、处理和实施上都要适合于学生，使学生经过一定努力能够掌握。这一原则包括一些具体的技术性原则，如：①可接受性原则。教学活动要考虑学生身心状况及已有知识背景，不可过于超前，亦不可落后，要找准学生的"最近发展区"。②系统性原则。以促进学生的全面发展为目标，重视内容的系统性与全面性，特别要注意智力因素和非智力因素的结合，既要发展学生的智力因素，也要发展其非智力因素；而且在教育过程中，要同时利用和发挥学生智力因素和非智力因素的作用。③巩固性原则。此原则旨在促进学生能长久理解、保持和运用知识，是基于人的记忆规律以及知识的深化、存储规律提出来的。

第四，过程的角度：循序渐进。教学要遵循知识系统的规律以及人的发展规律，循序渐进地安排教学过程，既要求"学不躐等"，也反对"揠苗助长"。这一原则包括一些具体的技术性原则，如：①直观性原则。在教学中使用实物或极具形象性的影像、口头描述等，丰富学生的感性认识，帮助学生学习，因为感性经验与理性经验相结合，更易于理解，学生的印象更深刻。理论联系实际的原则主要是基于间接经验与直接经验共同作用于人的发展以及知识教学与技能学习间的关系而提出。②启发性原则。从"灌入"转变到"导出"，尊重和发挥了学生的主体能动性。③科学性和艺术性相统一的原则。教学不但要遵循知识的客观性，运用科学的方法，遵照科学的规律，而且还要在教学的方法、方式、内容上渗透艺术性。④教学影响的连续性和一致性原则。基于人身心发展的连续性以及知识本身的逻辑性，教学影响亦应具有连续性；同时，这种影响应该具有同样的方向和宗旨，而不是多种极端影响任意交替。

（三）教学模式

"模式"一词的英文是"model"，原义是模式、模型、典型、范型等。它表示用实物或符号将原物、活动、理论等仿制、再现出来。美国的乔伊斯（B. Joyce）和韦尔（M. Weil）在其《教学模式》一书中认为，教学模式是构成课程、选择教材、指导在教室和其他教学环境中教学活动的一种计划或范型。它是反映特定的教学理论，也是为了达到一定教学目标而采取的一系列教学形式、策略的模式化的教学活动结构。但这种定义并不是唯一确定的，相关的理解还有很多种。综观各种说法，我们认为，教学模式是一种教学活动结构或教学程序，它反映了教学活动各个环节之间的内在联系，是将教学内容、教育目的付诸实践的外在载体，抑或说是策略和方式，因而是在教育活动中优化教学实践、提高教学质量的重要因素。

教学模式具有以下特征:其一,整体性。任何教学模式都是由一些基本要素组成的,它本身具有一套完整的结构与一系列的运行要求。其二,概括性。用少而精的文字或符号简要反映操作系统。其三,可操作性。教学模式把某种教学理论或活动方式中最核心的部分用简化的形式反映出来,提供了具体的教学行为框架,使得教师在课堂上有章可循。其四,有效性。教学模式作为一种既定框架,能迅速有效地实现教学任务。其五,稳定性。教学模式揭示了教学活动中的普遍性规律,但又总是与一定历史时期社会政治、经济、科学、文化、教育的水平相联系,受到教育方针和教育目的制约,因此,教学模式具有特殊的功能。

第一,连接理论与实践的桥梁。教学实践需要教学理论的指导,教学理论也只有通过教学实践才能成为有意义的对象,教学模式是沟通二者的桥梁。教学模式是在一定教学理论的指导下建立起来的可以付诸实践的框架或程序,有利于教学理论与教学实践的互补与共进。

第二,有效提高教学质量的手段。教学质量的好坏可以通过教学模式的实践体现出来。优质的教学模式可以不断被继承和发展,形成宝贵的教学经验;较差的教学模式可以通过教学改革而不断改进和完善,并最终促进教学质量的提高。

第三,提高教师教学素质的途径。教学模式的运用对教师提出了更高的理论要求与实践难度。教师在教学实践中,只有不断转变教学观念,运用新的教学技术与教育理念提升自己,积极创建新的教学模式,才能更好地胜任新时期教师的角色。

教学模式的内容包括:①指导思想。这是每个教学模式建立的理论基础。②主题。即每种教学模式都有一个鲜明的主题,贯穿和主导着整个教学模式,支配着教学模式的其他构成要素,并产生与其有关的一系列范畴。③目标。即要完成的主题所规定的任务,使主题更加具体化。④程序。即完成目标的步骤和过程。⑤策略。即完成目标的一系列途径、手段和方法体系。⑥内容。教学模式的内容不是指超越学科课程标准规定的教学内容,而是指每一种模式均有适合于自己主题的课程设计方法,以形成达到一定目标所需的课程结构。⑦评价。不同的教学模式,均有适合于自己特点的评价标准和方法。

总结传统教学模式认为,当代国外的教学模式主要有:①信息加工模式。以奥苏伯尔为代表,指导思想是有意义接受学习理论及先行组织者技术,目标在于丰富学生的认知结构,实现有效学习。基本结构为:呈现先行组织者;呈现学习课题或学习材料;认知结构的加强。该模式又可分为先行组织者教学模式、概念形成教学模式等。②非指导性模式。它是人格发展模式的一种,以罗杰斯为代表,指导思想为人本主义教育理论,目标是发展学生的人格和情感。基本结构为:确定帮助情境;探索问题;形成见识;计划和抉择;整合。③小组合作学习模式。它是社会交往模式的一种,以约翰逊兄弟为代表。指导思想为建构主义学习理论中的社会建构主义学习理论,目标是不仅培养学生主动求知的能力,而且发展学生合作过程中的人际交流、交往能力。基本要素有:积极的相互依赖;面对面的促进性相互作用;个人责任;社会技能;小组自评。④行为修正模式。以斯金纳为代表,指导思想是行为主义心理学,目标是通过对强化刺激的系统控制,使学生做出合乎需要的行为反应。基本结构为：小步骤进行；呈现明显的反应；及时反馈；自定步调学习。

当代我国学者总结的教学模式主要有：①传递—接受教学模式。指导思想为赫尔巴特的四段教学法，目标是使学生掌握系统知识，为未来做准备。基本结构为：激发学习动机；复习旧课；讲授新课；巩固运用；检查。②自学—辅导教学模式。指导思想为教师主导、学生主体的教学观，目标是让学生主动参与学习，独立掌握系统知识，获得自学方法，提高自学能力。基本结构为：提出要求，呈现自学内容；学生自学；讨论交流，教师启发答疑；练习运用；及时评价；系统小结。③问题—探究教学模式。指导思想为皮亚杰的认知发展理论、布鲁纳的发现学习理论、建构主义学习理论、人本主义学习理论，目标重在训练学生通过收集事实来建立理论的科学思维能力。基本结构为：提出问题，形成假设；收集资料，分析整理；验证假设，形成解释；组织结论，展示交流；评价结果，反思探究过程。

长期以来，我国教学以授受式为主，使学习成了纯粹被动的接受与记忆过程，导致了学生主体性、能动性、创造性逐渐丧失。近年来，国内外涌现出了不少新的教学形式，比如研究性学习、体验教学、对话教学、游戏教学等。这些教学形式的共同点是让学生成为教学的主体，教师成为学生学习的组织者和合作者，而不再只是知识的讲授者。需要指出的是，伴随着对"钱学森之问"的全国性回答、对创新人才的急迫需求，探究式这一源于杜威的发现学习的教学模式越来越成为我国教育界的共同追求。

阅读链接

杜威(1859—1952)，美国哲学家、教育家。他主张从实践中学习，提出教育即生活、学校即社会、从做中学。他的著作涉及科学、艺术、宗教、教育和经济诸方面。他被誉为"实用主义神圣家族的家长"。

上述众多的教学模式基本上都是将"教"与"学"分割成两个具有联系的步骤来进行探讨的，而"教学做合一"模式则是一种将其合二为一的教学模式。杜威及其弟子陶行知都主张教师在"做"上教、学生在"做"上学，以"做"为核心，将"教"与"学"整合起来。如陶行知在《教学做合一》中说，"先生的责任不在教，而在教学，而在教学生学"，教与学都以"做"为中心，师生共同"在做上教，在做上学"，"先生拿做来教，乃是真教；学生拿做来学，方是实学"。

三、课堂教学的组织

（一）教学的形式

课堂教学是教师与学生为实现教育目的、完成教学任务共同组织的活动。它不但是一种教育途径，也是一种教育活动；它不但有明确、具体的目标，也有组织化、系统化的内容；它不但有实施的过程计划，也有实施的结果评价；它不但以学生的认知活动为形式及目标,也基于学生的认知而促进其智能等方面全面发展。教育工作者在长期的探索、不断的创新中提出、实践了众多的教学组织形式。

1. 个别教学

个别教学是教师对个别学生进行传授与指导的教学组织形式。古代教育产生时就主要采取个别教学组织形式,它是古代教学、现代高层次教学经常使用的教学组织形式。个别教学组织形式不规定修业的年限和教学时间,不分年级、学科,学生年龄和文化程度参差不齐,教师对不同学生在教学的内容范围、内容深度与广度、时间与地点安排等方面都有所差异,能够照顾学生的个别差异,体现一种因材施教的优势特征。个别教学组织形式适应学生人数比较少的情况,在教育规模化、制度化方面要求比较低。

2. 班级教学

到了近代,大工业机器生产出现后,由于社会对产业工人的批量性要求,提出了扩大教育对象规模的要求,班级教学组织形式应运而生。第一个对班级教学制度进行系统总结的是夸美纽斯。班级教学组织形式就是把学生按照知识基础和年龄编成班,教师根据统一的课程规定、教学时间与地点,对全班学生进行统一教学的组织形式。班级教学组织形式具有学生固定、教师固定、教学内容固定、时间与地点固定等特征,在教学规模与效益、教学制度化等方面具有显著优势。但是,在班级教学组织中,学生按年龄与知识程度编班,难以顾及个别差异;具有固定的教学地点与时间,以课为基本单位,教学形式化强,灵活性差;偏重理论学习,实践欠缺。

阅读链接

夸美纽斯(1592—1670),捷克教育家。他号召"把一切知识教给一切人",他实践并研究了班级授课制度,扩大学科门类和内容;代表作《大教学论》被视教育学形成的重要标志。他有"近代教育理论奠基者"之誉。

3. 小队教学

小队教学是对教师进行组织的教学组织形式。它根据教师的能力和特长进行差异性组合,形成互补性的能力结构,由两名以上的教师共同承担教学任务。目的是发掘教师的特殊才能和潜力,提高教学效果。

针对个别教学、班级教学各自的优缺点,人们试图将班级与个别、指导与自学结合起来,提出了综合两种组织形式的新的混合型教学组织形式。

第一,把大班上课、小班讨论和个人学习结合起来的"特朗普制"。它又称"灵活课程表",由美国教育学家劳伊德·特朗普(L.Trump)创立。这种教学组织形式的目的是把传统的班级教学、个别教学结合起来,采取大班上课、小班讨论和个人独立研究相结合的组织形式,并用灵活的时间单位代替固定的上课时间,以大约20分钟为单位计算课时。一般由出类拔萃的教师给大班上课,由优秀的教师对小组进行指导,由学生独立完成布置的个别作业。

第二,学生先自学,再向教师汇报,接受教师检查的"道尔顿制"。它是帕克赫斯特(H.Parkhurst)在美国道尔顿中学探索出的一种教学组织形式。它采取教师不再系统地向学生讲课,而是为学生指定自学参考书、布置作业,由学生自学和独立作业,有疑难时才求助教师的形式。学生在完成学习任务后,向教师汇报学习情况,接受教师的考查。此方法的优点是重视学生的自学和独立作业,有利于调动学生的积极性,培养学生的学习能力和创造才能。但是,它否定了教师的主导作用。

第三,教师先教高才生,高才生转教低层次学生的"贝尔—兰卡斯特制"。它又称"导生制",由英国牧师贝尔(A.Bell)和兰卡斯特(J.Lancaster)创立。它采取教师先教年龄大的学生,再由他们中的优秀者去教年龄较小的学生或者学习成绩较差的学生的形式。此教学方法在教师不足、课程比较简单的情况下采用。但是,教学质量难以保证。

第四,学科教学和实践学习相结合的"文纳特卡制"。它是美国教育家华虚朋(C.W.Washburne)在美国文纳特卡中学实行的一种教学组织形式。其组织方式是课程被分为两个部分:一部分按照学科进行,由学生个人独立学习,以奠定学生基本的文化知识基础;另一部分则通过艺体和合作等团体方式来学习,以培养学生的社会意识。其中,自学部分在内容设计、学习步骤、检查测量等方面的安排比较精细。

第五,分组教学。它是按照学习能力或学习成绩将学生分为若干水平层次的小组来进行教学的组织形式。其目的是克服班级教学的不足。其基本方法是按照学生的学习能力或学习成绩,把他们分成不同的小组进行教学。其中,分组有两种情况:一是在传统的年级与班级内根据学习成绩的分组;二是在不同年级内根据学习能力的分组。分组教学的优点是比传统的班级教学组织形式更适合于学生的水平与特点,便于因材施教,有利于培养人才。但是,分组教学也会引发学生骄傲,家长意见大,促使快、慢班的差距越来越大等问题。

第六,合作学习。合作学习是20世纪70年代以来,西方国家探索出的新型教学组织形式。合作学习理论认为学生群体组织有合作的、竞争的和不相干的三大类,提出群体合作应该成为学生课堂学习的主要部分。合作学习的组织要素有:组内异质,组间同质;任务分割,结果整合;个人计算成绩,小组计算总分;公平竞赛,合理比较;分配角色,分享领导。

第七,复式教学。它是教师在同一间教室、同一节课内,用不同的教材,分别对两个以上年级的学生进行轮流教学与学生主动学习交替进行的组织形式。这种情况在学生人数比较少、层次差异比较大,教师与教学条件都比较有限的高远山区、偏僻农村小学可见。复式教学节约师资力量、教室和教学设备,为落后地区普及义务教育起到了重要作用。虽然复式教学起源于教育资源不足地区,但并不意味着它是一种落后的教学组织形态。事实上,在英国、芬兰、澳大利亚等教育资源丰富的国家,复式教学在培养学生合作能力、创造能力等方面的优越性已被学者们广泛认可。因此,有学者提出了在我国农村地区生源逐渐减少、教师力量相对丰富的今天和未来,可以运用复式教学进行个别教学或小组教学,迅速地提高教育质量,实现农村地区教育发展的"弯道超越"。

上面提及的各种教育组织形式都需要具体的教学方法。关于具体的教学方法,读者可以自行去查阅启发式教学、注入式教学、产婆术、讲授法、讲解法、讲读法、讲演法、谈话法、演示法、实验法、练习法、讨论法、欣赏法、读书指导法,以及探索先学后教、精讲精练等的内涵、依据、运用要求。[①]

(二)教学的环节

1. 教学准备

准备一:备学生。学生是教学的对象,故备课首先要认识学生、了解学生的智能基础与发展需要。备学生的目的在于了解学生的学习需要。备课从了解学生的学习需要出发,而不是从教材出发,主要包括以下内容:了解学生学习新任务的先决条件或预备状态(主要指学生在认知、情感态度、心理动作等方面的预备情况);了解学生对学习任务的情感态度(主要涉及学生的学习愿望、毅力、动机、兴趣等);了解学生对完成新任务的自我监控能力(主要涉及学生的学习习惯、学法、策略和风格等)。

准备二:备目标。教学目标规定了学生在教学活动结束后究竟能够表现出什么样的学习行为。一般来说,它可以分为四类:认知领域、心理动作领域、情感态度领域、人际交往领域。对备教学目标的具体要求是:教学目标不能用教师的教学程序式活动安排来表示;教学具体目标应采用可观察、可检验、可操作的句子来陈述,包括行为、行为发生的条件和行为的标准;不要用抽象、模糊的词语(如"理解""欣赏""培养""体会"等)陈述教学目标。另外,教学目标实现与否还要检测。检测的目的不只是评定学生的学习成绩,还包括确定学生的学业表现情况,以明确教学的薄弱环节,为教学补救提供依据。

准备三:候课。候课是教师课堂活动的预备状态,它具有积极的意义:对教师来说,候课可以使教师在开课前及时、准确地进入角色;对学生来说,教师的候课是教师守时、负责、爱学生的具体表现,有利于唤起学生对这节课的重视,同时也有利于稳定学生情绪,做好上课的心理准备。此外,教师在教室里候课,还有助于师生间的沟通与理解,融洽课堂气氛。相反,如果上课铃声响过,教师才匆匆忙忙走向教室,即使不迟到,教师也需要一些时间稳定情绪。另外,经常匆匆忙忙地上讲台不利于树立良好的教师形象。

2. 教学环节

第一环节:导入。它是一堂课、一个新单元或一个新段落的开端,主要起着集中学生注意力、稳定学生情绪和使学生进入教学情境的作用。导入一般不宜占用过长时间,过长则会影响整个教学进程。实践经验表明,导入一般以 2~3 分钟较为适宜。导入的类型很多,课堂教学中常用的导入方法有直接导入、联想导入、实验导入、设疑导入、事例导入、故事导入、悬念导入等。

第二环节:课中。它是实施教学活动的主体部分,指从导入新课到结束新课前的时段。一堂课的教学效果如何取决于课中是否实施了合适的教学策略。根据国内学者的研究,课中主要有以下几种教学策略:先行组织者策略、问题教学策略、发散和集中教学策略、反思教学策略。此外,还有精讲精练策略、自主发展策略、学习指导策略、教书育人

---

① 《教育大辞典》编纂委员会.教育大辞典(第一卷)[M].上海:上海教育出版社,1990:27—29.

策略、因材施教策略、促进自我发展策略、自主学习策略和主题探索策略等。

第三环节：结束。它是课堂教学的最后一个部分，实施的主要目的是完成课堂教学的"有序解散"。为此，教师需要在课前做好精心准备，同时还要在课堂上恰当地运用一些结束的方法或策略。常用的结束方法、策略主要有：①系统归纳。课临结束时，教师让学生对所学内容进行归纳总结，及时强化重点，明确关键，以达到画龙点睛的效果。②比较异同。将新学概念与原有概念，或者将并列、对立、近似的概念放在一起对比分析，找出异同，这有利于理解新概念，巩固旧概念。③巧做铺垫。在结束一节课时视需要为后面的课巧设伏笔，引起学生的注意和思考。④巩固练习。在结束部分恰当地安排学生的实践活动，以使新知得到巩固，教学效果得到及时反馈。⑤曲终奏雅。课结束时教师可用诗画、音乐结尾，或将讲课推向高潮时戛然而止，给学生留下想象、思索的余地。① 当然，课的结束方法远不止以上几种，只要教师平时注意积累和探索，就会找到适合自己教学的结束方法和策略。

需要特别指出的是，实践中的课堂教学更为复杂，提出的要求更多。《基础教育课程改革纲要（试行）》中要求，教师在教学过程中应与学生积极互动、共同发展，要处理好传授知识与培养能力的关系，注重培养学生的独立性和自主性，引导学生质疑、调查、探究，在实践中主动地、富有个性地学习。教师要激发学生的学习积极性，培养学生掌握和运用知识的态度和能力。同时，还要求大力推进信息技术在教学过程中的普遍应用，促进信息技术与学科课程的整合，逐步实现教学内容的呈现方式、学生的学习方式、教师的教学方式和师生互动方式的变革，充分发挥信息技术的优势，为学生的学习和发展提供丰富多彩的教育环境和有力的学习工具。

---

① 田慧生,李如密.教学论[M].石家庄:河北教育出版社,1995:343.

第二节
课外活动

课外活动与课堂教学一起构成了学校教育的重要途径。作为课堂教学的重要补充，课外活动有课堂教学所不及的独特作用。因此，认识、重视、做好课外活动，有助于将课堂智能转化为实践技能，激发学生的兴趣和创造力。

一、课外活动的内涵

（一）课外活动的概念

课外活动是以课堂为标准划分出来的进行教育的另一重要途径。课外活动是指在学校的课堂之外，由学校认可、教师组织的或由校外教育机构组织和指导的，用以补充课堂教学、实现教育目的一种教学活动。我国古代便出现了课外活动，如世界上较早专门探讨教育问题的著作《学记》中说："大学之教也，时教必有正业，退息必有居学。"所谓"正业"，便是指类似今天的课堂教学，而其中的"居学"则类似今天学校的课外活动。这说明在我国古代就要求学生在课堂学习之外，还要参与学校组织的课外活动。这样，学习者才能够学于礼、成于行，从而达到"安其学而亲其师，乐其友而信其道""虽离师辅而不反"的目的。班级教学制形成后，夸美纽斯运用钟摆"停"与"摆"的自然原理阐述了课堂教学与课外活动的必要性。随着对课堂教学缺陷的观察、反思，人们逐渐重视课外活动对弥补课堂教学不足的作用，越来越强调课外活动的组织计划性、实施规范性、效果有效性，使课外活动的地位进一步提升，课外活动的理论与实践也逐渐成熟。虽然课外活动的重要性已得到教育者的普遍认同，但在应试教育的大背景下，课外活动往往"名存实亡"，许多学校毕业班的课外活动被取消，其他年级的课外活动时间经常被挤压和场地比较欠缺等现象比较普遍。同时，在统一考试"指挥棒"、升学压力"紧箍咒"的影响下，学校或教师很少开展课外活动的理论研究与实践总结，简单应付课外活动的现象很普遍。虽然有的学校重视课外活动，但与升学挂钩的创造活动、科技竞赛联系起来，成为学校提升升学率、提高知名度的工具，课外活动成为少数学生的特权活动，大多数学生没有参与到课外活动中。

阅读链接

《学记》系统而全面地阐明了教育的目的及作用，教育与教学的制度、原则和方法，教师的地位和作用，教育关系等。该作被认为是中国乃至世界上第一本专门论述教育的著作。

新基础教育课程改革以相应的综合实践活动课程来概括这类课堂教学之外的教学活动,并且对其提出了较为具体的要求,如从小学至高中设置综合实践活动并作为必修课程,其内容主要包括:信息技术教育、研究性学习、社区服务与社会实践以及劳动与技术教育。强调学生通过实践,增强探究和创新意识,学习科学研究的方法,发展综合运用知识的能力。增进学校与社会的密切联系,培养学生的社会责任感。在课程的实施过程中,加强信息技术教育,培养学生利用信息技术的意识和能力。了解必要的通用技术和职业分工,形成初步技术能力。①

(二)课外活动的特点

课外活动与课堂教学虽然都是学校教学的重要途径,但由于课外活动的独特性,因而有别于课堂教学,具有自己的特点。

第一,灵活性。相对于课堂教学的相对稳定性乃至僵化的情况,课外活动就灵活得多。它以学校整体课程设置的情况及其运行效果并根据学生的身心基础及发展需要、课堂教学的不足及弥补要求、师生的时间情况及场地提供的条件、学生理论掌握与实践训练的需要、学生智能发展与情感态度熏陶的互补需要等,灵活地组织活动,活动中在要求的高低、时间的长短、方式的变换等环节都具有很强的伸缩性。

第二,综合性。在以分科教学为基本特征的课堂教学情况下,课外活动则可以联合不同学科或相近学科一起组织活动,可以将理论知识印证与实践技能掌握结合起来,也可以将智能训练与情感态度熏陶结合起来,还可以将智能教育与德行培养结合起来,可见课外活动的综合性。如近年来,许多中小学每年都开展一年一度的文艺表演活动,要求学生自己创作题材、自行编排节目、自主主持活动、自主表演等。在收集资料的过程中,不但促进了学生对知识的掌握,而且也促进了学生创造能力和情感的发展;在准备活动中,不但促进了学生体能的发展,而且也提升了学生鉴赏美、感受美、创造美的水平;在紧张而艰苦的排练中,不但训练了学生的坚强意志,也促进了学生参与公益和团结协作的品质。

第三,实践性。与课堂教学显著的"坐而论道"的特征相比,课外活动具有显著的实践性色彩,带有"从做中学"的意蕴。因为课外活动要求学生在教师指导下自主地、自动地进行活动,通过自己的亲身实践去验证书本知识的正确性,验证认识活动的科学性,验证课堂教学逻辑推理的合理性,并且通过实践来促进课堂学习、知识掌握、教师教学等活动的提升。特别是在学校组织的社会活动中,学生通过参与复杂的社会活动,在接触教师以外其他群体的认知与行为方式中,感受到"人是社会关系的总和"的真正含义,体验到"纸上得来终觉浅,绝知此事要躬行"的哲理,才可能去思考、揣摩、理解他人的言行与自己的言行,从而调整自己的言行,促进自身的社会化,为未来在工作、家庭、社会生活中接触各种事情、人物做好铺垫。

第四,自主性。与教师相对处于领导地位、学生处于执行地位的课堂教学相比,学生相对地成为主体,教师是导演,学生是演员,课外活动的舞台是学生的。因此,在课外活

---

① 教育部.基础教育课程改革纲要(试行)[S].2001.

动中,不但需要学生具有较高的自主性,而且需要学生高度发挥自主性。学生可以根据自身发展的需要而组织认知的或技能的、情绪情感的或态度价值观的学习的课外活动类型;也可以根据时间与空间的情况而组织校内的或校外的、较长时间的或较短时间的课外活动形式;还可以根据师生人员及其需要和条件的情况而组织个别活动或小组活动、班级活动或全校活动。

二、课外活动的任务

(一)课外活动的作用

课外活动的任务取决于课外活动发挥什么样的作用。课外活动以其独特形式和特点,对实施因材施教和学生的个性化发展具有不可替代的作用。

第一,有助于巩固学生所学课堂知识,扩大学生知识面。学生可以把在课堂上获得的知识运用于课外活动的实践中,从而有助于加深对课堂知识的理解,并能够深刻地体会"实践是检验真理的唯一标准"之言的正确性。课外活动也有利于学生在已获得知识的基础上进行实际操作,有助于学生发现新知识,掌握新技能。同时,内容丰富多彩、形式多种多样的课外活动还可以激发学习兴趣,增强学习动机,推动学生不断地去探求新知识。

第二,有助于发展学生的能力,提高学生的综合素质。学生通过课外阅读、参观、访问、讲演、竞赛等活动,能不断丰富自己的知识,提高自己的能力;学生通过参加诸如周末社会爱心募捐、中小学书本回收捐赠、贫困生义务家教、追寻先辈业绩的长途旅行等课外公益活动,他们自主地动手、动脑观察、思考、制作,既能促进各种实际操作能力的发展,也有助于锻炼身体,使学生受到一定的情绪情感体验,在对社会现象的观察与思考中明白什么是美、什么是丑,从而提高学生的综合素质。

第三,有助于促进学生形成正确的情感态度、价值立场。如聆听先进人物的事迹报告、考察优秀单位的建设经验、与知名人士座谈、到工厂制作体验、到农村劳动锻炼、打扫烈士墓或公共场所、到绿化公共地带劳动、参观反腐败展等课外活动,对学生的情绪情感有很好的熏陶作用,对学生的价值立场与态度倾向具有很好的指导或矫正作用。如有限的农业劳动才能够让学生真正感受"锄禾日当午,汗滴禾下土。谁知盘中餐,粒粒皆辛苦"的内涵,从而增进对农民的尊重、对粮食的珍惜之情。又如参观反腐败展,有助于学生认识到热爱人民、忠于祖国、遵纪守法的真正意蕴,体会到"堂堂正正做人,清清白白做事"教育要求的价值,认识到腐败对社会的危害及国家反腐败的决心。

(二)课外活动的任务

课外活动作为与课堂教学相辅相成的教育活动,它的设计既要针对课堂教学的不足,又要突出以学生为主体及其发展主体性的要求。由此规定了学校课外活动的基本任务。

第一,延伸课堂智能教学。课外活动有助于巩固、加深、扩展学生在课堂上所学的各种知识,及时传递信息,扩展学生眼界,发展学生在科学、技术、艺术、体育等各个方面的兴趣和才能。同时,在实践中通过变口头的"空谈"为"实做",也有助于激发学生的创造兴趣,提高学生的创造能力。

第二,形成学生思想品德[①]。课外活动有助于学生在课外实践中体验情绪情感、检验价值立场、体味人格影响,促进学生思想道德的认识深化、加深情绪情感、培养道德意志,从而增强思想道德信念,全面提升思想品德素质。特别是具有强度、难度的实践活动,能够在体力、智力、道德等方面训练学生,克服娇气,培养出勤奋努力、刻苦耐劳、在劳动中享受乐趣的人才。

第三,调节学生生活节奏。通过安排合理的课外活动,有助于调节学生紧张的课堂教学生活,如野外动植物标本的采集与制作、各种科学小制作与小发明、课外读书报告、各种文艺表演会演、野外爬山竞走比赛、文化读书支教下乡等,能够调节单纯的脑力学习活动与体力活动的节奏。

三、课外活动的组织

(一)活动类型

学校的课外活动涉及学校教育的各个环节,充满了学生言行规范的诸多角落。课外活动可以根据不同的标准划分出多个体系,在组织实施时需要有相应的要求。[②]

首先,按照课外活动的目标划分,可以组织如下方面的课外活动:一是以智力教育为主要目标的课外活动。如学生科技活动、教学实验、专业实习、咨询服务、扶贫培训等,可以巩固理论知识,形成实践智慧,提高学生的智育水平。二是以情感陶冶为主要目标的课外活动。如慰问离休困难老人、帮助弱势群体、敬老院献爱心、居委会做助理、特殊学校做义工、参观烈士纪念馆、打扫烈士公墓等,可以陶冶学生对他人与社会的情绪情感,培育学生的价值态度,提高学生的德行修养。

其次,按照课外活动的时间划分,可以组织如下课外活动:一是常规性的仪式教育。如学校层面的有每周星期一的全校朝会、每周星期五的全校大会,学生从中接受国家政策与形势、学校理想与纪律等方面的教育;班级层面的有每天的早会、每周末的班会,学生从中接受班纪班规、思想政治、道德法纪、做人做事等方面的教育。二是季节性的主题活动。学校组织的每年一度的科技制作活动、作文创造活动、百科知识竞答赛、文艺表演活动、体育运动会,以及定期的社会服务、特殊节假日庆祝活动等,在活跃学校气氛、丰富学生生活的过程中,有助于激发学生的多种兴趣,陶冶学生的性格情操,提高学生的智能水平,发现学生的各种特长,增强学生的自信。

最后,按照课外活动的组织主体划分,可以组织如下课外活动:一是校级课外活动。如中小学校政教处、德育处或学生处组织的各种德育活动,学校少先大队组织的少先队员活动,学校团委组织的共青团员活动。这些活动一方面具有普遍提高学生思想政治道德法纪水平的作用;另一方面又具有发现和培育先进分子的作用。二是班级课外活动。

[①] 南京师范大学教育系. 教育学[M]. 北京:人民教育出版社,2001:492—493.
[②] 关于课外活动的组织、形式、方法等更多内容,可以参考南京师范大学教育系编写的《教育学》第十八章"课外教育工作"部分:第497—509页(南京师范大学教育系. 教育学[M]. 北京:人民教育出版社,2001).

这类活动是在班主任的指导下以学生为主体的活动,如班风班纪教育、校风校纪规训、慰问社区老人、打扫公共清洁、绿化校园环境、参观科技馆、义务交通指挥等。

(二)组织要求

为了更好地完成上述课外活动的任务,在组织课外活动时需要遵循相应的要求。[①]

第一,有明确的目的性、计划性。将课外活动与课堂教学作为一个整体纳入学校教育工作的范畴进行整体考虑,统筹兼顾,明晰每次课外活动在智力、品德、体力等方面的目的是什么,对每次课外活动的时间、地点、参与人员、组织管理、经费管理、安全保障等进行严格的计划,避免盲目、凑热闹、随意化的课外活动。

第二,符合学生共性与个性特征。组织课外活动时,一方面要考虑活动对学生整体的年龄特征及其教育要求的适宜性,能够满足绝大多数学生的兴趣,符合绝大多数学生的需要,让绝大多数学生能够通过课外活动获得发展;另一方面,要兼顾个别学生的特殊爱好和需求,特别关注有生理器官功能缺陷或差异的学生,尽量制订出可兼顾每位学生的活动,以便所有学生在课外活动中都能够有所发展。

第三,活动的形式要丰富、生动。在当前物质条件比较良好、社会环境比较支持、获取各种资源比较容易的情况下,组织生动、丰富的课外活动是可以做得到的。因此,可以组织开展诸如科学技术活动、文化艺术活动、体育竞赛活动、劳动工艺活动、社会公益活动等丰富多彩的活动。当然,开展这些课外活动时要注意形式要多种多样、方式要生动活泼、过程要充满乐趣、结果要惬意愉快,这样才能够吸引学生,课外活动才能够持续推进。

第四,发挥学生的自主性、创造性。与课堂教学相比,课外活动直接赋予学生以主体地位,更加彰显学生的主体性,当然,对学生主体性也提出了更高的要求。因此,在组织课外活动时,教师要"退到幕后"充当助手,搭好活动平台让学生去"跳舞",让学生成为表演的组织者、活动的表演者,让学生在组织和表演过程中发挥自主性,培育创造性。事实上,随着社会整体文化、科学、艺术素养的提高,学生从小受到良好文化、科学、艺术的熏陶,让学生自主地组织课外活动是可行的。

---

① 南京师范大学教育系.教育学[M].北京:人民教育出版社,2001:495—496.

第三节
校外教育

众所周知,在家庭影响与社会影响日益复杂、网络渗透无所不在的情况下,关注这些教育途径及其与学校教育的整合,是提高教育过程有效性的重要工作。

一、家庭教育

(一)家庭教育的内涵

儿童、青少年接受教育的第一场所是家庭,即实施教育过程的第一途径是家庭教育。家庭教育是发生在家庭成员之间的相互教育。家庭教育是由父母等长辈和孩子等主体构成的、在家庭中进行的,由此规定了家庭教育的基本特点。

第一,启蒙性、奠基性。众所周知,家庭是孩子的第一所学校。一般而言,孩子一出生,父母等长辈就开始了对孩子的教育,这种教育主要是作为人需掌握的最为基本的日常生活习惯和群体生活规范、基本的情感态度和言行倾向、基本的事物认识和认知方法等,如牙牙学语、吃饭穿衣、走路跑步、睡眠起床、洗澡如厕等,这些都是带有启蒙性的教育,是对孩子发展具有奠基性的教育。

第二,熏陶性、感染性。与学校教育显著的形式化说教相比,家庭教育带有显著的熏陶性、感染性特征,即家庭教育不像制度化的学校教育那样形式化地进行,而是以家庭物质条件、精神氛围的情景熏陶、感染为基本形式,如家庭物质条件的优越或雄厚与欠缺或紧张、精神氛围的融洽和谐与紧张冲突、父辈对孩子的喜爱或溺爱与淡漠或厌恶等,都是"润物细无声"地情景熏陶、情绪感染。因此,人们强调父母是孩子的第一任教师,强调父辈对子女"言传身教"的示范性影响。

第三,针对性、综合性。除特殊的家庭学校外,家庭教育不像学校教育那样有一张课程表去做制度化的规定,而是针对孩子的具体情况,进行因材施教,有针对性地进行熏陶、感染、引导、指导及教育;而且还可以针对孩子在不同年龄阶段、不同季节、不同生活场景进行灵活性的暗示或明示的说教。所以,家庭教育这种"如同医生看病"的针对性、灵活性是"如同开会布置"的学校教育所难以企及的。父母对孩子进行家庭教育,很难分清楚哪些是思想品德的、哪些是知识技能的、哪些是体力体能的,这种相机而教、灵活的育人方式带有浓厚的综合性色彩。

第四,终身性、长期性。家庭既是人生的第一所学校,也是人生的终身学校,一个人一生在家庭中度过的时间是最长的,因此,家庭教育伴随人的一生,长期影响一个人。这种长期的影响是多方面的,既有生活常识的,也有职业技能的;既有情感情绪的,也有智能技术的;既有间或性的,也有连续性的。而且,随着信息传递的方便、个人自由的增加,这种终身、长期的家庭教育影响将越来越突出。

(二)家庭教育的作用

家庭是社会的"细胞",随着社会不同时代的生产方式、职业分工及其对家庭影响的发展,家庭教育的内容、方式也随之而发生变革。在古代社会,农牧业的生产方式及其生产关系决定了家庭是基本的社会组织单位与生产单位。因此,一方面,家庭作为社会的基本组织,承担着孩子社会化的任务,要教育孩子学会生活、做人;另一方面,家庭作为基本的生产单位,承担着培训孩子生产技能的任务,要教育孩子学会生存、就业。这个阶段的家庭教育是适应农牧业生产方式的低水平的、全面发展的教育。像中国这样农牧业时期非常漫长的社会,不但培养出了众多的杰出人才、形成了中国的家学特色(如班超家族的文学人才、曹操家族的诗学人才、苏轼家族的文学人才、钱学森家族的科技人才等),而且也总结出了丰富的古代家庭教育经验(如魏晋南北朝时期颜之推、近代曾国藩的家庭教育言论是重要代表;著作方面有被历代视为家庭教育经典的《颜氏家训》,以及《增广贤文》《治家格言》《曾国藩家书》等)。

阅读链接

《颜氏家训》是中国古代文学家颜之推(531—595)结合自己的人生经历、处世哲学,告诫子孙而成书的,内容丰富、体系宏大,为封建时代家教集大成之作,被誉为"家教规范"。

到了近现代,随着社会进入产业革命阶段,妇女和儿童进入工厂,外出务工使得大家庭解体,由此造成孩子在家庭的时间减少而自然减弱了家庭教育的影响,相应增加了来自工厂等的社会教育时间。同时,家庭生产的功能减弱使得家庭教育中的生产技能教育随之减弱,仅仅剩下生活、做人的教育。二战后,新科技革命使社会分工越来越精细,义务教育的普遍实施使孩子的教育越来越早地由学校"接管",家庭教育的地位进一步被弱化。正如美国学者奥格本(W. F. Ogburn)指出的,现代家庭的"经济服务"已让位给了工厂及其他机构;"保护"让位给了警察和保险公司;"娱乐"让位给了国家和民间企业提供的娱乐设施;家族内的宗教仪式和根据出身门第评价个人地位的职能本身已经衰退,而心理职能并不像经济职能、社会职能衰退得那么显著,但亲情表达的场所还是有让位于俱乐部、车间、街头等家庭外的迹象。[①]

总之,家庭作为儿童、青少年重要的活动场所,对他们的影响是多方面的。

第一,精神抚慰作用。家庭是小学儿童活动的重要环境,走读小学儿童的早晨和整个晚上都活动在家里,父母与儿童因为血缘关系而形成的亲子情感、情感抚慰是天然的,特别是父母对儿童在身体与心理上的精心呵护和引导是任何事物都无法取代的。而且,现代科学研究证明,父母的身体接触、气味影响、抚摸安慰等对孩子具有安定神情、稳定情绪的作用,这种安定作用对于促进儿童神经系统的发育、精神的发展具有重要的价值。

第二,认知引导作用。父母作为孩子的第一任教师,担当了相机而教、因材施教的教育者角色,父母在事物对象的认识、认知的方法技术、认知的情感体验等方面对儿童起到

---

① [日]筑波大学教育学研究会.现代教育学基础[M].钟启泉译.上海:上海教育出版社,1986:149.

了熏陶、示范的作用。如在日常生活中,父母以家庭中的一切事物为学习的对象,通过事物指认、事物辨析以及再认、回忆等训练活动,不但可以促使孩子增长知识,而且也能促进孩子智力的发展以及认知兴趣、认知方法的培育,为孩子的进一步发展提供认知基础。

第三,物质支撑作用。家庭为小学儿童提供了一切物质条件、学习空间和生活场所,这些家庭学习物质资源对小学儿童的学习效果、心理认知和情感体验等方面产生持久的影响。总之,家庭教育作为一种非制度化的教育途径,它是儿童接受社会习惯习俗、规范行为、形成价值态度等的重要途径,也是初步奠定儿童人格和社会化行为的第一途径。

(三)家庭教育的工作

第一,基础工作:分析家庭环境。儿童的家庭情况是比较复杂的,如家庭结构方面,是标准的核心家庭还是单亲家庭、传统大家庭或隔代家庭,不同家庭结构的教养方式、价值倾向的差异自然会对儿童的发展造成不同的影响;在家庭地位方面,是中高阶层还是低下阶层或弱势群体,这些因素会影响儿童教育资本的多少、教育机会的获得等问题;在文化资本方面,是拥有充裕的家庭文化资本还是家庭文化资本欠缺甚至是文化贫瘠,这会影响儿童学习条件的优劣及学业成绩的高低。上述这些家庭情形,在关注起点均等、促进教育公平、由"学有所教"到"学有良教"、给孩子一个平等人生起跑点的今天,日益受到各个方面的关注,如何尽量减少起跑差距、促进教育的相对公平,是做好家校教育联络的基础性工作。

儿童家庭生活的自然环境差异对儿童发展的影响也是十分重要的,如儿童是生活在暖和的南方还是寒冷的北方,是生活在发达的东部地区还是落后的西部地区,是生活在富裕的平原地区还是贫瘠的高山地带,是生活在方便的城市还是不便的农村,是生活在农耕区域还是游牧区域等,都会影响到儿童的生活经验以及此经验对学习经验的支撑和效果等问题。学校教育如何看待、处理这些儿童不可选择的自然环境及其对儿童学习的经验支撑问题,都是在追求个性化学习时代需要认真解决的。

第二,基本工作:做好家校常规联系。当前,学校方面承担的家校教育联系任务主要是由班主任来完成的。家校教育联系工作主要有:其一,定期家庭访问。一般学校对班主任等人的家校教育联系工作都有一定的要求,如要求班主任每个学期对每位学生至少做两次家庭访问,要求通过家校教育联系了解学生在家庭的学习状况、生活习惯、品德表现,以及学生的家庭代际关系、经济社会地位、家庭教育期望等情况,为向家庭提出配合学校教育的要求提供依据,为学校补救家庭教育不足提供依据。需要注意的是,家庭访问要讲究技术,千万不要让家庭访问成为上门"告状",避免因为家庭访问而让学生受到伤害。其二,规范书面联系。一般学校或班主任都建立有家校联系簿,有学校正式印制的家校联系表格,家长和班主任等教师通过此表填写相应的学生在家庭、在学校的情况,方便家庭与学校在不能够见面的情况下也能够了解学生的情况,相互探讨有针对性的教育方法。当然,实践经验表明,书面材料最好让学生知晓,即使是学生存在的问题,也要取得学生的认同,否则,学生不会乐意捎带这些书面材料给父母。其三,学校家长会。中小学都会在班主任等人的组织下在学校定期召开家长会。在家长会上,一方面,班主任和各学科教师都要介绍学生在班级的整体情况、重要倾向、个别突出现象,同时介绍班级教育的任务要求、内容计划、时段安排、家庭要求等；另一方面，集中听取家长关于学生在家中的学习状况、学习与生活上存在的问题、对学校方面提出的要求等。双方在相互协商的情况下，共同商量教育的对策。当然，在教育价值需求日益多元化的今天，学校教育与家长期望之间可能面临许多的差异，甚至矛盾，这些都要求班主任等教师提高家校联系的水平、技能。

第三，扩展工作：创新家校联系形式。近年来，家校教育联系出现了新的发展，出现了手机、QQ和微信联系等新形式。具体而言，由于网络的广泛使用，家校联系出现了基于信息网络的手机短信、QQ或微信的留言或对话，学校教师可以将学生在学校里的主要表现、学习状况、学校活动的安排通知与配合要求、家庭作业的要求等直接告知家长，提醒家长配合学校进行监督、检查。同时，这种新的家校联系方式，避开了传统家校联系中的学生这个"中介"的尴尬，而且联系的即时性、高效性非常显著。另外，还出现了一些新的家庭教育性质的组织。其一，一些学校或社会组织成立了"家长学校"，举行定期或不定期的家长培训活动，提高家长的自我教育能力，提升家长的教育素养，提高家长配合学校教育的能力。其二，一些家长还自动地建立了"家长委员会"，自主地开展活动，评价学校教育的优点与不足，评价班主任的工作和成效，评判教师的工作方法与效果，甚至还自主地给学校或教师颁发奖励等。只要学校或教师运用这些因素的积极方面，就能将家校教育联系做得更好。

二、社会教育

(一)社会教育的内涵

学校教育、家庭教育之外还有社会教育，社会教育主要是由政府、公共团体或私人利用社会教育资源、对社会成人和儿童青少年所进行的活动。古今中外，许多教育家都重视社会教育，注重教育对社会的改造，如空想社会主义者的社会实验、中国20世纪20年代兴起的乡村教育等。其中，晏阳初的乡村教育作为社会教育的重要代表，获得了国际社会的广泛认可。

阅读链接

晏阳初(1890—1990)，中国平民教育家。他探索通过生计、文艺、卫生和公民教育以解决民众的贫、愚、弱、私问题。他的平民教育实验影响了10多个国家的10亿多人，掀起了世界平民教育的浪潮。他被尊为"世界平民教育之父"。

社会是儿童、青少年在第一场所家庭、第二场所学校之外的又一个重要的活动场所，因此，社会教育是实施教育过程的又一个重要途径。社会作为一个包括众多构成要素、各要素之间关系极其复杂的巨大系统，生活于其中的个体无疑受到错综复杂的影响，社会对各种主体、内容、过程各个方面的开放性,使得社会教育呈现出自己的特点。[①]

第一,主体的多元性。担当社会教育主体的角色比较多,可以简单地划分为几个方面:其一,政府机关。各个社会的政府都设置有较为专门的机构进行社会教育工作,对国民进行强制性的政策规制、温和性的文化熏陶,以期造就所期望的国民。同时,政府机关中的一些部门又是众多的次级社会教育主体,如举办宣传、咨询活动时的司法部门、科技部门、教育部门等。其二,民间人士。每个社会都有一些民间人士或群体自发地或被授意地进行社会教育活动,如中国20世纪前半叶梁漱溟的乡村教育试验,晏阳初的平民教育试验,陶行知的生活教育试验以及雷沛鸿在广西对民众进行的全方位教育与训练等;当代社会的"关工委"(中国关心下一代工作委员会)人士对儿童、青少年的义务教育,各种学术团体、兴趣爱好协会举办的活动等,这些活动都涉及对民众生产技术、生活技能的培训以及文化意识的熏陶。

第二,对象的广泛性。社会教育没有年龄、时间、地点等局限,教育对象随时随地都可接受教育,它打破了学校教育那种封闭式的教育体系,教育对象不是特定的,而是具有泛化的特征。也就是说,社会教育影响的对象是非常多的,其年龄、性别、身份、职业、阶层、地位等可能涉及各个方面,如可能是儿童也可能是成年,可能是女性也可能是男性,可能是职业工作者也可能是待岗人员,可能是高学历者也可能是低学历者,可能是正常人员也可能是残障人士,可能是直接受影响者也可能是间接受影响者,可能是积极接受者也可能是被动接受者。因此,生活在社会中的每个人都可能是受教育者。当然,也存在一些个体不一定受到某种社会因素影响的可能,或虽然某种社会影响施加到其身上,但却被其抗拒而不起作用的特例。可见,社会教育在影响对象上也存在偶然性的一面。

第三,内容的丰富性。社会教育影响的内容是极其丰富的,从内容的层次角度讲,宏观层面的内容可能涉及职业技术、生活技能、人际交往、道德修养、人格熏陶等领域;微观层面的内容,如职业技术可能涉及职业态度、操作技术等,生活技能可能涉及饮食知识、起居常识等,人际交往可能涉及交往的意识、交往的技巧等。从内容的时间角度讲,既有传统的民间节日、传统集会、特殊庆典,也有现代社会的文化艺术节,如儿童节、青年节、劳动节、教师节、国庆节、电影周等。从国别角度看,既有本国、本民族的节假日庆祝活动,也有其他国家或民族的节假日庆祝活动,如中国青少年追逐的圣诞节。从内容的性质角度讲,既有高雅、积极、正向的影响内容,也有低俗、消极、负向的影响内容,如社会上流传的黄色段子。当然,在实际生活中的社会教育内容是极具综合性的,而且这种影响呈现弥散的性质,有形或者无形地存在于各个角落,很难简单地划分出类型来。

第四,形式的多样性。社会教育的影响形式可谓五花八门,如从实施主体看,既有政府组织的正规社会教育(如社会教育运动),也有民间组织的非正规社会教育(如科技宣传、艺术展览);既有团体组织的(如文艺表演、科普宣传),也有个人举办的(如绘画展览、司法咨询)。又如从使用媒体看,既有使用报纸杂志等传统媒体的,也有使用网络影视等现代媒体的;既有人体直接实施的(如街头宣传),也有运用媒体间接实施的(如广播电

---

① 侯怀银,张宏波."社会教育"解读[J].教育学报,2007(4).

影)。再如从传播场地看,既有使用大型广场展厅的(如火车汽车站、机场码头、市政广场等的大型公益宣传),也有使用微型场地的(如餐厅的"光盘行动"广告、厕所的节水节电广告)。当然,社会教育的形式虽然多种多样,但内容之间缺乏学校课程的那种系统性、逻辑性,因而表现出明显的零碎性。

(二)社会教育的作用

社会教育的作用是多方面的,根据不同的角度可以划分出不同的类型。如根据作用的对象可划分为对个体的作用和对群体的作用;根据作用的内容则划分为智力的影响和非智力的影响;根据作用的性质可划分为积极的影响和消极的影响;根据作用的时效可划分为即时作用和延时作用。下面从社会教育作用对象的角度进行系统的分析。

第一,促进个体发展。对个人而言,社会无疑是除家庭、学校之外极其重要的教育形式,它对于个体的发展具有重要作用。如儿童通过参加少年宫、少年之家、儿童公园等举办的活动,到儿童影院观看影片,到儿童阅览室、儿童图书馆学习等,可以增长知识,熏陶德行,规范言行,增进健康,发展才艺;又如成人通过进图书馆阅读、观看电视、收听广播、阅读报刊、查阅网络等途径,可以补习文化知识,提高职业技能,增长生活技能,陶冶情绪情感。总之,社会教育对于个体提高文化素质、增长职业技能、优化生活技能、规范言行、培育德行、陶冶情操、提高审美能力等都具有较好的作用。而且,社会教育中学习者主体地位的获得及其主体性的张扬,是其他教育所不能比拟的。正如学者冯建军所认为的,社会教育是利用学习者所谓的"闲暇时间"来完成的,它有利于"培养现代人正确的闲暇观念和积极运用闲暇时间的能力,造就自觉占有自由时间的主体"。它是学习者"自己学",而不是"别人教",能够很好地培养学习者自主学习的能力,成为真正的学习主人。[①]

上述作用的综合化就是促进个体的社会化。儿童、青少年首先生活在家庭,而后进入学校,再后来则进入社会,社会政治、经济等制度化的因素自然要影响人,社会风俗、伦理等非制度化的因素同样自然地影响人。在社会活动中,人与人之间的交往对于促进人的社会化、使人成为合格的社会成员是绝对不可缺少的,故人们才有"读万卷书,不如行万里路;行万里路,不如阅人无数"之感叹。同时,在当代社会,科学技术的突飞猛进,知识观念的更新加快,生活节奏的加快,向人们提出了终身学习的要求。与有限的家庭教育、学校教育相比,社会教育的长期性优势很明显。人们可以利用图书馆、阅览室、博物馆、科技馆、文化宫、少年宫等一切社会组织机构和场所进行学习,打破传统的学校教育时间与空间的限制,让教育伴随人的一生,成为人生的一部分。

第二,促进社会和谐。其一,利用社区教育,促进社区和谐。一方面,利用民间资源开展自发式的社会教育,如中国人传统的清明节、端午节、七月半、七夕节、中秋节、腊八饭、送灶神、除夕夜等,从中学习民间习俗,增加生活知识,还可以在亲人团聚、祭拜先祖与神灵中增进情感,提高认同,学会交往,促进团结。另一方面,依托社区资源开展有组织的社会教育,如利用政府组织设定的劳动节、教师节、护士节、爱牙日、爱眼日、新年节等节日,举行庆祝集会、知识宣传、态度影响等活动,有助于民众提高文化素质、规范礼仪

---

① 冯建军等.现代教育原理[M].南京:南京师范大学出版社,2003:284.

言行,增强社会归属感,从而增进社会人际关系的互动与融洽、活跃与有序。其二,缩小教育差距、促进社会和谐。社会个体由于所处的时代背景、社会环境、地区因素、家庭条件的不同,及个人身心等因素的影响而获得不一定平等的教育机会,对于那些家庭教育、学校教育处境不利者、缺失者来说,社会教育提供了一次补偿的机会。如那些早年失学者,可以利用社会教育进行弥补,实现人生发展的再次起步;那些残障人员,可以利用广泛的社会资源进行学习。社会教育这种弥补教育起点不公、缩小教育差距、增进社会和谐的功能是非常重要的。因此,近年来,许多国家都积极开展社会教育,如针对农民的扫盲教育,针对残疾人的就业培训,针对下岗人员的转岗培训。

此外,对于社会的流动人员,社会教育也具有很好的作用,如针对儿童,将少年宫、少年之家、儿童公园、儿童影院、儿童阅览室、儿童图书馆、科技馆、文化公园、文物馆、博物馆、民俗馆等社会教育场所向他们开放,具有预防、减少儿童、青少年犯罪可能性的作用;针对成人,将文化公园、古文物场地、博物馆、民俗馆、图书馆、阅览室、公共电视、大型广播、免费报纸、公益书刊、信息网络等向他们开放,为其提供各取所需的教育资源,具有预防犯罪、提高文明素养、增进和谐的作用。

(三)社会教育的工作

第一,创造环境:争取获得各方支持。在社会逐步走向教育终身化、网络能够提供学习资源的条件下,社会教育的作用又重新突显出来。一方面,传统的大家庭已经解体,核心家庭也面临着高离婚率的危险,单亲家庭日益增多,人们被不断地推出家庭。尽管现代社会人们接受学校教育的时间有所延长,但毕竟毕业后仍然要就业、走向社会。而社会里传统的单位约束力、吸引力已经下降,加之家庭活动的减少或个体被推向家外,于是出现了现代个体越来越突出的"单子化"现象。这种现象增加了个体的社会活动时间,自然突出了社会教育的重要性。另一方面,现代社会公共图书馆、博物馆、文化宫、广播电视、休闲机构等不断增多,而且保持开放,提供了较为丰富的物质化的社会教育资源;同时,现代信息网络的形式开放、内容丰富,也提供了极其丰富的数码化的社会教育资源,由此使得社会教育的重要性得到体现,并得到落实。因此,在信息化、全球化、民主化的新形势下,需要争取各个方面的校外社会教育的支持。当然,这些支持力量中最为重要的是政府,特别是在政府影响依然强大的情况下,面对许多在学校教育之外的对学生发展影响巨大的消极因素,学校往往是无能为力的,必须依靠政府的支持,特别是能够争取政府根据学校教育的需要,主动地修改某些不适宜的法律、规定,经济地组织力量净化公共场所、美化生活环境等,将是非常有利于学校开展工作的。如学校周边的经营摊点、娱乐场所、交通信号、道路安全、工地噪声等,都是学校无能为力而政府能够做好的事情。

第二,扎实工作:协调做好校社配合。其一,利用社会团体的力量,发挥多方的育人功能。如各地街道的居民委员会、许多单位建立的"关工委"、一些热心公益教育活动的社会人士等,他们都是对学生实施校外教育的重要社会力量。学校可以结合社会形势的发展情况、时事政策的要求、儿童发展的新现象、社会给儿童带来的不良影响等问题,邀请他们做主题讲座、专题辅导、专场演讲、座谈会,用较为知识化的、专业性的校外力量来做学校方面难以做好的教育工作。其二,利用社会教育资源,拓展校外教育空间。校外社会教育资源是比较多而且丰富的,如中国人传统的除夕夜、元宵节、清明节、端午节、七月半"鬼节"、七夕"情人节"、中秋节、腊八饭、送灶神等,都是极好的社会教育资源,学校可以通过布置家庭作业的形式要求学生去积极地感知、科学地分析,既达到继承与发扬传统,又达到增长知识、增进文化认同的效果。又如现代的社会教育资源有少年宫、少年之家、儿童公园或主题公园、图书馆、社区阅览室、科技馆、电影院、广播电视、文物馆、博物馆、民俗馆、公共电视、大型广播、免费报纸、公益书刊、信息网络等,学校通过敦促这些资源积极向学生及社会开放,让学生在校外也能够受到学校难以给予的教育。此外,还有一些国际公共节日,如劳动节、教师节、护士节、爱牙日、爱眼日、新年节等,利用这些节日有助于增长学生的知识,开阔学生的视野,增加国际理解,培养有国际视野的公民。

三、网络教育

(一) 网络教育的内涵

网络教育有一个历史演进过程,首先出现的是面向成人进行补偿教育的函授教育,它没有多媒体支持,只有文字材料的学习,学习方式比较单一、枯燥。接下来出现的是广播电视大学,它采用录像等视频工具授课,学员需要到指定地点看视频学习。再接下来就是传统远程教育的出现,即让学习者通过网络来学习已经录制好的课程。到第四个阶段才是在线学习的兴起,它在远程教育的基础上,增加了直播课堂、直播答疑的互动学习方式,充分弥补了远程教育沟通不足的问题,实现"一站式"学习。最后才是具有今天意义上的网络教育的出现,它运用计算机网络技术、多媒体数字技术、数据库技术等手段,在数字化环境下进行教育教学。专家预测,随着云计算技术在教育领域的广泛运用,众多网络教育资源将融入整体云平台当中,以学校教育社区为单位,现有的教育网、校园网将会升级,为无网站的学校提供新一代的教育网、校园网、班级网,同时将大量的教育资源整合在一起,未来将出现基于云平台的"四通八达"的教育网络空间。

阅读链接

戴尔(Edgar Dale,1900—1986),美国教育技术学家。他在视听教育、传播学、语言艺术与阅读研究方面做出了杰出贡献,他提出的"经验之塔"成为教学媒体应用于教学过程的依据。他被认为是远程教育到发展网络教育的重要影响人物。

对于"网络教育"的概念,学者进行了诸多的探讨。简而言之,网络教育是基于网络的教育,是一种利用网络环境所进行的教育、教学活动。网络教育虽然兼容其他教育形式,但具有相对的独立性,并成为与家庭教育、学校教育、社会教育并举的重要途径。网络教育因其信息借助于网络来传播而突破了时间与空间的限制,呈现出崭新的特点。

第一,开放性。网络教育的开放性是传统的学校教育、家庭教育等面授教育所难以比拟的,主要表现在:其一,时空的开放性。网络教育的时间、空间不像传统的课堂教学那样受到场地、人员到场等因素的影响,因为网络硬件不受人力限制,时时刻刻都在运行着;利用网络的学习者,只要有获取信息的终端就可以从网络上下载资源进行学习。其二,对象的开放性。网络因为其海量的空间而能够接纳众多的网民并能向所有愿意通过网络进行学习的人开放。其三,内容的开放性。许多学习资源(如一些著名大学的网络课程)都可以开放性地挂在网上,任何愿意获取者均可下载观看。网络教育的这种开放性特征有利于进行普及教育、补偿教育、全民教育,促进教育公平,增进教育民主,这是其他任何形式的教育都无法比拟的。

第二,非线性。与传统面授教育的线性化相比,网络教育的非线性化特征非常明显。如网络学习者可以自己选定学习的时间与空间,由此使得网络学习的时空呈现出非规则性特点;网络学习者在接受教育信息的同时,可能也发布信息资源、影响他人,由此将受教者与施教者的身份交叉起来,使学者与教者之间的身份模糊起来;网络学习者可以直接下载学习内容,也可以重组内容,创造出新的内容,由此使得所谓课程或内容呈现出非规范性的特点;在学习方式上,网络学习者完全可以根据自己的爱好倾向、认知风格安排自己的学习活动,如集中阅读或间断学习、随意浏览或仔细精读、独立学习或小组讨论等。人们在把"齐步走"的传统面授教育比喻为"赶公交车"的同时,把这种非线性的网络教育比喻为"打的回家"。

第三,交互性。现在,不但运用电脑可以上网,使用手机也能够上网,这种全覆盖的网络信息使得上网者之间的交互性越来越高。凡是利用过网络、参与过网络教育者都能够深深理解这种交互性,如网络学习者既可能与熟悉的网友进行交流,也可能与陌生的网民进行交流;网友之间的交流可能是频繁、固定的,也可能是偶然、临时的;可能是即时性的信息交流,也可能是保存性的信息留言;网友之间可能是简单地传递原始信息,也可能是传播加工重组的信息;网友之间可以用邮件、微信、博客、公告等多种形式进行交流。这种即时性的、多向性的、大讯息的网络教育交互,提高了教育信息的传递效率,加快了人们的学习节奏。

总之,网络教育因其具有资源利用最大化、学习行为自主化、学习形式交互化、教学形式个性化、教学管理自动化、不局限地区等特色和优势而逐渐被人们重视、运用,网络教育也越来越以其全球性代替了局域性、开放性代替了封闭性、生成性代替了固化性、自主代替了控制、交互代替了独白。同时,网络教育进一步促进了教育的社会化——更加密切了学校与社会的关系;教育的普及化——极大地提高了教育大众化的水平;教育的国际化——有力地推动了网络教育的国际交流;教育的个性化——极大地提高了学习的个性化和自主化,实现了它对传统教育的超越。这些新特质都是传统教育难以企及的。因此,有学者指出,网络教育蕴含了精英教育到民主教育、人本教育到文本教育、教育艺术到教育技术、功利教育到福利教育等重要内涵。[1]

---

[1] 张亚斌.现代远距离教育的文明特质论[J].中国电化教育,1997(8,9,10).

(二)网络教育的作用

罗国富先生等人早期对广州七所中学进行的研究表明,以计算机为核心的网络学习对"中学生的好奇心、耐性、独立性、好幻想、自信心、责任心、情绪稳定和性格等非智力因素均有良好的培养"。① 近20多年来,人们对网络教育的效果进行总结,综合各方面关于网络教育作用的认识,发现网络教育的作用是革命性、整体性的,表现在多个层次。

第一,赋予学生主体地位。传统教育中的信息主要是由教师作为播者主动地"推给"作为受者的学生。在这种情况下,只要教师保持热情、坚持讲授,课堂教学就可以进行下去,不管学生是积极学习还是消极应对甚至打盹。在网络教育中,教育信息是由学生自己主动地"提取"的,没有学生的主体地位,没有学生主体性的发挥,没有教育信息主动地向学生"灌输",学习就无法进行。同时,在信息的处理上,学生也必须保持较高的主体状态,如信息路径选择、信息类别取舍、信息认知加工等问题,学生必须主动地完成。一个在教室里呆坐的学生,多少会听见几句教师的话;而一个在微机面前呆坐的学生,则什么信息也不能获得。网络教育专家嘉格伦指出,在网络学习中,学生"必须要有自律和主动精神……不像传统的校园课堂,总是有人在你身旁督促你学习……你一旦成为网络学习的学生,就不可能再做被动的学习者了。网络学习的方法是积极的"②。

第二,激发学生主体性。网络教育主体地位的赋予有助于激发主体性。其一,激发自觉能动性。在网络学习中,学生"凸显"在台前,教师"隐退"在台后,教师由传统的"在场"支配、"台前"讲授转变为"缺场"指导、隐退到"台后"撰写教学脚本。在这种背景下,必须重视、激发学生的自觉能动性。其二,发展独立自主性。网络创设了自主参与学习的情境,构建了有利于自主参与的学习平台,因而,网络学习能不断强化学生自主参与学习的行为,有利于促进学生独立自主性的发展。其三,培育积极创造性。网络中信息间的联结是网状的,形成了互文性的超文本结构,③这种既无中心又无界限、无止境的阅读过程其实质是多维意义的延续过程,提供了无限联想和广泛吸纳知识的空间,有利于培育发散思维。④ 多样化的学习资源激发了学习者的创新想象力,多种类的学习环境为创新思维提供了空间,开放的教学资源培养了学生的创新意识,开放活跃的学习气氛可以增加创新意识。

第三,增长学生的智慧。网络教育促进学生智能发展的方式非常奇特。其一,在增加信息摄入量中促进智能发展。心理学家特瑞赤拉(Treychler)指出,人类学习的知识,通过视觉、听觉、嗅觉、触觉、味觉等途径而获得的分别为83%、11%、3.5%、1.5%、1.0%;我们可以记住自己阅读到的10%、自己听到的20%、自己看到的30%、自己看到

---

① 罗国富,赖杰琦.计算机第二课堂对中学生非智力因素影响的研究[J].华南师范大学学报(社会科学版),1992(1).
② [美]嘉格伦.网络教育——21世纪的教育革命[M].万小器,程文浩译.北京:高等教育出版社,2000:166.
③ 冯锐.网络教育文化之内涵及其特征[J].电化教育研究,2003(7).
④ 林斯坦.现代信息技术的特性与学习方式的变革[J].中国教育学刊,2003(7).

和听到的50%、交谈时自己所说的70%。[①] 这启示我们:在教学中要充分运用视觉、听觉,视听结合,直观教学。而网络教育恰恰能够多感官通道地刺激学生,给学生提供动用多感官的机会与提出运用多感官的要求,有利于智能的发展。同时,网络中具有传统教育所不具备的虚拟活动,如模拟飞行、模拟失重、模拟原子弹爆炸、模拟日食现象、模拟古代战争、模拟考古、模拟"违规"科学试验等,这些在现实中不可能的实践在网络中成为"现实",有利于激发学生的好奇心,训练学生的操作能力,提升学生的创造性。

第四,培育学生的情感。实体人际交往受制于物理的时空限制,网络克服了时空障碍,信息传递较快,物质空间抽象化,地域界限消失,使得学生能够跨越时空和不同地域的人交流,在快乐、成功时,有人与你分享;在烦恼、痛苦时,有人听你倾诉;在孤独、寂寞时,有人与你相伴、聊天解闷。因此,情感交流是学生网络活动的首选活动。同时,网络交流把实体社会中"点对点"的"对话式"交流和"点对面"的"独白式"交流融合起来,形成了无中心的"网络式"多向交流,实现了平等主体之间自由的、有选择的、多向的交流。再者,网络的隐匿性特征使得学生可以无所顾忌地袒露秘密,不管相识与否,不考虑对方的年龄、性别、种族、肤色、身份等问题,网友之间在众多聊天室、BBS公布栏、电子邮件等地方发布信息、交流思想、宣泄情感。

第五,促进学生道德的发展。网络建立之初的目的就在于信息共享、网络帮助,网络中充满了诸如信息共享、信息提供、网络帮助等利他现象。在网友提出诸如求医问药、寻求任务帮助等任何求助时,自会有其他"好事者"网友去应答,网络中涌现出许多互助、奉献的利他品质。利他行为属于亲社会行为的一种,它不但受个体的助人动机、对情境的认识、移情、内部奖赏、心境等差异的影响,而且也受他人在场、榜样、逃避情境的难度、危险的增加、社会期望、被帮助者的特征以及时间紧迫性等外部情境的影响。现实中的利他行为主要是期望得到巨大的回报,因而人们行善是有选择性的、最终常常是自利的。[②] 而在网络中,由于对象与自己不是处在一个熟人社会中,因而无法形成有利于自己的社会评价,也无法从他那里得到回报,而且网络活动者身份的隐匿与流动,使得施利者连回报者的基本信息都无法知晓,又何谈回报呢? 可见,网络中的利他行为没有现实社会中的利他行为那么多的"自利"动机。

(三)网络教育的工作

第一,整合力量:实现课堂与网络的契合。课堂教学中教师对学生的品德教育、人格示范、情感影响是网络教学无法比拟的。在师生面对面的课堂学习中,教师寓品德教育于教学中,把品德的知识、情感、信念、意志与行为一体化,容易实现对学生的品德教育;师生处在同时空的学校组织中,教师人格的影响真实、具体,对学生来说是有形可触、有样可仿的,能起到人格示范作用;面授学习中的教师给学生以具体、真实的感染,学生受到强烈的情绪慰藉、情感熏陶。数字化大师尼葛洛庞蒂认为:"讲话胜于文字的一个原因

---

① 林建祥.CAI的理论与实践[M].北京:北京大学出版社,1993:379.
② [美]威尔逊.论人性[M].方展画译.杭州:浙江教育出版社,2000:122.

是,它可以有其他附带方式来传递信息……怎么样讲话可能比讲什么话更重要。说话的语气非常关键……说出来的话除了字面的意思外,同时传递了大量的信息。"① 同时,在同一时间与空间的学校学习组织中,教师能够控制场景,能够对信息进行筛选、调控,使得学习注意力分配受到指导、学习与休息时间得到调控,从而也可以监督学生的行为,预防异常行为甚至犯罪行为的发生。可见,网络学习中存在的问题恰恰是传统课堂教学能够克服的。通过此比较可见,优劣互现的传统课堂学习与网络学习的整合成为学习环境发展的必然取向。因此,未来学生的学习环境应当是传统的课堂学习与现代的网络学习的整合。

第二,教会学习:掌握网络运用技能。网络教育的最大优势与特点就是赋予学生主体地位和支持学生基于网络的自主学习,因此,教学生学会网络学习是发挥网络教育作用的重要工作。其一,通过自主建构的网络学习,培养学生的自主性。从培养主体性的人之目标出发,学生的学习必须由传统的接受学习转向自主学习,学生的发展必须由单纯的外在塑造转向内在的自主建构,并在这种自主建构中培养学生的自主性,推进网络环境下的主体性重塑。具体包括:激发网络环境下学生自主学习的意识和动力,培养网络环境下学生自主学习的基本技能,提高学生在网络自主学习中的信息选择能力,帮助学生分析和确定学习目标,开展自主学习实践。其二,通过开发网络资源,培养学生的创造性。具体包括:一是培养学生的网络资源开发、软件设计能力;二是训练智能,奠定学生网络资源开发的智能基础;三是鼓励创造性学习,在创造性学习中培养创造性;四是鼓励个性化学习,在个性化学习中体现创造性;五是组织学生开发网络学习资源,学会在学习中创造。

第三,教会做人:培育学生网络伦理。加强网络伦理教育,提高学生的网络学习自律性是有效利用网络极其重要的内容、条件。在网络活动中,由于参与者角色扮演的临时性、个体自然的防御机制、网络隐匿特征的影响、网络交往中测谎比较困难,所以网络行为由此变得不诚实,个体缺乏网络伦理道德的现象也随之增加。② 要想克服网络学习中的这种违反伦理、道德的现象,就必须加强网络伦理教育,培养学生在网络环境下的自律性。具体包括:一是加强网络伦理教育,让学生在遵守无害、公正、尊重、自主、允许等网络活动规则中培养自律性;二是在认同合法性、透明性、责任、回应、效率等网络社群道德中培养自律性;三是在网络与现实的结合中提高自律性。

第四,学会交往:培养网络合作品质。让学生在网络学习中学会合作是促进学生发展的又一重要途径,是对单向性主体发挥而导致主体性的张狂、失去自我控制的克服。由于在网络文化中学生学习、交往环境的变化,培养学生合作品质需要从以下方面来思考、推进:其一,全面认识网络互动对象间的新矛盾,即师生交往中并存着机会增加与情感淡化的"矛盾"、范围扩大与对象集中的"矛盾"、从知觉到感觉的"逆性"发展的"矛盾"。

---

① [美]尼古拉·尼葛洛庞蒂.数字化生存[M].胡泳,范海燕译.海口:海南出版社,1997:167.
② 程乐华.网络心理行为公开报告[M].广州:广东经济出版社,2002:90.

其二，教师是互动协作中的合作者、促进者。其三，开展具体的网络师生互动协作活动，如基于Web的师生交往、视频点播方式的交往、基于BBS的师生教学交往、视频会议方式的师生交往、电子邮件方式的师生交往等。同时，由于网络学习、课堂学习各自对主体性变化的积极作用与消极影响的存在，使得网络下的师生交往活动必须把它们有机地结合起来、趋利避害，使学生在虚拟与现实的沟通、互动中学会合作，培养合作能力，促进主体性的发展。

本章小结

在本章里，我们以较为开阔的视野，将学校教育、家庭教育、社会教育及至网络教育的过程都进行了分析。首先，就学校教育而言，对课堂教学和课外活动两种途径的过程进行了考察，在介绍了各种课堂教学概念的基础上，给出了我们关于教学的概念，描述了教学的作用，即人类经验转化为个体经验的高效途径、促进学生个体获得全面发展的重要途径、学校教育工作的中心环节等。同时，对教学规律、教学原则、教学模式等的内涵及其内容做了阐释。对个别教学、班级教学、小队教学等重要教学形式以及其他特殊的教学形式，对备学生、备目标、候课等教学准备，对导入、课中、结束等教学环节都做了阐述，由此勾勒出学校课堂教学过程的基本范畴。

其次，我们对课外活动过程进行了考察，先是界定了课外活动的概念，描述了课外活动具有的灵活性、综合性、实践性、自主性特点。接着对课外活动的作用、任务进行了探讨，认识到了课外活动具有延伸课堂智能教学、形成学生思想品德、调节学生生活节奏等作用。并进一步对课外活动的类型、组织要求进行了分析，从中明确了组织课外活动需要遵循明确的目的性和计划性、符合学生共性与个性特征、活动的形式要丰富生动、发挥学生的自主性和创造性等要求。

最后，我们对校外教育（如家庭教育、社会教育、网络教育）的内在机理进行了探索。其中，关于家庭教育，概括了家庭教育的启蒙性、奠基性、熏陶性、感染性、针对性、综合性、终身性、长期性等特点，阐释了家庭教育的精神抚慰、认知引导、物质支撑等作用，并对家庭教育工作的基本要求做了阐述。关于社会教育，概括了社会教育的主体多元性、对象广泛性、内容丰富性、形式多样性等特点，阐述了社会教育促进个体发展、促进社会和谐的作用，并对社会教育工作的基本要求做了阐述。关于网络教育，概括了网络教育的开放性、非线性、交互性等特点，阐述了网络教育赋予学生主体地位、激发学生主体性、增长学生的智慧、培育学生的情感、促进学生道德的发展等作用，并对网络教育工作的基本要求做了阐述。

复习思考

一、巩固练习

1. 人们提出了很多教学规律的说法、教学原则的说法、教学模式的主张,请你对这些所谓教学过程理论的合理性进行简要评价。

2. 比较分析个别教学、班级教学、分组教学、小队教学等形式的优点与不足,并向他人介绍其他的教学组织形式。

3. 家庭教育、社会教育具有哪些特点和作用?当前家庭教育、社会教育面临哪些挑战?人们应该如何应对?

4. 请在广泛收集有关网络教育影响的基础上,组织一个主题研讨会:网络对课程设置、教师角色、教学组织、教学评价等带来了哪些挑战?教师应该如何应对?

二、观点辨析

1. 个别教学形式是一种古代的教学组织形式,不适合现代教学。
2. 快慢班教学有利于因材施教。
3. 课外活动因为是课外的活动,所以不能纳入考试范围。
4. 婴幼儿玩手机也是一种网络学习形式。

三、阅读与思考

阅读材料1:有专家研究指出,创新精神是可以"教"出来的。在日前举行的大同中学国际教育论坛上,中外老师通过自身实践表明,只要提供足够的时间和空间,创新精神也是可以"教"出来的。一是每周留出创新时间。如日本东京市川学校为同学们空出创新时间。每周,学生都有2小时的活动研究时间。此外,每名学生必须在其他学生面前进行4次演讲,其中包括一次英文演讲。同时,学校与12个大学和企业建立了友好关系,每名学生都必须在实验室内向专业的研究员学习一次。调查表明,79%的学生对这门课持积极态度,99%的家长认为孩子在这项锻炼中变得更加成熟。二是不以一个标准选才。受到国外同行的启发,大同中学从去年起开发了CIE创新课程,这门课程的教研组由多学科老师共同组成,每一季公布主题后,学生自行报名。活动几乎涵盖了所有的学科,如设计类项目包括了材料学、建筑力学等内容,媒体与传播项目涉及新闻采编、摄录像等环节;生化类项目则包括化学分析、植物学知识等内容。活动中老师们思索:评价一个人是否具备创新潜质的依据是什么?应该怎样帮助每个学生内心创新的种子萌芽?例如,在"数码作曲"项目中,成员是一群各具特长却各有不足的学生——有的学生计算机应用能力一流,但是根本不知道作曲是怎么回事儿;有的学生能弹一手好钢琴,但是对计算机又一知半解;还有一位学生仅凭哼唱就能谱出优美的乐曲,但是五线谱简谱一概不识。老师将他们组合起来,形成团队,一组名为"十八岁足迹"的乐曲诞生了。[①]

---

① 陆梓华.创新精神是可以"教"出来的[N].新民晚报,2011-11-24(有删改).

思考任务：阅读上面这则材料后，请写一篇2000字左右的学术小论文，阐述你对创新是否可以教、当前阻抑创新的因素、如何创造有利于提高学生创新素质的环境的看法。

阅读材料2：有人描述了一个基于网络的教学情境：在六年级教室中，孩子们正在用网络工具挖掘文物。他们被带到一个亚述文明遗址前，老师布置的任务是：把遗址下面埋藏的文物发掘出来，仔细分析每一件文物，然后根据发掘的结果写一篇关于亚述人的生活方式和生活环境的论文。学生们实际面对的是一个计算机仿真的考古环境——它是根据真正的遗址制作的，很逼真，甚至挖掘的时候都能听到扬土的声音。在学生不断发现珍珠和象牙一类的物品时，这些11岁的孩子们嘴里念叨着"地层""就地发现"，俨然专家一般。为了证明他们的观点，学生们从电脑的联机"图书馆"上寻找资料，动用学校的图书馆，甚至到附近的纽约大都会艺术馆的亚述文物收藏中发现线索。"计算机上的遗址就像属于我们自己的一样，"一个12岁的孩子说，"如果挖出了一个新文物，我们觉得好像我们是世界上第一个发现它的。"[①]

思考任务：阅读上面这则材料后，请写一篇2000字左右的学术小论文，阐述你对全面信息化下的学校教育、课堂教学情境的畅想。

---

① 胡泳.另类空间[M].北京：海洋出版社，1999：127.

第七章
教育管理：体制及规范

◆ **案例阅读**

台湾"教育部"有关人士表示，对现在的小朋友成熟提早，不少"小六生"已出现了第二性征，他们是否适合继续留在小学还是应该进入初中学习，社会上有不同的看法。因此，台湾"教育部"将举行会议，启动"学制改革"讨论，搜集是否将现行"六三三"学制改成"五四三"或"五三四"的意见。有关人士陈伯璋先生透露信息说，现在有几个方向，一是将"六三三"调整成"五四三"或"五三四"；二是将六周岁进小学改为五周岁，在"K到十二（幼稚园到高中毕业）"间，重新进行不同阶段切割。台北县坪顶小学校长张荣辉先生认为，"教育向下延伸"比较重要，让五岁的小朋友就进小学，当局多照顾未来的主人翁一年，也可以解决一部分储备教师找不到教职的问题。此外，台湾家长团体联盟理事长谢国清先生说，现在"小六生"的体格和性格都比较接近初中生，幼稚园大班的小朋友也比以前成熟，可以进小学。他表示支持"教育部"进行"学制改革"。

◆ **问题聚焦**

上述这则材料反映了一个为学生设计什么样的教育制度较为适宜的问题。其实，联系教育在社会中运行的实践情况，上述这则材料中其实还包含着许多问题：什么是教育制度？教育制度有哪些结构？当今教育制度改革有哪些趋势？什么是国家与学校的教育行政？什么是学校教育管理？当今学校教育管理出现了哪些新变化？这些教育制度背后的理论基础是什么？如此等等。这些就是本章要介绍的教育制度及其运行的行政等内容。

◆ **学习目标**

1. 理解义务教育的内涵及特性，了解当代中等教育的结构发展，了解现代高等教育的发展趋势。
2. 理解现代学校教育制度局限性的表现，并分析其原因。
3. 了解世界上学校管理的类型，掌握学校管理的基本内容。
4. 理解校级管理的内容，了解班级群体的类型。
5. 了解教育测量的作用和类型，比较常模参照性测量、目标参照性测量的异同。
6. 了解教育评价的作用和类型，联系实际，正确比较终结性评价与过程性评价、目标性评价与发展性评价的优劣。

第一节
教育制度

走出具体的教育活动,视角转到这个系统的结构,就会发现教育系统首先呈现出一个体制及结构,并由相应的制度进行规范。根据教育制度调控的范围和层次,可以将其分为宏观层面的国家教育制度、中观层面的学校管理制度和微观层面的教学制度。

一、国家教育制度

(一)教育制度含义

教育制度是"根据国家的性质制定的教育目的、方针和设施的总称",以及"各种教育机构的系统",它表现为一定的机构体系或系统。因此,广义的教育制度是指一个国家各种教育机构的体系;狭义的教育制度通常是指学校教育制度(简称"学制"),即一个国家各级各类学校的系统。如此,可以认为,教育制度是指一个国家各种教育机构和教育规范体系的总称。这一定义包含了"制度"的两重含义——规范和机构体系。其中,教育规范是教育制度的核心,教育机构是教育制度的载体。教育规范既包括正式的教育规范(如教育政策、教育法律),也包括非正式的教育规范(如教育习惯、教育风俗、教育惯例)。教育机构不仅包括教育的实施机构,也包括教育的管理机构。教育的实施机构不仅包括学校教育机构,也包括学前教育机构、校外各种儿童教育机构与成人教育机构等。

国家教育制度是国家通过教育政策和教育法律确立的基本教育制度。比如,我国1995年颁布的《中华人民共和国教育法》中规定了我国基本的教育制度,包括学校教育制度、义务教育制度、职业教育制度、成人教育制度、教育考试制度、学业证书制度、学位制度、教育督导制度、教育评估制度。除此之外,国家为了保证基本教育制度的正常运行,在其他法律中规定了教育行政制度、教育人事制度、教育财政制度等。以上都可统称为国家教育制度。学校管理制度是依据学校的内部规则而形成的组织模式,其功能是贯彻国家有关教育方针和政策,保证教学活动的顺利进行。教学制度是教师在教学过程中形成的相对稳定的教学行为方式。

"教育体制"也是一个经常被使用的术语,与此相似的术语还有"教育行政体制""教育行政管理体制""教育管理体制"。这些术语与"教育制度"之间是什么关系存在不同说法。根据有关研究,可以把教育体制分为狭义的和广义的两种,狭义的教育体制就是指教育管理体制,即教育行政机构体系和相关制度的总称。广义的教育体制是指各种教育机构体系和相关制度的总称,包括教育实施机构和教育管理机构。在广义上,教育体制与教育学意义上的教育制度的内涵和外延重叠。

(二)教育制度结构

1. 义务教育制度

从义务教育的提出到被法律确认,再到义务教育的普及,经历了相当长的一段时期。义务教育发端于16世纪的宗教改革。宗教改革中奉行新教的国家感到要使基督教信仰成为民众自身的东西,就必须使一切人都有阅读圣经的能力。于是,在新教普及的瑞士、荷兰、普鲁士、苏格兰,市政府创设了免费的公立学校。早在1691年,德意志魏玛邦就公布学校法令,规定父母应送其6~12岁的子女入学,否则政府就会强令其履行义务。到20世纪初,主要的资本主义国家都基本普及初等义务教育,其间历时200多年。义务教育的普及是多种社会因素作用的结果。宗教改革运动、专制国家的形成、工业革命、追求教育权利平等等因素逐渐促成了欧洲诸国义务教育的普及。17~18世纪,欧洲的一些专制国家为了其政治统治的需要,认识到向臣民灌输一定的意识形态和一定量知识的重要性,纷纷颁布了有关义务教育的法令。在普鲁士,腓特烈大帝于1763颁布《地方学校通则》;在俄国,卡特琳娜二世时代规定创办免费的二年制小学;在法国,路易十四于1694年颁布教育令,规定父母的教育义务。资产阶级革命时期,义务教育曾经一时衰退。19世纪上半期,随着资本主义工商业的发展,在资产阶级教育民主理念的影响和工人争取教育权的斗争下,西欧各国开始大力兴办国民初等教育。到19世纪末20世纪初,各主要资本主义国家都已基本普及初等义务教育。进入20世纪以后,随着科学技术的发展和国际竞争的加剧,各国把教育作为立国之本,特别是获得独立的发展中国家更是把教育视作实现现代化的最佳路径。第二次世界大战之后,普及义务教育成为世界范围内教育发展的总趋势。当前,世界上大多数国家都已确立了义务教育制度,义务教育的年限进一步延长。

我国义务教育的提出可以追溯到20世纪初颁布的各种学制章程中。中华民国颁布的宪法规定了普及四年义务教育的具体方案,但未获实施。新中国成立以后,对普及义务教育做出了许多规定,并大力发展教育事业以保证公民的受教育权利的实现。1986年颁布并实施的《中华人民共和国义务教育法》,标志着我国义务教育制度的确立。到2000年,我国已基本普及九年制义务教育。在我国,履行就学义务的前提是设置学校的义务和保障就学的义务以及不得妨碍学龄儿童就学的避止义务。

阅读链接

《中华人民共和国义务教育法》于1986年颁布,它规定国家统一实施所有适龄儿童、少年必须接受的义务教育;义务教育是国家必须予以保障的公益性事业,不收学杂费。该法是实行九年义务教育制度的根本大法。

义务教育是国家依据法律规定实施的强制的国民基础教育,它的核心因素是对有关家长送子女上学的义务(就学义务)的规定。因此,义务教育具有其重要特点。

第一,就学的强迫性。义务教育制度是国家通过立法的形式加以确立的。法律所规定的义务,义务人必须履行,对不履行义务者国家将依靠国家机器强制其履行或者给以惩罚。因此,义务教育法除规定了就学义务之外,还规定了对不履行义务者的处罚。

第二,对象的普及性。义务教育是面向所有适龄儿童的普通基础教育,其目的是为了保证所有儿童都能平等地接受基础教育。它正是通过法律的形式赋予每一个儿童接受教育的权利,并监督其权利的实现。

第三,学费的免费性。免除学费是实施义务教育的最基本保障,没有免费的强制是缺乏充足理由的强制,没有免费的教育就难以保证其实施,也就难以普及到每一个儿童。因此,义务教育作为国民基础教育应是一项公益事业。国家政府或地方政府应提供义务教育的经费,对于个人及其家庭应当免除学费。义务教育的年限应视国力而定。

在我国,当前的义务教育在实施中还存在许多问题。其中农村义务教育的问题特别突出,如义务教育投入不足、教育条件过于简陋、教育资源匮乏、教师工资不能保证、班额过大、高辍学率、乱收费等问题十分突出,寄宿制学校建设、营养餐、留守儿童、学生上下学和校园安全等新情况与问题也突显出来。2013年,国务院副总理刘延东在考察农村教育时指出,只有把占全国85%的农村中小学办好,才能实现义务教育的均衡发展。要加大支持农村义务教育的力度,缩小城乡差距,使农村孩子接受公平而有质量的义务教育。因此,今后我国基础教育的发展战略应做出方向性的改变——由注重数量发展转变为注重质量提高。加大对农村义务教育的投入,切实提高农村义务教育的质量是我国义务教育工作的重中之重。

2. 中等教育制度

中等教育是指介于初等教育和高等教育之间的教育阶段。中等教育出现较晚,最初是附属于下延型学校系统的教育,初等教育普及之后,逐渐成为初等教育以后的第二阶段的教育,并且在发展过程中呈现出诸多选择及类型。中等教育与初等教育和高等教育相比,它的结构最为复杂。初等教育实施的是统一的国民基础教育,结构单一,而中等教育为了适应学生的出身阶层、能力倾向、出路以及社会对其需求的多样性,出现了多种学校类型和多样化的课程设置。在分支型学制中,有普通学校和职业学校之分。普通学校以普通文化课程为主,旨在为升学做准备。职业学校以职业教育课程为主,旨在为就业做准备。在单轨学制中,没有普通中学和职业中学之分,只有综合中学,实施综合化教育。在同一所中学中,既有学术课程,又有职业课程,并谋求两类课程的相互融通。

第一,中等教育的文实之分。中等学校的出现是文艺复兴以后的事情。在欧洲近代史上,最早出现的中等教育机构是实施古典人文教育的文科中学,属于贵族私立学校。它以古代语言、古希腊与古罗马的学术、历史和文化为基本课程,强调人文教育,主要培养高级僧侣和政府官吏,为升学服务。之后出现了一种新型的中等学校——实科中学。实科中学是为了适应资产阶级的需要而发展起来的,它以现代外语、现代数学和自然科学为主要课程,强调实际应用。自实科中学出现以后,在连续两个世纪的时间范围内,欧洲各国都有古典中学和实科中学之争,即所谓的文实之争。随着义务教育的普及并不断上延,现代中等教育也逐步实现了文实融和,文实之争已不再是两类学校类型的问题,而演变为古典人文教育和现代科学技术教育的关系问题,即所谓的古典与现代、科学与人文之争。

第二,中等教育的普职之争。普职之争是中等教育中又一个争论焦点。中等教育结构改革的趋势是由相互独立的普通中学和职业中学向综合中学发展。综合中学通过在课程设置方面谋求各类课程的统整,提供多样化的课程供学生选择,以充分满足学生的兴趣和志向。在学生的去向上,兼顾升学和就业。关于何时分流的问题,在历史上,职业教育最早在小学进行,后来在初级中学阶段实施,目前主要在高中阶段进行。分流过早容易限制学生的能力和兴趣,造成学生的片面发展,可能影响到他们一生的发展;分流过晚则不能适应个人和社会的发展需求。另外,何时分流还取决于社会发展对人才基础知识水平的要求。从目前来看,由于义务教育已上延到初中阶段,初级中等教育已基本被确定为基础教育,教育分流一般在高中阶段进行。发达国家的职业教育已有移向高中后的明显趋势,如美国的高中多为综合高中,把职业教育移向了社区学院。这是因为当代科学技术的水平越来越高,对职业训练的文化基础要求也越来越高,而文化基础越高,人才的适应能力就越强。

第三,中等教育的分流选择。今天,各国的中等教育阶段由于各自历史发展过程的差异,存在着一阶段制与二阶段制之分。所谓一阶段制,是指中等教育阶段不分层次。而二阶段制是指将中等教育划分为初级中学和高级中学两个阶段。西欧的双轨学制最初是没有严格的初、高中之分的。美国的单轨学制中最先有了高中,接着苏联的学制中也有了高中,最后是欧洲双轨学制的中学也分为两段,也有了高中。显然,义务教育延长到哪里,双轨学制就并轨到哪里,教育分流就相应后延。尤其是分支型学制,教育分流一般在高中阶段。当前,关于普通学术教育和职业技术教育是分还是合的争论被称作普职之争,它的实质是中等教育的分流问题。鉴于存在的问题,中等教育必须向学生提供多样化的选择,但是如何分流和何时分流则是争论的焦点。联合国教科文组织在1996年发表的《全球教育发展的历史轨迹——国际教育大会60年建议书》中提出:"中等教育既应有助于个人充分而全面的发展,又应使个人为文化、社会和经济生活做好准备。""中等教育是教育的一个阶段,这期间要引导青年成为独立、有责任心的成人。"因此,中等教育阶段的分流趋势是不断谋求普通教育和职业教育的沟通和融合。一方面,普通中学应进行着眼于生计准备的职业指导和生涯教育,即普通教育职业化;另一方面,职业学校也应更多地担负普通文化教育的责任,即职业教育普通化。

3. 高等教育制度

现代高等教育属于中等后教育,实施的是高层次的专业教育,处于现代学制体系的最高阶段。现代高等教育机构——现代大学和高等学校是在资产阶级革命之后,随着现代生产和科学技术的发展而不断发展和完善起来的。它们经过两条途径发展起来:一条途径是通过充实人文学科和自然学科的知识,把中世纪大学逐渐改造为现代大学,比如牛津大学、剑桥大学和巴黎大学;另一条途径是创办新的大学和高等学校,如伦敦大学、洪堡大学、巴黎高等师范学校。直到20世纪上半叶,高等教育仍具有精英教育的特征,而且与生产技术的联系并不密切,主要进行本科教育。20世纪后半叶,高等教育获得了不同寻常的发展机遇,其规模、层次和类别都得到了前所未有的扩展,社会影响也达到了空前地步。美国哈佛大学前校长洛韦尔(Lowell)曾说:"大学存在的时间超过了任何形式的政府、任何传统、法律的变革和科学思想,因为它满足了人们的永恒需要。在人类的种种创造中,没有任何东西比大学更能经受得起漫长的吞没一切的时间的历程的考验。"[1]

现代高等教育是一个多层次的教育系统,包括专科教育、本科教育和研究生教育三个层次。本科教育始终是高等教育的主体部分,而专科教育和研究生教育直到二战后才得到了迅速的发展。专科教育具有高等职业教育的性质,随着高中教育的逐步普及以及职业教育的后移,一些属于专科性质的短期大学、社区学院、技术学院迅速发展起来。同时,现代高等教育在发展中表现出强劲的扩展趋势,这种趋势主要表现在以下几个方面:

第一,受教育对象的扩展。历史上,高等教育属于精英教育,主要以特定阶层的子女为对象,以培养精英人才为目的。到了现代社会,随着现代学制的建立和中等教育的普及,高等教育的升学率显著提高,高等教育逐步大众化。按照美国加州大学伯克利分校的马丁·特罗(Martin Trow)教授对高等教育发展阶段的划分理论,当一个国家大学适龄青年中接受高等教育者的比率在15%以下时,属于精英高等教育阶段;15%~50%为大众化高等教育阶段;50%以上为普及化高等教育阶段。[2] 根据联合国教科文组织的统计,1985~1997年高等教育的毛入学率,世界平均从12.9%上升到17.4%,发展中国家从6.5%上升到10.3%,而发达国家已经从39.3%上升到61.1%。[3] 发展中国家正逐步实现高等教育的大众化,而发达国家已经实现了高等教育的普及化。教育对象的扩展不仅体现在适龄青年中接受高等教育者的比率提高,而且体现在接受高等教育者的年龄范围的扩大。目前高等教育为了满足个人和组织不断增长的学习需求,不断调整层次和类型,大学更加多样化,学制和教学方式更加灵活,为各种阶层和大幅度年龄层的学生提供服务。

第二,高等教育职能的扩展。传统的大学是研究高等学问的专门机构。20世纪初的大学仍主要从事教育和研究,和生产技术的联系不密切。到了20世纪中叶,特别是第二次世界大战以后,高等教育逐步走出"象牙之塔",直接为社会经济服务。现代高等教育机构"通常包括以高层次的学习与培养、教学、研究和社会服务为其主要任务和活动的各类教育机构"[4]。生产、教学、科研一体化成为现代大学的特征。随着知识经济的到来,高等教育机构作为知识创新系统和知识传播系统的主要部门,其职能已大大超出了单纯的教育意义,日益成为推动社会发展的核心部门。

---

[1] 张怡,郦全民,陈敬全.虚拟认识论[M].上海:学林出版社,2003:244.
[2] 国家教育发展研究中心.2000年中国教育绿皮书[M].北京:教育科学出版社,2000:84.
[3] 联合国教科文组织.世界教育报告 2000[R].北京:教育科学出版社,2001.
[4] 联合国教科文组织.高等教育变革与发展的政策性文件(1995年)[R]//全球教育发展的研究热点——90年代来自联合国教科文组织的报告.北京:教育科学出版社,1999:132.

二、学校教育制度

(一)学制的内涵

学校教育制度,简称学制,是指一个国家组织其学校教育活动的规则体系和各级各类学校体系。学校教育制度是现代教育制度的核心。学制作为规则体系,规定了各级各类学校的性质、任务、入学条件、学习年限及其相互之间的衔接关系。

随着教育活动的不断规范化和组织化,学校教育形成了自成一体的封闭体系并拥有了霸权地位,难以适应社会发展的需要,其弊端日益为人们所关注。

第一,过分制度化。为了使教育活动更有成效,建立适当的标准和规范对其进行组织和管理是非常必要的。正是在这一信念的支配下,教育活动日益制度化。但是,过于严密的制度化管理会使教育体系缺乏弹性和灵活性,排斥教育活动中人的个性和自主性。在这样的教育制度中,个人对其在教育活动中的活动内容、活动方式、活动时间、活动空间乃至发展的方向都没有自主选择权。目前的学校教育系统及学校内部的各种活动,越来越服从于既定的标准和规范。从目前的学制来看,没有为不同的人提供多种教育模式。在这样的学制体系内,个人难以选择最有利于自己发展的教育模式。从学校内部而言,正如胡森(Torsten Husen)在描述学校的特征时所指出的:它是一种全日制学习的机构;入学和毕业都要经过严格的考试,而且有一定的年龄限制;教学模式是教师面对学生的讲授式;课程是分年级的;管理倾向于日益严密,教学工作在更加中央集权化的规定下变得更为统一。[①] 如此严密的管理规范在制度上没有给学习者留下自主选择学习内容、学习技术、学习方式和学习时间的余地。当一个儿童进入学校教育系统,就如同进入一个流水作业线,他会被按既定程序进行加工,并从一级输送到另一级。在这样的教育系统中,学习者所拥有的自由是十分有限的。这有悖于现代社会对人的主体性的弘扬。

> **阅读链接**
>
> 胡森(1916—2009),瑞典教育家。他在教育机会均等、教育研究与教育决策的关系、教育研究范式等领域进行了开创性的研究,他以理论服务实践的学术操守深得学界的敬佩,他主编的《教育大百科全书》在世界范围内产生了广泛的影响。

第二,高度封闭性。首先,这个严密的体系通过其内部标准决定允许什么年龄的人学习和什么水平的人学习,而将一部分人排除在学校教育之外,这意味着当一个人在他的一生教育过程中的某一个教育阶段失败了,就等于把他永远驱逐到学校教育之外,再

---

① [瑞典]托斯顿·胡森.教育的目前趋势[A]//中央教育科学研究所,《世界教育展望》编辑组.世界教育展望.北京:教育科学出版社,1983:182.

也无缘接受学校教育。这与教育民主化是背道而驰的。在当今社会,随着人们对教育需求的不断增长,这种教育制度再也不能满足这种需要。其次,学校教育日益与社会相脱离,教育活动被严格限制在学校之内,学校生活成为一种封闭的、独特的生活方式,它主要以书本知识为学习内容,以课堂讲授为主要教学形式,排斥学生的日常生活经验;过重的课业负担又不断吞食学生的课外时间,留给学生的自由的个性空间十分有限;学生在长长的学龄期过着几乎与世隔绝的学校生活,学校成了"教育的孤岛",学校生活日益远离了符合学生人性的生活。学生非但没有养成良好的学习态度,没有学会学习,反而厌恶学校和学习,甚至逃离学校。这种封闭的学校教育所培养的人是无法满足学习化社会对人提出的终身学习的要求的。

第三,彰显霸权性。随着教育的日益制度化,学校教育逐渐享有一种独尊地位,而非学校教育形式却日渐受到排斥和蔑视。一个人只有接受学校教育才算受教育,而且社会的用人制度对此推波助澜,社会只承认正规学校的毕业生,其他任何形式的教育经历都受到歧视。学校教育已演变成一种社会仪式,经历某种学校教育成为一种身份的象征,正规学校的毕业证成为进入社会的通行证。目前,这种学校教育体系的霸权性正在受到挑战。当代社会,科学技术的革命、知识的大量激增、庞大而又快捷的信息传播渠道正在有力地冲击着传统的学校教育。

第四,认定唯一性。正规的学校教育均是一次性的,它是服务于儿童和青少年的,是为他们的将来生活做准备的。当一个人脱离学校进入社会,他的教育就终止了。他要么在校学习,要么工作。这种企图通过学校教育使人们一劳永逸地掌握未来生活所需要的知识的教育制度,可能只适应于一个较为稳定的、进展缓慢的、保守的社会。面对一个迅速变化的社会,知识在加速更新,人们需要不断学习才能跟上社会变化的步伐。显然,这种教育制度很难满足民众不断增长的教育需求。"教育如果要成为真正民主的教育,就应该有这样一种结构,这种结构不仅使个人准备好自己将来能在社会上发挥作用,而且在社会生活中他们的才能经过考验之后仍有受教育的机会。但今天的教育事实恰恰相反,当社会承认一个人已经负担了责任并在从事活动时,他的教育便停止了"。[①] 只有终身教育制度才能打破这种僵局。

制度化教育的弊端越来越明显,必须予以改革。终身教育理念的提出正是为了克服现行教育制度的缺点,以起到补正的作用。终身教育思想缘起于成人教育,首先提出的是声名卓著的保罗·朗格朗于1965年在联合国教科文组织做的《论终身教育》的报告,其次是1972年埃得加·富尔(E. Faure)做的《学会生存——教育世界的今天和明天》的报告,再次是查尔斯·赫梅尔(C. Hummel)于1977年做的《今日的教育为了明日的世界》的报告,它们对终身教育都起到了推动作用。终身教育这个概念的内涵也在不断发展,《学会生存——教育世界的今天和明天》中说:"最初,终身教育只不过是应用于成人教育的一个术语,后来逐步把这种教育思想应用于职业教育,随后又涉及在整个教育活动范围内发展个性的各个方面,即智力的、情绪的、美感的、社会的和政治的修养。最

[①] 联合国教科文组织国际教育发展委员会.学会生存——教育世界的今天和明天[M].华东师范大学教育研究所译.北京:教育科学出版社,1996:225.

后,到现在,终身教育这个概念,从个人和社会的观点来看,已经包括了整个教育过程。"①

> **阅读链接**
>
> 保罗·朗格朗(1910—),法国成人教育家。他在联合国教科文组织会议上所做的终身教育报告推动了终身教育的发展;他的《终身教育引论》已成为终身教育的依据,影响极为广泛。他被誉为"现代终身教育之父"。

第一,终身教育是一种大教育观。首先,它包括一个人从出生到死亡所受的全部教育,即所谓的"从摇篮到坟墓";它涵盖了家庭教育、学校教育和社会教育各种教育形式。其次,终身教育不仅满足人的工作和职业需要,更重视发展人的个性,使每个人的潜能都得到充分发展,使个人具有更强的适应性,以维持和改善生活质量。再次,终身教育是一种民主的教育观。一方面,终身教育将受教育对象扩展到任何年龄的任何人,任何人只要愿意都可接受教育;另一方面,终身教育给予受教育者最大的自主性,在学习内容、手段、技术和时间方面,学习者可以自主选择,并在他们认为需要的时候选择合适的方式进行学习。

第二,终身教育是一种补正性的教育。终身教育并非是对现代教育的完全否定,而是对现代教育实行补正机能以克服其缺点。现代学校教育制度的建立本是历史进步的表现,它具有许多优点,曾经极大地推动了社会的发展。但是时代不同了,当代社会的发展呈现出不同于以往的特征:科学知识激增使得大量知识迅速过时,生产技术革新周期加快使得创新日益成为企业的制胜法宝。在这样一个以迅速变化为特征的社会,现代教育制度变得越来越不适应社会发展的需要,批评之声四起。非学校化社会运动的代表人物伊里奇(Ivan Illich)尖锐地指出:"学校的废除已不可避免。"②废除了学校,可以恢复人们曾被正规学校教育剥夺的自由,可以恢复他们对机构的控制,从而可以重新获得他们在教育工作中的首创精神。这一观点显然过于激进,联合国教科文组织对此持审慎态度,认为这种观点至今没有实验的根据,因而仍然处于理智的臆想阶段。在未来社会,学校有它本身的作用而且将有进一步的发展,但不再享有特权,教育必须超越学校教育的范围,把教育的功能扩充到整个社会的各个方面。

---

① 联合国教科文组织国际教育发展委员会.学会生存——教育世界的今天和明天[M].华东师范大学教育研究所译.北京:教育科学出版社,1996:225.
② [美]伊里奇.学校教育的抉择[M]//瞿葆奎.教育学文集·教育与社会发展.北京:人民教育出版社,1989:651.

阅读链接

《非学校化社会》是美国文化奇人、社会学家伊里奇(1926—)的著作。书中猛烈地抨击了现代学校制度的流弊,号召以"学习网络"代替学校;该思潮席卷西方世界。他被公认为"非学校化社会"的创始人、领袖。

(二)学制的结构

从结构上看,现代学校教育制度包括各级各类学校。各级学校和各类学校相互交错组合,构成现代学校教育制度的网络化结构。各级学校是以入学年龄和修学年限为依据进行划分的。从小学、初级中学、高级中学到大学,各邻近级别之间相互衔接,构成一个严密的、自我封闭的体系。各类学校的划分较为复杂,依据教育对象的类别,有普通学校和成人学校之分,又有普通学校和特殊教育类学校之分;依据培养目标的不同,有普通学校和职业学校之分,主要体现在中等教育阶段,尤其是高中教育阶段。

近代以来,西欧出现双轨学制,首先获得发展的是下延型教育系统,这是以中世纪发展起来的大学为起点,向下发展为升大学做准备的中等学校教育。文艺复兴时期的德国已产生了拉丁文法学校,被称作文科中学。与此相反,19世纪以后,国家在教育事业上的作用日益加强,为平民的日常生活提供直接有用的知识与技能的初等学校发展起来,然后跟职业学校相衔接,"自下而上"地构筑成另一个学校系统。19世纪后期,体现教育民主的单轨学制最早在美国确立。19世纪末20世纪初,美国大多数州已确立了义务教育制度,中学教育和大学教育都得到了发展。20世纪初,一种介于双轨制和单轨制之间的学制出现在苏联,这种学制被称为分支型学制。基础教育阶段实行公共的义务教育。中等教育阶段实行教育分流,一支是学术教育,另一支是职业教育。两支教育的毕业生均可升入对口的高等学校,从初等教育到高等教育仍保留适当的贯通性。从理论上讲,这种学制兼顾了公平与差异、普及与提高,兼具上述两种学制的优点。但实际上,普通教育一直更受重视,而职业教育质量一直不高,而且升学机会较少,造成实际的不公平。进入20世纪之后,西欧各国的教育制度从双轨制向单轨制和分支型学制方向发展。二次世界大战后,随着义务教育的上延,中等教育逐步实现并轨,双轨学制逐步向单轨制和分支型学制演变。

中国的学制是清末时期从西方引进的。1904年颁布了"癸卯学制",该学制以日本学制为蓝本,并保留了尊孔读经的封建教育特点;该学制的颁布宣告了中国现代学制的产生和依附于科举制度的旧教育制度的终结。1912年颁布了"壬子癸丑学制",它从横向上将学校教育分成三个系统:普通教育、师范教育和实科教育。1922年颁布了"壬戌学制",它参照美国学制,标志着中国资产阶级新教育制度的确立;该学制依据发扬平民教育精神、谋求个性发展的指导思想,把学制系统分为初等、中等和高等教育三段;该学制小学6年,初中3年,高中3年(即"六三三制");其中,初等教育又分为初小4年和高小 2 年，义务教育为 4 年，分段设置有利于不同地区根据各自的情况普及义务教育。新中国成立后，在对旧教育的改造中，继续沿用"壬戌学制"。在 1985 年颁布的《中共中央关于教育体制改革的决定》中，仍然维持学校教育"六三三"的基本格局；后来在 1995 年颁布的《中华人民共和国教育法》中确认了这个学制。所以，我国现行学制是一个以学校教育系统为主体，包括学前教育和成人教育在内，普通教育和职业技术教育并重的现代教育制度体系。

　　20 世纪 60 年代以后，学制开始逐步走向终身教育。众多国家都把它作为本国教育发展的指导思想，并在相关的教育政策中体现终身教育的原则。当然，终身教育的蓝图要全面付诸实施，还需要时间和条件，但它是符合当代需要的，并不是脱离实际的空想。实践表明，有些教育改革已体现了终身教育的原则。一方面，传统的学校教育体系正在从时间和空间上突破其局限，变得不拘于形式；另一方面，非正规教育的迅速兴起正成为正规教育的有益补充。时间上，现代学校教育系统的起点已从学龄儿童下延到学前儿童，终点已从职前扩展到职后；空间上，传统教育系统正在向社会开放。首先，随着现代信息技术的发展，大学依据其智力资源提供远程教育服务，开办讲座，提供网络课程。其次，在一些发达国家，随着成人学习的兴盛，小学、初中、高中的校舍设备越来越多地向成人学习开放，学校和社区之间的隔离正在被打破，学校在社区的文化建设中发挥着主导作用，社区的文化建设成为学校教育的直接补充。在近二三十年间，非正规教育迅速发展起来，逐步打破了正规的学校教育系统对整个教育系统的垄断局面。在我国，广播电视大学、夜大、函授教育、高等教育自学考试、高等教育学位考试等高等教育学历文凭教育形式以及各种非学历的职业技术培训、短期学习进修、职业资格教育和学校继续教育等非正规教育形式有了很大的发展。这一切都昭示着终身教育正在从理念走向实践。

第二节 教育管理

没有教育管理这个软件,教育制度这个硬件就仅仅是形式化的存在,难以有序、有效地运行。那么,国家层面的教育行政管理、学校层面的校级、班级管理中有哪些工作呢?当前的中小学教育管理又有哪些新的情况呢?如此种种,作为教育工作者自然是需要了解的。

一、国家教育管理

(一)国家教育行政

管理是管理者为了实现一定的目标,对各种资源所进行的计划、组织、控制和激励的各种活动的总称。管理的实质是以最小的代价获得最大的效果,它要对活动进行计划、对人财物进行组织、对系统各要素进行协调、对实施状况进行及时有效的控制、使实施状况与目标保持一致、对人员进行激励、调动人员的积极性等,这种计划、组织、协调、控制和激励活动是管理的基本职能。教育管理是人们为了实现教育目标,对各种可资利用的教育资源所进行的计划、组织、指挥和控制的活动。教育管理包括国家教育管理与学校教育管理两大方面。其中,国家教育管理是对国家教育活动进行规划、组织、协调和控制,以保证国民受教育权得以实现的活动。学校教育管理是对学校教育活动进行计划、组织、协调和控制,以保证学校工作正常运行、实现教育目标的活动。学校是教育的基层单位,是教育管理的重要主体,学校管理的好坏直接影响到学校效能的发挥和教育目的的实现。

教育管理是伴随着学校的产生而产生的。学校作为一种教育组织形式已有两千多年的历史,有了学校就需要对学校的活动进行管理,因此,教育管理活动与学校有着同样长的历史。但是,在学校发展的漫长历史过程中,管理活动与教学活动是合二为一的,并未成为一种独立的活动,人们对学校的管理主要是凭经验进行的。到了19世纪末20世纪初,随着国民教育的普及与提高,许多国家的学校数量急剧增长,办学规模不断扩大,学校教育事务日益繁杂,这就要求有一套与教育发展相适应的管理方法和措施。在这样的背景下,教育管理问题被提上议事日程,教育管理领域开始逐步借鉴工商业的管理方式,教育管理效率得到了明显提高。随着管理理论的发展,教育管理也不断地吸收新的管理理念,使管理方式更加科学、合理。比如,现代学校内部机构层次分明、分工明确、制度健全、责权一致;在管理过程中注意运用科学的信息搜集方法来对学校事务进行调控;民主管理已成为一种学校管理制度,科学管理已成为现代学校管理的特征。

为了有效地对国家教育设施进行管理,首先需要建立相应的教育行政体系。以中国为例,早在春秋战国时期的齐国就在"稷下学宫"中设置"祭酒"一席,作为管理教育的职位。后来,隋朝专门设置了国子监这一教育行政机构来管理全国的教育,并且这个类似的教育行政机构一直延续到清代。到了现代,设置教育部这个最高的教育行政机构以统管全国教育,并且在各省、直辖市设置教育厅或教育委员会,以直接支撑国家教育部的行政工作;各省、市下面设置教育局或县、区教育委员会担负该地区的教育行政管理责任。这是一套政府层面的行政管理体系。同时,还存在一套学校行政管理系统,即教育部直接管理一批学校(如我国的"985工程"高等院校、"211工程"高等院校),各省、直辖市教育厅或教育委员会管理一批高等院校和著名中小学校,县、区教育局或教育委员会再直接管理一大批中小学校。而且,各个高等院校、中小学校内部也建立了自己的行政体系,其结构内容涉及行政管理、教学管理、后期管理、学生管理等众多并行和联系的体系。由此形成了政府教育行政、学校系统行政两大教育行政体系。

阅读链接

该作[1]是美国管理学家、联合国若干机构和美国国际开发署的国际顾问马克·汉森(E.M.Hanson)的著作。书中全面地梳理了20世纪西方管理及教育管理思想的发展脉络,是教育管理专业的重要书目。

(二)教育行政类型

世界各国的教育行政制度及其管理活动在发展过程中,由于各国历史进程、传统文化观念、政治体制、文明取向、民主价值态度等的不同,因而形成了不同性质的国家教育行政管理模式。

1. 集权教育制

集权型国家一般指奴隶社会、封建社会以及现代的某些国家的政治模式。这些国家崇尚教育的政治价值,一切为维护政权服务,实施严格的集权管理教育体制,强调绝对服从。集权型国家的教育价值观有下列特点:强化教育的国家观念,加强教育的思想控制;强化教育等级观念,培养社会等级意识,复制专制社会政体;推行愚民政策,摧残知识和人才,压抑个性;以严厉的校规和惩罚制度治教治校。如果集权制度是倒退的,那么,这种教育价值观则是一种破坏性极大的教育价值观,它摧残民智、复制不平等、制造愚昧和战争。当然,传统教育集权制也在逐步弱化,它在适应时代发展的过程中,不断地增加民主的成分,通过类似先民主、后集中,再民主、再集中的反复制度设计逐步克服传统极端集权制度的弊端,发挥集中决策的优势,极大地提高了教育行政决策的效率。

2. 分权教育制

它多存在于实行分权制的资本主义国家。国家对教育实行宏观调控,给学校较大的办学自主权,允许自由办学,自由地与社会经济的各个部分建立各种联系,不强求一律,

---

[1] [美]E. 马克·汉森.教育管理与组织行为[M].冯大明译.上海:上海教育出版社,2005.

较大地满足各方面对教育的需求。这种教育价值观有下列特点:注重实效,不讲究具体形式;反对教育上的人身依附关系,把教育作为平等的重要标尺;强调完美人格的塑造、个人独创和自我实现等个人主义;重视科学知识,重视教育为生产服务等。这种教育制度强调全面地发挥教育职能,较多地提供个人发展的可能条件,倡导根据具体需要来选择教育,但也易于导致个人主义膨胀、教育资源分配不均、两极分化严重的现象。当然,一些教育分权制度也在调整,不断扩大集中的成分,加强国家对教育的领导,以克服极端分权下教育行政的低效率问题。

3. 混合的教育制度

政治上实行集权与分权相结合的制度的国家,在教育行政管理上,一是设置有统管全国教育的行政机构——文部省;二是设置有领导地方教育的主管部门——教育委员会(用间接协商的方法工作);三是学校既有公立的,也有私立的。这种教育行政制度的设计力图克服上述两种典型教育行政模式的弊端,把国家强有力的行政干预力量与学校主体性的自我运行力量结合起来。这种教育行政模式在理论上是比较理想的,在实践上则存在国家教育行政与学校自主管理之间的博弈,容易出现国家教育行政"一抓就死,一放就乱"的现象。

阅读链接

蔡元培(1868—1940),我国著名教育家。他主张尚自然、展个性,提出了包括军国民、实利主义、德育、世界观、美育的民国教育宗旨;主张大学是"囊括大典,网罗众家"的研究高深学问的地方,遵循"思想自由,兼容并包"的原则来办大学。他被誉为"中国现代高等教育之父"。

二、学校教育管理

(一)校级管理

1. 校级管理的原理

学校组织是旨在达成教育目标的社会组织单位,其特性表现在:一是学校组织的非强制性。完成人类文明在学生身上的"内化"性质使得学校不能是强制性组织,但学校组织又带有强制性。因为学生的行为需要规范,甚至强制,由此带来学校教育的惩罚限度问题。二是学校组织的功利性。学校对教师来讲是功利性组织,主要表现为教学工作是教师谋生的手段,但也应当鼓励教师树立非功利性价值观。三是学校组织的规范性。学校对教师与学生来讲都是规范性组织,教师有教的规范性(目标、内容、方法、手段、考试与管理等),学生有学的规范性(日常行为习惯、思想道德水准、学习态度与方法、技能与艺术的水平等)。四是学校组织的异质性结构。学校是一个异质结构,首先体现在学校成员的组成实际上主要是两大类身份不同、地位不同的群体——教师与学生。著名社学家华勒斯坦(Wallerstein)指出,师生之间是一种典型的支配与从属的关系,双方之间存在着潜在的对抗与冲突,师生在社会学特征上几乎完全相对。[①] 学校作为一种异质结构,还体现在学校组织目标与国家教育目的的差异、学校组织目标与成员个人目标的差异、学校理想目标与实际追求目标的差异等多方面。另外,由于教师与行政领导、教师与非教学人员之间所存在的观念差别、所依据的规范不同等,也可能存在一定的对立与冲突。这样一种异质结构往往意味着学校也是一个充满冲突和对立可能的组织。

阅读链接

华勒斯坦(1930—),美国社会学家,著作有《现代世界体系》《不确定的知识》《学科·知识·权力》等,"世界体系理论"的代表人物和当代社会科学多学科综合研究的倡导者,当选"美国二十世纪最伟大的社会学家"。

近年来,人们提出学校去行政化的问题,但存在认识差异,其中涉及学校组织的性质问题,主要有:一是把学校视作工厂。这是一种科层组织观,学校也设计的有像工厂一样的层级:校长、副校长、教师、学生;学校的各层级是通过一系列的规章制度来进行管理的,学校教育就如同汽车的装配线一样。这种古典工业管理模式主导了整个20世纪的教育管理实践活动,但是这种模式忽视了学校中人的维度,更忽视了学生的主体价值,过分简化了教育过程的复杂性。二是把学校看作社会。这是一种行为科学观,将学校视作社会系统,强调学校中团体和人的互动,重视人的思考和能动性,使参与者适应组织的价值观和目标,团体乐意把职责、目标与个人目标联系在一起,而不是通过书面的规则和严密的监管来进行管理。三是把学校视为松散结合的系统。教师对课堂教学拥有相当大的支配权,校长无法监控到每一个教师每一天的工作,教师之间相对独立、缺乏工作交往,学校呈现松散结合的特征。四是把学校视为双重系统。它认为学校不仅具有松散结合的特征,而且有科层或经典组织的特征。当然,在一所真实的学校中,并不存在任何一种极端的情况,更多的是一个多重组织。一般来讲,在管理教师的教学行为时,应强调学校的非科层特点,重视人际关系和行为科学理论的运用;在管理其他日常事务时,则应强调学校的科层特点,重视科层理论的运用。

2. 校级管理的内容

工作一:校务管理。校务管理是学校工作得以展开的基础,是学校作为一个体制性存在的重要体现。校务管理包括:编制财政计划和制订学校预算;学校物资设备的购买、登录和保管;校舍、校产的维护和维修;激励学校后勤人员的工作积极性;有学生住校的学校还要负责为学生提供住宿和饮食服务;校园的绿化和美化工作。

---

① [美]华勒斯坦等.学科·知识·权力[M].刘健芝等译.北京:生活·读书·新知三联书店,2005:135.

工作二：教学管理。教学管理是学校管理的核心内容。教学管理一般包括课程编制、教学人员的在职培训和教学评估。在我国，学校层次的课程编制是在执行国家、省级课程方案的基础上编制适应本地区要求的课程方案，重新确定学校的目标，针对不同学生的要求确定连贯的教学活动。师资的在职培训在学校教学管理中是一项非常重要的工作。教学是复杂的，教学方法的改进也是没有极限的，因此，教学能力的培养是教师终身的事情，学校应该将教师学习进修制度化。学校教学评估也是教学管理的一项重要任务，教学评估包括对教师教学方案、教学过程和教学绩效的评估。

工作三：人事管理。学校人事管理是学校各项工作得以顺利展开的重要保证。学校人事管理的内容主要包括学校人员的招聘、工作安排和人员的开发、辞退，以及人员的福利、健康等。实际情况表明，学校人事工作的人情味越浓，职工的归属感就越强，工作的积极性就越高。同时，众多的经验还表明，学校人事管理的核心是人员的待遇管理问题，这是学校凝聚中青年人才的关键。当然，在中小学、高等院校里，由于教师工作性质的差异，实行什么样的待遇管理政策是非常值得研究的重要问题。

工作四：学生管理。学生作为学校得以存在的基础，使得学生管理成为学校管理目标成效的重要指标。学生管理包括学生行为管理、学生资料管理、学生组织管理等众多内容，其中，学生行为管理是校风建设、教风和学风建设中的重要范畴。由于学生身份的特殊性、任务的特殊性、心理特征的特殊性、生理的特殊性，因而要求学生管理具有高度的针对性、有效性。

3. 校级管理的方向——校本管理

校本管理是20世纪80年代后期发端于美国而后波及许多国家和地区的国际性运动。它强调教育管理权的下移，把中小学作为决策的主体，运用分权、授权、协作、团队等组织行为学的原理和技术，来构筑学校与外部（上级主管部门、社区等）及学校内部（校长、教师、学生等）的新型关系，其着眼点主要在于学校效能的提高。美国著名的教育管理学者戴维（J.L.David）所概括的"校本管理＝自主＋共同决策"，反映了校本管理的基本特点。

第一，学校自主。校本管理以学校自主办学模式取代过去的政府包揽办学模式，学校成为独立办学主体，并以独立的法人资格对学校发展承担责任。校本管理主张将学校决策的责任交给那些对有关问题拥有最多的第一手信息的人，即学校领导、教师、学生、家长和社区。从世界许多国家的教育改革情况来看，分权是各国教育改革的共同特征。即使是像英、美这样的分权制国家，教育决策权仍进一步由教育局或学区中央行政办公室的官僚机构向各个学校转移，使学校在预算、人员和课程等方面拥有更多的资源自决权，使学校变得更加灵活、稳健，更有适应力，更加高效，更有特色。需要说明的是，西方国家在进一步下放权力给学校的同时，也加强了对学校教育质量的监控力度。一些国家实施的家长择校、统一测验、评估学校绩效并公布学校排名等措施，实际上在另一方面强化了国家的职能。

第二，共同决策。校本管理的另一个特点是共同决策。这主要是指校长、教师、家长、社区人员，有时也包括学生，共同参与学校的各项决策，如学校的经费使用、人员的聘用、课程的编制、教材的选择以及其他各种事务等。共同决策往往是由学校管理委员会做出的。在委员会的组成方面,校长通常是重要成员,但并不一定是委员会主席,教师、家长和社区成员,甚至学生一般都有代表参与。

第三,校长负责。校长负责制在我国有两种情况:一是对高校而言是党委领导下的校长负责制,二是对中小学校而言是党委监督保证下的校长负责制。中小学校的校长负责制,首先意味着是校长全面地对学校负责。校长是学校的法定代表人,代表政府承担管理学校的全部责任。校长对学校的各项工作,包括教学、科研、行政管理等,应当全面负责。法律赋予校长与其职责相对应的权力,这些权力一般包括决策权、指挥权、人事权、财政权等。其次是党组织负责监督。实行校长负责制,党组织的职能由过去的直接领导转变为对学校工作的保证监督,即保证监督党的路线、方针、政策在学校的贯彻、落实,保证办学的社会主义方向,保证学校的各项任务能够顺利完成。最后是教职工民主参与。发挥教职工民主管理作用是校长负责制的重要组成部分。校长对学校工作的统一领导,应建立在民主管理和科学管理的基础之上。因此,实行校长负责制的学校应该建立健全教职工代表大会制度,对学校工作实行民主管理、民主监督,充分发挥教职工的主人翁作用。当然,校长负责制对校长的素质也提出了更高的要求。我国于2012年颁布了《义务教育学校校长专业标准(试行)》,要求义务教育学校校长应树立以德为先、育人为本、引领发展、能力为重、终身学习等基本理念,并从规划学校发展、营造育人文化、领导课程教学、引领教师成长、优化内部管理、调适外部环境六个方面对义务教育学校校长的专业职责与专业内容做出了规定。

我国的校长负责制中也出现了一些问题,比如,由于不明确学校与行政主管之间的关系,行政部门并不放权给学校,造成校长有责无权;在学校内部管理上,强调校长的职权,导致家长制作风和蔑视教职工的民主权利等现象。因此,落实校本管理还有许多工作要做:首先,政府要转变职能。政府应该从对学校校长任命、职工编制、课程设置、经费使用和招生考试全程、全方位的控制中脱离出来,采用间接手段对学校进行宏观调控。为此,政府要授权,采取间接的宏观管理手段,督促学校公正、合理地运用得到的权力。这些手段包括:立法、政策引导、提供资助、评估督导和信息服务等。其次,改革学校领导制度。在政府与学校之间建立中介组织,如在北美,以社区的方式成立董事会,这种非政府组织里面有政府官员、司法人员、社区各方人士、家长代表、教师代表等,董事会作为学校的最高权力机构决定学校的重大事项,校长对学校董事会负责,这既可以让政府从学校的具体事务中脱离出来,实现对学校的间接管理,也可以避免个人或个别集团垄断学校的决策权,实现学校的民主自治。

(二)班级管理

1. 班级结构

班级是一个小型的社会组织,是一个"小社会"。不同学生的社会背景、教师与学生的角色意识、师生关系与交往、学校组织与文化对学生的制约、班级气氛及其对学生的制约、学校的社区环境及其教育影响等都是班级社会性的重要反映。班级的作用有:一是归属功能。班级作为一个未成年的同龄人组织,是一个"准社会",让学生获得归属感。

二是管理功能。通过学生干部来执行学生的自我管理,并依靠全班同学的合作来完成。三是角色社会化功能。班级的形成,一方面部分解除了儿童对家庭的情感依赖,使儿童逐渐融入社会生活的现实中;另一方面根据儿童个体的发展成就来区别儿童在班级中的地位,从而发展了儿童将来在社会中所需要承担特殊角色的"社会责任感"。四是选择功能。儿童在班级这一分层结构中,获得了一种最基本的地位分层模式观。

班级组织结构是对班级成员结构、班级目标结构、班级规范结构、班级角色结构、班级人际关系、班级功能结构等各种亚结构的总称。这些班级结构在整体中具有相对稳定的特性,赋予班级以基本形态,并对班级中有可能发生的行动的进程加以限制。在这一相对稳定的组织形态中,老师、学生和同学之间都会知道他们各自的责任,从而开展班级成员间的有效的相互交往活动,也能限制班级成员的一些个人自由。

类型一:班级组织的正式结构。班级组织的正式结构是指经由教师许可的、学生公认产生的组织结构。这种正式结构多为"工具性角色"的结构,即为完成班级服务的角色结构。其重要表现是:把学生看作学习者,把教师看作教育者;教师与学生遵守相应的教育规范;教师在教学过程中按照社会要求传递给学生以期望、行为,特别是学生的表现是由教师给予分数、表扬等正式的心理报酬。班级组织的正式结构一般分为:第一层是对全班工作负责的角色——班干部;第二层是对小组负责的角色——小组长;第三层是每个学生的角色——班级的一般成员。其中,班干部的产生途径有两种:任命和推举。任命制主要由班主任推荐、全班认同,这种方式推出的班干部的威望是外加的,有时缺乏学生的信任。推举制还可分为直接选举和间接选举两种,此类班干部因为是学生自主地选出来的,一般有较高的威信,人际关系也较融洽。

类型二:班级组织的非正式结构。班级组织的非正式结构是指没有经由教师许可和学生公认而产生的组织结构。这种非正式结构多为"目的性角色"的结构,即为完成小群体的个别服务的角色结构。班级组织的非正式结构主要是在班级成员的日常活动中形成的。如果说学生在正式结构中的地位是由教师、学生共同决定的话,那么,学生在非正式结构中的地位则完全是由其个人的"能量"自主形成的。所以,学生在班级中的整体地位状况和人际关系状况,主要由二者共同决定。班级组织的非正式结构的规模较小(一般为3~5人),人与人之间的吸引力很强,集体观念也很强,沟通效率较高。班级组织的非正式结构的功能有积极与消极两个方面:从积极面而言,有助于满足学生的交往与表现自我的需要,有助于加强班级成员之间的人际关系;从消极面而言,容易导致班级成员中的小圈子现象,不利于班级正式活动的开展。

2. 班级群体

班级形成后,受到个体空间距离(距离越近,接触越多,心理认同感越强)、个体影响力(这是一种新的因素,它受到学习成绩、体育能力、其他技能、班干部身份,甚至家庭经济等的影响)、个性因素(如兴趣、爱好和性格)等因素的影响,学生群体开始分化。

类型一:游戏性群体。在米德看来,游戏是儿童社会性和个性发展的重要媒介,也是儿童自我概念发展的重要阶段。游戏使学生学会交往,增长社会生活能力,因此,不会玩的学生不是一个身心健康的个体。在学校中,以玩为主的游戏性群体占学生群体的多数。这些游戏性群体包括临时性游戏群体(如课间休息时的游戏活动,其特点是短时效),偶发性游戏伙伴(如课堂上的"恶作剧"或者相互传字条等)。

类型二:兴趣性群体。兴趣性群体往往是从游戏性群体发展而来的,因而带有"玩"的特点,但它比游戏性群体具有更高的相融性和聚合力。这类群体有自身的目标和任务,个体有一定的意志力,持续时间通常较长,具有"迷"的主要特征,如收藏、欣赏、制作等。

类型三:倾吐性群体。倾吐性群体不以消遣为目的,而是以倾吐心理感受、表达内心活动为主,所以,此类群体往往是固定的,有很紧密的心理联系,群体中的对方往往被一方认为是知己、好友。其活动内容主要有发牢骚、诉说、聊天等。随着核心家庭的不断发展,学生之间的此类群体会不断增加。倾吐有助于保持心理健康、平衡心态。

类型四:互助性群体。互助性群体以相互帮助为目的,具有帮困解难的作用,有很重要的社会生活意义,有助于提高学生个体的自立、自学、自主水平。但它也可能出现负面效应,特别是在当前一些学校中,学生之间的互助往往带有利益色彩,如付钱买作业等。这样一来,互助性群体反而产生了损伤个体心理品质的现象。

类型五:冲突性群体。此类群体主要以侵犯其他同学、惹是生非、逞强称能为特征。尤其是当前,由于各种影视媒介播放了不少暴力故事,给成长中的学生带来了许多不良影响,形成了不良示范。

学生群体的存在可以满足学生不同的心理、社会需要。在马斯洛看来,人的需要对于身心发展来说不可缺少,否则会引发身心疾病。学生班级群体具有多方面的作用,如:一是提供同伴影响。在学校生活中,除了家庭、学校的影响,同伴是学生最主要的社会空间。二是有助于促进社会性发展。学生的社会化需要一定的社会空间,群体正是这种场所。可以说,一个群体就是一个"小社会",学生在其中的活动,就是在进行初始的社会实践活动,这使学生的社会适应性、社会能力都得到了发展。三是有助于促进个性发展。学生群体的多样性与学生个性的丰富有关。

3. 班级控制

班级控制是教师领导班级的一种方式。教师为了有效地指导学生的学习,并影响学生的行为,需要对班级进行有效的控制,其主要目标就是使个人的行为被公众所承认,合乎公众舆论的标准。这种公众舆论标准也就是指的团体规范。为了有效地控制,建立合理的班级规范是必要的。最初要求个人遵守班级规范,是采取奖励和惩罚的办法,久而久之,规范便会内在化,形成一种观念,即使没有他人在场个人也能遵守。所以,教师常以建立合理的班级规范来实现对班级的控制。在下面一些情况下,学生容易顺从班级的规范:规范很明确;团体监视个人遵守规范的情况;团体对于成员遵守规范与否有很强烈的制裁力;团体很团结,个人受团体的吸引;很少有支持不轨行为的情形;个人是否遵守规范会影响团体工作的达成及团体本身的维持。

(三)课堂管理

课堂管理是指对影响教学效果的诸多因素进行组织、规划、协调和控制的过程,其目的在于处理好教学活动中的各种关系,包括预期的教学主导策略、过程的教学监控策略。

1. 课堂教学策略

课堂管理的内容包括清晰明确的教学目标、及时有效的反馈和复习巩固必要的知识等。[①] 课堂管理的效果如何直接影响教学的最终效果。

策略一:管理策略。课堂秩序管理策略的运用主要是通过教师的口头语言和体态语言来进行的。如上课时,教师用声音或信号吸引尚不稳定的学生注意力,用目光或语言的暗示活动制止违纪现象等。个别学生管理常采用的策略有教育与表扬相结合,鼓励与行为替换相结合,教育与批评相结合等。

策略二:指导策略。指导是指对学生学习方法、学习状况的组织与管理,以达到最佳的教学效果。具体的课堂指导策略有:①对学生的课堂回答和任务完成不能草率地肯定或否定,应从质量的角度予以评价,对完成的方法和技巧予以指导。②对所有学生的正确反应给予鼓励与支持,不能忽视或者嘲弄学生的错误反应。③及时进行课堂辅导。当学生完成课堂练习时,教师应及时进行课堂辅导,不能让学生无所事事。④指导用语明确、清楚。⑤给学生足够的课堂时间消化课堂知识,并及时解惑。⑥注重对学生学习方法、学习策略的指导。

策略三:诱导策略。诱导是利用课堂情况,引导、鼓励学生积极思考,参与教学活动。常用的诱导策略有:①以疑导学。在课堂讲授中设疑,创设问题情境,诱发学生的求知欲望。②组织讨论。讨论应当主题明确,教师注意倾听,适时加以点拨。③集思广益。教师鼓励学生从不同的角度去思考同一个问题,提出独到的见解,亲身经历问题的思考过程。

2. 教学监控策略

教学监控策略是指为了达到预期的教学目标,教师在教学活动中对教学的全过程进行积极主动的计划、检查、评价、反馈、控制和调节所采用的教学谋略或措施。教师运用教学监控策略的水平既受制于教师自身对有关策略的熟练掌握程度,又受制于教师的教学监控能力。有效教学监控策略的制订和选择,需要以教学目标的达成为前提,以教学主体的互动为本,以课堂教与学的行为为中心,从教学情境的实际出发,综合考虑教学活动的诸多要素。

策略一:主体自控策略。教学监控实质上主要是对教学活动主体的监控。对人(主体)的监控最有效的方式是促使其自控。在教学活动中,教师根据教学要求和主体状态,激发、培育主体自控机制的方式、方法,就是主体自控策略的具体应用,主要表现在:①激发主体动机,提高主体的自我认知水平。②提高元认知监控的水平。元认知监控是指主体将自己正在进行的认知活动作为意识的对象,不断地对其进行积极、自觉的监控和调节。主要包括:制订计划,即在进行认知活动之前计划行动、预计结果、选择策略、构想问题解决的可能方法并预测有效性。实施控制,即在认知活动中及时评价、反馈认知活动的进展,发现其不足并及时修正,调整认知策略。检查与评价,即检查、评价认知过程的各环节,正确估计达到认知目标的程度和水平,并依据检查与评价获得的信息采取相应

---

① [美]E.D.加涅.教学与学习的有效策略(上)[J].博森译.外国教育资料,1991(5).

的补救措施。为了提高学生元认知监控的水平,教学中教师应将上述方面视为重要的教学内容,教会学生制订学习计划、自觉控制学习过程、及时检查和客观评价学习效果等方面的策略,并通过教学训练,使之达到自觉运用的水平。①

策略二:教学反馈策略。在教学活动中,教师需要运用教学反馈策略以对教学各环节及效果有一个准确而客观的认识,以评价自己的教学效果和学生的学习状况,从而改善教学,进一步对教学进行监控。在通常情况下,对教学活动的反思与评价是教师教学监控过程的开始。教学反馈策略包括多种形式,从反馈源来看,有教师反馈、专家反馈、学生反馈、同行反馈等;从反馈方式来看,有现场言语反馈、摄像反馈、测验反馈等。教学活动中教师采取何种形式的反馈策略最有效,需要具体问题具体分析。

此外,师生互动策略也是一种技术。它主要有规范约束策略、营造和谐课堂气氛策略、多向交往与合作学习策略、行为矫正策略等。作为课堂教学监控的重要途径之一,积极的师生互动也是教师采取一系列有效教学监控策略的结果。

3. 偶发事件应对策略

在课堂管理中,偶发事件是指突发性事件,教师用来估计形势和选择处置办法的时间很短暂,需要尽快做出反应,考验教师的经验和机智、策略。应对偶发事件的办法有冷处理、温处理和热处理三种。②

办法一:冷处理。冷处理是指教师面对偶发事件处之泰然,见怪不怪,并不批评指责,而是以比较冷静的方式加以处理。常见的冷处理方式有发散、换元和转向三种。发散指教师将全班学生视线的焦点从偶发事件上发散开,避免事件继续成为关注的焦点;换元指教师巧妙地将发生的事件转为教育的材料,借助事实启发学生;转向即教师用新颖别致的方式,将学生的注意中心引到教师所安排的方向。

办法二:温处理。温处理是指教师对于因为自己疏忽、不慎所造成的不利影响所采取的处理技术。例如,板书中出现错别字、材料叙述中出现不准确、发生口误等现象所引起的课堂骚动、起哄等,教师要态度温和地对待学生的课堂异常现象,要及时承认失误,并采取相应的纠正举措,以尽量短的时间消除这些不利影响,并且自然地过渡到原教学活动的程序之中。

办法三:热处理。热处理是指教师对一些学生在课堂中出现的偶发事件要趁热打铁,果断制止并加以严肃批评、教育,然后尽快转入正题。这种处理方式主要是针对严重扰乱课堂秩序和屡教不改的违纪行为。运用这种处理方式时应注意:①不要长时间中断教学。②批评应清楚而肯定,特别是要有机智性的语言,避免出现"顶牛"现象。③批评应围绕一个中心,不要多方责难;要特别避免出现"波浪效应",即指责一个学生而波及全班。④教师应避免苛刻而大动肝火的指责。

---

① 张大均.论教学实施与监控的基本策略[J].西南师范大学学报(哲学社会科学版),1999(2).
② 田慧生,李如密.教学论[M].石家庄:河北教育出版社,1996:357.

第三节

教育测评

学校领导对学校的所有工作、教师对自己的教学工作,都需要知道效果到底如何。因此,对教育、教学的效果进行测量与评价是教育管理的重要内容。在推行质量管理的现代教育管理中,科学地进行教育测量与评价是教育管理的主题。

一、教育测量

(一)教育测量的内涵

测量是人们对客观事物进行某种数量化的测定。王孝玲认为,教育测量就是对于教育领域内的事物或现象,根据一定的客观标准,缜密考核,并依据一定的规则将考核的结果予以数量的描述;狭义的教育测量是对学生在某些学科经过学习和训练之后,所获得的知识、技能的测量,又称成就测量、学业成绩测量或学科测量。教育测量涉及智力测量、人格测量、成绩测量、特殊能力测量等众多方面。

教育测量经历了古代的主观经验测量到近代的标准化测量的发展过程。在古代的教育主观经验测量中,缺乏数量层面的描述,仅仅是文字上的模拟。如《学记》中说:"比年入学,中年考校。一年视离经辨志,三年视敬业乐群,五年视博习亲师,七年视论学取友,谓之小成;九年知类通达,强立而不反,谓之大成。"到了近代,教育测量逐步走向数量化的方向,学者们提出了众多类型的教育测量。其中,美国心理学家推孟(L. M. Terman)提出了至今仍具有影响力的"智商"概念,桑代克在心理与社会测量研究中开创了教育测量的先河,麦柯尔发明了"T分数"。这些教育测量为后来的常模参照性测量和目标参照性测量、SAT、GRE、TOEFL等测量思想与实践的发展奠定了重要基础。

阅读链接

推孟(1877—1956),美国心理学家。他修订了比纳—西蒙量表,进行了心理学史上历时最长的纵向研究。他因对心理测量学有独特建树而彪炳史册,成为20世纪心理学家心目中的理想样板。

综观各种教育测量,其基本的特点主要有:

第一,间接性。教育测量的对象多属于人的心理属性,主要包括学生对知识的理解程度、智力发展水平、认知能力等精神特性和心理实体。这些只能借助于一定的测量工具,通过对学生在教育活动中表现出来的外显行为与举止,或者通过学生对相关测验题目的反应,间接地测定并予以推理。在测量过程中,由于测量内容的繁多性、不确定性和间接性,加之许多无关变量的介入,直接影响到测量结果的准确性,加大了测量工作的难度。因此,教育测量的实施十分困难。

第二,不确定性。即测量对象的不稳定性、测量工具的差异性和测量标准的相对性。首先,测量对象主要是学生的精神品质和心理实体,它们在不同的学习阶段表现出相当大的差异性和不稳定性,甚至在同一个学习时间段也处于不断的变化和发展之中,导致教育测量的不确定性。其次,测量工具的差异性决定测量结果的不确定性。不同测量工具测试的重心和方向存在一定的差异,同一测量工具也存在测量误差问题。在繁多的测量工具的测试下,测量结果必然存在不确定性。最后,测量标准的相对性导致测量尺度和测量单位的差异性。由于测量尺度的相异性和测量单位的相对性,不同测量者使用不同的测量尺度和测量单位,同一个外显行为将得出不同的测量解释,必然导致测量结果的差异性和不确定性。

第三,教育性。教育测量主要涉及学生的智力测量、人格测量、成绩测量、特殊能力测量等众多内容,其目的是服务于教育,有助于改进教育工作,提高教育质量,促进学生发展,更好地实现教育目的。

(二)教育测量的作用

人们之所以重视教育测量,是因为它有其独特的作用。

其一,选择作用。教育测量通过对被试群体的学习情况、认知能力、智力水平等进行测验,为社会各行业、各级学校等选拔合格人才。其实质在于对个体的知识、能力等进行区分,如通过高考为高校选拔出不同层次的人才,通过特殊能力测验区分出具有特殊潜在能力的学生并对其进行特殊教育,通过教师的职业考核有助于对其进行资格评定。

其二,评价作用。教育测量的主要功能在于对被试群体在一定学习阶段接受教育的情况、达到预设教育目标的程度进行评价。其实质在于将被试对象在测验过程中的心理特质和行为表现进行量化分析和评价,给被试反馈信息,向教育决策者提供依据。如对新课程实施的测验可以了解课程改革的效果,对教学过程的测验可以扬长避短。

其三,研究作用。教育测量的结果不仅可以反映出一定时间段被试的情况,而且可以为后续研究奠定基础,提供依据,从而为改进教育教学、教学管理和教育研究提供重要的研究工具和手段。

"考试"是与教育测量近似而且习惯化使用的一个概念。《基础教育课程改革纲要(试行)》中对考试改革提出了方向性的指导,要求实行小学毕业生免试就近升学的办法;鼓励各地中小学自行组织毕业考试;完善初中升高中的考试管理制度,考试内容应加强与社会实际和学生生活经验的联系,重视考查学生分析问题、解决问题的能力,部分学科可实行开卷考试;高中毕业会考改革方案由省级教育行政部门制定,继续实行会考的地方应突出水平考试的性质,减轻学生考试的负担;考试命题要依据课程标准,杜绝设置偏题、怪题的现象;教师应对每位学生的考试情况做出具体的分析指导,不得公布学生考试成绩并按考试成绩排列名次。这些指导性意见对于纠正当前教育考试的弊端无疑是非常具有针对性的。

(三)教育测量的类型

教育测量根据不同的分类标准可以分成不同的类别。

类型一:根据测验的属性可以分成智力测验、能力倾向测验和人格测验。①智力测验。它的目的主要在于测量人的智力高低,它可以测量人的观察力、判断力、想象力、创造力等方面,采用的测量工具有比纳—西蒙智力量表、斯坦福—比纳智力量表、韦克斯勒儿童及成人智力量表等。智力测验覆盖从婴儿到老年人所有年龄阶段,是一个相对完备的心理测验。②能力倾向测验。能力倾向测验主要用于测试学生的潜在能力和特殊才能,在选拔人才、职业训练和就业指导等方面得到广泛应用。它包括两种:一是测量一个人多方面的才能,分析得出潜在能力较强的方面,给予不断强化;二是测量一个人的特殊才能,如美术、音乐、体育等特长。③人格测验。人格测验主要用于测量人的性格、气质、情绪、品德、动机、兴趣、意志、性格等方面的个性心理特征和行为特性。鉴于人格测验的内容主要是一个人的心理特性,是先天性遗传和后天性教育习得相结合的产物,其测量的标准具有一定的主观性和差异性,故发展迟缓。

类型二:根据测验结果的标准可以分成常模参照测验和目标参照测验。①常模参照测验。它是指以常模为参照标准来衡量个体在被测团体中的相对成绩,从而解释个体分数的含义,确定个体在团体中的相对位置。这里的常模指的是被测团体成绩的平均水平,通常情况下用平均数、百分等级和标准差等来表示。常模参照测验是将测验分数进行横向比较,主要目的在于区分学生的个体差异和相对水平,常常用于选拔性考试。测验工具编制的前提假设是被测团体的成绩呈正态分布,对测验工具的区分性要求比较高,难易程度适中。②目标参照测验。它是指预先制订好参照目标,并以其为标准来测量个体所掌握的知识及达到教学目标的程度。这里的参照目标通常指学校制订的教学目标。目标参照测验主要用于测量个体的学习达到目标的情况,着重个体成绩与预设目标之间的关系比较。该测验通常用于合格性、达标性活动等,如毕业会考、等级证书考试等。

类型三:根据被测人数可以分成个别测验和团体测验。①个别测验。它是一个主试在一定时间内,每次测量的对象只有一个的测验。该测验的优点在于主试具有充分的时间和精力来仔细观察和记录被试表现出的言语、情绪、行为等反应,提高测验结果的准确性。其缺点在于测验效率较低,不经济。该测验通常用于智力测验、特殊才能的测验等。②团体测验。它是一个主试在一定时间内,运用相同的测试内容,对多个被试同时进行测量。该测验的优点在于效率较高,节约时间。其缺点在于没有足够的时间和精力来记录和观察被试的言语、情绪、行为等反应,准确性和客观性不高。该测验通常用于期中考试、期末考试、升学考试等。

类型四:根据测验的标准化程度可以分成标准化测验和自编测验。①标准化测验。它是由专门的测验机构和权威性的测验专家组织实施的,是信度和效度较高的测验。从测试试题的编制、测试的实施到测试结果的分析,各个步骤都有客观而规范的标准来衡量,提高了测验结果的准确性,减少了测验误差。该测验的优点在于测试方案严密,测试标准规范,信度、效度较高,能较为真实地反映被试的情况。其缺点在于施测内容和程序单一、死板,缺少变通性。②自编测验。它是由教师自己编制试题,对较小范围内的学生进行的测验。该测验的主体是教师本身,测验标准由教师预先制订,测试题目由教师编制,实施测验和分析结果均由教师完成。该测验的优点在于测验条件相对较低,比较容易实施,在同一标准下能够反映出小范围学生的学习情况,通常用于班级的单元测验、学校的阶段性模拟考试等。其缺点在于信度和效度不高,推广范围有限。

二、教育评价

(一)教育评价的内涵

评价是一种价值判断活动,是对客体满足主体需要程度的判断。学界对教育评价存在不同认识。泰勒在"八年研究"的实验报告里指出:"教育评价就是衡量实际活动达到的教育目标的程度。"① 桥本重治认为,教育评价是"按照教育目标和价值观对学生的学习成果及教育计划的效果等进行测量的过程"②。李聪明认为,教育评价是"利用所有可行的评价技术评量教育所期望的一切效果"③。这些观点在一定程度上揭示了教育评价的内涵和实质。综合各种说法,我们认为,教育评价是根据一定的目标,按照一定的价值标准,采用一切可行的评价技术和评价方法,对教育活动满足社会与个体需要的程度做出价值判断的活动。

教育评价具有以下基本特点:

第一,评价对象的广泛性。教育评价领域涉及教育的各个领域,贯穿于整个教育活动。①评价主体的多元化。评价主体包括学生、教师和领导等,以期更加客观公正地评价。②评价内容的多方面。教育评价不仅关注学生接受文化知识和间接经验的多少,而且注重学生智力发展、道德培养、健康成长和审美陶冶等方面。③评价手段的多样化。教育评价注重学生的全面发展,除了考试这一传统评价手段之外,可以借助信息技术、系统科学方法等评价手段,量化与质化相结合,提高教育评价的科学性、客观性和真实性。总之,教育评价需要进行综合性的评价。

第二,评价目的的发展性。教育评价坚持他人评价和自我评价相结合的原则,着重引导评价者和被评价者充分发挥主体性,使评价主客体双方都能对教育活动的实施情况进行客观、真实的价值判断,二者相互沟通,相互补充。同时,注重被评价者的主体地位和作用,积极倡导被评价者开展自我评价,切实了解自己的现状和存在的不足,以利于评价主体充分发挥工作和学习的积极性和能动作用,发现问题,改进不足,激发被评价者进一步提升自身素质的动机,使评价成为促进鉴定优劣、改正不当、指导向前的推动力。

第三,评价标准的一致性。教育评价目标应该与国家的教育目标相一致,教育评价的基本出发点是为了促进教育活动收到一定成效,达到教育活动所要达到的标准和要求,最终促使国家教育目标的全面实现。同时,教育评价目标必须与学校的教学目标相一致。学校的课程和教学设置以国家规定的教学计划为依据,不仅从全社会的角度,而且从学校和学生的角度进行科学规划,体现着人才培养的规格。如果教育评价目标与教育目标相悖,则会导致教育评价偏离人才培养的方向,起不到真正作用。

---

① 瞿葆奎.教育学文集·教育评价[M].北京:人民教育出版社,1989:263.
② [日]桥本重治等.教育评价要说(日文版)[M].香港:中国图书文化出版社,1979:9—10.
③ 李聪明.教育评价的理论与方法[M].台北:台湾幼狮书店,1972:3.

(二)教育评价的作用

教育评价的作用是多方面的,从发生作用的内容趋向上,可以将其划分为以下几种。

第一,导向作用。在教育评价的过程中,评价标准的制订、评价方案的设计、评价活动的实施等,最终的落脚点都是教育活动在多大程度上实现着国家的教育目标。教育评价如同"指挥棒",引导着教育活动的价值取向符合国家和社会的主导价值观念,促进教育充分发挥为推动社会发展、满足个体需要而培养合格人才的作用。

第二,诊断作用。教育评价是对教育活动的价值判断,以教育目标为基准和依据,判断教育过程中的主体、客体、教学内容、教学手段、教学进展等是否符合培养目标和教学计划,诊断教育过程中的正误得失。继续发扬好的方面,对于偏离教育目标而存在问题的方面,应该认真分析原因,采取措施弥补不足。

第三,激励作用。教育评价的结果用于向评价主体和评价客体提供反馈信息,也为教育决策者提供信息。教育评价存在两种结果:一种是正向型结果,即被评价阶段的教育活动能够很好地实现国家教育目标,激发评价主体继续努力工作和学习的积极性和主动性;另一种是负向型结果,即教育活动实现国家教育目标的程度比较低,需要指出不足,找出问题,提出改进措施,督促并激励评价主体和客体改进教育活动中存在的不足。

《基础教育课程改革纲要(试行)》对传统教育评价存在的问题、教育评价改革的方向给予指导,如要求建立促进学生全面发展的评价体系;评价不仅要关注学生的学业成绩,而且要发现和发展学生多方面的潜能,了解学生发展中的需求,帮助学生认识自我,建立自信;发挥评价的教育功能,促进学生在原有水平上的发展;建立促进教师不断提高的评价体系;强调教师对自己教学行为的分析与反思,建立以教师自评为主,校长、教师、学生、家长共同参与的评价制度,使教师从多种渠道获得信息,不断提高教学水平;建立促进课程不断发展的评价体系;周期性地对学校课程执行的情况、课程实施中的问题进行分析评估,调整课程内容、改进教学管理,形成课程不断革新的机制。

(三)教育评价的类型

教育评价涉及的范围比较广泛,内容较为复杂,评价的目的和功能具有较大的差异性,按照不同的维度可以分成以下几类。

类型一:按评价的功能可以分为诊断性评价、形成性评价、总结性评价。其一,诊断性评价。它要求对教育活动进行分析,了解教育过程中存在的问题,并提出对策。其目的在于发现教育活动中存在的问题,确定问题的原因,创造条件向教育对象提供更适合其自身条件和发展需要的教育活动内容、形式等。诊断性评价多用于学校的各种工作和教师的教学中。其二,形成性评价。它是指为了使教育目标更好地实现而及时调整教育活动,提高活动质量,修正教育不足所进行的评价。其目的在于了解教育活动开展过程中的得失,明确活动运行中的问题,提出改进的方向和方法,以期获得更加理想的效果。形成性评价的重点在于过程评价,它正逐渐被广大教育工作者和教师普遍重视和接受。其三,总结性评价。它是对一个时间段教育活动的结果进行的评价,通常是以教育目标为标准,对被试达到教育目标的程度进行的评价。

类型二:按教育评价的范围可以分为宏观教育评价、中观教育评价和微观教育评价。

其一,宏观教育评价。它以教育活动的宏观层面为评价对象。如对教育思想流派、教育制度、教育目标、教育方法、教育内容、教育行政管理、教育经济效益、学校培养目标、学校教学组织等方面的评价,表现出全局性、宏观性和高层次性。其二,中观教育评价。它以学校内部各方面的工作为评价对象,着重于学校这一教育中观层面机构。如对学校的办学条件、办学水平、组织机构、师资、教学、后勤、家长、声誉和效益等方面的评价。其三,微观教育评价。它以学生的发展变化为评价对象,其着眼点在于学生的健康成长、成才。如对学生的智力水平、认知能力、知识技能、思想品德、健康状况、审美情趣、劳动能力、实践操作等方面的评价。

类型三:按教育评价的主体可以分为自我评价和他人评价。其一,自我评价。它是指评价者对自身的学习、工作等参与教育活动的结果进行的评价。自我评价的主体和客体都是教育活动的直接参与者,如学校办学水平的自我测评、教师教学工作的自我评价、学生学习情况的自我评判等。优点在于比较容易实施,能够使评价者深刻认识到自身存在的不足,有利于改进工作;缺点主要表现为主观性较高,客观性较低,难以进行横向比较。其二,他人评价。它是指评价主体由被评价者以外的人组成,按照一定的评价标准对被评价者参与教育活动的结果进行的评价。他人评价的主体不一定是教育活动的参与者,如教育行政领导的鉴定评价、专家对教师教学的评价、同行教师间互评、教师对学生的学习情况进行评价等。优点在于标准一致,评价结果客观性较强,可以进行横向比较;缺点在于组织工作比较繁重,人力、财力耗费较大。

如上所见,主要阐述教育测量与教育评价的基本理论。在教育考试越来越频繁的今天,还有许多类似的概念,诸如入学考试、升学考试、毕业考试、标准化考试、客观性考试、主观性考试、会考、统考、补考、考查、免试、试题、题库、论文式考试、理论考试、操作考试、笔试、口试等,需要读者自行去辨析。这有助于认识检查学生学业的方法的多样性,有助于设计有针对性的教育测量与评价。

本章小结

在本章里,我们从宏观出发,首先解读了教育制度的含义,介绍了教育制度的结构,剖析了义务教育制度的就学强迫性、对象普及性、学费免费性特点,分析了中等教育制度的文实之分、普职之争、分流选择等现实问题,概括了高等教育制度发展中的受教育对象扩展、职能扩展的趋势。在学校层面,对学校教育制度的内涵及其过分制度化、高度封闭性、彰显霸权、认定唯一性等局限做了分析,并探讨了具有大教育观、具有补正性的终身教育制。再联系实际,对现实中各级各类的学校教育制度做了简要介绍。

其次,在制度框架下探讨了教育管理的理论。先是在阐述国家教育行政内涵的基础上,介绍了集权教育制、分权教育制、混合的教育制度。接着深入到学校层面,对校级管理、班级管理做了探讨。其中,关于校级管理,在剖析不同学校观后,介绍了校务管理、教学管理、人事管理、学生管理等校级管理的内容以及校本管理的特点。同时,概括了班级的归属功能、管理功能、角色社会化功能、选择功能等作用,阐述了正式结构、非正式结构下的班级组织,并在深入分析游戏群体、兴趣性群体、倾吐性群体、互助性群体、冲突性群体等群体基础上,探讨了相应的班级控制与课堂管理、监控的策略问题。

最后,我们将教育测量与评价纳入教育管理的范畴进行了探讨。阐述了教育测量的内涵,概括了教育测量的间接性、不确定性、教育性特点,指出了教育测量具有的选择作用、评价作用、研究作用,还介绍了不同类型的教育测量。同时,阐述了教育评价的内涵,概括了教育评价的评价对象广泛性、评价目的发展性、评价标准一致性等特点,指出了教育评价具有的导向作用、诊断作用、激励作用,还介绍了不同类型的教育评价。其中,着重对常模参照测验和目标参照测验做了阐述。

复习思考

一、巩固练习

1. 组织一个网络读书报告会,请同学们相互交流学习有关教育制度及其结构、义务教育制度及其要求、中等教育制度及其问题、高等教育制度及其问题等理论后的体会。

2. 组织一个网络论坛,大家针对中小学校的校长负责制、校本管理、教育乱收费、终身教育、学校消亡论等问题展开讨论。

3. 调查一所中小学校的教育行政与管理情况,就其学校行政与管理中的问题及其原因撰写一个报告。

4. 运用常模参照测验与目标参照测验的理论分析毕业会考与升学考试的区别,并以中考或高考为例,分析考试对培养创造性人才的利弊。

二、观点剖析

1. 校本管理就是只管好校内,勿管校外事情。
2. 校长负责制就是在学校里由校长说了算。
3. 只要教师课前做好充分准备,就不会发生课堂偶发事件。
4. 升学考试属于目标参照测验,单元检测属于总结性评价。

三、阅读与思考

阅读材料1: 2010年7月6日,教育部部长袁贵仁主持召开党组会议。会议强调,发展教育事业在西部地区尤为重要。要把贯彻落实西部大开发工作会议精神与贯彻落实即将发布实施的《国家中长期教育改革和发展规划纲要》结合起来,与贯彻落实西藏工作座谈会、新疆工作座谈会精神结合起来,切实推动西部地区教育事业发展。一是继续巩固"普九"成果,改善义务教育学校办学条件,推进农牧区和偏远地区集中办学,加快农村寄宿制学校建设,改善偏远地区学校食宿条件。二是在民族地区实施双语教育和现代远程教育,积极稳妥推进民汉合校,教育和培养各族青少年的民族团结精神和爱国主义情怀。三是加快普及高中阶段教育,加大对西部贫困地区高中阶段教育的扶持力度。四是加强中等职业教育基础能力建设,加快发展中等职业教育,提高青年学生的就业能力。五是提高高等教育质量,继续实施东部地区对口支援西部地区高等院校计划和招生协作计划,扩大在西部的招生规模。六是继续深化教育体制改革,优化教育资源配置,促进教育公平。

思考任务:请在阅读上述材料后,以"促进西部大开发为重要目标的各级各类教育的和谐发展"为题,写出一篇2000字左右的论文阐述自己的看法。

阅读材料2:2012年教育部颁布的《义务教育学校校长专业标准(试行)》(以下简称《专业标准》)中指出,校长是履行学校领导与管理工作职责的专业人员,对义务教育校长提出了若干要求,如能够规划学校发展、营造育人文化、领导课程教学、引领教师成长、优化内部管理、调适外部环境。其中,在引领教师成长方面,要求中小学校长要建立健全教师专业发展的制度,推行校本教研,关注每一位教师的发展,开展师德师风教育,维护和保障教师合法权益和待遇。在优化内部管理方面,要求中小学校长坚持依法治校、以德立校,倡导民主管理和科学管理,把握教育政策,掌握管理方法,熟悉学校人财物工作,能够形成学校领导班子的凝聚力,尊重和支持教代会工作,建立健全学校人财物管理规章制度,打造平安校园等。同时还指出,该《专业标准》是对义务教育学校合格校长专业素质的基本要求,是制定义务教育学校校长任职资格标准、培训课程标准、考核评价标准的重要依据。

思考任务:请在阅读《中国中小学校长专业标准(草案)》后,联系实际,对照《专业标准》的基本内容,写出2000字左右的读书笔记剖析当前中小学校长在专业标准上的现状及问题,并提出自己的解决方案。

第八章 教育环境：互动及特立

◆ **案例阅读**

据报道，2007年11月，武汉市教育局发布了17道中小学生"减负令"：学生上午到校时间，冬（春）季小学不得要求学生早于8时20分，初中不得要求学生早于7时50分。学生下午离校时间，冬（春）季小学不得晚于16时30分，初中不得晚于17时。但记者走访江城多所中小学却发现异常的情况，如汉口一所小学上午到校时间7时50分；武昌一所初中则是上午7时30分到校，下午5时40分放学，每周要上至少40节课。汉阳区一名初一男生透露："刚开始有几天放学还比较早，后来又恢复了原来的样子。"武汉市教育局的"减负令"要求：小学一二年级不留课外作业，三四年级课外作业累加量不超过30分钟，五六年级不超过45分钟；初中不超过1.5小时。现实是部分低年级学生仍然有书面作业。如洪山小学二年级学生每天要完成数、语、英3门作业，一般都需要2个小时。汉口的林女士反映，她上初中的女儿每天作业要做到晚上10点半。更令人意外的是，记者调查中发现，社会各界均表示：推行不下去是意料之中的事。

◆ **问题聚焦**

上述这则材料反映了学校教育、教育行政和社会环境之间复杂关系的一个侧面。其实，它们之间的关系确实非常复杂，一方面，社会的人口、经济、政治、文化、道德、科技等因素对教育都有影响；另一方面，教育对上述这些社会因素又有相应的多方面的影响。再者，社会现代化、全球化、信息化等变迁也给教育带来了重大冲击，但是，教育还有自己的相对独立性。如此等等，这些问题都是作为教育者不可能回避的现实。如若清晰地认识到这些社会影响与教育之间的关系，则能理解"教育有问题，但不是教育的问题"的真正含义。

◆ **学习目标**

1. 理解社会的人口、经济、政治、宗教等重要因素的教育影响。
2. 掌握教育对社会的人口、经济、文化、科技、政治的影响表现。
3. 理解现代化的教育影响及教育现代化的内涵。
4. 理解全球化的教育影响及教育的全球化应对。
5. 理解信息化的教育影响及教育信息化的内涵。
6. 联系中国近现代教育的实际，理解教育相对独立性的内涵，分析教育相对独立性提出的要求。

第一节
社会要素与教育

社会是一个由众多因素构成的复杂整体,对于社会各个因素与教育的分析有助于我们深刻认识二者之间的关系。由于社会因素自身的复杂性及其与教育之间存在直接或间接的复杂关系,因此,我们仅仅从基本原理的角度勾勒了一个简单的轮廓。

一、社会的教育影响

社,土地之主也;会,集会。马克思指出:"社会——不管其形式如何——究竟是什么呢?是人们交互作用的产物。""生产关系总合起来就构成所谓社会关系。""社会无非是人们在特定的时空区间内,借助一定的交往手段——语言、文字、文化传统、生产活动等联结而成的具有特定功能的人类共同体。"[①]社会作为一个巨型系统,从不同的角度可以划分为不同的构成要素,这些要素与教育存在着多方面的互相影响。

(一)人口的教育影响

人口是指生活在一定社会、一定地区,具有一定数量、质量和结构的人的总体。人口是社会存在和发展的基础,对教育也具有多方面的影响。

第一,人口规模的教育影响。首先,不同国家、地区的自然条件、文化、战争、灾害所带来的人口数量的增长或减少,使教育规模不断扩大或逐步萎缩。其次,生肖文化、和平或战争等因素导致的人口出生的年份差异,带来了建立与人口出生年份结构相适应的教育结构的要求。再次,不同的社会文化水平、教育发达程度等因素带来的人口质量高低,影响入学者的质量高低,进而影响教育质量的高低。当前,人口膨胀带来了严峻的教育挑战。历史的经验表明,人类人口呈现膨胀现象,即世界人口在1836年时为10亿,100年后即1936年时则增加到20亿,而仅过40年到1975年时则增加到40亿,目前已经突破了70亿。人口膨胀带来的教育挑战有:一方面,受教育是现代人的基本权利,是现代人发展的基本条件,是社会分层的基本因素。因此,必须普及教育,满足基本的人权发展需要。求学压力主要来自人口的急剧膨胀和民主思潮影响下的教育机会平等、普及教育的要求。如此快速增长的世界人口,其增加者多为新生人口,急剧地扩大了受教育者的人数,给教育带来了沉重的入学压力。这要求教育从教学手段方面扩大教育规模、扩大受教育的对象,缓解激增的人口给教育带来的求学压力。20世纪20年代兴起的文纳特卡制、道尔顿制等教育改革,都力图取消班级授课制的统一教学方式,寻求一种既能提高教学效率,成批培养人才,又能培养独立学习能力,发展适应能力和个性才能的教学方式。另一方面,专业人才的培养又需要提高教育质量,进行一定规模的精英教育——面向少数人的高等教育。由此形成普及与提高的矛盾。此外,人口膨胀现象还引发人们对

---

① 颜泽贤,张铁明.教育系统论[M].郑州:河南教育出版社,1991:2-3.

人口教育、计划生育教育,以及环境教育、可持续发展教育等新教育问题的探讨。

在我国,人口规模已经达到 13 亿之多,虽然经济总体规模较大,但人均水平仍然较低,是典型的"穷国办大教育"模式。因此,如何运用有限的教育经费办好教育、提高教育经费的有效运用,乃至运用"穷办法办出优质教育",仍然是很长一段时间内需要探索的任务。

第二,人口结构的教育影响。首先,人口的地域结构影响教育。由于各地气温条件、地理资源、人种生殖能力等因素的综合影响,导致各地人口分布存在差异。其中,土地肥沃、资源丰富、物产丰盛、交通便利的地理环境自然就是人口群聚之地。这种高度密集的人口带来了学校数量、教育规模等问题。相反,在土地贫瘠、资源缺少、物产稀少、交通不便的高山与寒地等地理环境中,人口相对稀少,密度较低,自然存在入学人口数量不足、学校布局稀疏等现象。这些现象带来了不同地区教育机会公平与规模效率的政策选择等问题。其次,人口的年龄结构影响教育。计划生育政策等因素致使人口在不同年龄阶段呈现特殊的结构,进而对学前教育、义务教育、中等教育、高等教育等不同层次教育的规模结构提出了周期性的挑战,并对社会就业造成或舒缓或紧张的周期性波动。最后,人口的就业结构影响教育。人口结构中在不同产业就业的规模结构要求学校层次的规模布局、教育专业的类型设置、专业教育的规模大小与之对应,教育才能够满足人口的就业结构需要。

在我国,人口结构问题比较复杂,如东、中、西部地区由于自然环境、历史等因素所形成的人口密度不等,造成了这些不同地区学校布局的密度、学校规模的大小、师生数量比的高低等差异,以及在实践中公平与效率等诸多待解决的问题。如近年来在西部地区出现的为升入重点大学的高考移民、教育考试的城乡地区公平问题等。因此,教育需要针对人口区域结构、年龄层次结构、就业层次结构等进行相应的层次结构、类型结构、专业结构、规模结构的调整,建立起与这些不同人口结构相适应的教育结构,才能保证学有所教。

第三,人口质量的教育影响。人口质量是指人口的身体素质、文化修养和道德水平。其中,身体素质包括遗传素质和健康状况,是人口质量中的物质要素。文化修养包括知识水平、智力发展程度和劳动技术水平。道德水平包括思想觉悟、道德修养和合乎社会规范的社会品质等。文化修养和道德水平是人口质量中的精神要素。人口质量是一个表明人口各方面素质综合发展水平的概念。人口的质量影响教育的质量表现在:新生一代作为当下教育对象,其质量必然影响教育质量;老一代的人口质量同样影响当下教育质量,主要是由于老一代的质量决定了其养育能力、教育观念、家庭教育能力、教育支付能力等。

第四,人口流动的教育挑战。在国际上,人口流动伴随交通日益便捷、出入国境日趋方便等因素的影响而越来越大,移民规模也越来越大。其中,特别是第三世界国家人口向第一、第二世界国家的移民,不发达国家或地区的人口向发达国家或地区流动的现象越来越频繁。这种国际移民现象中的主要部分是教育移民,由此带来教育经费的流动,引发国际教育公平的问题。同时,这种移民现象还伴随出现移民子女的教育机会、文化或身份认同等问题。

改革开放以来,我国在农村贫穷的推力与城市富裕的拉力互相作用下,大量的农村人口流向城市,大规模的西部人口流向沿海发达地区,由此带来了流动儿童、留守儿童的问题。其中,涉及流动儿童所流入城市的受教育权利保障、心理上的群体融入、文化上的城乡认同等问题;涉及留守儿童亲子教育替代、寄宿儿童养成教育、走读儿童安全等问题。此外,大量的农村人口涌入城市,还带来了涌入人口即青壮年劳动力自身的教育问题。其中,涉及岗位技能就业培训、城市生活习惯养成、城乡文化心理融合等问题,这些对于预防、减少城市外来民工的犯罪、促进城市和谐都是极其重要而紧迫的工作。

(二)经济的教育影响

人类历经长期的发展,到今天出现了不同生产力水平的生产方式,这些不同的生产方式及其所蕴含的科技水平、所产生的经济水平对教育有重要影响。

第一,生产力水平的教育影响。生产力水平制约教育的物质条件、规模结构、速度水平、目标层次、内容构成、教学手段等方面。经济发展为教育提供必需的物质基础,决定教育物质条件的数量和质量,如教育经费、教育场地、教育设备等。社会生产力通过对社会职业劳动者的素质规定而影响教育目的、培养目标的制定,如不同生产力要求拥有不同学历的劳动者。生产力的发展水平影响着教育内容、方法、手段及教学组织形式,如已经成为社会生产力内容的因素往往也可以成为教育的内容,生产力中先进的工具技术往往用于教育活动,计算机既是生产工具,又是教育手段。生产力的高低影响着教育发展规模的大小、速度的快慢。发达国家因为生产力水平较高而教育发展的规模大、速度较快;不发达国家因为生产力水平低而教育发展规模小、速度较慢。同时,社会物质生产的发展为教育提供了人力与时间。社会物质生产发展的趋势是把越来越多的人从直接地为维持人类、社会生存与发展而进行的物质生产中解放出来,而且使社会中每个工作者的劳动时间逐渐缩短、闲暇时间逐渐增多。这就为教育事业的发展提供了人力与时间条件。[1]

在我国,由于地理、历史等因素的影响,城乡二元社会现象突出,对教育的影响极其明显:一方面是发达的城市教育,即择校收费偏高、师生比偏高、体育运动场地有限、升学竞争异常激烈等问题;另一方面是落后的农村教育,即教师流失、学生辍学、学生安全等问题。总之,城市与农村不同的生产力水平及生产方式,对城市学校、农村学校的教学目标与教学内容提出了因地制宜等众多的要求。

第二,生产关系性质的教育影响。生产关系制约教育的主体关系、教育权益、课程内容等方面。生产资料的所有权制约着受教育的机会甚至内容,特别是思想品德教育的内容;生产关系中人们之间的地位影响着受教育权利的平等;生产关系中的产品分配形式影响着人们的教育支付能力;社会生产关系制约着学校里的社会关系并以此复制社会关系。[2] 这些关系对教育的影响非常大,甚至像应试教育、素质教育这样的"难题""死结",以及教育公平问题都可以在它们中间找到根源。另外,教育对经济的影响也是一个重要

---

[1] 叶澜.教育概论[M].北京:人民教育出版社,1991:121.
[2] 王道俊,扈中平.教育学原理[M].福州:福建教育出版社,1998:34.

问题。教育影响着生产力、生产关系的发展,这既是教育功能的体现,又是教育适应社会经济发展要求的体现。社会经济发展不仅为教育提供了必要条件,也对教育提出了要求,从而成为推动教育发展的根本动力。

第三,经济发展水平的教育影响。首先,经济规模影响教育规模与质量。当一个国家经济水平较低、规模较小时,其教育投入能力也较弱、教育经费缺乏,从而影响学校数量与规模、学校设施与条件、学生入学与辍学、教师数量与质量等。相反,如果一个国家经济水平高、规模大,则人才需求大、教育投入大,教育的规模就较大、质量就较高。其次,经济质量制约教育目标及内容。如在农业社会、工业社会与信息社会里,不同生产方式所蕴含的经济质量不同,对人才的要求不同,教育的目标及内容则必须与之适应。又如反映经济质量的经济结构作为反映经济各部门、社会再生产各个方面的比例和构成,包括产业结构、行业结构、技术结构和区域结构,它们要求受教育者的文化程度、教育的专业结构、教育的类别结构等与此对应,才能够满足经济运行的要求,教育投入也才能获得最大的经济效益。

在我国,由于东部与西部的不同区域环境、城市与农村的不同条件、低下阶层与中上阶层之间经济水平的差异,从而在教育规模、质量上存在差异,特别是在优质教育资源有限的情况下,教育竞争、教育不公等问题比较突出。其中,发达地区的儿童有较多享受优质教育资源的机会,高社会阶层的儿童有较多享受精英教育的机会。相反,落后地区的孩子、社会低下阶层的孩子除特别优异者外,大多难以获得应有的教育机会,更难有享受优质教育资源的机会。因此,促进教育公平,给儿童一个公平的起点是我国教育发展中急需解决的重要命题。

第四,当代经济变革将引发教育的重大变革。当前经济发展出现了许多新的态势,其中,市场化、全球化、自由化等趋势对教育的影响较为突出。市场经济作为一种自由经济,对教育有着全方位的影响。如促进办学主体的多元化,调动多方面的办学积极性,多渠道筹措教育经费;冲击计划经济体制,引发放权的、多级管理的教育体制产生;刺激学校教育根据市场的要求在专业、学科设置方面的改革,促进教学内容、方法的改革;促进学校改革,建立充满竞争、约束机制的教育管理体制。当然,也需要研究教育与市场经济之间的关系,特别是区分教育规律与经济规律之间的关系,区别不同层次教育与经济之间联系的特殊性,分别指导基础教育、职业教育、高等教育,有区别地处理教育与市场经济之间的关系。

(三)政治的教育影响

根据马克思主义的观点,一个在经济上占据统治地位的阶级总是掌握着国家的政权,并利用他们手中的权力对教育进行控制和渗透。因此,政治对教育具有多方面的影响。

第一,政治决定教育的性质和领导权。政治上的统治阶级往往通过制定有关教育的方针、政策,制定教育目的和制度,规定着学校教育的内容,制约着教育内容的实施,统摄着教育评价的价值特性,控制着大部分文化教育机构,把教育的领导权牢牢控制在本阶级手中,从而使教育为本阶级服务。因此,在阶级社会中,教育是有阶级性的。统治阶级总是借助教育,对其他阶级、阶层进行意识形态渗透和权力控制,以维护本阶级的地位和利益,教育也成为一种巩固政权的工具,具有浓厚的工具理性意蕴。同时,为了保证教育的这种巩固统治阶级政权的性质,要特别注重教育领导权的控制,其中涉及任命教育官员、制定教育法规、规范办学行为,并通过奖励或惩罚等手段来强化这种教育支配权。

第二,政治影响教育的目的和对象。教育是培养人的社会活动,培养什么质量、何种规格的人,由一定社会的政治制度所决定。如我国奴隶社会的教育目的是"明人伦",其实质是为了镇压奴隶和抵御外侵;封建社会的教育目的是为封建统治者培养管理者,"学而优则仕"成为至理名言;资本主义社会的教育目的是为资产阶级服务。对谁实现这种教育目的,就是一个教育对象的问题。在人类社会的大多数情况中,并不是所有的人都有受教育的权利,谁受教育,受什么样的教育,不是由个人所决定的,而是由特定社会的政治制度所决定的。其中,只有那些承认统治阶级政权、服从统治阶级领导、跟随统治阶级活动的人,才被赋予接受教育的权力。相反,则要剥夺其受教育权。

第三,政治制约着教育的内容和方式。在阶级社会中,统治阶级利用手中的权力控制着教育内容的选择、实施,让那些代表本阶级利益的知识内容进入教育领域。阿普尔、布迪厄(Pierre Bourdieu)等都曾对其进行探究,提出了教育中的知识是谁的知识、为什么选择、由谁来选择、如何选择等问题。特别是阿普尔的"谁的知识最有价值"的观点的提出,对斯宾塞"什么知识最有价值"的命题进行了无情的反驳,明晰地指出政治制约教育内容的实然性。教育的阶级性决定教育目的的阶级性,而教育目的的阶级性又决定着教育内容为特定阶级服务的社会功能。同时,选择什么样的方式来实现教育内容也会受到相应的影响。教育内容必然要借助一定方式进行有效传递,如何传递则是教育方式的问题。在阶级社会中运用什么样的方式进行传递,也是由政治所决定的。蕴含着较浓政治意蕴的教育内容在阶级社会中可以公开传递,而反映社会其他阶层、集团利益的教育内容往往被忽略和抑制。

阅读链接

布迪厄(1930—2002),法国社会学家,执掌过法兰西学院社会学教席,著有《教育、社会和文化的再生产》等,创办了《社会科学的研究行为》杂志,在国际上获得多项殊荣,被英国皇家学院颁发赫胥黎奖章。

第四,当代政治变革将引发教育的重大变革。当前社会政治发展中的民主化、多极化态势对教育影响较大。追求教育民主化,促进政治民主化已成为共识。如要求在教育中树立民主关系,包括教育行政中中央与地方的关系、学校领导与教师集体的关系、教师与学生的关系、教师与教师以及学生与学生的关系等,都要有民主的理念,用民主的精神来处理。另外,要在学校中加强民主观念的教育与实践,包括设置专门的民主教育课程,在各类课程中渗透民主的思想,在学校中设计民主实践的活动,以及在学校教学管理实践中践行民主等。在这些民主关系中,最为重要的是师生关系的民主,它是社会民主的基础,是教育民主的体现。师生关系的民主特别要尊重学生接受教育的选择权、发言权、知情权,尊重学生的人格等,因为这既是民主的实践,又是民主的教育。

总之,社会政治深刻地影响着教育的众多方面,教育活动必须正视政治影响的存在,在既定的政治轨道上运行,由此也可见"教育独立论"的苍白。

(四)文化的教育影响

文化是人类所创造的一切物质的、精神的以及制度的财富之总和。文化之"文"的古文字形体为"文",整体形态似人,中间一横表示人刻画的符号。文化的表现形式(如文字、舞蹈、建筑等)都是人类的符号物,或符号的实物化。可见,人类之所以为人类,就是因为有人类之"文"——对自然对象的符号化、抽象化,使得人类的思维、意识由此丰富,人性由此形成、丰满。教育之所以是教育,就是因为教育能够把自然人变为社会人。由于文化是教育的内容,因此,文化在多个方面影响着教育。

第一,文化水平制约教育取向。文化水平影响教育的水平。在古代社会,生产力水平、文化水平较低,教育也就停留在以原始宗教教义为主要内容的发展层面上。到了近代社会,自然科学初步发展起来,教育的科学化水平得到提高。现代社会推崇科学、反思,教育以对科学的理性反思为主要内容。美国学者玛格丽特·米德(Margaret Mead)把人类不同阶段的文化总结为前喻文化、互喻文化和后喻文化三种模式。在不同的文化模式下的教育呈现出不一样的特点。具体而言,在后喻文化中,教育强调对传统文化的学习与继承;在同喻(互喻)文化中,教育既强调对传统文化的学习与继承,又要求尊重与重视年轻人创造的新文化;在前喻文化中,教育强调对年轻人所创造的新文化的重视与学习,特别尊重与重视年轻人所创造的新文化。

阅读链接

米德(1901—1978),美国人类学家。她特别关注家庭、子女抚养和男女分工问题。她的重要著作《代沟》所提出的文化的三种阶段或模式、教育和文化对儿童人格的影响、田野调查方法等举世闻名。她被追授总统自由勋章。

第二,文化类型影响教育类型。不同文化背景往往促成不同类型的教育。如在中国,特定的文化生成了相应的教育:一是看重人与社会的协调,强调社会本位。中国传统的价值观念是一种整体文化所体现的群体意识和精神,教育注重的是抑制个人的需求,使受教育者必须服从于社会,从而达到社会全体即'群'的和谐。二是重人伦观念,强调师道尊严。中国传统文化强调学生对教师的绝对服从,不违背教师旨意的学生就是好学生。三是重"入世",强调学以致用。中国读书人多以考试为目标,企求通过考试一举成名。与"入世"的主张相关联,教育注重学以致用,即将所学的伦理规范运用于生活实际,将修身的要求落到实处。四是重人文精神,强调教育的世俗性。中国文化的非宗教性或人文精神比较显著,由此造就中国教育中社会政治的突显以及注重受教育者内心的修养。西方教育在西方文化影响下形成了自己的特点:一是重个性独立,强调个人本位。西方文化以个人为本位,注重个人的自由和权利,表现在教育上则是教育过程中重视受教育者,将受教育者放在突出的地位,强调个性的培养。二是重主智主义,强调博雅教育。博雅教育源于古希腊,又为古罗马人所延续和发展,并在中世纪的教会学校中得到了勃兴。这种教育传统使得西方教育重理性教育、重理智训练、重知识本身的价值。三是重宗教,强调宗教精神的养成。自中世纪以后,世俗王权、文化教育、道德伦理、情感意志、思想观念都统一于教会,遂使西方文化中被灌注了完整的、系统的宗教精神。宗教不仅使西方教育带有浓厚的宗教色彩,还赋予西方教育以内在的精神价值。

第三,文化更新促进教育变革。文化的发展自然影响到教育,不管是文化水平的提高、文化模式的转变,还是文化观念的更新,都会影响教育。如当前文化中出现的"新人类"或"新新人类"文化强烈地影响着教育。生活在城市文化中的部分青年人被划为"新人类"或"新新人类",他们生活在一个相对和平、经济富裕、生活安定的年代,追求科学,崇尚民主,崇拜自由,没有面临思想、价值上的重大选择与重要危害的情况,形成了自己独特的文化性格。他们通常鄙弃世俗,怀疑权威,张扬个性自我;主张特立独行,独来独往,讨厌伴行;否定理性的虚伪而重现实;追求直觉,要求去理性化;崇尚幼稚,要求去成熟性;追求同理,重感情;认可自残,主动将自己置于不利位置,并为失败找理由。他们的文化价值观使得传统文化在他们面前"失效"了、变得"苍白"了,因而剧烈地冲击教育中的传统思想观念,对教育带来了众多的挑战:一是挑战权威,弱化了传统教育中的教师权威、教育榜样作用,影响了传统教育中的权威认同与秩序的形成;二是张扬自我,否定了传统社会中外在纪律、规范的约束作用,导致行为的个性化、个人化、随意化;三是坚持多元,否定传统社会共同认可的价值观念、行为规范,导致价值的分裂、思想的纷杂;四是追求感性,否定了传统社会中人们所追求的理性、深度思考,导致认识的肤浅化、片面化;五是自我否定,否定了传统社会中人们的自我磨砺、艰苦奋斗,导致性格的萎缩、人性的柔弱化。

此外,道德也影响教育的诸多方面。道德作为一种人生活的文化环境而对教育产生一定的影响。首先,社会道德本身就是教育的重要内容。综观古往今来的教育,人们都把道德作为学校的课程,并通过制定道德教育政策、编制道德教育目标、规定道德教育内容、实施学生德行评价等方式以保证道德教育的效果。同时,不同社会道德的价值观念、行为方式的差异,形成了世界教育中多种多样的道德教育态势。其次,社会道德影响着学校道德教育。如社会道德环境的优劣、社会道德认识的水平、社会道德评价的标准等,对学校道德教育往往产生非常直接的影响,特别影响到道德教育的效果。如今天许多班主任所感叹的"2大于5"的学校道德教育现象,即5天的学校道德教育效果被2天的周末社会影响所抵消了。最后,社会道德影响教育的方法与手段。在一个主张民主、平等、公平的社会道德环境下,教育的方法与手段也必然受此影响而体现民主、平等、公平的理念。当前我国社会出现了一些消极道德现象,特别是一些人的处事原则系于物质诱惑、个人私利,降低道德标准,在道德标准"相对化"下认可"次道德"现象,人们对他人、社会的态度冷漠,道德标准模糊乃至丧失。同时,还有一些人在暴富、贪婪、挥霍、欺诈等不良风气影响下,公然违反社会公德,挑战道德底线,触及法律下线,侵占国家利益、欺负弱势群体、制造假冒伪劣产品、冒犯公共道德等不良现象日益增多。这些负面的道德文化环境对教育的消极影响是非常严重的。

(五)科技的教育影响

科学技术是人们关于自然、人类、社会等对象的系统化、整体性、科学化的认识和实践形式。在古代,科技的生产模式为"生产—科技—教育",科技来自生产,教育中可以不涉及科技,因此,教育与科技是弱相关的关系。到了现代社会,科技生产模式变为"学校—实验室—科技—生产",科技不是来自生产中的总结,而是直接来自实验室、学校。教育在直接从事科技活动、培养科技人才,因而教育与科技呈现高度的相关性。如此状态,使得学校成为科技教育阵地、科技创新阵地,教育与科技产生了密切的关系。

第一,科技制约教育水平。在科学技术还没有从社会生产过程中分离出来广泛为人们所接受之前,科技对教育的影响相对薄弱。随着科学技术的发展,它对教育的影响日益明显,它影响着教育内容、教育方法、教育手段和教育改革。纵观人类整个发展历程,20世纪是人类有史以来社会发展最迅速、变化最剧烈的一百年。其最明显的特征之一是科学技术迅猛发展,科学理论知识转化为技术、应用于生产的时间迅速缩短。据统计,"从科学发现到技术发明,20世纪初以前大约需要30年,到20世纪中叶大致为10年,20世纪下半叶缩短至5年左右。"[1]科学技术比以往任何历史时期都发挥了更加巨大的作用。科技的迅速发展,促使全球经济、社会不断发生重大变革,科技的地位和作用日益引起各国的重视,教育与科技的关系日益密切:一方面,教育促进了科学技术的发展;另一方面,科学技术又进一步推动现代教育的进步。科技与教育之间的这种相互促进反映了它们之间的相互关系。

第二,科技制约教育过程。科技对教育的目标确定、内容选择、师生关系、质量评价等方面都具有影响。如在以纸张为教育信息载体的古代,教材等著作的印刷、传播比较困难,教育信息的传播范围、对象也受到限制,教育的规模、效率也由此受到局限。在网络成为教育信息传播载体的今天,多媒体教学资料的制作、传播非常容易,教育信息的传播范围极大扩展,教育对象迅速扩大,教育迅速突破学校、家庭、社会的界限,全方位、全时空、全民众的现代大教育逐步形成。又如科技影响教育的内容,在科技不发达的古代,教育中缺乏专门的科技教育。而到了现代,科技日益发达,对社会的作用越来越突出,科技因而成为教育的重要内容,培养科技人才成为现代教育的重要目标,科技研究也成为教育领域的重要工作。

当前,信息技术、航天技术、新材料技术、新能源技术等新技术突飞猛进。这种态势使人们逐步认识到能力比知识重要,强调学生个性的自由发展、创新能力的培养。其中,

---

[1] 吴季松.21世纪社会的新趋势——知识经济[M].北京:北京科学技术出版社,1998:6.

特别是信息技术的发展带来的影响非常巨大,它要求教育要以信息的收集与加工为基本内容,要以学会学习为重要目标;还要求教育抛弃班级教学形式,逐步运用信息技术实现个性化的教学。同时,信息技术对学校或教室围墙的突破,极大地促进了教育的开放,不但教育对象能够面向全社会,而且教育内容也要向所有人开放;不但学习时空保持开放,提供选择自由,而且学习风格也保证选择的自由。这种由信息技术所引发的系统性变革越来越深入和宽广,也是教育实践与理论需要探索的重要、紧迫任务。

(六)民族的教育影响

民族是以地缘关系为基础的人们共同体。[①] 民族具有自然(族体)、社会、生物(人种),以及历史性、地域性、稳定性等属性,对教育的影响也是多方面的。

第一,民族存在催生民族文化教育。综观历史与现实,在世界各民族的学校教育中都存在使用本民族文字、语言,传递、延续、发展本民族文化的基本现象。即使那些有语言无文字的民族,也在社会教育中运用民族语言传递民族文化。可以说,在一定意义上,教育都是带有民族性的。由于各民族语言文字的多样性、共存性,使用的广泛性、多样性,形成了丰富多彩的民族教育现象。这种民族教育的内涵还在于民族风俗、习惯等差异,衍生了风格各异的多样化民族教育,形成了当今众多民族教育共同构成的世界百花园。同时,民族教育又通过文字学习、语言传承、习惯养成、族群认同等方式延续、发展着民族身份。如使用汉字的教育,传递、传播汉民族文化,增进汉民族身份认同。苏联时代的教育家乌申斯基非常关注民族因素所促成的民族教育现象,并提出了使用与尊重民族语言、学习与传递民族文化的民族性原则。教育的民族性原则在日益全球化的今天,对于保存多样文化、促进文化繁荣、增进民族认同等仍然具有重要意义。

第二,少数民族及其教育问题。少数民族人口相对较少,多居于恶劣的自然环境中,生产方式简单,生活习惯古朴,交通流动不便,与人口多的民族在教育发展水平方面存在差距。首先,在宏观层面,存在学校总量不足、教育规模较小、校点布局稀疏、辐射半径较大,学校设置类型众多、学校专业类型比例失调,跨区上学、上学路途遥远等问题。这些问题引发了难以保证适龄儿童入学权利、儿童辍学流失、上学交通安全等事故,进而影响儿童入学率、巩固率,以及学生学习质量、上学就业。其次,在微观层面,一是双语教学问题,少数民族地区学校兼用少数民族语言和官方通用语言教学,这种双语教学具有跨语言文化、学科综合和民族性、区域性等特点,既有传承民族文化、增进民族认同的意义,又存在着对主流文化的学习与交流。二是性别差异及女童教育处境不利问题,在许多少数民族中,存在男女教育的差异现象,这种差异中带有一定的性别歧视,女童处于教育处境不利状态,如女童入学率低、辍学率与流失率高。[②] 这些同发达地区教育发展上的差距,在促进区域教育均衡发展、推进教育公平的今天,是需要花费巨大努力才能做好的工作。

第三,宗教或然性地影响教育。宗教是相信和崇拜超自然的神灵的社会现象,[③] 广

---

① 《中国大百科全书》总编辑委员会.中国大百科全书(民族卷)[M].北京:中国大百科全书出版社,1986:302.

② 唐智松.西部学校教育的改革与发展[J].西南教育论丛,2001(4).

③ 《教育大辞典》编纂委员会.教育大辞典(第六卷)[M].上海:上海教育出版社,1992:167.

泛地存在于世界民族之中,它具有特殊的人类精神安慰作用。在历史发展中,形成了基督教、佛教、伊斯兰教、道教等几大世界性的宗教,不但信仰者群体规模较大,而且对世俗政府的政权、民众的世俗生活都具有重要的影响。宗教对教育的影响由来已久,在学校产生之前,宗教本身就是一种教育活动,发挥着极其重要的社会教育功能。在学校产生后,一方面,宗教继续发挥着作为一种社会教育的作用;另一方面,宗教又作为课程内容进入教育,继续与教育融合在一起。如景颇族的巫师"董萨",既非官派,又非世袭,而是由聪明伶俐、知识较广、通晓民族历史的人担任,他既是宗教人物,也是民族文化教师,宗教内容就渗透到教育之中。同时,宗教不是抽象的存在,而是与特定民族的人口联系着,这些民族人口背后的价值倾向、政权组织,以及生存方式和资源占有等交织起来,就形成了极其复杂的民族宗教问题。而民族宗教问题自古以来就是包括教育在内的众多领域需要正确对待、科学处理的问题。

从本质上讲,科学诉诸理性,讲求辩证唯物主义;宗教讲求非理性,主张超理性的盲目崇拜与迷信。二者在性质上是对立的。在我国,教育与宗教一直处于分离状态,即我国的世俗教育不干涉宗教活动,宗教活动也不得干涉世俗学校教育。但在诸如西南少数民族地区的教育中,世俗教育与宗教活动一直缠绕在一起,虽然如今已经从曾经的宗教与政治合一、宗教影响与主导世俗教育的现象中走了出来,但宗教活动与世俗教育的相互影响却一直存在,时常发生宗教活动与世俗教育相互冲突的事件。对此,必须正确认识宗教对民族生活的影响,处理好民族教育面向现代化过程中的宗教与教育的关系问题。同时,还要看到在有些情形下宗教对学校教育的消极影响,如一些极端宗教分子唆使、引诱孩子进入寺庙诵经从"教",出现寺庙与学校争夺生源的现象。[1]

阅读链接

费孝通(1910—2005),中国社会学家、人类学家,中国社会学和人类学的重要奠基人,被国际应用人类学会授予马林诺夫斯基名誉奖,被英国皇家人类学会颁发赫胥黎奖章,是英国伦敦大学伦敦政治经济学院的荣誉院士。

二、教育的社会影响

(一)教育的人口影响

教育以人口之中的人为对象,自然会对人口产生多方面的影响。

第一,教育是影响人口数量的因素。教育的存在基础就是培养人,教育的人口影响既是直接的,又是最终的。有关人口学的研究表明:国民受教育程度的高低与人口出生

---

[1] 周鸿.教育社会学[M].重庆:西南师范大学出版社,1994:239.

率的高低成反比。具体情况是：有工作的妇女生育率低于家庭主妇，有专业知识的妇女生育率低于一般农村妇女，受过中等程度教育的妇女的婴儿死亡率低于文盲妇女。总之，人口的平均文化程度越高，人口生育率就越低。[①] 同时，不同教育程度的人口的生育观也存在差异，其中，受教育程度越高，越注重人口质量，生育数目越少，不再接受"多子多福""重男轻女"的传统观念。此外，在现代社会，受教育时间越长，生育时间就越晚，自然也就限制着生育活动。总之，教育日益成为控制人口的重要手段。目前，欧洲等许多发达国家的人口不断减少，并伴随出现严重的人口老龄化现象，劳动力的不足已经成为危及社会发展的最大障碍。这个现象就与其较高的国民教育程度有密切关系。在我国，自1978年实施的计划生育政策不但少生了几亿人口，有效地控制了人口数量的盲目增长，而且也产生了重要的人口教育效应，少生、优生已经成为人们的共识，这种认识反过来又产生了重要的人口控制效应。

第二，教育是改善人口结构的重要因素。教育对改善人口的质量结构、职业结构、区域结构等都有显著的作用。首先，教育有助于改善人口质量结构，提高国民的文化水平。进入现代社会后，自英国1870年率先颁布《初等教育法》推行义务教育以来，实施义务教育成为各国的基本国策，从而较为普遍地提高了各国人口的文化水平，改善了人口的质量结构。其次，教育有助于改善人口的职业结构。事实上，从农业时代到工业时代，再到目前的信息时代，人类的教育规模越来越大，教育对象不断扩大，人口的教育程度不断提高，从事农业生产的人口比例不断降低，从事第二、第三、第四产业的人口比重越来越大，人口的职业结构发生了翻天覆地的变化。其中，农业人口的绝对比例已下降，过去占非常微小比重的第三、第四产业人口逐步上升。在人口职业结构的变化过程中，教育发挥了重要的积极作用。

第三，教育是促进人口流动的重要因素。教育的人口流动功能表现在：一是教育有利于促进人们生活、就业的水平流动。在这种流动中，尽管流动者的社会地位不发生升降变化，但是因为接受了一定程度的教育，人们的见识增多了，生活、就业的视野扩大了，因而有助于寻找更为广阔的、更有质量的生活与就业环境，不再固守家乡。今天，我国大规模的中西部人口流向南方发达地区务工、生活，就是教育因素的影响。二是教育有利于促进人口的地位升迁。自从"教育取人"取代"血缘取人"后，一大批人口通过教育实现了社会地位的上升，如我国古代的科举制，大批的读书人通过参加科举考试，实现了"朝为田舍郎，暮登天子堂"的飞跃，引发了"男儿欲遂平生志，六经勤向窗前读"的社会效应。当前，社会流行的"知识改变命运，学历成就未来"的认识，也反映了教育促进人口阶层流动的机理。当然，教育促进阶层流动是需要条件的：一是学历必须是一种有所变化的量值，即人们获得的学历越高，则越容易进入社会的上层；进入上一个社会阶层，获得的社会地位就越高。二是学校教育必须满足统治集团的要求，即学校教育培养的来自各个阶层的人才，都能够满足统治阶级的社会需要。三是学校教育采取破除精英垄断的选择，即以开放的学校教育体系允许、促进社会阶层的流动，破除社会精英分子对社会阶层的

---

① 柳海民.教育原理[M].长春：东北师范大学出版社，2006：172.

控制、垄断局面,成为社会精英分子的资格是教育资格、文凭、学历。

(二)教育的经济影响

教育之所以被关注、重视,其重要原因就在于它具有多方面的经济功能。

第一,教育能为经济提供劳动力。社会再生产主要依靠劳动力再生产来实现,而劳动力再生产的基本因素是教育,即教育能够培养、训练生产所需要的熟练劳动者和各级各类专业人才。所以,重视教育、加大对教育的投入是十分必要的。许多国家的事实证明,大力发展教育是促使国家经济腾飞的根本。日本战后经济得以迅速发展,教育功不可没。从明治维新开始,日本就注重发展教育。二战后,日本把义务教育的年限延至9年,落实了教育立国的战略主张,从而使日本在20世纪80年代末的劳动生产率和人均国民收入居于国际前列。韩国经济于20世纪50年代朝鲜战争结束后才在一片废墟上艰难起步,由于政府重视教育,该国在短短的30多年中完成了从农业经济到新兴工业化经济的转变,成为世人瞩目的亚洲"四小龙"之一。可见,通过向各种生产部门输送经过培训的熟练劳动力和专门人才以促进经济发展和实现经济增长,是现代教育的功能之一。

第二,教育能为经济提供科技支持。科学技术作为第一生产力,通过劳动者的"人化"后作为一种劳动能力,对于提高经济效益的作用是非常明显的。20世纪后期,诺贝尔经济学奖获得者西奥多·舒尔茨(Theodore W.Schultz)的人力资本理论认为,随着科学的发展及其应用,提高劳动生产率越来越依靠劳动者的教育水平和科学技术的应用状况,劳动生产率的高低首先取决于劳动者的质量。现代经济增长所要求的劳动者是受过教育且掌握现代科学文化知识和技能的劳动者。目前,一些经济发达国家劳动生产率的提高,就是依靠大量具有专门技术和管理知识的人才同高效率的技术装备相结合来实现的。另外,劳动者的质量是提高生产率的前提,仅有高质量的劳动者,没有较好的劳动手段,劳动对象的性能以及质量就难以保证,二者必须紧密结合,才能发挥更好的效果。现代教育对经济增长的作用,正是通过将知识形态的生产力世代传递下去,提高劳动者的素质,把隐藏在劳动者体内的潜在生产力转化为现实生产力,从而推动劳动生产率的提高和经济增长。

第三,教育能够营造经济发展舆论。经济发展需要一定的文化思想环境,这种文化思想环境是教育能够促成的。因为教育本身是一种传播活动,可以用来传播一定经济发展所需要的文化舆论、思想舆论,形成与某种经济形态相适应的文化氛围,如计划经济的文化环境、市场经济的文化环境、经济全球化的舆论环境等。以经济全球化为例,随着社会经济和科学技术的发展,全球各国和各地区之间的经济联系越来越密切,世界市场正在形成。因此,任何国家的经济发展都不能仅仅从本国自身的角度来考虑,而是要加强与世界的联系。从一定意义上讲,经济全球化已成为一种必然的发展趋势。但经济全球化又是一个充满矛盾的进程,一方面,它给当代世界带来积极变化;另一方面,其迅速发展又不可避免地伴随着一系列全球化问题。所以,全球化也是一把"双刃剑"。一个国家要提高自身的竞争力,发展本国经济,必然要振兴科技。一个国家能在技术创新和制度创新方面走在世界的前列,这个国家就能在21世纪的国际竞争中立于不败之地,而技术创新和制度创新又需要受过良好教育的高素质的公民和让每一个公民的才能得以充分发挥的社会环境,所以,经济全球化对现代教育提出了更高的要求。

当前,人力资本理论为阐释教育与经济之间的关系提供了有力支持。舒尔茨的人力资本理论认为,人所拥有的诸如知识、技能以及类似影响工作的态度等,都属于资本。人力资本是现代经济增长的主要因素,甚至是首要因素;人力资本的投资(包括学校教育、专业训练、卫生保健等)有助于提高生产力,增加收益。因此,重视教育及训练人力资本,有助于显著地提高生产效率,增加生产总量。

阅读链接

舒尔茨(1902—1998),美国经济学家。他指出,凡是推行重工轻农的国家无不遭到极大困难,而给予农业足够重视的国家都取得较大的成绩。他以农业经济发展的研究成果而获得诺贝尔经济学奖,还被美国经济学会授予弗朗西斯·沃尔克奖章。

(三)教育的政治影响

政治的延续需要人,特别是需要接受了优秀教育、具备合格条件的人才,这就决定了教育的政治功能。

第一,教育是传播政治信息的重要途径。无论是古代社会还是现代社会,政治信息的加工和传播都是国家和政府的重要工作,政治信息传播的广度和深度如何是衡量政府权威的重要标志。一个国家的政治主张、政治见解等政治信息要为广大民众所熟知、掌握,并得到支持,必须进行广泛传播。在现代社会中,只有对公民进行教育,使公民有效地参与政治活动,才能使公民对一些政治认知、政治信念、政治情感、政治态度、政治价值观等政治信息进行进一步传承。教育通过传播科学真理,弘扬优良道德,形成正确的舆论,产生进步的政治观念,以促进社会的进步与革新。教育能动的主导作用在于它能张扬社会政治、思想、道德领域中的正面因素,抑制腐朽、落后的消极因素,从而为推进社会政治的先进化服务。政治信息的流动为社会成员的沟通和政治意愿的表达等创造了有利的条件,如若站在单纯的政治角度对政治信息进行过度控制,就会出现政治危机。但是,也不能对政治信息不加控制地任其流动,超量的政治信息同样也会带来一系列问题。

第二,教育是参与政治活动的重要方式。一方面,教育可以通过传播一定的政治舆论来参与政治活动;同时,高等学校的学生还作为政治选民直接参加政治活动。当然,教育这种参与政治活动的性质、结果,还得具体看教育活动关于政治灌输、渗透的倾向。在人类日益走向民主的现代社会里,学校中的民主教育思想是推动人类社会走向民主的重要手段。从这个意义上说,教育是促进社会民主的重要方式。另一方面,教育还可以通过培养政治人才来影响政治活动,如孔子通过教育培养学生从事政治活动来实现自己的政治理想,把教育看作"曲线从政"。通过教育培养具有一定政治素质的社会公民,是教育维系社会政治稳定的一个突出表现。社会统治阶级总是要通过教育造就公民,使受教育者具有国家、政府或执政党所需求的政治理想与政治信念。正是教育使公民的民主意识、民主观念得以养成。教育的这种带有政治性的影响,对社会具有重要的影响。如20世纪初,蔡元培任北京大学的校长,主持北京大学的教育改革,坚持"学术自由,兼容并包"的大学办学思想,极大地促进了北京大学学术、思想的发展,使得北京大学成为中国现代重要思想的发祥地,成为现代中国的重要思想库。

第三,教育有助于促进社会阶层流动。社会阶层流动是指社会成员从一个阶级转变为另一个阶级,从一个集团转移到另一个集团,是政治地位变化的重要表现。进入现代社会后,社会阶层流动更倾向于开放型的流动模式,即基于个人后天的努力和成就等因素实现自身社会地位的转移,这是现代社会流动机制的主导规则。这种流动模式强调个人的后天努力,教育成为其中重要的手段。法国著名社会学家布迪厄曾经说过,教育是阶级再生产的机制。综观世界各国社会阶层流动的发展趋势,现代教育在社会成员的阶层流动中起着非常重要的作用。在同一阶级中,教育具有"提升机"的作用,它使同一阶级中不同社会成员的地位发生一系列的变化;在不同阶级中,教育具有"筛子"的作用,通过教育筛选出较低阶层的社会成员进入上层社会,这是社会发展的必然趋势。[1] 一个社会要想延续并发展,必然要选拔下层社会的优秀人才进入上层社会,这种选拔就需要教育。

我国改革开放以前,社会阶层流动的主要模式是政治主宰型的。改革开放以后,经济的发展、产业结构的变化等为人们的社会阶层流动提供了更多的机会,社会对个人能力和业绩的重视有了明显提高,教育在社会阶层流动中的作用越来越重要。当然,也应注意到,由于我国教育资源存在不均衡、不合理的现象,这在一定程度上影响了教育的公平性,进而影响了社会阶层流动的进程。教育是现代社会中影响社会阶层流动的最重要因素,所以,社会底层受教育机会的减少不利于我国社会结构通过社会阶层流动实现现代化变迁。

总之,在处理教育与政治的关系问题上,要把握好适当的"度"。一方面,如果政治对教育制约不力,则容易丧失政治对教育的控制而导致思想意识领域纷乱,甚至引起社会震荡、变革;另一方面,如果政治对教育制约过度,则会约束、限制教育自由气氛的形成,影响言论与学术的自由,影响教育创新与创新人才的培养。因此,正确把握政治与教育关系的"度"就成为教育的管理艺术,即发挥政治在教育的行政领导、指导思想、办学方向、管理体制等多方面的指导作用;在教育内容、方法、手段的选择及学校管理、教育运转等方面赋予地方学校以权力,以增加办学的灵活性。

(四)教育的文化影响

教育本身是文化的一个组成部分,而且以文化为教授载体,在传授文化的过程中,自然产生了众多的文化功能。

第一,教育有利于传承主流文化。每一种文化体系中一般都有一种主流文化,主流文化是指在一定的社会或地域中占据主导地位、起着主流作用的文化。教育有受制于社

---

[1] 成有信等.教育政治学[M].南京:江苏教育出版社,2000:143—150.

会文化的一方面,因为社会文化生成了教育生长的土壤和条件,只有适应社会文化环境,教育才能得以生存与发展。当然,教育也有反作用于社会文化的方面。首先,在对一种文化体系进行选择的过程中,教育必然青睐于一种主流文化,从而使教育具有传承、创新及融合文化的功能。即使是主流文化,也有不适宜之处,因此,对文化的选择就显得尤为重要,选择文化本身就是一种批判与创新。其次,教育使人具备了一定的解读文化的本领。教育通过对物化、文字传承、口头传承的文化形式的认知,促进主流文化的世代延续。无论什么文化的传承都离不开人这个中介,都要依靠人对文化的理解来达成,而人对文化的理解则依赖于教育,因此,教育自它产生之日起就是作为批判、传承文化的工具而存在的。

第二,教育有利于创造新文化。社会文化总是处于不断发展变化的过程中,文化要发展就要有创新。没有文化的创新,也就没有真实意义上的文化发展,而文化的创新则需要通过教育来实现。一方面,教育对传统文化的传承总是着眼于古为今用,传承文化的过程也是文化更新的过程;另一方面,现代社会的急剧变革,现代科技的迅猛发展,必然要求教育突破原有的文化范式,实现对文化的创造、拓展与更新。现代教育的发展要求我们对前人世世代代积累的经验进行有目的的选择和运用,不管按照什么样的标准,选择的过程就是一个创新的过程,因为这种选择总是带有新的意识和新的观念。此外,现代教育通过培养新的人才,把前人积累下来的经验内化成人们的知识体系和思想观念,在已有的基础之上,不断超越现实,从而创造出新的文化。

第三,教育有利于保护多元文化。随着现代社会的发展,各国家、各民族之间的交流日益增多,并开始注重学习、吸取那些优于本民族的一些其他民族的文化特点。尽管民族之间的文化冲突时有发生,但和平共处、文化交融的大格局仍然没有改变。随着世界各国现代化建设的加速,这一文化融合的进程还将加快。教育的重要作用之一就是传播文化,无论是多元文化还是主流文化都应是传播的对象。当前,全世界各个国家、民族和地区之间存在越来越多的共性的东西,我们在强调主流文化的同时,也要注重多元文化的传承、保留和发展,求同存异、共同发展是我们的追求。就目前而言,我国的教育应为发扬中华民族的优秀传统文化服务,为建设中国特色社会主义现代文化服务。同时,教育应发展我国的主流文化及其他文化,以利于不同文化的交融。所以,教育应重视发展多元文化,促进各社会族群间的相互尊重与和谐发展。

此外,教育对社会道德具有多种影响。教育可以传播社会公德,促进社会公德的发展。同时,学校教育可以通过有目的、有意识的道德教育活动,培养有社会道德的人才,提高全体民众的道德素质。道德与教育如此密切的关系,使得运用教育手段来实现社会的道德目的成为许多集团的选择。但是,在这个问题上,应当有一个科学的态度,即认识到道德与教育的区别,不可把道德教育扩大化,以至于搞"政教合一",以道德说教代替全部教育;反对没有道德性的教育,特别是在当今科技至上的社会风气下,需要克服唯科学主义倾向,教育要寓科学教育与道德教育于一体,培养德才兼备的人。

阅读链接

马卡连柯(Makarenko A.S.,1888—1939),苏联教育家。他在流浪儿童和违法少年的教育工作上,提出了尊重和严格要求相统一的教育原则,以及通过集体和劳动来教育的原则和方法。他的青少年改造教育理论获得了广泛认可与实践。

(五)教育的科技影响

现代教育以科学技术为重要支撑和重要内容,在传授、发展科学技术的过程中,自然产生了众多的科学技术功能。

第一,教育能够传承科学技术。在古代,科技是作为个别人士的个人兴趣、业余活动,科技成果的数量少,对社会经济生活的影响不大,也缺乏科技体制,科技因而与教育关系疏远,学校教育中没有科技的地位。进入现代社会,科技发展突飞猛进,科技成果越来越丰富,科技对人类社会各个方面的影响日益深刻、巨大,以至于"科技是第一生产力"成为共识。学校教育的重要任务之一就是传递科技。因此,科技进入学校成为极其重要的课程(甚至存在唯科技的理性工具主义教育倾向),由此实现科学技术的简单再生产。如美国1958年颁布的《国防教育法》中就特别强调加强包括自然科学在内的"新三艺"教育,重视通过提高课程难度以提升科技教育质量,通过实施精英教育以培养杰出科技人才。总之,人类历经了农业时代、工业时代,现在正在走向以知识为核心的信息时代,科技作为知识的核心、社会的第一生产力,对人类社会的影响越来越突出。教育的科技传承功能因此越来越突出并受到重视。

第二,教育能够培养科技人才。首先,通过教育传递科技有助于提高教育对象的创新精神、求是精神、怀疑意识、协作精神等科学精神。中国科学技术协会1992年的调查表明:我国国民的科学素养较低(中国公众具备科学素养的比例为0.3%,美国为6.9%,欧共体为4.4%[1]),公众还不具备基本的科学精神和科学意识,不具备基本的科学思维方法,不具备用科学方法思考和解决社会与生活中各种问题的能力。因此,教育提升国民科技素质的任务还很艰巨,为此需要开展科普教育,营造尊重科学的氛围,树立科学的立场、观点,形成科学的方法,使科学精神得到弘扬。其次,教育特别是基础教育有利于培养学生对科学的兴趣与爱好,以引导学生相信科学、尊重科学、学习科学、运用科学。再次,通过专门的科技教育能够培养科技人才。特别是进入20世纪后半叶,各国纷纷制定一系列措施来发展本国教育以培养科技人才,在一些国家已经取得了显著成效。如美国之所以能够保持其科技领先地位和经济持续繁荣,是与其丰富的科技人才资源分不开的,人们熟知的"硅谷"奇迹和"新经济"的产生就是一个明证。因此,在未来的知识经济

---

[1] 朱效民.国民科学素质——现代国家兴盛的根基[J].中国科技论坛,1999(5).

时代,科技人才日益成为推动社会、经济、文化等领域发展的基本力量,依靠教育培养科技人才成为普遍的现象。

第三,教育能够创新科学技术。在现代教育中,科技再生产已经成为学校的任务之一。尤其是在高等学校中,科研是与教学并重的任务之一,高校设置有专门的科研体制,实施科技的扩大再生产。由于高校学科齐全、专家密集,便于开展综合性课题和边缘科学的研究,已经成为科技研究的重要生力军。我国科技部和教育部颁布的《关于充分发挥高等学校科技创新作用的若干意见》明确提出,高等学校科技队伍不断壮大,在研究开发和产业化等方面取得了很多重要成果,已经成为我国科技创新队伍中的有生力量。我国是一个发展中国家,科技教育起步晚,科技基础薄弱,关于国家的发展出路,邓小平早就指出,"科技是关键""基础在教育"。人才与科技作为一体的两面,均需要通过教育的基础性工作才能够实现。因此,学校教育如何有效传递科技、如何培养杰出科技人才是亟待解决的大事。特别值得一提的是,杰出科学家钱学森先生生前数次发问:"为什么我们的学校培养不出杰出人才?"掀起了全民对"钱学森之问"的解答热潮,并在社会中出现了从中小学到高等学校不断兴办旨在培养杰出人才的实验班的现象。

(六)教育的民族影响

教育的对象具有一定的民族身份,带着自然的民族文化及其宗教色彩,因此,教育活动自然是影响民族及其宗教的因素。

第一,教育促进民族社会发展。教育不仅能促进民族科技、经济发展,还能促进民族政治、道德文明建设。首先,通过教育促进民族发展是古往今来众多思想家的共同理念。美国社会学家华德认为,社会进步与教育是两个不可分割的概念,教育是引导社会进步的主导力量,通过教育把知识技能教给人们就可以为社会增加财富,促进社会进步。因此,他把教育看作促进社会进步的切近方法。[①] 在推进现代化的今天,教育对于那些生产方式相对落后的少数民族的发展具有十分重要的意义。如输入现代民主政治思想,促进民族政治进步;传播现代科学技术,发展民族经济等。其次,少数民族多居住在高原、寒冷地带,山区、草原居多,呈现"大杂居、小群居"的特征。由于地理、历史等多方面因素的影响,这些地方的经济多处于欠发达状态,有的地方甚至尚未解决温饱问题。同时,各民族内部的发展也不平衡,各民族在政治地位、经济水平、文化主导等方面也有较大差距。教育则是解决这些影响民族社会长治久安问题的重要途径。

第二,教育促进民族文化发展。首先,教育传承民族文化。教育的民族文化传承功能是多方面的。一是民族传统生产生活教育,如传统耕作技能、民间工艺技术和生活知识技能等。二是民族伦理道德教育,如遵从家教的家庭观、尊敬长者的长幼观、团结友爱的待人观、勤劳节俭的人生观等。三是民族历史文化教育,如本民族的起源、发展、英雄故事以及舞蹈、歌谣、诗词等,西南民族地区多有自己种族的传说。四是民族信仰教育,如四川凉山普米族人相信山川河流、草木鱼虫等都有神灵,把贡嘎山的降比央、恰朗多

[①] 鲁洁.教育社会学[M].北京:人民教育出版社,1990:326.

吉、信仁意三神类比为喇嘛教的达赖、班禅、宗喀巴，众神存在、法力则是宗教的内容，各种仪式的敬神驱鬼浸透于日常生活之中。这些都应当是民族教育的重要内容。其次，教育促进文化交流。教育中来自不同民族的学生带着不同的民族文化参与教育，促成了民族文化交流的态势。这种民族文化交流有助于传播各种民族文化、扩大民族文化的影响力，有助于反思民族文化自身利弊、促进民族文化的自觉发展，有助于不同民族文化的整合、创造出新的人类文化。再次，教育增进民族认同。在现代化的世界趋势下，落后民族地区的开发、发展是一个多元文化相互冲突和融合的过程。在这个过程中，在各民族平等的前提下，需要坚持"多元一体"的原则，增进各民族的文化心理认同。著名社会学家费孝通先生认为，我国56个民族在长期交流、融合中，在对各民族"多元一体"的认识中，逐步形成了对中华民族的认同。这个特定的中华民族认同心理要求教育进行正确的民族理论教育，以促进中华民族的团结，维护和延续中华民族的生存、发展。

阅读链接

《中华民族多元一体格局》是著名社会学家费孝通先生的杰作。书中指出，中国境内56个相互依存的民族在共存中发展出了更高层次的民族认同意识，形成了一体又多元的复合体民族格局。该作标志着中国学者自己创立的、旨在解决自身民族问题的理论创新。

当然，民族文化教育需要坚持正确的理念。本尼迪克特认为，文化是人类行为可能性的不同选择，无所谓等级优劣之别，文化的所谓原始与现代的差别，也并非意味着落后与先进这类评价，各文化都有自己的价值取向，有自己与所属社会的相适能力。

第三，教育影响宗教思想传播。首先，宗教在学校教育中有一定的位置，即在世界许多国家的基础教育中设置有宗教课程，在高等院校中设置有宗教专业，依靠学校教育途径传播着宗教。如众所周知的中世纪"大学"（university）就有医学、法学、神学三个基本的专业；反之，就不是"大学"而是"学院"（college）。其次，社区教育具有浓厚的宗教色彩。在许多少数民族中，社区教育是开放性的、社会化的、全民族的，遍及妇孺老幼。如傈僳族、普米族、彝族、摩梭人等，逢年过节时，全寨人或围坐在草坪上，升起篝火，饮酒食肉，谛听巫师说唱古歌；或汇集在长老家火塘边，聆听长老讲述"创世纪"。婚嫁时，老人和歌手给新婚夫妇唱"迎亲调""送亲歌"，歌词是讲述成家立业的艰辛，生产生活的本领。这些涉及民族历史、文学艺术、语言文字、宗教信仰、社会制度、生产方式、伦理道德、天文历法、医药等各个方面。

> **阅读链接**
>
> 斯坦福大学纪念教堂，正对该校大门，进入校内即映入眼帘。整个校园及教堂均为该校创建者利兰·斯坦福夫妇为纪念其子而建，故曰"小利兰·斯坦福大学"。该校在世界大学排名中位列第七。

此外，我国宪法规定，各民族一律平等，公民享有宗教信仰的自由。但我国坚持宗教与教育相分离的原则，即学校教育的主权在于人民，不允许宗教组织举办培养宗教人士以外的教育；不允许在世俗学校中设置传播宗教教义的课程；在学校中实行信仰自由，即学校不得强迫师生信教，也不得干涉信教师生的校外宗教活动；世俗学校不得在宗教场所掀起有无神的辩论，而宗教人士也不得在世俗学校中挑起类似的争论，实行宗教信仰自由政策。

在我国，少数民族教育改革与发展受到越来越多的重视，也取得了长足的进步。当然，还有众多问题需要探索，如因地制宜地制定少数民族地区的教育发展战略，设计现代科技与民族传统文化相关联的课程，探索民族地区的有效教学模式，建设适宜于民族地区的师资队伍，建立适应少数民族文化心理的学生管理制度，处理好学校教育影响与宗教之间的关系等。

第二节
社会变迁与教育

社会变迁作为一种由社会各因素综合作用而发生的一种社会现象,呈现出越来越频繁、越来越剧烈的现象。它们对教育产生重大的冲击,甚至带来颠覆性的影响。故需要对这些重大的社会变迁现象及其教育影响做必要的探讨。

一、现代化与教育

(一)社会现代化的内涵

现代化是什么意思?这是人人都在运用却不甚明了的概念。首先,"现代化"的概念歧义丛生,西方人认为它是自中世纪灭亡、文艺复兴以来的历史,即资本主义产生、发展以来的历史时期;中国等不发达国家则认为它是从封建社会灭亡,半殖民半封建社会结束之后的历史。所以,英国历史学家托尼说,"现代化"是一种"通用却意义不明的表达"。其次,现代化的内涵是什么?也有多种理解,如有现代化就是工业化,就是资本主义化,就是西方化等不同理解。现代化到底是一个历史过程,还是具体的奋斗目标(如经济方面的工业化、政治方面的民主化、社会生活方面的城市化、人们精神生活方面的世俗化、社会文明开化方面的知识化、个人行为方面的个人奋斗和自我更新、社会组织结构方面的功能专门化、社会关系方面的自由流动性等)?人们对此也有不同的理解。再次,现代化的模式是什么?有欧美国家出现的"早发内生型"现代化模式(其现代化的阶段与目标是:机械现代化—国家现代化—人的现代化);也有中国等发展中国家出现的"晚发外生型"现代化模式,或混合型现代化模式(其现代化的阶段与目标是:人的现代化—机械现代化—国家现代化)。可见,现代化既是一个由不发达到比较发达的历史进程,又是包含众多目标的社会理想。同时,正当众多不发达国家奋起直追现代化时,西方国家又开始步入后现代化社会,并对现代化进程中的"标准化""归魅"现象进行批判,开始"解构"现代性,提出"重构"后现代性,要求"反权威、去中心、去魅"。

> **阅读链接**
>
> 英格尔斯(Alex Inkeles,1920—),美国社会学家,先后在斯坦福大学、哈佛大学任教,研究社会心理学、比较社会学及社会变迁,其中对现代化的相关研究最为著名。

(二)现代化下的教育应对

教育现代化是在社会现代化的背景下提出来的,它要求教育应当适应社会现代化发展趋势的需要,变传统教育为现代教育,培养适应现代化建设需要的人才。关于教育现代化问题也存在不同的认识,综合这些研究,其主张大体可以归为两大类:一类是把教育现代化理解为三个层次,即思想观念层面的现代化、组织制度层面的现代化、物质设施层面的现代化。另一类是把教育现代化理解为下列的目标,即教育的思想与目标、内容与课程、方法与手段、管理与评价以及教师队伍的现代化。具体而言,这类观点的内容是:一是教育思想的现代化。它是教育改革和发展、实现教育现代化的基础前提和重要内容,如我国以三个面向作为教育的指导思想。它要求在教育中树立终身教育观、现代大教育观、全面发展教育观、素质教育观、教育全面效益观等思想。二是培养目标的现代化。作为培养人才的总体规范的培养目标在教育现代化中具有重要的导向作用,如培养素质复合型的人才、培养学生的四会能力(学会做人、学会办事、学会健体、学会审美)、培养适应网络生存的人才等。三是教育内容的现代化。它是教育现代化中最具有实质性影响的因素。它要求用现代教育思想去选择教育内容,把最新的科学技术写进教材、引入课堂;同时,研究课程的现代适应性,如理论化、渗透化、多样化、个性化等。四是教育结构的现代化。它主要指调整、优化现有教育结构,建立与现代社会相适应的现代化教育结构,注重教育结构与社会经济发展、社会结构的适应性,注重教育结构与科技发展的适应性,注重调整教育结构以适应国际教育的交流与合作,注重教育结构自身的均衡发展等。五是教育设备条件的现代化。它要求在校舍、图书资料、教学仪器、运动场地等方面达到现代化的水平,特别是教学手段的现代化尤为重要。它是教育现代化中最具操作性的环节。六是师资队伍的现代化。它是教育现代化的关键。它要求提高教师的学历层次,更新教师的观念,提高教师的技能,建立一支现代化的教师队伍,并建成现代化的教师培训体系,保持教师队伍的可持续发展。七是教育管理体制的现代化。它是教育现代化的重要保障。它要求建立更合理的现代化教育管理体制,加强教育立法,推进依法治教,运用网络等技术实施教育行政、教学事务管理。

当然,现代化作为从不发达走向比较发达的过程,实现上述目标只是阶段性的现代化,并不是现代化的终结,还需要在更高基础上实现教育的发展。目前,我国由于长期以来的城乡二元经济结构的影响,城乡教育发展极不均衡。为了促进教育公平,近年来,国家十分重视农村学校建设,提出了体现现代化基本要求的办学条件标准化思想,即在保持城市教育高水平运行的同时,加大对农村教育的投入,特别是改善办学条件,让农村学校在办学的硬件基础设施、师资队伍水平、课程教学资源、学校管理评价等方面达到规定的基本条件。

二、全球化与教育

(一)社会全球化的内涵

在学术界,对于全球化是否存在,有吉登斯(Giddens)的全球化存在论和格鲁曼(Grumman)的虚无论两种观点,而对于全球化的观念是好是坏,更是说法不一。全球化观念古已有之,如中国古代与西方的通商贸易,近代欧洲人的地理大发现等。但"全球化"作为学术概念,最早出现在1959年英国的《经济学人》杂志。而对全球化理论的研究始于20世纪70年代,由加拿大传播学家麦克卢汉(Mcluhan)首先提出。20世纪80年代后期至90年代初,全球化研究从开始的经济学领域转移到政治领域,主要表现是国家主权对经济的影响在减弱,国家的部分权力逐渐让位于一些国际组织。其后,人们开始触及文化与传媒领域中的全球化。到了20世纪90年代后期,由于全球化涉及经济、政治、文化、科技、军事、安全、生活、价值观等多层次、多领域的相互联系和影响,引发了研究热潮。吉登斯与汤姆林森(Tomlinson)是众多全球化理论专家中的重要代表,在他们看来,通信技术的迅猛发展,特别是个人电脑带来的电子交流的方便,外汇金融交易的大量增加,导致全球化的发展,而且这种全球化既是政治的、技术的、文化的,也是经济的。全球化是"新的"和"革命性的",在全球化中,社会关系不再是本地性的,而是超越时空的。汤姆林森还指出,"文化杂化"导致文化的非本地化,全球大众媒体和通信技术正在加速这一进程。正在出现的全球化文化是复杂的、非本地化的,而不是简单的、单一的。这种复杂性的存在,是因为全球化文化不是同民族国家相联系的,而是非本地化的,进而同增强政治的亲近性与世界性的文化过程相联系。

关于全球化的内涵,有"全球化是一种趋势、过程""全球化是一种新的世界结构、秩序""全球化是一种人类社会的文明"等不同认识。但全球化通常是指从孤立的地域国家走向国际社会的进程,国家或地区之间的相互影响、互动联系、互利合作越来越强,并伴随出现具有共性的、全球通行的标准文化样式。现实中,全球化进程确实产生了众多的影响,如活动空间的全球化,即依靠现代交通工具,人类在全球活动;信息沟通的全球化,即依靠信息化的电子计算机网络联通全球,信息在全球高速流通;人员交往的国际化,即世界各国人员在全球高速流动;经济合作的一体化,即经济以相互联系、相互影响为特征。

另外,全球化在中国也有着不同的认识,有的将其看作"现代化",是实现现代化的必经之路;有的将其看作"西化",属于新殖民主义、新扩张主义;有的将其看作"新结构",既非西化,又非现代化,而是人类进入信息社会后出现的新结构。由于各自理解的不同,对全球化是接纳还是拒绝就存在不同的态度。

阅读链接

《世界是平的:21世纪简史》是美国社会学家弗里德曼(T. L. Friedman)所写。书中分析了21世纪初期的全球化过程,展示了全球化正在滑入扭曲飞行的原因和方式,提出了全球化下国家、公司、社会和个人的应对策略。该作被认为是全球化的基本读物,曾两年稳居《纽约时报》畅销书榜首。

(二)全球化下的教育应对

在全球化背景下,教育资源或教育要素在频繁地跨国流动,各国教育逐步走向市场化,教育市场的开放、竞争、公平成为人们的共识。全球化在加强全球教育交流与合作以及跨境教育发展的同时,也加剧了教育间的国际竞争;它在为教师与学生的教育活动提供广阔的国际空间的同时,也对各国政府教育职能的转变提出了挑战,要求教育制度、体系与国际接轨。可见,全球化给教育带来的影响是深刻的、全面的,需要教育做出多方面的应对。

第一,进行理性的全球化教育。教育要实现全球化,首先要理性地认识问题,解除心理障碍,即通过科学的全球化理论教育,澄清人们对全球化的认识误区,以促使人们形成理性的全球化观。具体而言,就是要消除"全球化即西化""全球化即现代化"等片面认识,理性地认识到全球化既非西化,也非现代化。全球化既不是全球政治、经济、文化的"一体化",因为民族国家仍然实质存在;也不是全球文化的"同质化",因为多民族文化仍然多元并存;更不是教育的"趋同化",因为民族教育依然实际存在。全球化就是人类社会进入信息社会后出现的新结构。

第二,开展全球化的教育研究工作。全球化为教育研究的发展提供了重要契机,教育研究需要抓住机遇,实现跨越式发展:一是教育观察视域从民族国家扩展到全球地区,即在全球化进程下,原有以一个民族国家为范式、背景的研究受到挑战,需要站在全球化的视野下进行研究。二是研究方法从一元转向多元,对原有以某一社会推导、演绎另一社会的解释方法提出了挑战,需要与全球化下多元化特征相适应的"多元"视角的研究方法,即静态与动态、实证与理论、结构功能与比较分析、逻辑与历史等多种研究方法综合起来运用。

第三,建构适应全球化的教育体系。具体包括:一是在传统狭小国家事务扩大到国际事务的情况下,特别需要能应付国际事务的人才,因此,需要确立培养适应全球化活动的人才的教育目标。教育的国际交流日益频繁,本土教育扩展至国际教育,教育应适应国际化趋势的需要。二是在本土化走向全球化的情况下,需要人们克服狭隘的国家主义或民族主义观念,因此,需要对学生进行从狭隘的学会生存转向更加广阔的学会生活的教育。三是推进国际教育交流、合作与借鉴,促进跨境教育的发展,为教师与学生的教学活动提供广阔的国际空间。

第四,处理好全球化与本土化的关系。全球化不等于"全球一体化",不等于"文化全球化",不等于"教育全球化"。具体而言,就是要处理好本土教育与全球教育的关系:一是既要培育学生的民族文化之根,又要培养学生的全球眼光;二是既用民族语言进行教学,又要至少掌握一门外语;三是教育制度的改造既要立足本国,又面向全球。

三、信息化与教育

(一)社会信息化的内涵

由于信息在当代社会中的重要性日益上升,因而有人把它与物质、意识并列起来,标示它的特立性(三分世界观)。在信息日益成为生产的对象(如信息产业)、成为生产中的重要因素时,信息化就成为仅次于现代化的一个重要概念。信息化作为一种社会发展趋势,主要是指信息在人类生产、生活和学习等方面所占的比重越来越大,以至于事物在信息与物质两方面的比值构成发生变化,信息的比重上升,使得信息越来越成为事物的重要特征,使得信息处理成为特殊的职业、部门。人类各种活动逐步趋向运用信息的智能化,物的投入逐步减少,智能的投入逐步增加。信息化引起的人类活动变革是全方位的,如生产的信息化(工业生产的信息化控制、网络商务、网络教育),生活的信息化(网络聊天、生活资讯、卫生资讯、发 Email 传递信函),学习的信息化(开辟网络大学、设置网络课程、运用网络进行学习等)。

阅读链接

盖茨(B.Gates,1955—),美国企业家、软件工程师、慈善家、微软公司创始人,曾连续 13 年位居《福布斯》全球富翁排行榜榜首,2008 年宣布将 580 亿美元个人财产捐给慈善基金会,被英国伊丽莎白二世女王授予英帝国爵级司令勋章。

(二)信息化下的教育应对

联合国教科文组织在 2001 年 5 月于法国巴黎召开的教科文组织执行局第 161 届会议上,呼吁重视全球范围内的信息技术教育发展,充分预见到了信息技术的迅猛发展对全球教育、科学和文化事业的影响。社会信息化的教育影响有众多的表现,使得信息素质成为现代人的基本素质,成为现代教育的基本内容。

第一,培养具有信息素质的人才。人们对"文盲"的定义在不断发展,第一代文盲是不识字的人,第二代文盲是不会学习的人,第三代文盲是不会运用网络的人。培养学生的信息素质成为现代教育的重要目标,如日本提出了培养学生的信息活用能力;法国在中小学普遍开设网络信息教育课程;德国通过网络专业课程和学科整合课程,使学生了解传播工具的使用方法,培养学生运用网络技术独立地处理复杂问题的能力;英国要求通过教学尽力促使学生利用信息技术工具进行探究、分析、辨别和有创意的信息加工,使学生能够利用信息技术工具快速获取各种知识和经验。我国政府在 2002 年发布的《教育信息化"十五"发展规划(纲要)》中继续强调,扩大信息人才培养的规模,全面提高信息化人才培养质量。由此可见,培养具有信息化素质的人才是网络文化背景下世界教育的普遍要求。

第二,将信息技术教育纳入发展战略。美国是教育信息化的急先锋,到 20 世纪 80 年代,中小学计算机普及率达 60%;到 90 年代初,每 15 个中小学生就拥有一台计算机;至 2000 年秋,美国公立学校的入网率已达到 98%,学生数与计算机数之比已升至 5∶1,其中学生人数与联网计算机数之比达到 7∶1。欧洲举行过许多重要的推进网络教育的活动,如关于多媒体教材开发的"MEDIA Ⅱ 与 INFO2000 计划"(1996—1999)。欧盟各国也纷纷制订了各自的学校信息化发展计划,如芬兰于 1995 年提出了"信息社会中的教育、培训与研究:国家战略"五年计划。英国政府把 1998 年宣布为"网络年",使学校所有的计算机现代化;为全国教师提供机会,以更新他们的信息和通信技术技能。我国政府为推进教育信息化工作也颁布了教育信息化纲要,规划了教育信息化在"十五"期间的发展目标。

第三，确定信息技术教育的目标。以美国为例，2000年，美国国际教育技术协会提出了国家教育技术目标：所有的学生和教师都能够在课堂、学校、社会和家里接触信息技术；所有的教师都应当能有效地运用技术帮助学生达到学业高标准；所有的学生都必须具备技术和信息素养方面的技能；研究和评估应促进下一代的技术在教学和学习中的应用；以数字化内容和网络的应用来改造教学和学习。同年，美国教育部提出信息技术教育的国家目标：全国所有的教师都要接受训练，教师帮助学生学会运用计算机和信息高速公路方面的需要都要得到支持；所有的教师和学生都能够在课堂中运用现代多媒体计算机；每一间教室都要连接信息高速公路；将有效的软件和在线学习资源作为每一门学校课程的内在组成部分。可见，美国信息教育的目标在不断发展，对学生和教师运用信息技术的要求已经从课堂、学校延伸到社会、家庭；不仅要求信息技术的应用要体现在各门学科的教学中，而且要成为变革美国未来教学和学习的重要工具。

第四，设置信息技术教育课程。英国的《教育改革法》中就制定了包含信息技术教育课程的国家统一课程；德国则在中学阶段安排专门的信息技术教育课程，其中既有专门的计算机课程，也有在其他学科教学中融入信息技术的课程。在我国的《基础教育课程改革纲要(试行)》中，信息技术教育被纳入综合实践活动课程，要求"在课程实施过程中，加强信息技术教育，培养学生具有利用信息技术的意识和能力"。

第五，研究网络教育中的管理。网络是一个符号的世界，它不能对人的肉体进行有效限制。无主体的网络教育使得外部权力失去控制的"对象"，确定的管理对象变得不确定，确定的管理边界或范畴消失了，对身体的体罚失效了。但是，网络中自主化学习的学生能否自主，自主学习中的学生能否在网络学习中遵守公德等，无论是宏观的教育制度管理，还是微观的课堂管理，都是网络教育中需要研究的问题。宏观方面的问题有学籍与文凭管理、报到与就学要求、课程配置与调用等；微观方面的问题有网上学习的主体激发、讨论的全程参与、兴趣的始终维持、行为的引导监督等。由于网络的开放性、无中心特征，因此，传统的管理已经没有用武之地。近年来，人们纷纷转而追求学习者的伦理自觉研究与实践，致力于基于主体自觉的网络道德建设工作，如诚实可靠、恪守公正、尊重隐私、保守秘密、避免伤人等网络道德，不干扰别人、不伤害别人、不偷窥别人、不用计算机作伪证、不应无偿使用等网络伦理。

当前社会的信息化现象方兴未艾，对于信息化及其教育影响，我们必须保持高度的关注和研究热情，以使教育适应信息化社会的发展。

第三节
教育相对独立性

教育的相对独立性意味着：一是独立性，即在一定的社会领域，教育具有自己的问题领域与观念系统及由此而衍生的一系列特有的运行机制、运行规律，使其带有一定的不可替代性；二是相对性，即教育依靠一定的社会条件而存在，并随着社会变化而变化。

一、教育的独立性

（一）教育独立性的表现

教育之所以是教育，而不是其他社会要素的附庸，就在于教育具有育人的特质，这种特质使得教育相对于其他社会要素而独立存在。这种独立性主要表现在以下几个方面。

第一，教育是一种相对于政治、经济规律的独立活动。教育作为一种培养人的活动，教学运行是独立于政治、经济制度和生产力之外的活动，它存在的价值是把人类的生产生活经验转化为个体精神财富，这是教育所独有的特点。从其运行过程来看，在把一些静态的知识经验转化为受教育者内在知识体系的过程中，教育是不随社会生产力发展的水平和政治经济制度的变化而变化的，而是同人们认识活动的规律密切联系的。在其运行过程中，尽管受教育者所掌握的内容与社会联系比较紧密，但有些教学或学习的方法也不是紧随着社会的发展而迅速转变的。教育有其特定的运行规律，这些规律是人类在长期教育实践活动中对世界认识的结果，它随着人类教育经验的丰富和认识水平的提高而不断丰富和深化。这种认识的成果也不是随着社会政治、经济制度和生产力发展水平的变化而变化的。从某种程度上讲，世界上无法找到另外一种同教育完全一样的活动，所以，教育是一种特有的社会实践活动，具有一定的相对独立性。此外，在20世纪，永恒主义学派主张从人类文化经典中发现具有永恒价值的内容作为课程传授给学生，认为只有这种具有永恒价值的课程才能够经得起迅速变化的世界的挑战，使学生现在的学习能够适应未来的生活需要。从这种思想中也可以看到教育的相对独立性特质。

阅读链接

赫钦斯（R. M. Hutchins，1899—1977），美国教育家。他主张教育应着眼于人性而非人力，大学应是引导社会的灯塔而不应是迎合社会的镜子；有《为自由而教育》等著作；主张学校应教授被认为具有永恒意义的内容。他被视为"永恒主义的代表"。

第二，教育是一种具有历史继承性的活动。教育一经产生，便以语言、文字等形式表现出来并固定下来,有其特有的意蕴、发展规律及运行机制,具有一定的相对独立性。这里的教育意蕴包括教育思想、教育制度、教育内容和教育方法。这种教育意蕴尽管受当时社会政治、经济制度和生产力发展水平的影响和制约,或多或少地带有一定的阶级意识和思想观念,但是总体来讲,大都是从以往的教育中演化而来的,跟以往的教育有着特定的历史渊源,因而具有历史继承性。许多教学方法、教学原则、教学组织形式等都具有一定的历史继承性,是在教育遗产的基础上发展起来的,而不是随着社会生产力发展水平的变化而骤然发生变化的。直到今天,历史上许多优秀的教育经验、教学技巧仍然有其合理因素,仍然值得我们继承。如在东方,孔子"有教无类"的教育平等思想、文理兼备和身心兼修的教育内容、因材施教和循序渐进的教育原则;孟子"养浩然之气"的大丈夫精神教育;朱熹总结的学生管理经验和"读书六法";王阳明关于儿童教育的反对强迫压制和坚持陶冶的思想;陶行知关于"生活即教育,社会即学校,教学做合一"的生活教育思想等。这些教育规模性认识虽历经不同政治、经济环境,却继承下来。总之,这些经历了历史检验而具有生命力的教育思想,不会因为政治、经济等因素的变故而令人怀疑,这就体现了教育本身的历史惯性。

第三,教育发展与社会存在不一定同步。在一定历史时期内,教育跟社会发展并不是完全同步的。在社会发展的繁荣时期,教育思想、教育观念可能跟社会同步前进,也可能落后于社会发展的脚步,但从人的意识角度而言,人类由于习惯了社会的生活方式、思维范式和对所处社会的思想意识认同,致使教育内容、教育思想、教育观念落后于同时代社会发展的进程。同样,在社会发展的低潮时期,由于人类认识到了社会发展的规律,能根据社会发展的趋势和规律预见教育发展的方向,即使在原有社会制度仍然残存的情况下,也能预见教育发展的趋势。我国新一轮基础教育课程改革之所以跟以往不同,其实质就是根据社会发展的趋势以及借鉴国外教育发展经验而提出了新的教育理念,并使这些教育理念贯穿于课程改革之中,使课程改革带有未来教育的气息。教育有时候具有超越社会发展的一面,有时候紧随社会发展具有与时俱进的一面,有时候又有落后于社会发展的一面,由此表现出教育具有与社会发展不相适应的一面,即教育与社会发展的不平衡性。

(二)教育独立性的要求

上述教育独立性的特征对教育活动提出了相应的要求,按照教育的独立性规律去办教育,而不是将教育视为政治、经济的附庸。

第一,坚守学校教育的特立性。布拉梅尔德的改造主义教育学主张,教育应走在社会的前面,发挥教育对社会的引领作用。教育要引领社会就需要保持自身的独立性,以其相对的独立性作为主体去影响客体——社会。首先,要进行充分的教育科学研究,揭示教育的规律性。在现实的教育活动中,许多社会因素充斥其中,特别是当教育作为一个阶级性的概念时,总是跟一定的阶级相联系,成为政治统治和思想控制的工具。政治上的斗争以各种形式影响教育,从而产生教育中的斗争。同时,教育政策法规的制定,各级政府对教育行政机关的监督、管理,本质上也是一种政治行为和政治活动。因此,只有充分揭示教育的规律,才能够赢得教育特立的理由,才能够获得社会认同、民众支持。其次,教育者要有特立独行的人格品质。教育者应怀有热心教育的浓烈情怀,树立献身教育的崇高理想,坚守学术自由的精神气质,胸怀兼容并包的气度,尤其是不能为各种非教育性的名誉、地位所俘虏。只有这样,才能够保证所从事的教育活动的特立性,而不至于同消极权势同流合污,不至于玷污教育的神圣光环。总之,尊重教育的独立性,就必须按教育规律办教育,特别是反对任何社会因素对教育的消极干扰、影响学校正常运行、破坏教育活动的科学性等现象。

第二,平等处理学校对外关系。古今中外都有一些教育家主张教育独立。在西方,不但有教育国家化、教育超越宗教现象,还有教育超越政党、政治现象。在中国,有胡适、蔡元培等教育家主张并践行教育独立的现象。这些思想虽然看到了教育特立性的品质,但在具体实施上却收效甚微。要辩证地认识到:教育的特立不等于傲立,不是轻视其他社会因素的教育影响,而是以平等的原则处理教育与社会的关系。因此,一方面,需要坚持教育作为文化传递与人才培养的活动而独立存在,按照自己的机制与规律运行,发挥其不可替代的作用。另一方面,必须以平等的态度对待教育之外的诸多关系,其中特别要看到教育对社会条件的需求,只有当社会大环境客观上支持教育,给教育提供人力、财力、物质、信息等条件时,教育才能够运行下去,才能够发挥基本的育人功能。反之,失去这些基础性的社会条件支撑,教育本身的微观环境及其循环是难以为继的。

阅读链接

胡适(1891—1962),中国著名学者,新文化运动的领袖之一,曾任北京大学校长、台湾中央研究院院长。他著作甚丰,在文学、哲学、史学、考据学、教育学、伦理学、红学等诸多领域都有深入的研究,曾获诺贝尔文学奖提名。

二、教育的社会性

(一)教育社会性的表现

从大社会系统来看,教育本身是其中的一个组成部分,客观上受到其他社会因素的影响,从而表现出教育的社会性色彩。

第一,作为社会要素之一的教育。从造字结构来看,"社"为会意字,从"土"从"示"。中国古籍《孝经纬》中说:"社,土地之主也。土地阔不可尽敬,故封土为社,以报功也。""会"就是集会。可见,社会就是人们在土地神之处的相会。不同社会学家对"社会"的界定存在差异,按照马克思主义的观点,社会"是人们交相作用的产物";"生产关系总合起来就构成所谓的社会关系,构成所谓的社会"。[①] 社会是一个以人为中心的庞杂系统,家

---

① 中共中央马克思恩格斯列宁斯大林著作编译局.马克思恩格斯选集(第4卷)[M].北京:人民出版社,1979:320,363.

庭、邻里、学校、社团、社区等是构成社会的基本单位。站在社会学的角度分析社会,其结构是异常复杂的,可以从地理、人口、经济、政治、文化等不同角度研究其构成,可以从上层、中层和下层以及边缘等层次探讨其结构特征,可以从物质层面、制度层面和精神层面等不同层面探讨其结构特点等,这些特点都影响到教育,形成教育的社会性特质。显然,教育是作为社会大系统中的一个部分而存在的,自然会与社会大系统中的每个因素发生联系,其具体内容或者是这些社会系统中的一个或几个因素对教育发生作用,或者是教育对这些社会系统中的一个或几个因素产生相应的影响,这种相互影响体现了教育在社会系统中的地位。

第二,教育自身具有的社会性。首先,教育行为主体的社会性。教育中的行为主体包括教师、学生等众多因素,这些因素都具有社会性的一面。教育通过培养人而作用于社会。人是教育不可或缺的核心要素,也是社会关系的总和,因此,教育与社会存在必然的联系。其次,教育的发展是社会影响的结果。初始的口传身授式教育,源于人们经验传递的需要。最初学校教育的萌芽亦与社会有关,学校场所的出现更说明了这一点。再次,教育的目标直接或间接地作用于社会。教育的直接对象是人,目的是教化人,教育通过人来发挥社会作用亦是不容置疑的事实。我国历史上有诸多教育名家对教育的社会作用做过论述。如孔子对"庶、富、教"的论述反映了其教育与经济发展关系的思想。孔子认为,"庶"(人口)与"富"(经济)是教育的先决条件,同时,教育也能提高人口质量,促进经济发展。《学记》被称为"教育学的雏形",在谈到教育的社会作用时说:"建国君民,教学为先","君子如欲化民成俗,其必由学乎"。《大学》中认为,人的完善是一个过程,"格物、致知、诚意、正心、修身、齐家、治国、平天下",亦从个人走向了社会。另外,从教育内容、方法等角度亦可说明教育的社会性。总之,不论是从教育内部、教育与社会系统诸构成要素关系的角度来看,还是从教育与社会整体关系的角度来看,教育均具有社会性。掌握了这一点,就知道在分析任何教育问题时都要联系社会因素的影响来看待,或者说,离开社会因素影响的教育是不存在的,具体到学生个体的分析与教育就根本无法着手。

(二)教育社会性的要求

上述教育社会性的特征对教育活动提出了相应的要求,我们应遵循教育的社会性规律去办教育,而不是盲目地关门办学、闭门造车。

第一,办教育要顾及社会条件。如上所述,社会的地理、人口、经济、科技、政治、制度、文化、道德、民族、宗教等因素在各个方面影响甚至制约着教育的规模与质量、培养的方向和目标、内容和课程、方法和手段、评价和标准等。比如,前面所阐述的经济基础对教育的制约,一个地方学校数量的多少、学校规模的大小、校舍环境的建设情况、师生活动的方式等,都必须考虑经济的支撑能力;再如,文化对教育的制约,学校所处环境的社会文化的发展水平、丰富程度、价值取向等,无不影响教育。有人指出,中国的传统文化在认知上具有重传统与重权威的取向,在人事上具有重功名和重官本的取向,在道德上具有重忠孝和重自觉的取向等,导致了教育中不平等的师生关系、压制学生创造性、教育考试化等消极现象。因此,改革教育时必须看到这些文化环境对教育的制约,让教育在适应与超越之间做出理性的选择。总之,基于教育的独立性而随意地对待教育理论与实践的追求,会导致教育理论的空想化、教育实践的理想化,使教育发展、人才培养与社会需求脱节。

第二,教育要兼顾育人与社会功能。在一个开放的社会系统中,教育与其他社会活动是有机地联系在一起的,在融合中不失其相对独立性,在对峙中体现其超越性。现实中的教育既和以往各个时代的教育有很大的继承关系,又有着质的区别。这种联系、继承和超越的教育事实在教育从依附向独立转化之后,在人们认识到教育对社会发展的作用之后,得到了空前的重视。正是这种对教育的重视,使教育在社会中畸变,人们只看到教育的社会功能,特别是经济功能和政治功能,而淡化了教育的本体功能,从而使我们的教育所担负的任务主次不分。所以,在发展教育的同时,既要考虑到教育与社会发展的关系,又要考虑到教育的相对独立性,不能过分注重教育的社会功能而淡化教育的本体价值意义,应当科学地理解教育与社会的关系,科学地理解教育与社会生活的千丝万缕的联系,利用教育优势辐射教育影响,这是现代教育相对独立性的表现形式之一。总之,基于教育的独立性而封闭性地对待外部因素的教育影响,会导致教育的故步自封,影响教育在社会交流中获得发展。

本章小结

本章里,一方面,我们阐释了社会因素对教育的影响。主要涉及:人口规模、人口结构、人口质量、人口流动对教育的影响;生产力水平、生产关系性质、经济发展水平、当代经济变革对教育的影响;政治对教育的性质和领导权、教育的目的和对象、教育的内容和方式的影响,当代政治变革对教育的影响;文化水平对教育取向、文化类型对教育类型、文化更新对教育变革,以及道德对教育的诸多影响;科技对教育水平、教育过程的影响;民族存在催生民族文化教育、少数民族及宗教对教育的或然性影响。另一方面,我们分析了教育的社会影响。主要涉及:教育具有影响人口数量、改善人口结构、促进人口流动的作用;教育具有为经济提供劳动力、为经济提供科技支持、营造经济发展舆论等作用;教育具有传播政治信息、参与政治活动、促进社会阶层流动等作用;教育具有有利于传承主流文化、创造新文化、保护多元文化、促进社会道德发展等作用;教育具有传承科学技术、培养科技人才、创新科学技术等作用;教育具有促进民族社会发展、促进民族文化发展、影响宗教思想传播等作用。

另外,我们简要阐述了教育的相对独立性问题。一方面,重点剖析了它的特点:一是具有独立性,即在一定的社会领域,教育具有自己的问题领域与观念系统及由此而衍生的一系列特有的运行机制、运行规律,使其带有一定的不可替代性;二是具有相对性,即教育依靠一定的社会条件而存在,并随着社会变化而变化。同时,对这种相对独立性提出的按教育规律办教育、坚守教育的特立性、尊重教育的特立性、平等处理对外关系等方面做了分析。另一方面,列举了教育社会性的主要表现及其提出的教育必须顾及社会条件、兼顾育人与社会功能等要求。

复习思考

一、巩固练习

1. 联系中国社会要素的现实,阐述"科教兴国"的必要性与实现路径。
2. 文化与教育之间的基本关系是什么?当代多元文化、后现代文化、偶像文化、网络文化等新文化现象提出的教育挑战是什么?
3. 阐述社会现代化的内涵及其教育影响和教育现代化的内涵。
4. 阐述社会信息化的内涵及其教育影响和教育信息化的内涵。
5. 阐释教育相对独立性的内涵。联系当下意识形态领域的复杂情况,谈谈如何理性地对待教育与社会主义政治、文化、道德之间的关系。

二、观点辨析

1. 米德的文化模式理论表明:未来社会不需要教师了。
2. 根据经济的教育影响原理,"教育先行"是行不通的。
3. 教育全球化就是放弃本土化而与世界教育接轨。
4. 近代"教育救国论"的失败,说明教育不存在独立性。

三、阅读与思考

阅读材料1:一般而言,国民财富的增长与土地、资本等要素的耗费应该是同时进行的,但统计资料显示,二战以后,国民财富的增长速度远远大于那些要素的耗费速度,这是一个难解之谜。西奥多·舒尔茨曾说:"在影响经济发展的诸多因素中,人的因素是最关键的,经济发展主要取决于人的质量的提高,而不是自然资源的丰瘠或资本的多寡。"按照此理论来解释上述经济领域的疑难问题就很简单了。舒尔茨认为,人力资本是体现在劳动者身上的一种资本类型,它以劳动者的数量和质量,即劳动者的知识程度、技术水平、工作能力以及健康状况来表示,是这些方面价值的总和。人力资本是通过投资而形成的,像土地、资本等实体性要素一样,在社会生产中具有重要的作用。关于国民财富远远大于资源耗费的问题,舒尔茨认为:"投入与产出之间增长速度之差,一部分是由于规模收益,另一部分是由于人力资本带来的技术进步的结果。"这使得单位劳动、土地和资本的耗费可以产生比以前要高得多的产出和效益,由此可以理解二战后以及20世纪60年代资本主义世界经济高速发展的原因。

思考任务:请在阅读上述材料后,写出一篇2000字左右的读书笔记,探讨二战后德国和日本的经济奇迹现象,解释"亚洲四小龙"现象。

阅读材料2:有学者专门梳理了中国近百年来青春偶像的变迁情况,其中有四则材料值得注意:一是1913年的《时报》报道说,江苏第一师范学校招生考卷中要求列举崇拜的人物,统计结果是:崇拜孔子者157人,崇拜孟子者61人,崇拜孙文者17人,崇拜颜渊者11人,崇拜诸葛亮、范文正者8人,崇拜岳飞者7人,崇拜王守仁、黎元洪者6人,崇拜大禹、陶侃、朱熹、华盛顿者4人,还有崇拜苏格拉底、亚里士多德、马丁·路德、培根、卢梭、梁启超、武训、杨斯盛、安重根、蔡普成的,此外23人则无崇拜者。二是1989年中国青年杂志社出版的《百年青春》发表专刊,列举了20世纪以来年轻人崇拜的名人:从孙中山、李大钊、陈独秀、毛泽东、周恩来、鲁迅、巴金、郝建秀、雷锋、王杰、焦裕禄、李瑞环到张海迪、崔健、巩俐等政治家、劳动模范、战斗英雄、文学家、文艺明星等。三是1995年的《青年研究》刊载的《中学生追星现象调查研究》一文说,南京师范大学教育系对南京两所中学的学生列出的最崇拜人物的统计结果是:前十名的人物按次序是家人、周恩来、刘德华、毛泽东、张学友、郭富城、林志颖、雷锋、黎明、周润发,其中除了家人和已故的现代人物周恩来、毛泽东和雷锋以外,都是港台明星。四是2000年的香港《明报》专讯刊载报道北京师范大学和教育部联合对高二学生抽样调查"你最欣赏或崇拜的人是谁?",统计结果显示:填写周恩来的占24.5%,崇拜父母的占7%,欣赏自己的占2.8%,崇拜刘德华的占0.6%。①

思考任务:请在收集更多关于青少年青春偶像研究资料的基础上,写出一篇2000字左右的读书心得,谈谈自己对青少年的青春偶像崇拜现象及其变迁的认识。

---

① 刘志琴.青春偶像的变迁[EB/OL].[2014-07-16] http://www.confucius2000.com/poetry/qcoxdbq.htm.

第九章 教育科学：范畴及建设

◆ **案例阅读**

虽然教育学由于庞大教师队伍的影响而成为一门"显学"，但关于教育学的争论一直没断且十分激烈，如关于什么是教育学的问题。日本的田浦武雄说："对教育进行学术性研究并综合成一个理论体系，这就是教育学。"法国的贝斯特说："教育学既是教育的科学，又是教育的艺术；但我直接把教育学定义为教育的科学，因为教育学的本质中更多的是理论分析，而不是活动过程本身。"俄国教育家乌申斯基说："教育学——不是一门科学，而是一种艺术——是一切艺术中最广泛、最复杂、最崇高和最必要的一种。"苏联的斯皮库诺夫说："教育学是关于专门组织的、有目的的和系统的培养人的活动的科学，是关于教育、教养和教学的内容、方式和方法的科学。"美国的亨德森说："教育学通常被理解为教的科学和艺术。"美国的霍金斯说："教育学不是一门科学，教育学是一种次等学科，把其他'真正'的学科共治一炉；在讨论学科问题的真正学术著作中，你不会找到'教育学'这一项目。"近代学者陈寅恪曾说："在大学里，学自然科学的学生看不起学社会科学的学生；在社会科学里，学文学的学生看不起学政治学的学生，学政治学的学生看不起学教育学的学生，学教育学的学生看不起他们的教育学老师。"

◆ **问题聚焦**

上述这则材料反映的问题是很有意思的，它涉及教育学"安身立命"的根本性问题。当然，教育学要想安身立命，需要把下面的问题讲清楚：教育学的科学性、学科地位何在？教育学的研究对象及研究理论是什么？教育学的发展及其重要范式是什么？教育学的学科群落和学理体系是什么？

◆ **学习目标**

1. 了解关于教育学研究对象的说法，并给出自己的观点。
2. 了解教育学的学科分化、学科形成、科学化标志等理论。
3. 认识世界教育范围内重要的教育学范式。
4. 阐述实用主义教育学范式、后现代教育学范式的基本观点。
5. 掌握教育学基本范畴的内容、教育学研究范式的发展趋势。
6. 谈谈你所理解的"元教育学"，并以此反思当前教育学学科发展中存在的问题。

第一节
教育学的界定

教育学到底是什么样的学问？教育学称得上科学吗？教育学的研究对象是什么？历史上有哪些重要的教育学思想？这些都是学习教育学必须明白的基本问题。

一、教育学的内涵

(一) 教育学的概念

教育学成为一门学科在高等院校拥有一席之地，经历了一个漫长的过程。最早于1776年，康德第一个在德国柯尼斯堡大学哲学讲座中专门讲授教育学。1780年，特拉普出版了《教育学研究》，力图从实验心理学出发建立教育学体系，设置教育学专题讲座。其后，赫尔巴特于1809~1833年期间一直在柯尼斯堡大学哲学讲座中讲授教育学，为教育学的正式登堂入室奠定了重要基础。美国纽约州立大学于1832年首设教育学课程，1890年该校建立教育学院，后来设立教育学教授职位，授予教育学硕士学位和博士学位。1912年，心理学家克拉帕雷德(E.Claparede)在日内瓦大学指导一个教育心理学研讨班时，第一次提出了复数层面的"教育科学"概念。① 当前，很多高校拥有教育学专业，形成了教育学学位系列（学—硕—博），组成了教育学研究团体、学术组织。教育学于是成为众多科学中的一员，成为众多专业教育中的一部分。

> **阅读链接**
>
> 克拉帕雷德(1873—1940)，瑞士心理学家、教育学家。他以记忆实验闻名于世，代表作《儿童心理学》是儿童心理学领域的经典著作。他有"儿童心理学领域先驱""科学教育学研究开创者"之誉。

那么，教育学是什么呢？众多的教育学者都致力于对教育学概念的界定，形成了众多有关教育学概念的说法，如《辞海》(教育、心理分册)中认为，教育学是研究教育现象，揭示教育规律的科学。② 华中师范学院教育系等合编的《教育学》中认为，教育学是研究教育现象及其规律的一门科学。③ 南京师范大学教育系编的《教育学》中认为，教育学研

---

① [法]加斯东·米亚拉莱.法国的教育科学[J].雷若平译.国际社会科学杂志(中文版),1986(2).
② 《辞海》编辑委员会.辞海(教育、心理分册)[M].上海:上海辞书出版社,1980:1.
③ 华中师范学院教育系等.教育学[M].北京:人民教育出版社,1980:1.

究教育所特有的矛盾运动的规律。[①] 袁振国主编的《当代教育学》中认为,教育学是研究教育现象、教育问题和教育规律的社会科学。[②] 柳海民在《教育原理》中认为,在中国,无论是工具书还是教科书,对教育学的定义几乎是一致的,即教育学是研究人类教育现象,揭示教育规律的一门科学。[③] 此外,柳海民还列举了国外众多教育学者关于教育学的有关定义:日本学者田浦武雄认为,对教育进行学术性研究并综合成一个理论体系,这就是教育学;法国学者贝斯特认为,教育学既是教育的科学,又是教育的艺术;苏联学者斯皮库诺夫认为,教育学是关于专门组织的、有目的的和系统的培养人的活动的科学;美国学者亨德森认为,教育学通常被理解为教的科学和艺术。[④]

总结众多教育学者对于"教育学"的界定,我们认为,教育学是以教育事实存在为基础,以教育现象或经验为对象,从教育问题入手,通过揭示教育规律,探讨如何培养人的科学。

当然,也有人质疑教育学的地位。如霍金斯(Hawkins)在《教育与学科规训制度的缘起》中指出:"教育学不是一门科学。""教育学是一种次等学科,把其他'真正'的学科共治一炉,所以在其他严谨的学科同侪眼中,根本不屑一顾。在讨论学科问题的真正学术著作中,你不会找到'教育学'这一项目。"拉格曼(Rugman)在《一门捉摸不定的科学:困扰不断的教育研究的历史》中调侃:"许多人认为教育本身不是一门学科。的确,教育既没有独特的研究方法,也没有明确划定的专业知识内容,且从来没有被视为一种分析其他科目的工具。但是我把教育看作受到其他许多学科和跨学科影响的一个研究领域与一门专门专业领域。"教育学的地位问题十分重要,因为它涉及教育学人的"安身立命"。

> **阅读链接**
>
> 《一门捉摸不定的科学:困扰不断的教育研究的历史》把教育研究的历史既看成一门科学的历史,又看成正在进行着的美国当代社会文化的一部分,揭示了令人困惑的美国当代教育研究的历史背后的复杂多变的社会发展过程,成为"引起巨大影响的不可多得的教育研究名著"。

教育学的学科性质是一个悬而未决的老话题。有人认为教育学是一门科学;有人认为教育学是一门艺术;有人认为教育学既是科学又是艺术;还有人虽然认为教育学既是科学又是艺术,但更倾向于认为它是艺术。如俄国教育学家乌申斯基指出:"教育学——不是一门科学而是一种艺术——是一切艺术中最广泛、最复杂、最崇高和最必要的一种。教育艺术是以科学为依据的,作为一种复杂而广泛的艺术,它依靠许多广泛而复杂的科

---

① 南京师范大学教育系.教育学[M].北京:人民教育出版社,1984:1.
② 袁振国.当代教育学[M].北京:教育科学出版社,2004:14.
③ 柳海民.教育原理[M].长春:东北师范大学出版社,2006:2.
④ 柳海民.教育原理[M].长春:东北师范大学出版社,2006:1—2.

学;作为一门艺术,除了知识以外,它追求一个永久要达到而从来不能充分达到的理想,即人的理想。只有在教育者中间推广教育艺术所依据的那些多种多样的人类科学的知识,才有可能促进教育艺术的发展。"①

(二)教育学的对象

关于教育学的研究对象是什么,历来存在多种说法。如早在1963年时,刘佛年在其编写的《教育学》中就把教育学的研究对象界定为教育现象及其规律。1980年,华中师范学院教育系等合编的《教育学》中指出,教育学是研究教育现象及其规律的一门科学,诸如教育本质、教育目的、教育制度、教育内容、教育方法、教育管理等,都是教育学所要探讨的问题。1985年,《中国大百科全书·教育》中指出,教育学是教育科学中重要的基础学科之一,旨在研究教育规律、原理和方法。1993年,胡寅生在《小学教育学教程》中认为,教育学的研究对象是怎样培养人;教育学的任务是研究教育现象,揭示教育规律,探索教育宗旨,寻求教育内容和方法,以解决培养人的问题。

成有信在《教育学原理》中总结了关于教育学研究对象的认识。他指出,关于教育学的研究对象,大致有下列几种提法:教育现象、教育事实、教育问题、教育规律或包括上述的两项或三项。展开来讲包括:教育学是研究教育现象,揭示教育规律的科学;教育学是研究教育事实,总结教育经验的科学;教育学是研究教育问题,揭示教育规律的科学等。如何看待上述有关教育学研究对象的认识呢?其实,上述说法都有欠妥的地方。"教育现象说"的问题在于:教育现象中只有被关注的、具有研究价值的部分才是教育学的研究对象;"教育事实说"的问题在于:教育事实中只有那些被认为具有重要研究价值的事实才是教育学的研究对象;"教育规律说"的问题在于:教育规律是教育学的研究目的,而不是教育学的研究对象;"教育问题说"的问题在于:教育学所研究的对象是已经意识到的现代教育问题,是反映教育事实与价值期望之间矛盾的问题。

关于教育学研究对象的范围,叶澜教授针对存在的泛化与窄化问题曾提出:"从现在的研究实践和逻辑分析来看,最有概括力的表述是'教育存在'。"②她将"教育存在"分为三类,即教育活动型存在(包括一切以影响人的身心发展为直接目标的人类实践活动)、教育观念型存在(各种在教育的认识活动中形成的有关教育的意见、观点、思想、理论和学科等)、教育研究反思型存在(是对教育研究活动及教育学科本身发展性问题的研究的产物)。三类教育存在并非处在同一平面上,它们分别构成三个层级,后一个层级的产生以前一个层级的存在为前提。其中,最基础的、具有原始对象性质的是教育活动型存在,而后两个层次是派生性的。从认识的程序上看,要先分析教育研究中最原始、最基本、最具有原生性的对象——教育活动型存在的特殊性。与此相对应,便有教育活动研究、教育观念研究和教育研究之研究(教育学科元研究)三类教育研究。限于大学本科教材的特定功能,本章所讨论的教育研究,主要是教育活动研究,也涉及一些教育观念研究,而

---

① 任钟印.世界教育名著通览[M].武汉:湖北教育出版社,1994:852-853.
② 瞿葆奎.教育学文集·教育研究方法[M].北京:人民教育出版社,1988:306.

不涉及教育学科元研究的内容。教育活动研究直接指向教育活动,而认识教育活动的性质和特点对认识教育研究的性质尤其重要。因此,我们说,教育现象也是教育研究的对象,自然,这种现象首先是一种客观的存在,而且这种现象即使没有所谓的"问题",但作为对一种现象客观情况的掌握也值得研究。

关于学科的研究对象问题,著名科学家钱学森提出,科学分为不同部门(或学科),如自然、社会、数学、系统、思维、人体、军事和文艺理论,但这只是研究角度不同而已……我认为部门之分并不在于学科研究对象的不同,而在于研究或看问题的角度不同;对象只有一个,即整个客观世界。由此观之,我们认为,学科的研究对象本身是整体的,分类是人为的。教育研究其实也是对人类活动从教育的角度进行研究,教育学研究对象的视野是开阔的,范畴是极其丰富的。因此,我们认为,首先,教育学研究以教育事实为基础,坚持物质第一性原则,反对无病呻吟的教育发声。其次,教育学研究以教育现象为起点,坚持全面关注的原则,特别是那些长期被人们忽视的教育现象。再次,教育学研究从教育问题着手,坚持可行性原则,以获得研究成果,服务于教育实践活动,推进教育理论发展。最后,教育学研究以揭示教育规律为终极目标,坚持揭开教育现象看其本质,不断推进教育理论的进步、创新。

(三)教育学的作用

教育科学之所以产生,之所以能获得不断发展,有其实践基础,即它具有指导教育实践、促进人与社会发展的作用。对以教育为职业的教师来讲,教育科学更具有提高其理论素养,从而提高其教育活动科学性的作用。

第一,指导教育实践。教育实践是一种有目的的活动。教育实践作为有目的的活动,要获得成功,必须有科学的指导。在现代社会,教育的范畴逐步扩大,涉及学校和家庭、社会各个空间,扩展到从生命形成到生命终结的全部过程。这些在空间、时间上具有无限广延性的教育实践活动,没有科学的教育理论做指导,是不可能取得良好效果的。以学校教育为例,它作为以学校为单位进行的教育活动,具有自己的特点;它作为一种教育形态,有其自身的优越性,如有专门的教育机构,有经过专门职业培训的教师,有比较充裕的教育经费,有精心设计的课程和教学计划,有比较及时的反馈和评价机制等。但是,这些方面的每一个层面都需要科学的理论指导。缺乏科学理论指导的实践,其结果是灾难性的,这在历史上已经不胜枚举。不可否认,当今我国的教育实践中确实存在一些非科学化的现象。如近年来,我国大力倡导素质教育,在此之下,许多人认为应试教育、知识教育是素质教育的对立面,应该全面否定。其实,素质教育与应试教育、知识教育并不完全冲突。素质教育以知识教育为载体,也并不否定类似考试制度、知识传授等现实可行的办法。正是把素质教育看作应试教育、知识教育对立面的错误认识才导致思想上的混乱,进而引起实践上的偏差。所以,我们应该学习教育科学,反思、研究平常的教育活动,使之在教育科学理论指导下获得良好的效果。

第二,提高教师素养。夸美纽斯在其巨作《大教学论》的扉页上写道:"把一切事物教给一切人类的全部艺术。"显然,只有一个受过教育的人才能够为人师,引导儿童顺利成长。虽然教育活动涉及众多方面,但教师无疑是这一活动的主要角色。对教师而言,教育科学具有重要的理论素养提升价值。教师作为一个职业,它必然要求入行者——教师具有高尚的职业道德、深厚的专业智能、健康的心理素质。从更深的背景来讲,由于我国的特殊国情,在以前的很长一段时间内,以中等师范、专科师范和本科师范这类"师范教育"的模式培养教师。这种培养模式所培养出的教师在教育科学方面的智能欠缺是显然的。所以,近年来,为适应教师专业化的国际发展趋势,我国教师培养的格局正在发生重大转变,如一些师范大学转变为综合大学,而在其中设置教育学院以培养教师;也有综合大学加入到教师教育的行列。这些现象无疑有助于教师专业化的发展。那种没有读过师范学校也能够教书、没有接受过教师训练也能够教好学生的现象,本质上是教师个人依靠个体的体验与总结去工作,存在因为教师的盲目摸索而牺牲学生发展的可能,带有很大的片面性。

第三,推进教育研究。一方面,教育活动范畴需要研究,如本教材的目录所示的诸多教育范畴中涉及非常多的现象需要深入思考,所涉及的诸多问题需要深入研究,其中有一些我国当前比较突出的问题急待回答,如不同儿童的教育起点与过程的公平问题,农村留守儿童和流动儿童的教育机会与心理健康问题,区域教师资源的均衡配置及其管理体制和专业发展问题,培养目标及其课程建设如何适应和超越社会发展的挑战问题,国际化和本土化兼顾中的人才目标设定及其教育实现问题,社会信息化下的教育挑战与应对问题,新型城镇化下的农村教育整体重新设计问题,课堂教学的有效性及其评价标准问题,基于乡土精神培养的地方课程和校本课程的开发问题,少子化和人口老龄化下的教育规模与效率的兼顾问题,家庭教育中存在的诸多问题与发展中遭遇的挑战及应答,社会教育中存在的诸多问题和发展中遭遇的挑战及应答等。另一方面,教育学自身的学科建设也需要研究,如教育学基本概念的混乱与界定及认同问题,教育学诸多范畴的清理及其内容之间的逻辑关系问题,教育学研究方法的反思及其科学化的问题,教育学家的特点及其成长规律问题,信息化下教育学理论体系的挑战与重新建构问题等。总之,学习教育学的较高要求就是开展教育活动的研究,履行对教育学学科进行建设等任务。

二、教育学的发展

教育学的发展到底经历了哪些基本阶段?国内外对此问题存在不同的说法。如南京师范大学教育系主编的《教育学》将其划分为教育学萌芽阶段、独立形态的教育学阶段和科学教育学的建立阶段;王道俊、王汉澜主编的《教育学》将其划分为萌芽阶段、独立形态阶段、多样化发展阶段和理论深化阶段;叶澜编写的《教育概论》将其划分为教育经验阶段、教育思想阶段、教育科学阶段;靳玉乐主编的《现代教育学》将其划分为前教育学阶段、教育学形成阶段、教育学多样化阶段;等等。我们认为,各种划分类型的不同在于划分标准的差异,各具合理性,但也存在不科学的方面。笔者认为,叶澜教授依据教育理论的成熟程度这个教育学的内在标准进行的阶段划分,比较让人信服,故此处采用。

(一)教育经验阶段

教育经验阶段有其相应的社会基础,即经济是散漫农耕,规模小,效益低,物质匮乏;

政治是宗法制度,实行专制体制、垄断政治;文化是等级文化,压抑人性,维护群体价值,强迫道德,缺乏自由;科学是经验科技,是个别人的自由兴趣下的科技活动,成果非常有限。这种时代水平影响了此期教育学的理论水平,从而表现出基本特征。

第一,出现了对教育活动的经验概括,但还没有形成系统理论。此期间出现了许多人论述教育问题的现象,如在中国,有孔子的培养士、君子的仁政、德治教育思想,墨子培养技术人才的科技与职业教育思想,孟子培养大丈夫精神的仁义道德教育思想,荀子关于教师的意义和要求的教师职业思想,嵇康基于尊重生命和破除名教的玄学教育思想,朱熹关于学习的"读书六法"和学生守则思想,王安石的学以致用和提高教育效率的太学改革思想,王阳明基于对传统教育束缚进行反思的自然主义儿童教育思想等。在西方,有苏格拉底在培养智者过程中的"问答法"教学艺术,柏拉图为建立基于社会分层的理想国家的考试教育思想,亚里士多德关于促进人和谐发展的"三育理论",昆体良(M.F. Quintilianus)培养雄辩家的雄辩术教育思想等。在这些教育思想家中,孔子以其较为系统的教育言论占据极其重要的位置,其深邃的教育思想至今闪烁着光芒。

第二,出现了探讨教育的相关著作,但没有专门的教育类专著。在此期间,有关教育的认识散见于政治、哲学、伦理等著作中,如在中国,有反映孔子及其弟子对话中的教育思想的《论语》,第一个在世界上较早条理化地阐述教学思想的《学记》,旨在阐述教育的基本理念及其实现途径的《大学》,反映孟轲仁义道德教育思想的《孟子》,反映墨翟技术与职业技能培训思想的《墨子》,体现老聃"无为而无不为"教育主张的《道德经》以及反应杂家教育思想的《吕氏春秋》等。在西方,有毕达哥拉斯(Pythagoras)的《金言》,反映苏格拉底"产婆术"教育思想的《对话录》,柏拉图的《理想国》(阐述如何运用教育的社会功能来建立理想的社会)与《美诺篇》,亚里士多德的《政治学》(系统论述自然主义倾向的教育思想,特别是体、德、智三育思想)与《尼各马可伦理学》,昆体良的《论演说家的教育》等。

> **阅读链接**
>
> 柏拉图(约公元前427—公元前347),古希腊哲学家,第一个提出完整的学前教育思想并建立了完整的教育体系。他提出的算术、几何、天文、音乐"四科"教育成了古希腊课程体系的主干和导源。他被认为是"西方文化最伟大的哲学家和思想家"。

(二)教育思想阶段

从教育经验到教育思想的发展,是教育学的重要进步。这种进步的基础在于工业经济的出现和发展,特别是规模化生产对人才的规模化需求极大地刺激了教育的扩张及其对教育规律的探索。同时,由传统专制政治向民主政治的发展,对主权在民的强调,社会选举制度的推行,提升了人的主体性,也需要教育去呼吁、提升人的主体性。再者,社会文化从前喻型向互喻型的发展,极大地解放了教育对象,促进了教育关系的进步。此时科学技术的突飞猛进,向教育提出了前所未有的挑战与任务。如此等等,促进了教育实践的发展,相应地对教育学理论提出了必须要回答的命题。

1623年,英国著名哲学家培根发表了《论科学的价值和发展》一文,在对科学的分类中,他首次把教学的艺术作为一个独立的领域提出来。尽管在培根那里,作为教育学雏形的讲述与传授艺术还仅仅是作为哲学门类中逻辑学的一个研究领域,但是,培根毕竟已经将教育教学作为一个科学中相对独立的研究领域。① 第一个把教育学作为一门科学来思考、建设的是赫尔巴特。他继康德之后被任命为德国哥尼斯堡大学哲学和教育学讲座教授,是近代著名的教育学家和心理学家,被世人公认为"现代教育学之父"和"科学教育学的奠基人"。赫尔巴特的《普通教育学》也被认为是教育学学科形成的标志。赫尔巴特在教育学上的贡献不仅在此,在哥尼斯堡大学期间,他还创办了一个教育科学研究所和一所实验学校,正式的教育研究机构也已形成。在实验学校,赫尔巴特及其追随者开始应用科学的方法进行教育研究。至此,一个独立形态的教育学学科形成的条件已经全部具备:教育成为专门的研究对象;有了独立的教育概念和范畴;科学的研究方法在教育研究中得到了应用;一大批教育学论著和教育家在世界范围内尤其在欧洲涌现;有了专门的教育研究机构,除了德国的哥尼斯堡大学,世界其他许多国家也开始出现了专门的教育研究院所和教育研究实验学校。赫尔巴特还指出:"假如教育学希望尽快地、严格地保持自身的概念,并进而培植出独立的思想,从而可能成为研究范围的中心,而不再有这样的危险——像偏僻的、被占领的区域一样受到外人治理,那么情况可好得多。"②实际上,赫尔巴特已经明确地表示,教育学要成为一门独立学科,就必须形成教育的基本概念和独立的教育思想。

阅读链接

赫尔巴特(1776—1841),德国教育家。他第一个试图以心理学、伦理学为理论基础来建构科学教育学,其代表作《普通教育学》对当时乃至之后百年来的教育产生了深远影响。他被誉为"科学教育学的奠基人""现代教育学之父"。

这些时代的生产与生活方式影响了教育学的理论水平,从而表现出以下基本特征。

第一,对教育的认识达到系统化水平。其表现是出现了教育学的早期体系,其中教育学学科形成的标志——赫尔巴特的《普通教育学》指出,教育学要成为一门独立学科,就必须有自己的基本概念和独立思想。赫尔巴特以心理学、伦理学为基础,应用一系列

---

① 郑金洲.教育通论[M].上海:华东师范大学出版社,2000:362.
② [德]赫尔巴特.普通教育学·教育学讲授纲要[M].李其龙译.杭州:浙江教育出版社,2002:10.

概念,建构了相对完整、独立的教育学体系,形成了赫式教育学话语体系和研究典范。

第二,出现了关于教育思想的专门著作。在此期间,众多教育家不断总结教育实践,形成了较为丰富的教育学理论。如在西方,有培根阐述其科学教育思想的《论科学的价值和发展》,夸美纽斯阐述其客观自然教育思想的《大教学论》,卢梭阐述其主观自然教育思想的《爱弥儿》,第斯多惠阐述其民主教育思想的《德国教师培养指南》,裴斯泰洛齐阐述其要素主义教育思想的《林哈德与葛笃德》,洛克阐述其绅士教育思想的《教育漫话》,斯宾塞阐述其科学教育思想的《教育论》等。在这些著作中,学者们力图系统化地论述教育问题与现象,为教育学的形成奠定基础。在中国,有张之洞基于洋务运动实践所总结的"中体西用"的教育思想,蔡元培的"五育"及其基于北京大学教育改革的高等教育思想,黄炎培基于教育和社会联系实践中取得的大职业教育思想,梁漱溟在乡村教育试验中总结的乡村教育改造思想,晏阳初基于具有世界性影响的贫民教育试验所总结的贫民教育思想,陶行知基于生活教育探索所总结出来的生活教育理论,陈鹤琴基于南京幼儿园教育实验所转化的儿童教育思想等。

(三) 教育科学阶段

科学的拉丁文词源是"scientia",意为知识,是社会实践经验的总结,并在社会实践中得到检验和发展,是精神文明的重要因素。[①] 科学作为关于自然、社会和思维的知识体系,具有可数量化、可操作性、可重复验证性等基本特征。源于对"科学"的理解,人们把科学分为不同部门,即自然、社会、数学、系统、思维、人体、军事和文艺理论等不同类别。教育科学作为人文科学具有或然性的特性,即作为人文社会科学的所谓"规律"与自然科学的规律存在区别。自然科学规律的作用发生在一定条件下,具有必然性;而人文社会科学规律作用的发生却具有或然性。科学旨在揭示事物内在的必然联系。科学发展到今天已经形成了一个拥有众多门类的群落。钱学森指出,科学可以分为不同的部门,但这只是研究的角度不同而已。"我认为部门之分并不在于学科研究对象之不同,而在于研究或看问题的角度不同,对象只有一个,即整个客观世界。"[②]那么,教育科学的研究角度是什么呢?著名的教育学家沃尔夫冈·布列钦卡(W.Brezinka)认为:"与人类的经济、政治和宗教活动等其他活动一样,人类的教育活动也可以成为科学研究的对象。"[③]人类的教育活动是社会文化现实的一个有机组成部分,其重要意义也引起了社会的高度重视。我们可以在纯理论的观念上对教育活动、教育目的、教育前提及其教育影响进行研究,并因此而提出相应的科学理论。有关教育这个对象领域的科学理论,就被称为教育科学。

---

① 《简明社会科学词典》编辑委员会.简明社会科学词典[M].上海:上海辞书出版社,1984:762.
② 钱学森.关于思维科学[M].上海:上海人民出版社,1986:7.
③ [德]沃尔夫冈·布列钦卡.教育科学的基本概念:分析、批判和建议[M].胡劲松译.上海:华东师范大学出版社,2001:87.

> **阅读链接**
>
> 《教育科学的基本概念：分析、批判和建议》是德国教育学家布列钦卡的代表作。该书将教育科学定位于经验科学，作者对教育、教育目的和教育需求等概念从目标与手段的角度做了深刻剖析。该作被认为是"元教育学的代表之作"。

第一，研究方法的科学化。一方面，生理学、人类学、心理学、文化学、社会学、历史学、哲学等学科知识引入教育学的研究视野，这些学科知识为教育学的科学化提供了多方面的理论基础。另一方面，自从拉伊、梅伊曼等建构实验教育学，对教育进行定量研究后，人们纷纷将定量研究方法运用于教育学研究，极大地促进了教育学研究方法的科学化。在此之前的教育学研究方法主要是文献式归纳、经验式总结、个案式说明，研究方法的操作性不高，研究对象的代表性值得怀疑，研究结论运用的普遍性存在局限。但是，当将数学统计、社会调查、心理测量、教育实验等方法运用于教育研究后，再基于研究对象的代表性抽样、问卷量表的科学性设计、统计技术的重复性特征，使得教育学的研究方法走向科学，如研究对象具有很好的代表性，研究结果具有很强的说服力。同时，定性研究与定量研究两种研究方法的结合，使得对教育对象的研究既有定量的清晰刻画，又有定性的细致描述，能够从整体宏观与局部微观多个层面揭示教育研究的对象，说明研究对象存在的问题及其原因，进而提出有针对性的解决措施，从而整体性地提升了教育研究的科学性。

> **阅读链接**
>
> 《实验教育学》是德国实验教育学奠基人拉伊（W. A. Lay）所作。他在梅伊曼提出的实验教育学概念基础上，主张用实验、统计和比较来补充旧有研究方法的不足，同时借助生理学、解剖学及实验心理学的成果来研究儿童的学习，使教育研究更加严密。

第二，指导思想的科学性。以马克思主义的历史唯物主义、辩证唯物主义作为教育学的认识论，对教育现象的认识达到了历史唯物、辩证唯物的理性高度。比较而言，此前的教育学著作，个体经验式的总结、自然直观式的猜测充斥其间；关于教育中的诸多主张都或多或少地存在偏执甚至走极端的现象；对世俗教育与宗教关系本质的认识及其处理、对教育的社会制约性与教育的相对独立性及其处理等方面都存在很大的认知局限性，还没有上升到历史唯物主义、辩证唯物主义的思维高度进行清晰、理性的审视。因此，在我国学界，基本上都认同以马克思主义的立场分析教育活动中的诸多领域，赞成对教育学诸多范畴进行分析的马克思主义态度。

第三,研究群体的专业化。自从威廉·冯·洪堡(W. V. Humboldt)创办柏林大学,提倡教学与研究并重以来,教育研究工作逐步走向了专门化和职业化,学术团体越来越组织化和规范化,极大地提高了研究的效率。以往教育学者的工作大多是个体相对独立的、具有个人兴趣的探索,获得的教育研究成果也非常有限。进入现代社会之后的教育学教学与研究工作则进入一个体制化时期,教育学研究成为一种建制,各种教育学研究机构产生,一大批人员从事教育学研究,一大批教育学研究成果不断涌现。如一些国家设置的国家层面的教育科学研究机构,几乎所有师范院校中都有专门的教育科学研究组织及专业人员;同时,社会上还出现了一些从事教育研究与咨询的服务性组织机构。

阅读链接

威廉·冯·洪堡(1767—1835),德国著名教育家,柏林洪堡大学的创始者。他认为现代大学应该是"知识的总和"、以知识学术为最终目的,提倡学术自由,主张教学与研究并举。他被公认为"现代大学之父"。

第二节
教育学的范畴

从逻辑上讲,每个学科都有自己的基本范畴,这些范畴之间以其内在的逻辑联系而构成一个有"理"的学科内容体系,此可谓"学理"。那么,教育学包括哪些基本的范畴?教育学的学理基本内容是什么?清楚了这些问题,就可谓知道了教育学。

一、教育学的群落

(一)教育学分化路线

随着社会结构的复杂化、价值观念的多元化、科学研究的分科化,特别是在民主化、现代化、国家化三大思潮的影响下,教育学在研究扩展中出现了分化。总结这些新兴教育学分支学科的产生情况可以看出,教育学的学科分化主要有两条路线。

第一,通过学科交叉衍生新学科。传统的大教育学通过与相邻学科之间的交叉从而衍生出一些新的学科,比如由此产生了教育哲学、教育人类学、教育生理学、教育心理学、教育文化学、教育社会学、教育伦理学、教育经济学、教育法学、教育行政学、教育管理学、教育统计学、教育测量学、教育评价学等学科。当然,从学理的角度来看,这些学科是运用其他学科的基本理论甚至是研究方法来研究和阐述教育问题,或者在其他学科中发现教育问题。这种新型的交叉学科在学科分属上到底是属于教育学,还是属于其他学科呢?这个问题在教育学界也一直存在争论。

第二,通过学科分化衍生新学科。传统的大教育学通过学科内部的不断分化从而衍生出新的学科,由此产生了按照研究对象层次划分的学前教育学、初等教育学、中等教育学、高等教育学、成人教育学、特殊教育学;按照存在空间划分的面授教育学、函授教育学以及具有综合性的网络教育学;按照教育活动进行时所在场域划分的家庭教育学、社会教育学、学校教育学等。这些学科再进一步分化为更多的子学科,如学校教育学分化出学前教育学、小学教育学、初中教育学、普通教育学、高等教育学等。其中,小学教育学又可以分化出小学课程论、小学教学论、小学教师学、小学教育管理学等学科。再如,教育社会学还分化出课程社会学、教师社会学、学校生活社会学、学生生活教育社会学、家庭教育社会学等。这些不断分化的学科促进了教育学范畴的扩展,丰富了教育学的内涵,使人们对教育的研究达到越来越精细、深入的程度。

阅读链接

《教育生理学》是中国教育学者唐智松(1966—)所作。它从宏观生命原理与教育、中观生理特征与教育、微观生理发展与教育三个层面展开,系统地对教育现象做了生理层面的分析,成为该学科的第一本专著。

教育学分化后出现了众多学派,形成了不同风格的教育学派别、思潮,除传统的人文主义教育思潮、自然主义教育思潮外,还有国家主义教育思潮、科学主义教育思潮、实用主义教育思潮、新传统教育派、马克思主义教育学、人本主义教育思潮、存在主义教育思潮、后现代主义教育思潮以及宗教教育思潮、教育独立思潮等。当然,在众多的分化教育学理论中,杜威的《民主主义与教育》所反映的实用主义教育学无疑在20世纪占据极其重要的地位,其中关于"教育即生活""教育即生长""教育即经验的不断改组"的教育本质论和"从做中学"的教学方法观对教育学产生了极其巨大的影响。

(二)教育学群落构成

经过分化之后的教育学构成了丰富的学科群落,这些学科群落按照教育场域可以划分为家庭教育学、社会教育学、学校教育学等学科;按照教育时空可以划分为面授教育学、函授教育学、网络教育学等学科;按照教育对象可以划分为学前教育学、初等教育学、中等教育学、高等教育学、成人教育学、特殊教育学等学科;按照地域范围可以划分为众多的国别教育学(如德国教育学、美国教育学、俄罗斯教育学等)以及各种比较教育学(如中美教育比较、中日教育比较、中印教育比较等)等学科;按照学科视角可以划分为教育哲学、教育人类学、教育生理学、教育心理学、教育伦理学、教育社会学、教育经济学、教育法学、教育行政学、教育管理学、教育测量学等学科。上述多个角度的分类结果表明,教育学已经形成一个体系庞大的学科群落。当然,在实践中,观察众多师范院校的师范生课程设置可见,基本上都是采取从学科分类的角度所划分出来的教育学分支学科。这种课程体系在深刻揭示教育学的理论方面有其优势,但存在理论性过强、实践性偏弱的问题,存在师范生知识过分"学究化"、难以解释教育实践问题、难以应对教育实践工作的尴尬现象。

二、教育学的学理

(一)重要范式

1. 赫尔巴特教育学范式

德国教育学家赫尔巴特的《普通教育学》作为教育学形成的标志,以及它对后来教育学范式的奠基性影响,在梳理教育学的学理时自然首先需要进行梳理。反映赫尔巴特教育思想的重要著作是《普通教育学》和《教育学讲授纲要》。综合赫尔巴特这些著作中的观点,可以概括为:这种教育学学理体系具有明显的国家主义教育思想倾向,强调道德教育、纪律与管理。具体而言,它所涉及的范畴有:关于教育的一般目的论,即发展多方面的兴趣是教育的目的,论述教育管理的必要性与基本方法。关于教育的内容与教学方法,即从多方面兴趣引出教育的内容范畴,论述教学过程论,总结带普遍性的"明了—联想—系统—方法"的教学阶段。关于道德性格的形成,即探讨如何通过教育形成儿童的品德、性格。赫尔巴特的教学理论被杜威等后人概括为"以课堂为中心、以教师为中心、以教材为中心"的"旧三中心",也在师生关系、学生主体性、教学的机械性等方面饱受批评。当然,这种以教师为中心的教学理论由于教师的易操作性仍然在教育实践中广泛流行。

2. 杜威教育学范式

众所周知,教育学如同其他学科的重要影响从欧洲向美国的漂移一样,20世纪后,杜威等所代表的教育学成为影响世界教育学界极其重要的代表。反映这种美式教育学学理的重要著作有杜威的《民主主义与教育》以及桑代克、盖茨的《教育之基本原理》等。这种美式的教育学学理以实用主义哲学和行为主义心理学为基础,突出教育实际问题的解决,不甚重视、不拘束于教育学的"学理"体系。具体而言,它涉及的主要内容有:关于教育目的论则认为"教育即生长",即教育目的就在于促进儿童的生长。关于教育方法论则认为"教育即生活",让学校成为典型的社会生活;"教育即经验的不断改组",通过典型的学校生活来促进儿童经验的获得与优化。关于学习方法论则认为教学应坚持"从做中学",即在典型的学校生活中感受过程与获得经验。实用主义教学不但对20世纪初期美国的教育影响至深,而且后来被介绍到欧洲各国、中国等地,对世界其他地方的教育也产生了重要影响,直到今天,美国的教育仍然带有浓厚的实用主义色彩。人们通常将以杜威为代表的实用主义教学理论概括为"学生中心、活动中心、经验中心"的"新三中心"。这种理论以其在学生地位、师生关系、教育目标及其活动设计方面的优势获得了人们的赞同,当然也存在对其教师作用的发挥、系统知识的掌握等方面的诘问。

3. 苏联教育学范式

苏联教育学学理以其社会作为第二次世界大战对立两极中的一极而具有代表性,同时以其对第二次世界大战后社会主义阵营的影响而具有重要的世界影响。以苏联教育学家凯洛夫(N.A.Kaiipob)及其《教育学》为代表,他们以马克思主义哲学为指导,对教育学中的教育总论、教学论、德育论、学校管理等范畴有了新的认识,而且特别强调教育的阶级性、历史性等特质。具体而言,关于教育总论:以唯物辩证法为指导,探讨教育本质与属性、功能与价值等问题。关于教学论:以马列主义认识论为基础,将教学本质界定为一种特殊的认识过程。关于德育论:探讨以马列主义为指导的政治、思想、道德教育的内容、原则与方法。关于学校管理:以马列主义为指导,探讨教育行政与学校管理等问题。在谈及苏联教育学学理时,不可回避它对中国教育理论与实践产生的深刻影响,如在国家行政与学校责任的关系上,重视教育行政而忽视学校自主性,教育行政不是服务学校,而是领导、制约学校的管理工具。在学校与教师问题上,强调学校的单位权,忽视教师的自主性,将教师视为集体分子,采取惩罚性的教师管理策略。在教师与学生的关系上,置教师于教育中心地位,忽视学生的主体地位和主体性的培养。在教学的计划与实施的灵活性上,强调课程设置、教学大纲、教材的统一性、严肃性、稳定性,相对地忽视了课程与教学的灵活性、变革性。苏联的这种教育学范式因其政府在教育与社会关系处理中的独特地位、对教育属性的阶级立场等因素而受到推广,但其存在的上述弊端也带来了诸多问题。苏联教育学范式对中国教育理论与实践产生过近半个世纪的影响,以至于至今还未消除。

> **阅读链接**
>
> 凯洛夫(1893—1978)，苏联教育家。他第一次用马克思主义观阐释教育的起源、阶级性、历史性与社会主义教育目标。他阐述社会主义教育理论的教材《教育学》对苏联及中国产生过很大影响。

4. 后现代教育学范式

上述三种范式都是站在现代化的语境下进行思考、表述的，诸如理性化、主体性、划一性、中心论等现代性的逻辑思维、思想痕迹自然是客观存在的。相比之下，站在现代之后，以后现代的思维来剖析、阐述教育自然具有创新的意义。因此，基于后现代主义思想的后现代教育学带来了教育学的重大革新。

其一，质疑教育目的。后现代主义者认为，世界的本质是无序的，只有在差异中承认差异，才是与世界和人类的天性相符的。而现代教育的目的是培养"完人"，这种教育目的往往是为了培养优势文化的支持者，强调教育具有一种"文化中立性"，以此来推行一套民主和平等的理念。后现代主义教育思想家从各自的立场和观点出发，重新估量了教育的目的。后现代主义者认为，教育应该培养具有批判能力、认可多元文化的社会公民，这种公民能够认清优势文化的独霸性以及文本的集权性，向它们挑战，进而通过对多元文化的认识跨越文化边界，肯定个人经验及其代表的特殊文化；同时，教育目的也要促进学生对社会的认识和了解，建立一种社会责任感，建立一种文化与社会环境和睦相处的社会文化背景。教育目标应求得一种内部平和，并扩展到整个社会乃至国家的平和，构建人与人、人与社会、人与环境的和谐状态。

其二，新型的课程观。后现代主义者反对泰勒的封闭性课程体系，要求设置具有丰富性、循环性、关联性和严密性的后现代课程。后现代主义者对主体性的解构，倡导人与人、人与自然的和谐共存，都启示我们课程的设置应注重相互依存和维持生态。在知识观上，反对现代课程理论所包含的封闭的、普遍的、等级化的、中立的、抗拒变革的知识观，强调开放的、变革的、情境化的、价值化的知识观；在课程研究目标上，批判泰勒原理只注重课程目标的实现，而忽视关注学生学习过程中个人发展的过程及历史、政治、经济、宗教、生态社会环境；在课程研究过程上，不再关注课程的规划、设计、实施和评价，而是注重理解课程在文化、历史、政治、生态平衡、美学等多方面对人类状况、社会结构生态领域的影响。人是关系的存在，人都是生活在一定的社会关系之中，所以，课程的重点是学习和自我发现，而不是分级，获取学分；要注重知识之间的关联、学习经验、自然界以及生活本身，提倡实地考察，到大自然中去研究；主张建构一种反映现实生活的、动态的、相互依存的、循环的课程；要将生态意识整合到整个教育过程中，既要关心个体外在的生态平衡和保护，也要注意个体内部的生态平衡。事实上，这些观点已经在我们的新课程改革活动中体现出来了。我们的探究性课程、综合性课程、情感性课程等都已经吸取了这些理念。

其三,更新师生关系。后现代主义者对中心论的批驳、对多元概念的鼓励以及对本体论的倡导,都决定了后现代主义对"对话"的推崇。对话的本质并非是用一种观点来反对另一种观点,也不是将一种观点强加于另一种观点之上,而是一种伙伴关系或者合作关系。因此,教师和学生的关系应该是合作的探究者和平等的对话者的关系,教师是教师与学生关系中的"平等者中的首席"。教师长期以来高高在上的"传道、授业、解惑"的地位发生变化,失去了对学生学习内容的垄断,由知识的权威到平等参与学生的研究,由知识的传授者成为学生学习的参与者、引导者和合作者,由传统的教学支配者、控制者成为学生学习的组织者、促进者和指导者。

其四,革新研究方法。后现代主义者反对中心主义、反对权威、反对唯一性和同一性、反对理性主义等观点,从一个新的视角指出了教育研究发展的方向。同时,后现代主义者将矛头指向教育研究的基础层面,对教育中现存的形而上学、认识论前提进行了批判和否定。后现代主义者否定绝对真理的合法性,继而又向传统方法论原则的唯一性和普遍性宣战。我们探索的世界是未知的,因此,我们不能保守、封闭,而必须保持有选择的开放性。教育研究应该是多元化的,突破传统方法论原则的唯一性和普遍性,摆脱唯科学主义、权威主义,摆脱形式理性的限制,注重人文价值在教育研究中的意义。在我们以往的教育研究中,某些教育家的权威话语往往影响其后续研究者的研究方法、研究方向和研究成果。后续研究者所谓的研究创新和进步,常常是用另外一种方式来重复那些为人们所接受的根深蒂固的话语。因此,教育研究者必须不断进行激进的话语创新,以消解权威话语的影响,要在教育科研中容纳一切规则、方案和标准,反对僵化凝固、缺乏想象力的理性主义教育研究方法。

(二)基本构成

教育学到底包括哪些基本范畴,这个问题的答案还有待进一步探索,因为从一些教育学教材的目录结构可见此问题还缺乏共识,兹举一例。

《小学教育学教程》[1]自20世纪90年代初期编写出版以来,一直被我国中等师范学校广泛采用。其目录结构为:

绪论
  第一节 教育
  第二节 教育学
课题一 小学教育的地位和作用
  第一节 小学教育与社会的发展
  第二节 小学教育与儿童的发展
  第三节 小学教育与九年义务教育
课题二 小学教师和小学生

---

[1] 胡寅生.小学教育学教程[M].北京:人民教育出版社,1993.

第一节　正确认识小学教师职业

第二节　小学教师的素质和修养

第三节　小学生

第四节　师生关系

课题三　我国教育方针和小学全面发展教育

第一节　我国社会主义的教育方针

第二节　马克思主义关于人的全面发展的基本思想

第三节　小学全面发展教育和培养目标

课题四　小学教学的意义、任务和内容

第一节　教学的意义和任务

第二节　小学的教学内容

课题五　小学教学的过程、原则、方法和组织形式

第一节　教学过程的基本特点和基本阶段

第二节　教学原则

第三节　教学方法

第四节　教学的组织形式

课题六　小学教学的实施和改革

第一节　教学工作的实施

第二节　小学的教学改革

课题七　小学思想品德教育的意义、任务和内容

第一节　小学思想品德教育的意义和任务

第二节　小学思想品德教育的内容

课题八　小学思想品德教育的过程、原则、途径、方法和实施

第一节　小学思想品德教育过程的特点

第二节　小学思想品德教育的原则

第三节　小学思想品德教育的基本途径

第四节　小学思想品德教育的主要方法

第五节　小学思想品德教育的具体实施

课题九　小学课外活动

第一节　课外活动的特点、意义和任务

第二节　课外活动的内容和形式

第三节　组织课外活动的基本要求

课题十　小学班主任工作

第一节　班主任工作的意义和职责

第二节　班主任工作的内容和方法

课题十一　少年先锋队工作

第一节　少年先锋队的性质和任务
第二节　少年先锋队的组织
第三节　少年先锋队教育活动的原则、内容和形式
第四节　少年先锋队的辅导员

课题十二　**学校、家庭、社会**
第一节　学校、家庭、社会在儿童发展中的作用
第二节　学校教育与家庭教育
第三节　学校教育与社会教育

课题十三　**小学的管理**
第一节　我国小学的概况
第二节　小学管理的基本知识

课题十四　**小学的复式教学**
第一节　复式教学的意义
第二节　复式教学的特点
第三节　复式教学的编班
第四节　复式教学的排座位
第五节　复式教学的课表安排
第六节　复式教学的备课
第七节　复式教学的教案编写
第八节　复式教学的课堂教学
第九节　发挥小助手的作用

课题十五　**小学教育研究方法**
第一节　小学教育研究的重要意义
第二节　小学教育研究的常用方法
第三节　小学教育研究的一般步骤

课题十六　**小学的特殊教育**
第一节　特色教育
第二节　盲、聋、弱智儿童的特点和教育
第三节　普通小学的特殊教育
第四节　特殊教育设备、教材和方法简介

　　读者以此可见关于普通小学教育的教育学教材所列举的目录内容。当然，读者还可以自行对此目录条目从范畴的全面性与科学性、内容的顺序性与逻辑性、取向的时代性与合理性、材料的详细性与有用性等方面进行系统、深入的分析。

　　其他相类似的教育学教材还有很多。当然，各种教材的使用面和影响力不一样。同时，各种目录所罗列的题目内容也有所差异，其中，有些教材在处理的科学性上有所提

高。但是,总体分析众多的有关教育学教材的结构就会发现,这些教材的目录结构、顺序存在问题,如篇章数目多少差异较大(5 章到 20 多章不等);目录顺序极其不同,其中,国内学者的教材包括教育学、教育本质、教育基本规律、教育目的、教师与学生、课程、教学、德育、班主任等,国外学者的教材包括教师工作、教育对象、课程设计、教育过程、教育管理等。因此,需要教育学工作者对此做深刻、系统的清理工作,以教育中最一般的问题作为自己的研究对象,对教育基本规律进行揭示和阐述,为教育类其他分支学科奠定一般性的理论基础。

综观不同国别的教育学教材结构可以发现:其一,国内、国外学者的教育学类教材,其目录所反映的教育学学理体系是不同的。其二,它们共同包括了一些教育学的范畴,如教育学学科问题、教育的起源与发展、教育的本质与目的、教师与学生、课程与教学、教育管理与评价等。

基于对已有教育学类著作目录提供信息的吸收,对已有教育学类著作目录逻辑的推敲,对教育本真的思考,作者组织出了本教材所呈现的目录结构、顺序,即教育学的学理首先要从"教育的始点:人及教育性"说起,从人的本原及其特性入手,进而探讨人的可教性与必教性,再转换到教育与人的发展的视角。由此出发再具体到教育活动的诸多范畴,如教育目的、教育主体、教育内容、教育过程、教育管理、教育环境等系统而有序的基本范畴。最后,以"教育科学:范畴及建设"结束,基于对教育的目的、主体、内容、过程、管理、环境等主体内容阐述后的"提纲挈领",给众多主体范畴罩上"学科外衣"。如此三大板块构成了一个有出发基点支持的、包括基本范畴的、顺序符合逻辑结构的学理体系。

第三节
教育学的建设

前文所述已经涉及教育学学科的科学性问题。面对教育学的基本概念、学科属性、学科结构、学理总结、研究方法等范畴,站在"教师即研究者"的角度,自然需要认识、参与。

一、教育学的研究

哲学家德谟克利特说:"任何科学知识,都不能不经研究而获得。"[①]研究无疑是推进教育学发展与建设的实实在在的工作。这种研究既包括对诸多教育范畴的研究,也包括对教育学学科自身的研究(即"元教育学")。

(一)教育研究

研究是一种为了揭示事物规律而进行的有目的、有计划的探究性活动。美国学者贝斯特(R.J.Best)和卡恩(J.V.Kahn)描述了它的特征:一是目的性,即研究是一种有计划、有意图的活动,它以发现事物的规律性、解决新问题或改进某种实际情景为目的。二是过程性,即为了达到目的,研究将是按步骤、分阶段进行的,它有一套严格而系统的操作原则和程序。三是方法性,即研究的过程就是运用各种方法认识和解决问题的过程。方法以自己的尺度调节着整个活动的进行,它的正确选择与使用是研究成败的关键。[②]

关于教育研究的界定存在不同的认识。[③] 其中,布雷德(Bread)等认为:"给教育研究这一术语下一个所有关心教育决策和教育实践的人都能接受的定义,是极其困难的。"当然,也有许多学者试图从不同的角度对教育研究进行界定。[④] 有的从目的的角度去定义,如特拉弗斯(Travers)认为,教育研究是"旨在对教育工作者所关心的事情形成一种有机的科学知识体系的活动"。有的侧重以过程特征来规定,如彼得斯(Peters)和怀特(White)认为,教育研究是"为了解答某种特定的问题,由非常精通某种思维方式的人所进行的系统而持续的探究"。还有学者从方法的角度进行定义,如英国学者索利斯(Solis)主张"把教育研究理解为包括教育中经验的和实验的研究,而不是教育中历史的和比较的研究";尼斯比特(Nisbet)和恩特威斯尔(Entwistle)则认为,应把教育研究局限在采用定量或科学调查方法的范围内。

给教育研究下定义需要从研究活动所具有的共同特征——即目的、过程、方法的角

---

① 北京大学哲学系外国哲学史教研室.古希腊罗马哲学[M].北京:生活·读书·新知三联书店,1957:107.
② 瞿葆奎.教育学文集·教育研究方法[M].北京:人民教育出版社,1988:7.
③ [美]约翰·W.贝斯特等.教育研究方法概论[M].严正等译.北京:春秋出版社,1989:20—24.
④ 叶澜.教育研究方法论初探[M].上海:上海教育出版社,1999:322.

度综合考虑。① 因此,我们认为,教育研究就是以教育现象为对象,以科学方法为手段,遵循一定的研究程序,以获得教育科学规律性知识为目标的一整套系统的活动。其结果是解释或预测、发现或发展教育理论,指导教育实践。

同其他科学研究一样,教育研究是一项辛苦而又充满乐趣的劳动。教育研究的过程一般包括如下基本步骤:

第一步:选题与设计阶段。该阶段又包括提出问题、选择课题,查阅文献,提出假设,制订方案四个部分。正如爱因斯坦所言:"提出一个问题往往比解决一个问题更重要。因为解决一个问题,也许仅仅是一个数学上或实验上的技能而已,而提出新的问题、新的可能性,从新的角度去看旧的问题,却需要有创造性的想象力,而且标志着科学的真正进步。"②因此,一般认为,提出问题亦是教育研究中一个非常重要的问题。

第二步:实施研究阶段。该阶段具体包括搜集材料、形成科学事实,分析事实或原有理论,形成新理论阶段。这个阶段的工作是非常具体且技术性较强的,如涉及定量的研究则需要编制问卷、实施调查,对调查结果进行 SPSS 高级统计,以及对统计数据的分析,得出一定的结论,并对统计数据结论进行符合研究对象背景条件的定性分析,以此获得对研究对象的规律性认识,发现研究对象存在的问题及对问题进行解释和提出解决问题的对策、建议等。

第三步:总结与评价阶段。该阶段包括撰写研究报告或学术论文阶段和鉴定、评价研究成果阶段。研究报告的主要构成包括研究对象和研究方法的说明、研究的设计和研究过程的描述、研究的结论和建议以及研究总结等部分。研究报告对于提供政策咨询等具有重要价值。学术论文的基本结构包括题目、摘要、关键词、正文、参考文献和注释等部分。正文的结构有逻辑递进式和结构并列式两种。其中,逻辑递进式作为常用的方式,它的构成主要有问题提出或研究缘起、研究对象的现状及特征的概括、研究对象存在的问题及其原因分析、解决教育对象问题的对策设计等。

在上述教育学的研究环节中,研究方法无疑是核心的环节。目前,人们提出了较为丰富的教育学研究方法,如文献研究法、经验总结法、教育观察法、教育叙述法、教育调查法、教育作品法、教育实验法、教育行动法等。由于教育研究方法是促进教育学研究、发展教育学的重要手段,因此,教育工作者必须掌握一些重要的教育研究方法。现对一些教育研究方法做简要阐述。一是文献研究法。它是教育学家对文字、图形、符号、声频和视频等形式的教育文献进行查阅、分析、整理,从而探索教育问题的一种研究方法。由于文献多是在事件发生的当时真实、自然地记录下来的,并不是为了研究目的而留下的,所以,它的信息真实度很高。这种真实性、坦然性使得文献研究成为教育科学研究的必要方法。二是经验总结法。它是依据教育实践所提供的事实,有目的、有计划地分析、概括教育现象,揭示其内在联系和规律,使之由感性认识上升到理性认识,成为教育理论的科学研究方法。由于经验总结法简便易行,有利于推广,有利于提高教师的业务素质和自我成就感,因而,它成为古往今来使用最为广泛的教育科学研究方法。三是教育观察法。

---

① 郑金洲等.学校教育研究方法[M].北京:教育科学出版社,2003:18.
② [美]A.爱因斯坦,[波]L.英费尔德.物理学的进化[M].上海:上海科学技术出版社,1962:66.

它是在自然条件下,以自己的感觉器官和辅助工具,不加控制条件,但有目的、有计划地对教育现象及问题进行直接的、系统的考察、记录,从而获得教育经验事实的一种科学研究方法。由于它自然可信、简单易行、适用广泛而成为教育科学研究中运用最广泛、最常用、最有效的方法。四是教育叙述法。它是通过对有意义的教学事件、教师生活和教育教学实践经验的描述、分析,发掘或揭示内隐于日常事件、生活和行为背后的意义、思想或理念的一种科学研究方法。在定量研究比较盛行的氛围下,这种具有质性特征的研究方法正在受到教育学家的关注。五是教育调查法。它是有目的、有计划、有系统地搜集、了解有关研究教育现象或问题的材料,并进行分析处理,从而发现问题、探索规律、寻求对策的研究方法。由于它具有简便易行、便于处理、结果真实等优势,所以,它也是教育科学的重要研究方法。六是教育作品法。它以教育中的作品为分析对象,采取内容分析的技术获得教育作品所具有的特征,从中发现教育作品所反映的问题,经过原因分析后提出相应的对策。这种方法因为其分析客观的作品、采取严密的统计,故所得结论比较科学。七是教育实验法。它是按照研究的目的,有计划地严密控制或创设某种条件,以主动引起或改变某些客观对象(包括人和现象的出现),从而进行分析研究,主动揭示其间因果关系的科学研究方法。八是教育行动法。它是由研究者作为参与者,用测量、统计、调查、观察等方式对自己的行动进行研究的科学方法。它强调行动与研究的密切关系,可以有效地解决教育研究中固有的教育理论与教育实践相脱节的问题。

从教育实践及其理论发展的历史来看,人类正是利用上述各种教育科学研究方法来发展教育科学理论,引导教育实践的进步。需要指出的是,虽然教育研究的方法比较多,但相对而言,一方面,对于过去的研究,教育作品法比较科学。因为这种方法需要全面掌握教育作品的资料,对教育作品进行类型化的分析,提取出条理化的项目,并分类出科学化的项目,再对项目进行统计;同时,通过至少三位评分员独立统计结果的相关性分析,进而认定对教育作品分析的科学结论。另一方面,对于未来教育的研究,教育实验法则是比较科学的。因为这种方法能有目的地控制各种变量,严格优化实验设计及程序,其结果较为精确;能根据实验设计进行重复实验,以便验证所获得结果的准确性,摆脱了思辨型研究的缺陷。所以,在提高教育效益的呼声日益高涨的今天,教育实验法正在成为当今教育科学研究的主要方法。除此以外,其他方法所获得的教育研究成果在普适性上都显得不足,它们至多可以被称为教育"说话"而已。

当然,无论采取什么研究方法,都必须遵照如下的基本原则:一是客观性原则。教育研究者应当实事求是,排除主观偏见,客观地收集资料,严谨地核查资料,科学地分析资料,谨慎地提出结论,严密地验证结论。二是创新性原则。创新性原则指的是教育科研要有新意,能发现别人没有发现的问题,探索出别人没有实践过的、富有创意的教育内容、方法、手段、措施等,即要在原有认识的基础上有所发展、创造。三是科学性原则。教育研究的科学性原则不但包括研究方法的科学性,也包括研究结论的科学性。其中,研究方法的科学性涉及整个研究环节,特别是在具体技术上要采取定量与定性相结合的原则。四是伦理性原则。教育研究涉及他人的信息,可能会对他人产生消极影响,因而,需要尊重受试者和参与研究者的权利(如知情权、保密权),应避免给受试者带来不适当的压力和负担,消除或避免不良后果等。此外,还应在研究中注意理论联系实际,做到既重视理论指导,又重视实践运用,将理论与实践辩证统一起来,密切联系教育教学实际,使一切科学研究的结论都建立在广泛的、严格的科学实验基础之上。

20世纪以来,在教育研究领域,出现了实证主义的科学认识论与人文主义的认识论之间的冲突。著名瑞典教育家胡森把两种范式分别称为实证主义范式与人文主义范式,一个范式是模仿自然科学,强调适合于用数学工具来分析的、经验的、可定量化的观察,研究的任务在于确定因果关系并做出解释;另一个范式是从人文学科推衍而来的,所注重的是整体和定性的信息以及说明的方法。

教育学的研究范式不是教育学的理论体系,不是教育学的研究方式,也不仅仅包括教育学的研究取向,教育学的研究范式是一个综合概念,它包括教育学研究的价值取向、基本理念和主要的方式方法。如教育学研究是在代表谁的利益说话?教育学研究的基本理念是什么,即它到底是反映科学理性、价值实用还是宗教情感?教育学研究的主要方法是什么?在人类对教育学研究的历史过程中,特别是在现代的教育研究中,对上述这些问题的回答形成了教育学研究工作自己的范式,并且在当前体现出多元化的重要特征:其一,研究价值取向的多元。不同的教育研究范式代表着不同阶层的教育利益诉求,特别是"压迫教育学""解放教育学"使教育研究价值取向多元化发展。其二,研究基本理念的多元。表现为研究者对科学理性、价值实用、宗教情感等的不同追求。其三,研究方法的多样性。表现为文献法、经验法、调查法、实验法、内容分析法、田野考察法、质性分析法、叙事法等多种方法的并用;传统哲学思辨模式受到挑战,进行实证研究成为必然。因此,数学统计、社会调查、心理实验、教育实验、心理与教育测量等实证性技术运用于教育学研究。其四,研究视角的多样化。如学科交叉的方法,将数学、系统科学、哲学、社会学、历史学、伦理学、生态学、心理学等方法综合运用,出现诸如哲学—科学—艺术的综合方法、量化研究与质性研究相结合的方法等;复杂思维的方法,由二元对立到多元并存的思维转变,从实体思维到关系思维的转变,从还原思维到整体思维的转变,从线性思维到非线性思维的转变;后现代的思维取向,从后现代理论出发,批判现代性教育,研究中重视教育中的个体差异,尊重个性,取向多元;人文—科学的视角,教育科学研究方法从传统的哲学思辨发展到现代的科学实证,再发展到当前的定性与定量相结合,强调教育研究的科学性与人文性。

(二)元教育学

教育学的研究对象是什么?教育学是否是一门独立的科学?教育理论的结构如何?教育理论与教育实践的关系怎样?这些问题多年来一直困扰着教育学研究者甚至一些哲学研究者。研究者发现,对这些问题的思考实际上均是以教育学自身为研究对象的,在一定程度上是对教育学所做的系统反思,它们可以用这样一个词语来概括——元教育学。因此,元教育学的产生是对教育学研究的反思,以指导教育科学研究朝着科学的道路前进。在20世纪90年代初,我国教育学者明确提出并关注到了元教育学,教育学界前辈瞿葆奎先生是这一方面的倡导者和实践者。

> **阅读链接**
>
> 瞿葆奎(1923—2012),中国教育家。他一生著作甚丰,专业任职颇多。他创办的《华东师范大学学报(教育科学版)》首开元教育学研究之先河,他所著的《元教育学研究》指引着元教育学在中国的研究方向。

教育科学在学科的发展过程中需要对学科本身进行反思,这种对教育学本身的反思与研究就是元教育学。元教育学以教育学本身作为研究对象,形成教育学自身的知识体系,其研究内容包括教育学研究的逻辑起点、教育学的发展历史和逻辑结构等。元教育学的功能表现在:揭示教育学的认识论特征,提供检验、批判教育学的认识论规范,促进教育学的自我建设。从国际范围来看,元教育学或者说元教育理论是从 20 世纪 70 年代开始进入教育理论研究者视野的,其中以德国教育家布列钦卡的努力为主导。他认为,元教育学是一种关于各种教育认识论的理论。虽然人们常识性地认为这些教育理论中的确充满了知识和谬误,但仍需要检验。而检验又需要标准和规范,发现这些标准和规范,精确地界定和证实它们是元教育学的重要任务。这样,在元教育学中,人们可以从逻辑的、方法论的角度来审视教育理论。元教育学是用于分析和检验教育理论的逻辑。[①] 同时,元教育学的产生,是与人们对教育学体系等的认识相关联的。20 世纪 80 年代以后,研究者发现教育学研究上的种种生机与活力,并未能体现在教育学体系上,教育学框架的"四大块"模式依然存在,对中国现行教育学体系渐生不满。这是元教育学在中国兴起的重要背景。

元教育学涵盖了对教育学理论形态的研究和对教育学研究的研究。具体涉及下列问题:教育学理论陈述(术语、概念、命题等)的合规则性、合理性和有效性的分析;教育学的研究对象、功能、性质、理论结构、逻辑范畴、进步标准等的探讨;教育学历史发展过程的考察;探索教育学的理论形成道路及不同的研究范式,揭示隐匿于教育学理论内部的深层结构;分析在一定历史背景下社会文化条件对教育学理论的产生和发展所起的作用;对教育学研究共同体进行研究,辨识各种学术团体,分析这些团体及相互间的联系对教育学理论的影响;运用基本的元理论范畴去辨识和归纳教育学理论的现状,揭示和探讨教育学研究中面临的理论问题。

随着元教育学研究领域的拓展,元教育理论研究已出现流派纷呈之势,其中较成熟的有以下几类:其一,分析教育哲学。不是关于"教育"的哲学,而是关于"教育理论"或"教育学"的分析哲学,重在对教育学的基本概念进行逻辑学和语言学分析。其二,元课程论。美国课程论专家阿特金斯(Atkins)试图从科学哲学中遴选出一簇有助于推动发展中的课程论走向成熟的认识论原理。其三,教育的元分析。运用统计分析的方法和技

[①] 唐莹,瞿葆奎.元理论与元教育学引论[J].华东师范大学学报(教育科学版),1995(1).

术,整合经验性教育研究成果,总结经验性教育研究在方法上的得失。其四,布列钦卡的元教育理论。

总之,元教育学在澄清教育学认识论基础方面具有重要的理论价值,但它不能取代教育学自身的建设。元教育学研究与教育学自身的建设应该并驾齐驱,相互促进。如此,教育学才能在当今有一个新的起点,取得新的进展。

二、教育学中国化

(一)历史发展

关于教育学的中国化历程,当代中国教育学者侯怀银等做出了重要努力,并取得了重要的成果。在中国,虽然古代就有丰富的教育经验,但学理意义上的教育学发展则是近代以后的事情。其发展历程经历了三个时期、多个阶段。

第一个时期:新中国成立前的理论引进、实验探索。第一阶段(1901—1918)是学习德国的教育学,即通过日本学习赫尔巴特的教育学理论,其他诸如学校卫生学、学校管理学等也开始引进。由于赫尔巴特的"课堂、教师、教材"的"旧三中心"与中国传统教育具有高度的吻合性,因此,此时的中国教育表现出高度的"旧三中心"特征。第二阶段(1919—1948)是学习欧美教育学,即杜威等的教育思想传入中国,中国开始了对西方教育学理论的消化、吸收与创新实践。如蔡元培学习欧洲并结合中国国情,在北京大学推行的"学术自由、兼容并包"的高教改革;陶行知对杜威的教育理论进行吸收与改造,创建了"生活教育思想";晏阳初在社会教育活动中提出并总结形成了对世界教育产生重要影响的"平民教育思想";梁漱溟试图融合中国传统与西方现代文明的"乡村教育思想";黄炎培探索工业化背景下教育与生活、职业相结合的"大职业教育思想";陈鹤琴在引进西方现代幼儿教育理论的基础上创建的"培养现代世界中国人"的儿童教育思想等。

第二个时期:新中国成立后的模仿苏俄与自主探索。第三阶段(1949—1956)是模仿苏联教育学,基于意识形态、政治关系、国际环境等影响,猛烈批判西方所谓的资产阶级教育思想,同时开始学习苏联的教育学范式。在此期间,以马克思主义为指导去分析教育的起源与发展、教育与社会的关系、教育与人的发展的关系、教育与生产劳动的关系。但也存在许多问题,如忽视学校教育规律,忽视学生主体,忽视教师能动性;过分强调课程与方法的统一性而忽视灵活性、变革性。第四阶段(1957—1978)是社会主义教育学的自主探索,先是60年代初以毛泽东思想为指导展开教育研究,取得了黑山北关学校集中识字、上海育才学校语文教改、武汉数学自学辅导实验等成果;再是"文革"时期对"十七年"教育的否定,对教育科学研究的否定。

第三个时期:改革开放以来的科学探索。在反思盲目批评西方现代教育理论、简单移植苏俄教育经验、丢弃民国教育经验、盲目进行自主探索的历史教训后,开始了有中国特色教育学理论的探索。近年来,中国教育学的研究动向主要表现在:一方面,引入西方教育学说,吸取西方现代教育思想,如舒尔茨的人力资本理论、皮亚杰的发生认识论、布鲁纳的课程结构理论、柯尔伯格的道德发展理论、赞可夫的教学发展理论等。另一方面,探索中国特色的教育理论,如教育研究的课题不断拓展,教育研究的方法不断更新,新的教育学科不断增长等。可见,中国教育学是在对日、美、欧教育理论的引入、套用、改造、借鉴的基础上发展起来的。

(二)未来工作

中国特色的教育学探索是需要认真思考、理性审视的,一方面,需要清晰地认识教育学的中国性问题之所在;另一方面,在吸取各方有益成分的基础上再推进、突破与创新。

第一,清晰认识中国教育学体系的现实。当前,中国的教育学因受多种因素的影响而呈现出一种复杂状态。一方面,深受最先传入的赫尔巴特"传统教育学派"的影响,以课堂为中心、以教师为中心、以教材为中心的"旧三中心"色彩比较浓厚。既然以教师为中心,那么,相应的教育学理论体系及其教材就围绕教师如何有计划、有组织、条理化、有序化地推进教学而展开。另一方面,在新中国成立后初期,又深受政治上"一边倒"风气的影响而全面学习苏联的教育理论,简单地引进苏联的教育学教材,而且仿照苏联的教育学风格编写教育学教材。这种模仿苏联教育学体系的教育学教材,主要包括教育总论、教学论、德育论、学校管理等,突出教育的社会性。但是,它是在强调教育的阶级特性、意识形态、学校隶属于国家行政的基本立场下编写的,规定了若干原则、要求。受此影响编写出来的教育学教材通常呈现出许多条目,被人喻为"教条学"。改革开放前出版的众多中国教育学教材,几乎千篇一律地承袭了这种体系、特点,而且出现了难以突破的境地。同时,这种类型的教育学由于没有抓住以生为本这个基本点,是一种外在于人的发展的教育学,故被批评为"教育工作学"。因此,教育学的发展,需要认识这种状况及其原因,站在以生为本的角度来设计教育学教材体系,使之在内在逻辑性、外在实用性、内容的全民性和形式的合理性等方面符合科学要求,这就是摆在教育学人面前的紧迫任务。

第二,明确建构中国特色教育学的目标。在清理、吸收已有教育学理论成果的基础上,一方面,解放思想,百家争鸣,推进教育理论创新。众所周知,虽然中国古代出现了诸如孔丘、孟轲、韩愈、朱熹、颜之推、王阳明、颜元等教育论说高人,近代也出现了诸如蔡元培、胡适、陶行知、晏阳初、梁漱溟、黄炎培、陈鹤琴、雷沛鸿、杨贤江等学者,但是,与国外以教育实验等为依据建立起来的教育学说相比,他们的教育论说大多是经验思辨性的,缺乏有力的科学实证,难以站在世界教育学的前列。新中国成立后的几十年来,在排除西方资本主义等国外先进教育理论的同时,又对中国传统的教育经验持否定的态度。同时,以苏联为师的教育学作为一种"教育工作学",其教育论说的起点、学理的逻辑性、内容的科学性等都存在重大弊端。面对这种状况,中国教育学者只有解放思想,才可能破除迷信,才可能在教育学理论方面百花齐放。另一方面,鼓励实验,百花齐放,开展特色教育实验。如众人所见,几十年的中国教育被应试教育牵着鼻子走,全国上下的中小学教育围绕着应试教育而展开,鲜有进行探索教育规律的中小学教育实验,即使出现了许多所谓的实验,其结果也是昙花一现,基础教育的应试现象仍然难以改变。这个舞台已经成为束缚中国基础教育实验的"紧箍咒",如何破解尚待多方面的努力。再者,需要完善制度,转变职能,铺设教育创新之道。教育行政到底是管住学校教育,还是服务于学校教育,一直以来饱受争议,其中不乏关于教育行政对学校过度束缚的批判,近来涌现出的学校"去行政化"就是这种批判的实践结果。因此,教育行政站在服务于学校教育改革与发展的角度,就应该营造宽松的教育改革和教育实验环境,铺设学校教育改革的道路,甚至为实验学校架设"专门通道",以便实验学校能够放心、大胆地探索适合中国国情的基础教育模式,发展具有中国特色的教育理论。

第三,清楚推进理论与实践探索的工作。这包括吸收中国古代教育重要经验的合理内核,抛弃那些专制性而非民主的、压迫性而非平等的、机械性而非人性的思想;吸收国外教育经验的精神理念,抛弃那些不适合中国传统习惯、文化心理的成分。由此真正做到"洋为中用,古为今用"。基于此,再深入考虑:这种古今中外的教育思想、理论是否适合华人民族的生态环境,不能无视国家的地理生态环境;是否贯穿华人民族的精神特质,不能无视民族的核心价值理念;是否体现华人民族的文化传统,不能无视民族的文化传统;是否能提高华人民族的整体素质,不能无视教育理论的育人实效。

第四,扎实开展教育学学科建设的研究。教育学的学科面临着哪些问题呢?这个问题是教育学的基石问题,引起了许多学者的关注、解答。综合目前关于教育学学科研究的成果可见,教育学学科建设仍然面临诸多问题、任务。其一,教育学的科学地位问题。教育学到底是不是科学,一直受到人们的质疑、论证。如果教育学是科学,那么其依据是什么?如果教育学不是科学,那么其理由又是什么?这个问题是最令教育学界尴尬的问题。其二,教育学的研究对象问题。此问题存在诸如教育学的研究对象是教育规律还是教育现象,是教育存在还是教育问题等不同的见解。其三,教育学的学科性质问题。此问题存在诸如教育学是科学还是艺术,是科学化的艺术还是艺术化的科学等不同的观点。其四,教育学的学科范畴问题。此问题涉及教育学到底包括哪些范畴,哪些问题是教育学的问题而不是其他学科的问题,哪些问题不是教育学的问题而是其他学科的问题,如何界定教育学的研究是否越界等。其五,教育学的研究领域问题。教育学的研究话题到底是不是教育学的话题,到底算不算越界,难有定论;由此引发教育学研究是到他人花园"摘花",还是固守自己的"苗圃"等激烈的论争。其六,教育学的学理逻辑问题。各套教育学教材结构目录的巨大差异是其他成熟学科难见的。从其目录罗列的混乱可知其学理问题研究的欠缺,由此提出教育学的内在学理的范畴、结构到底是什么的问题。其七,教育学的研究方法问题。对教育学研究到底有没有自己的方法的质疑,一直难有理直气壮的回答。同时,尽管除传统的经验法、调查法、实验法之外,还有人们近年来推崇的田野考察法、质性分析法、内容分析法等方法,由此引发教育学研究方法到底是定量为好、定性为好还是定量与定性相结合为好的争论。其八,对教育学的元研究的质疑。如果对教育学研究之研究为元研究,那么,对这种元研究之研究又是什么呢?如此循环下去,又是什么呢?人们由此而质疑元教育学的科学性问题。

总之,经过上述工作,目的在于推进教育学在中国的研究工作,最终建成具有中国气派和风格的、符合教育的实践需要与理论逻辑的教育学。

本章小结

本章里,我们在探讨教育的主要范畴的基础上,站在一个学科的角度对教育科学做了概括性的梳理。首先,在介绍各种教育学概念说法的基础上界定了教育学的概念,探讨了教育学的学科性质问题,对教育学研究对象的众多说法进行了辨析,概括了教育学在指导教育实践、提高教师素养、推进教育研究等方面的作用。同时,以教育思想成熟程度为基本点,对教育学的发展经历的教育经验阶段、教育思想阶段、教育科学阶段及其特征进行了阐述。指出了教育经验阶段出现了对教育活动的经验概括、出现了探讨教育的相关著作等特征;教育思想阶段对教育认识达到系统化水平、出现了关于教育思想的专门著作等特征;教育科学阶段研究方法的科学化、指导思想的科学性、研究群体的专业化等特征。

其次,我们先梳理了教育学通过学科交叉、学科分化衍生新学科的分化路线,再对教育学的学科群落构成进行了整理。基于这种整理,探讨了教育学的学理问题,其中,介绍了赫尔巴特教育学范式、杜威教育学范式、苏联教育学范式、后现代教育学范式等基本范式。再者,对教育学的基本范畴做了探索,给出了我们关于教育学学理的认识,即从"教育的始点:人及教育性"说起,再转换到教育与人的发展的关系,由此出发探讨围绕教育目的的实现的诸多教育活动范畴,然后以"教育科学:范畴及建设"结束。

最后,我们探讨了教育学的建设问题,阐述了教育研究的内涵与基本步骤,概括介绍了教育研究的基本方法、教育研究的基本原则、教育学的研究范式等理论。再对教育学研究之研究,即元教育学的内涵、范畴、重要流派做了阐释。此外,专门对教育学的中国发展做了梳理,对其发展历程和存在的问题进行说明,对未来的目标和任务进行规划。

复习思考

一、巩固练习

1. 有人肯定教育学的科学性,有人质疑它的科学性,请你评价这些不同认识,并提出自己的观点。

2. 根据什么标准划分教育学的发展阶段比较合理?给出你的阶段划分及其阶段性特征。

3. 在尽可能收集有关教育学类教材目录内容的基础上,描绘出你的教育学学理结构图。

4. 近年来,我国兴起了一个新兴的教育研究领域——元教育学。你知道什么是元教育学吗?为什么需要元教育学?

二、观点辨析

1. 赫尔巴特的《普通教育学》的出版是教育学学科形成的标志。
2. 教育学中的基本概念都缺乏统一性认识的现象,说明教育学不是一门科学。
3. 西方自然主义教育思潮与中国古代老庄派的"无为而教"是一致的。
4. 实验教育学是关于如何进行教育实验的学问。

三、阅读与思考

阅读材料1:首届"国际东西方研究学会(IAES)年会"在南通召开,主题是"撞击与融合:东西方研究的挑战与展望"。会议中,有人提出,学者们的研究要更接"地气",多关注中国社会现实、中国转型与改革进程,以及瞬息万变的互联网动态。也有人希望,把媒体人、网络草根与专家学者聚在一起进行交流与沟通。还有人分析指出,在网民们推动中国社会艰难前行的同时,大批的专家学者躲进了象牙塔,给执政者出一些连他们自己都不相信的馊主意;偶尔有部分专家跳到互联网上试图引导舆论、指点江山,结果却暴露了他们躲在象牙塔里搞的那些"研究成果"到底是个什么东西。专家,也自然就被网友调侃为"砖家"了。还有学者感叹,偌大一个中国,竟然没有几个像样的智库。毫无疑问,互联网民意在过去10年扮演了中国民间智库的角色。在过去10年里,中国政府得到民众支持与喝彩的新政策,70%以上是率先由网民提出、推动的,部分则是靠更激烈的抗争争取到的。①

思考任务:请在收集、阅读原文的基础上,结合自己及身边同仁的教育研究工作情况,写出一篇2000字左右的读书笔谈,阐释自己关于增强教育研究实用性问题的看法。

阅读材料2:有学者研究指出,"教研室"行政化多年来大行其道。这种建制适应了"应试主义教育"的一套,几乎处于"经验主义"的封闭状态和"分科主义"的割裂状态:既缺乏跟踪国际学术前沿的内功,也缺乏解构与建构教学实践的活力。在这种情况下,不少教研人员或者"以不变应万变",或者"以变制变",提出一些貌似"素质教育"实则"应试教育"的口号和主张,扰乱了视听。"教研室"应当是扎根于中小学课堂教学研究的机构,"教研员"不是发号施令者,而应当是为一线教师提供专业支持的专家,同教师一样是以教育理性透视教育实践、以教育理论去解读教师的教育实践者。因此,必须淡化"教研室"的行政指令职能,强化"课程研究中心"的职能,消除"行政化"现象:一是转换教研室的职能,转变教研员的角色,使每一个教研室都成为课程改革的研究中心,使每一个教研员都成为"反思性教学"的研究者。二是倡导大学与中小学的合作伙伴关系,使研究者与实践者借助共同的"研究式实践"和"专业对话",实现各自的专业发展。这是当今国际教育界所推崇的。然而,根深蒂固的"单位主义"造成了学校之间关系的失调,"闭门造车"更是推进课程改革特别是校本课程开发的大敌。②

思考任务:请在了解有关行动研究法、田野考察法、调查统计法等教育研究方法的基础上,结合这则材料,写出一篇2000字左右的建议书,提出改进教研员的教研工作的措施。

---

① 杨恒均.闯入学术殿堂的草根与不接地气的学者[N].凤凰博报,2012-08-16(有删改).
② 钟启泉."教师专业化"的误区及其批判[J].教育发展研究,2003(Z1)(有删改).

参考文献

1.孟宪承.中国古代教育史资料[M].北京:人民教育出版社,1961.
2.张焕庭.西方资产阶级教育论著选[M].北京:人民教育出版社,1979.
3.王策三.教学论稿[M].北京:人民教育出版社,1985.
4.毛礼锐.中国教育通史[M].济南:山东教育出版社,1988.
5.[德]M.兰德曼.哲学人类学[M].张乐天译.贵阳:贵州人民出版社,1988.
6.滕大春.外国教育通史[M].济南:山东教育出版社,2005.
7.江万秀.中国德育思想史[M].长沙:湖南教育出版社,1992.
8.颜泽贤,张铁明.教育系统论[M].郑州:河南教育出版社,1991.
9.[美]弗莱德·R.多尔迈.主体性的黄昏[M].万俊人等译.上海:上海人民出版社,1992.
10.胡寅生.小学教育学教程[M].北京:人民教育出版社,1993.
11.教育部.中华人民共和国教师法[S].1993.
12.教育部.中国教育改革与发展纲要[S].1993.
13.[俄]O.F.博尔诺夫.教育人类学[M].李其龙等译.上海:华东师范大学出版社,1999.
14.林崇德.发展心理学[M].北京:人民教育出版社,1995.
15.田慧生,李如密.教学论[M].石家庄:河北教育出版社,1996.
16.叶澜.教育概论[M].北京:人民教育出版社,1999.
17.李子建,黄显华.课程:范式、取向和设计[M].香港:香港中文大学出版社,1996.
18.联合国教科文组织总部中文科.教育——财富蕴藏其中[M].北京:教育科学出版社,1996.
19.联合国教科文组织国家教育发展委员会.学会生存——教育世界的今天和明天[M].华东师范大学比较教育研究所译.北京:教育科学出版社,1996.
20.[美]嘉格伦.网络教育——21世纪的教育革命[M].万小器,程文浩译.北京:高等教育出版社,2000.
21.黄崴.主体性教育论[M].贵阳:贵州人民出版社,1997.
22.[英]理查德·利基.人类的起源[M].吴汝康等译.上海:上海科学技术出版社,1995.
23.[美]尼古拉·尼葛洛庞蒂.数字化生存[M].胡泳,范海燕译.海口:海南出版社,1997.
24.[德]恩斯特·卡西尔.人论[M].甘阳译.上海:上海译文出版社,2004.
25.靳玉乐.课程论[M].重庆:西南师范大学出版社,1998.

26.王道俊,扈中平.教育学原理[M].福州:福建教育出版社,1998.
27.吴季松.21世纪社会的新趋势——知识经济[M].北京:北京科学技术出版社,1998.
28.陆有铨.躁动的百年[M].济南:山东教育出版社,1997.
29.柳海民.教育原理[M].长春:东北师范大学出版社,2000.
30.郑金洲.教育通论[M].上海:华东师范大学出版社,2000.
31.[巴西]保罗·弗莱雷.被压迫者教育学[M].顾建新等译.上海:华东师范大学出版社,2001.
32.[德]沃尔夫冈·布列钦卡.教育科学的基本概念:分析、批判和建议[M].胡劲松译.上海:华东师范大学出版社,2001.
33.冯建军等.现代教育原理[M].南京:南京师范大学出版社,2003.
34.教育部.基础教育课程改革纲要(试行)[S].2001.
35.叶澜等.教师角色与教师发展新探[M].北京:教育科学出版社,2001.
36.周鸿.创新教育学[M].成都:四川大学出版社,2001.
37.陈磊等.素质教育新论[M].武汉:武汉理工大学出版社,2003.
38.黎鸣.中国人性分析报告[M].北京:中国社会出版社,2003.
39.张怡,郦全民,陈敬全.虚拟认识论[M].上海:学林出版社,2003.
40.联合国教科文组织.全纳教育共享手册[M].陈云英等译.北京:华夏出版社,2004.
41.[美]丹尼尔·科顿姆.教育为何是无用的[M].仇蓓玲,卫鑫译.南京:江苏人民出版社,2005.
42.[美]华勒斯坦等.学科·知识·权力[M].刘健芝等译.北京:生活·读书·新知三联书店,1999.
43.[美]E.马克·汉森.教育管理与组织行为[M].冯大明等译.上海:上海教育出版社,1993.
44.靳玉乐.现代教育学[M].成都:四川教育出版社,2011.
45.[美]安·兰德等.自私的德性[M].焦晓菊译.北京:华夏出版社,2007.
46.张楚廷.教育基本原理——一种基于公理的教育学[M].长沙:湖南师范大学出版社,2010.
47.侯怀银等.20世纪中国教育学发展问题研究[M].北京:北京师范大学出版社,2011.
48.教育部.教师教育课程标准(试行)[S].2011.
49.教育部.小学教师专业标准(试行)[S].2012.
50.唐智松.教育生理学[M].北京:线装书局,2013.

附　录

小学教师专业标准(试行)

为促进小学教师专业发展,建设高素质小学教师队伍,根据《中华人民共和国教师法》和《中华人民共和国义务教育法》,特制定《小学教师专业标准(试行)》(以下简称《专业标准》)。

小学教师是履行小学教育工作职责的专业人员,需要经过严格的培养与培训,具有良好的职业道德,掌握系统的专业知识和专业技能。《专业标准》是国家对合格小学教师专业素质的基本要求,是小学教师实施教育教学行为的基本规范,是引领小学教师专业发展的基本准则,是小学教师培养、准入、培训、考核等工作的重要依据。

一、基本理念

(一)师德为先

热爱小学教育事业,具有职业理想,践行社会主义核心价值体系,履行教师职业道德规范,关爱小学生,尊重小学生人格,富有爱心、责任心、耐心和细心;为人师表,教书育人,自尊自律,做小学生健康成长的指导者和引路人。

(二)学生为本

尊重小学生权益,以小学生为主体,充分调动和发挥小学生的主动性;遵循小学生身心发展特点和教育教学规律,提供适合的教育,促进小学生生动活泼学习、健康快乐成长。

(三)能力为重

把学科知识、教育理论与教育实践有机结合,突出教书育人实践能力;研究小学生,遵循小学生成长规律,提升教育教学专业化水平;坚持实践、反思、再实践、再反思,不断提高专业能力。

(四)终身学习

学习先进小学教育理论,了解国内外小学教育改革与发展的经验和做法;优化知识结构,提高文化素养;具有终身学习与持续发展的意识和能力,做终身学习的典范。

二、基本内容

维度	领域	基本要求
专业理念与师德	（一）职业理解与认识	1.贯彻党和国家教育方针政策，遵守教育法律法规。 2.理解小学教育工作的意义，热爱小学教育事业，具有职业理想和敬业精神。 3.认同小学教师的专业性和独特性，注重自身专业发展。 4.具有良好职业道德修养，为人师表。 5.具有团队合作精神，积极开展协作与交流。
	（二）对小学生的态度与行为	6.关爱小学生，重视小学生身心健康，将保护小学生生命安全放在首位。 7.尊重小学生独立人格，维护小学生合法权益，平等对待每一位小学生。不讽刺、挖苦、歧视小学生，不体罚或变相体罚小学生。 8.信任小学生，尊重个体差异，主动了解和满足有益于小学生身心发展的不同需求。 9.积极创造条件，让小学生拥有快乐的学校生活。
	（三）教育教学的态度与行为	10.树立育人为本、德育为先的理念，将小学生的知识学习、能力发展与品德养成相结合，重视小学生全面发展。 11.尊重教育规律和小学生身心发展规律，为每一个小学生提供适合的教育。 12.引导小学生体验学习乐趣，保护小学生的求知欲和好奇心，培养小学生的广泛兴趣、动手能力和探究精神。 13.引导小学生学会学习，养成良好学习习惯。 14.尊重和发挥好少先队组织的教育引导作用。
	（四）个人修养与行为	15.富有爱心、责任心、耐心和细心。 16.乐观向上、热情开朗、有亲和力。 17.善于自我调节情绪，保持平和心态。 18.勤于学习，不断进取。 19.衣着整洁得体，语言规范健康，举止文明礼貌。
专业知识	（五）小学生发展知识	20.了解关于小学生生存、发展和保护的有关法律法规及政策规定。 21.了解不同年龄及有特殊需要的小学生身心发展特点和规律，掌握保护和促进小学生身心健康发展的策略与方法。 22.了解不同年龄小学生学习的特点，掌握小学生良好行为习惯养成的知识。 23.了解幼小和小初衔接阶段小学生的心理特点，掌握帮助小学生顺利过渡的方法。 24.了解对小学生进行青春期和性健康教育的知识和方法。 25.了解小学生安全防护的知识，掌握针对小学生可能出现的各种侵犯与伤害行为的预防与应对方法。

续表

维度	领域	基本要求
专业知识	(六)学科知识	26.适应小学综合性教学的要求,了解多学科知识。 27.掌握所教学科知识体系、基本思想与方法。 28.了解所教学科与社会实践、少先队活动的联系,了解与其他学科的联系。
	(七)教育教学知识	29.掌握小学教育教学基本理论。 30.掌握小学生品行养成的特点和规律。 31.掌握不同年龄小学生的认知规律和教育心理学的基本原理和方法。 32.掌握所教学科的课程标准和教学知识。
	(八)通识性知识	33.具有相应的自然科学和人文社会科学知识。 34.了解中国教育基本情况。 35.具有相应的艺术欣赏与表现知识。 36.具有适应教育内容、教学手段和方法现代化的信息技术知识。
专业能力	(九)教育教学设计	37.合理制定小学生个体与集体的教育教学计划。 38.合理利用教学资源,科学编写教学方案。 39.合理设计主题鲜明、丰富多彩的班级和少先队活动。
	(十)组织与实施	40.建立良好的师生关系,帮助小学生建立良好的同伴关系。 41.创设适宜的教学情境,根据小学生的反应及时调整教学活动。 42.调动小学生学习积极性,结合小学生已有的知识和经验激发学习兴趣。 43.发挥小学生主体性,灵活运用启发式、探究式、讨论式、参与式等教学方式。 44.发挥好少先队组织生活、集体活动、信息传播等教育功能。 45.将现代教育技术手段整合应用到教学中。 46.较好使用口头语言、肢体语言与书面语言,使用普通话教学,规范书写钢笔字、粉笔字、毛笔字。 47.妥善应对突发事件。 48.鉴别小学生行为和思想动向,用科学的方法防止和有效矫正不良行为。
	(十一)激励与评价	49.对小学生日常表现进行观察与判断,发现和赏识每一位小学生的点滴进步。 50.灵活使用多元评价方式,给予小学生恰当的评价和指导。 51.引导小学生进行积极的自我评价。 52.利用评价结果不断改进教育教学工作。

续表

维度	领域	基本要求
专业能力	（十二）沟通与合作	53.使用符合小学生特点的语言进行教育教学工作。 54.善于倾听，和蔼可亲，与小学生进行有效沟通。 55.与同事合作交流，分享经验和资源，共同发展。 56.与家长进行有效沟通合作，共同促进小学生发展。 57.协助小学与社区建立合作互助的良好关系。
	（十三）反思与发展	58.主动收集分析相关信息，不断进行反思，改进教育教学工作。 59.针对教育教学工作中的现实需要与问题，进行探索和研究。 60.制定专业发展规划，积极参加专业培训，不断提高自身专业素质。

三、实施建议

（一）各级教育行政部门要将《专业标准》作为小学教师队伍建设的基本依据。根据小学教育改革发展的需要，充分发挥《专业标准》引领和导向作用，深化教师教育改革，建立教师教育质量保障体系，不断提高小学教师培养培训质量。制定小学教师准入标准，严把小学教师入口关；制定小学教师聘任（聘用）、考核、退出等管理制度，保障教师合法权益，形成科学有效的小学教师队伍管理和督导机制。

（二）开展小学教师教育的院校要将《专业标准》作为小学教师培养培训的主要依据。重视小学教师职业特点，加强小学教育学科和专业建设。完善小学教师培养培训方案，科学设置教师教育课程，改革教育教学方式；重视小学教师职业道德教育，重视社会实践和教育实习；加强从事小学教师教育的师资队伍建设，建立科学的质量评价制度。

（三）小学要将《专业标准》作为教师管理的重要依据。制定小学教师专业发展规划，注重教师职业理想与职业道德教育，增强教师育人的责任感与使命感；开展校本研修，促进教师专业发展；完善教师岗位职责和考核评价制度，健全小学绩效管理机制。

（四）小学教师要将《专业标准》作为自身专业发展的基本依据。制定自我专业发展规划，爱岗敬业，增强专业发展自觉性；大胆开展教育教学实践，不断创新；积极进行自我评价，主动参加教师培训和自主研修，逐步提升专业发展水平。